国学经典

姜忠喆/主编

鉴古中国兴衰成败 通五千年沧桑流变

中国通史

辽海出版社

【第六卷】

《中国通史》编委会

前　言

　　中国是一个拥有五千年灿烂文明史，又充满着生机与活力的泱泱大国。中华民族以其先辉的历史屹立于世界的东方。

　　在中华民族的历史长河中，曾创造了无数的文明奇迹，谱写了许多不朽的篇章。

　　自公元前 3000 至公元前 21 世纪，是中国文明初起的时代，也就是历史上三皇五帝时期。"三皇"是伏羲、女娲与神农。"五帝"为黄帝、颛顼、帝喾、唐尧与虞舜。后来黄帝统一各部，所以中华民族一向自称为"黄帝后裔"，又因炎、黄两部落融合成华夏民族，故也称为"炎黄子孙"。

　　公元前 21 世纪至公元前 17 世纪，是中国第一个王朝——夏王朝时期。夏朝的建立标志着中国若干万年的原始社会基本结束，数千年的阶级社会从此开始，它的诞生成为中华文明史上的一个重要里程碑。夏朝总共传了 14 代 17 个王，延续近 500 年。

　　商汤灭夏，是历史的进步。新建立的商王朝，虽然在社会形态上与夏王朝并无区别，但是它的诞生，毕竟给古代社会内部注入了新的活力，健全了古代阶级社会的机制。所以古书对商汤伐桀灭夏一事给予了充分的肯定，认为"汤武革命，顺乎天而应乎人"。

　　商朝共历 30 主 17 世。

　　西周从武王灭商建国，到幽王亡国，一以共历近 300 年，是中华文明的一个重要时期，也是中华古典文明的全盛时期，它的物质、精神文明对后世历史的发展产生了深远的影响。

周朝经历了 37 代天子，共 800 多年。

春秋时期，是中国历史上社会经济急剧变化、政治局面错综复杂、军事斗争层出不穷、学术文化异彩纷呈的一个变革时期，是中华古代文明逐渐递嬗为中世纪文明的过渡时期。

据史书记载，春秋 242 年间，有 36 名君主被杀、52 个诸侯国被灭，有大小战事 480 多起，诸侯的朝聘和盟会 450 余次。

战国时期，战争愈来愈多，愈打愈大。据统计，从周元王元年（公元前 475 年）至秦王政二十六年（公元前 221 年）的 255 年中，有大小战争 230 次。

公元前 221 年，秦王嬴政灭六国，终于建立了中国历史上第一个统一的多民族的中央集权的国家——秦，历史从此翻开了新的一页。

为了加强对全国的统治，使秦帝国长治久安、万世不移，秦始皇在政治、军事、经济、交通、文化及对外开拓诸方面，采取了一系列新的政策。

西汉是中国的一个黄金时代，在国力上达到空前的强盛，疆域也是扩张到空前的辽阔，势力也伸展至中亚。

东汉皇统屡绝，外蕃入侵，母后与天子多无骨肉之亲，所以多凭外戚专政。及至天子年壮，欲收回大权，必然和外戚发生冲突，于是天子引宦官密谋除掉外戚。此一时期，外戚、宦官明争暗斗，此起彼伏。

公元 581 年，北周相国杨坚接受北周静帝的"禅让"称帝，国号"隋"，建元"开皇"。

隋继承了北周的强大，等内部安定后，随即在 589 年灭南方的陈国，结束了 270 余年的大混战，统一了中国。

唐代把中国封建时期的繁荣昌盛推向了顶峰：有发达的农业、手工业和商业，纺织、染色、陶瓷、冶炼、造船等技术也都有了进一步的发展。

宋朝时，中华文化继续发展，是中华文化的鼎盛期，唐代最突出的成就是诗歌，而宋代在教育、经学、史学、科技、词等方面都超越了唐代。

南宋的历史都与抗击北方外族的战争相关，从 1127 年开始，南宋王朝对金王朝进行了 5 次战争，最后被蒙古人所灭。

1271 年，蒙古大汗忽必烈把原来属西夏帝国、金帝国、宋帝国、大理帝国和蒙古本土合并成一个帝国，国号"大元"。不断的征战和元政府的歧视汉人政策，导致汉人不断地反抗，元朝皇帝终被逐出中原，回到蒙古故地，元帝国也随之灭亡。

朱元璋建立的大明王朝，使中华民族从一个厄运又走进另一个黑暗的长夜。

明末，"辽饷""剿饷""练饷"加重了给百姓的负担。政治腐朽，贪污成风，是明末的一大痼疾。明王朝终于在内忧外患之下，走向灭亡。

明王朝的腐败，再加上李自成的暴动，加速了这个汉族建立的封建王朝的灭亡。取而代之的是中国北方的清王朝。清王朝是中国的最后一个王朝。清朝前期它带领中国进入了另一个强盛时代。

19 世纪中期以后，清王朝迅速衰败。鸦片战争之后，英、美、法、俄、日等国家不断强迫清政府签订各种不平等条约。自此，中国逐渐沦为半殖民地半封建社会。

1911 年孙中山领导的辛亥革命，推翻了清王朝 368 年的统治，同时也结束了延续 2000 多年的封建君主制，建立了中华民国，这是中国近代史上最伟大的事件之一。

但随后中国又陷入了新的混乱之中，新旧、大小军阀连年混战，日本侵略者大举入侵。以毛泽东等为代表的中国共产党人，经过 28 年艰苦卓绝的斗争，终于在 1949 年 10 月 1 日建立了崭新的中华人民共和国，中国人民自此走向新生。

《中国通史》是一部全景式再现中国历史的大型图书，它在吸收国内史学研究成果的基础上，将中华文明悠久历史沉淀下来的丰富的图文资料，按历史编年的形式进行编排，直观地介绍中国历史的发展进程，全书共分 6 册，以众多珍贵图片，配以 160 多万字的文字叙述，全方位地介绍中国历史的荣辱兴衰，内容涵盖政治、军事、经济、文化、外交、科技、法律、宗教、艺术、民俗等各个领域。

因编写时间仓促、编者水平所限，书中难免存在疏漏之处，敬请广大读者与专家学者批评指正。

《中国通史》编委会

目　录

宁汉战争

这是 1927 年 10 月至 1928 年 2 月，南京国民政府西征讨伐唐生智时双方动用陆、海军，协同行动，在长江中下游流域进行的一场军阀混战。

1927 年 8 月底的龙潭之战，虽然促进了宁汉合流，改组了南京国民政府，组成了国民党中央特别委员会，但是，由于宁汉双方互相争权夺利，不仅没有解决新老军阀之间的矛盾纠纷，反而在龙潭之战胜利后不久，又爆发了宁汉战争。

龙潭之战结束后，唐生智所属的第三十五军何键部、第三十六军刘兴部，根据唐的部署，率部沿江节节东下，进踞安庆、芜湖等地，将原驻防的桂系李宗仁部取而代之，势力范围扩展到坐拥湖南、湖北、安徽 3 省，唐的声势一时更为显赫。汪精卫为争取与南京政府的抗衡势力，在返回武汉后，根据 8 月间汉方国民党中央政治委员会主席团作出的决议，于 9 月 21 日授意唐生智正式成立"武汉政治分会"，并以此与南京国民政府特别委员会分庭抗礼。中央特别委员会则根据关于取消各地政治分会的决议，以统一为名，命令取消武汉政治分会。唐生智对南京的命令不但置之不理，而且在政治上和军事上向特别委员会作出挑战。9 月 28 日，武汉政治分会通电全国，否认中央特别委员会与中央执委会有同等权力，指责南京特委会代行中央职权，汉方与特委会产生的政府只能是有限的合作。唐生智的所作所为，激怒了南京国民政府，对来自武汉方面政治和军事上的挑战，南京方面也采取了在政治上和军事两面作战的方针。特别是桂系，在安庆、芜湖的势力范围被唐取代后早已心怀不满，便以此为由，于 10 月 19 日，在桂系军阀的操纵之下，南京国民政府命令讨伐唐生智，宁汉之间战事又起。南京国民政府在下达讨唐令后，任命程潜为第四路总指挥，率江左军沿长江南岸攻击唐军；李宗仁为第三路总指挥，率江右军由江北入安徽西进；密令朱培德为第五路总指挥，准备在江西策应，夹击唐军；另由何应钦、白崇禧分别率领第一、第二路军在津浦路上对奉系军阀取守势，掩护主力西征讨唐，兵分 3 路，向武汉进军。

面对南京方面在军事上的强大压力，唐生智打算对抗到底。10 月 21 日，唐以武汉政治分会的名义宣布与南京国民政府断绝关系。22 日又以武汉政治分会名义发表宣言，正式否认中央特别委员会，提出武汉政治分会所辖各省党务、政治、军事完全独立。唐虽然在政治上态度很坚决，但在军事上却难以抗御西征军的压力。此时，南京国民政府掌握了海军的主要兵力。根据讨唐战事的需要，海军主要协同江右第六军程潜部和江左第七军李宗仁部向西进攻，沿江而下直捣武汉。程、李两军指挥部分设在招商局的"江顺""江裕"

两艘商船上，随同海军沿江西进。10 月 19 日在海军出航前，南京军事委员会向海军司令陈绍宽发出如下命令：一、敌第三十六军受我军之压迫，已自 17 日起，陆续自芜湖向繁昌、大通方向撤退；二、国军以肃清皖境之目的，令第三、第四两路总指挥统率所部，由江北江南分道进兵，以期各个击破敌之第三十五、第三十六两军。我第三路军本日已到达含山、和县之线，继续前进中。我第四路军已限于 22 日以前到达三山镇、南陵、泾县之线集结后，即分向大通、贵池、安庆南岸进攻，明日第三十七军进入芜湖；三、贵司令应督率舰队与友军协同动作，且限于明日上驶至芜湖上游，并派遣军舰一二只，乘黑夜径驶至大通附近，截击由大通渡江北去之敌第三十六军，为我第四路军所各个击破。

陈绍宽接到上述命令后，即率第二舰队"楚有"号旗舰，并"永健""永绩""楚同""江贞"等各大舰编队西进。10 月 21 日上午，先有"楚同""永绩"两舰先行向上游巡弋，并侦探两岸唐军情况。下午，旗舰"楚有"号带舰队主力兼程上驶，至东西梁山时，舰队合编，一同向芜湖进发。

驻芜湖的唐部第三十六军原本打算在东西梁山一带江面上敷设水雷，以封锁陈绍宽的舰队西行，见陈的舰队骤至，来不及布雷便仓皇西遁，留下芜湖一座空城，海军当晚不战而下芜湖。10 月 22 日，陈留下"楚同""永绩"两舰在芜湖维持治安，其余各舰继续西上。"永健""江贞"两舰任前锋，驶至荻港时遇到唐部的水兵正在岸边集结，即开炮轰击，舰上各种火力也一起进行射击，唐部水兵纷纷向内陆逃去，"江顺"号炮舰及"衡源"号火轮弃之岸边被招降。随后，陈又率舰队溯江而上，在顺安镇、刘家渡、大通等处虽遇有唐部的抵抗和火力封锁，但在舰炮火力的打击下，唐部守军不敢出面应战，只好望江兴叹，舰队于 23 日拂晓顺利逼近大通。

大通是唐军重点守备的江边要塞，该处备有水雷多具布设港内，并在岸边高地架设大炮，并分派"楚振""浚蜀""江平""江通""江寿"等舰布防江面，以图抗御西征军的水面进攻。但因唐部第三十五、第三十六军同时遭到李宗仁和程潜所率部队的攻击，正在步步西退。由于唐部连连败北，军心已涣散，因此，刘兴部守大通港的水、陆军见陈绍宽率舰队驶来，未及交锋便逃离而去。陈率海军遂又不战而进大通，俘 3000 多人，缴枪 700 余支、铁壳船 2 艘、木质船 11 艘。当刘兴部败走大通时，为了装载军队和装备，扣留了招商局的客轮"江华"等船，将乘客尽行驱向岸上并趁机抢掠乘客财物，使 3000 多名乘客枕藉于途，后由"楚同"舰及"凤浦""华点"二轮运往芜湖。24 日，第二舰队进驻大通；25 日，占领安庆；27 日，收复华阳；30 日，舰队进逼武汉的门户龙坪、武穴一带。唐部在龙坪、武穴，沿岸埋伏炮位，江面敷设水雷，并派"楚振"舰率炮艇数艘由武穴直扑而下，企图诱使第二舰队驶入其水雷地域。11月3日始，双方在江面上鏖战，战事延至6日，第二舰队始下龙坪，7日，驶至武穴，"楚振"舰中弹逃遁。

蒋桂战争

此战为1929年3月至6月，国民党南京军阀蒋介石与广西桂系军阀李宗仁、白崇禧等人为争夺在湖南、湖北、广西地区的统治权而进行的一场战争。

1928年间，以李宗仁、白崇禧为首的桂系军阀，在西征唐生智和北伐奉张的过程中，白崇禧部进驻华北，黄绍竑部占据广西，李宗仁率第四集团军驻防武汉。同时，与桂系关系密切的广州政治分会主席李济深又大力支持桂系。桂系势力的急剧发展，对蒋介石的独裁统治是一个重大的威胁，于是，蒋介石决心铲除桂系的势力。

1929年初，蒋介石在全国编遣会议上，采用"削藩"策略，排除异己，削减其他各派军阀势力的企图失败以后，便积极策划使用武力来消灭异己。蒋介石当时心目中的劲敌本是冯玉祥，但因冯的实力较强，割据的西北地盘又连成一片，特别是对冯玉祥部下的收买瓦解工作尚未奏效，因此一时难以下手。而此时的李宗仁部，不仅兵力较小，而且兵力分散，从广东到冀东摆成了一字长蛇阵，大部分部队又是收编的唐生智湘军，蒋介石对桂系内部的策反工作也已见效。因此，蒋介石决定首先对桂系开刀，并作了一系列的部署：首先通过汪精卫拉拢收买在日本的唐生智，给其以巨款使他回国去冀东收回被桂系收编的旧部，扣留白崇禧；其次是拉拢张发奎，使张部从江西西部侧击粤汉路，威胁桂系的后方；三是通过杨永泰拉拢俞作柏，鼓动其表弟李明瑞倒戈；四是通过郑介民收买陈济棠、陈铭枢等反对李济深；五是派黄郛、邵力子贿赂冯玉祥、阎锡山通电讨伐桂系。通过上述一些活动，使桂系被孤立起来，为蒋介石下一步兴兵讨桂创造了条件。

1929年2月，蒋、桂为了争夺湖南，展开了激烈的斗争。当时，桂系因蒋介石运给湘省主席鲁涤平大批军火，而深感不满。认为蒋介石插手湖南，扶持鲁涤平，是有牵制桂系之意，乃决定先发制人。遂以武汉政治分会做出决议，以"潜运军械，阴谋破坏"为由，于2月19日免去鲁涤平湖南省主席职务，以何键继任。并派五十二师叶琪部、十五师夏威部由鄂入湘，赶走了鲁涤平。蒋介石则针锋相对，以军队"编遣"期间，政治分会无权任免有关特定区域内官员为名，下令"彻查桂军侵湘事"。同时调动军队，由南北两路合击武汉，令缪培南、方鼎英师由江西逼取鄂南；夏斗寅、刘峙师自豫皖进击鄂东北。为了迎击蒋军，桂军分别集胡宗铎、陶钧、夏威等师于鄂东北，何键师和张其雄、吴尚两独立旅于湘东北。是年3月中旬，李济深率粤方代表出席国民党三中全会到达上海，蒋介石借口调停湘案，电请李济深北上赴京。李于 3 月 13 日抵达南京，21 日即被蒋介石囚于京郊汤山。至此，蒋介石消除了粤桂联合的顾虑，决定出兵讨伐桂系。

3 月 26 日，蒋介石下令讨伐桂系。其以国民政府的名义，在下达的《讨伐令》中称：李宗仁、李济深、白崇禧等"借革命之名义消灭革命""实为国民革命之障碍，三民主义之叛徒"，除免去本兼各职，听候查办外，还命令前方各军对桂系所属部队痛加讨伐。28 日，蒋介石命令朱培德为讨逆军第一路总指挥，率第三、第五军，从九江、南昌西攻武（昌）长（沙）路，以截断桂军退路；以刘峙为第二路总指挥，率第一、第二军，由皖鄂边界沿长江西取武汉；韩复榘为第三路总指挥，率第六、第七军，由南阳、信阳出发南袭武汉；以陈调元为预备队总指挥；蒋介石设讨逆行营于九江，亲自坐镇督师，计划分两期作战：第一期以攻取武汉为目标，第二期肃清湘南、两广之桂军。31 日，蒋介石下达总攻击的命令，各路军迅速攻入鄂境，进逼武汉。同时，蒋介石又采取分化瓦解手段，派员收买了桂军俞作柏、李明瑞、杨腾辉等人。4 月 2 日，当蒋军进至刘家庙时，李明瑞、杨腾辉即率部连夜撤往孝感、花园一带，于 3 日宣布服从"中央"指挥。李、杨两部倒戈归蒋，使桂军防守出现缺口，蒋军不战而入。桂军见大势已去，遂放弃武汉，向荆州、沙市、宜昌一线撤退。4 日，蒋军进入武汉。5 日，蒋介石以鲁涤平为武汉卫戍总司令，刘文岛为武汉市长。接着又令张发奎、朱绍良分任第一、第二路追击司令官，率部对胡宗铎、陶钧、夏威等部实行武力追剿。同时又以金钱、官职进行收买。在蒋介石的软硬兼施逼迫下，胡、陶、夏等人联名通电下野，所部被蒋介石收编，武汉桂军遂全部瓦解。

蒋介石在集中力量解决武汉桂军的同时，又通过重新起用唐生智，收拾了平津的桂系势力。为了将驻在滦东的白崇禧部赶出平津地区，蒋介石派唐生智携巨款去河北，由天津赴唐山，收买了被白改编的旧部。3 月 20 日，唐的旧部李品仙等人发表通电，宣布讨伐白崇禧。白崇禧见势孤难敌，便弃众逃亡，由天津经海路南下香港，所部重归唐生智指挥。蒋介石旋命唐生智为第五路军总指挥，率第四集团军移驻石家庄。

蒋介石在解决了武汉和平津的桂系实力后，于 4 月 19 日、24 日先后下达命令，发布了"以根本铲桂逆之目的，拟即由湘、粤、滇三路进攻广西"的作战计划，并由桂投蒋的何键为讨逆军第四路总指挥，率湘军由湘南攻桂林；以陈济棠为第八路总指挥，率粤军由广东肇庆、英德一线直取梧州；以龙云为第十路总指挥，率滇军由滇北经贵州攻占柳州。

这时，李宗仁、白崇禧已逃回广州，在蒋介石的紧逼之下，决定争取主动，以攻为守。5 月 5 日，李宗仁在梧州打起"救党救国军"的旗号，自任总司令。由白崇禧、黄绍竑率兵分两路向广东进攻，企图以军事上的胜利来挽救政治上的失败。5 月 21 日，粤、桂军在广东白泥进行一场血战，桂军战败，退回广西。李、黄回师广西后，又经过几次反击作战，把入侵广西的湘军打退，但粤军却从东部深入广西境内。在此期间，蒋介石把李明瑞、杨腾辉部从湖北，经上海运至广东。在路经南京时，蒋介石从陈济棠处拨出 80 万元给俞作柏、李明瑞、杨腾辉作军费，时行收买，指令李、杨两部与广东粤军合兵作战，消灭李、白，彻底征服广西。

6 月 2 日，李明瑞、杨腾辉的部队到达梧州，然后沿邕江进抵桂平附近。由于粤军与李、杨两部配合作战，龙云部又从贵州方面杀来，白崇禧、黄绍竑无力抵挡，由广西南部的龙州败逃越南，残部交给许宗武、韦云淞率领。当李、杨两部到达桂平附近之后，他们经过谈判协商，认为双方都是广西的部队，不应当在自己的家里打仗，况且不管谁胜谁败都对广西人不利，而对蒋介石和陈济棠有利。于是，双方取得谅解，达成协议：许宗武部让开河防，让李、杨部渡过邕江，李、杨部则允许许部在广西存在，不对他采取军事行动。韦云淞部也与李、杨部达成同样的条件妥协。俞、李、杨这种做法，显然违背了蒋介石"根本铲除"的意愿，保留了李、白残部，为李、白以后的东山再起留下了基础。7 月，俞作柏在南宁市任广西省政府主席职，李明瑞任广西编遣分区特派员职，从而组成了以俞作柏为首的广西省政府，第一次蒋桂战争遂告结束。

蒋桂战争揭开了 1929 年至 1931 年国民党各派新军阀混战的序幕。在这次战争中，蒋介石集团，针对李宗仁部兵力弱小，战线过长，且内部矛盾重重的弱点，采用了集中兵力、攻占要点、分化瓦解的作战方针，首先攻占了武汉，卡住了南京的上游，如芒在背，从中间割断了桂军南北两端的联系，为各个击破桂军创造了有利态势。其次是拆散了粤桂两派的联盟，扣押了李济深，策动了倒李运动，使广西陷入孤立无援的境地。三是针对桂系内部的矛盾冲突，巧妙地利用矛盾，分化瓦解桂系内部，使其战斗力进一步削弱。而李宗仁集团在这次战争中，则缺少对战争全局的正确分析，战线拉得太长，首尾难顾，不能把有限的兵力集中起来，固守住武汉战略要地，采取了步步退守的作战方针，失去了作战的主动权。在加强内部统一组织指挥方面，缺少强有力的保障形式，导致了粤桂联盟被拆散，出现了内部反叛倒戈，给蒋介石造成了可乘之机。

蒋冯战争

1929 年 10 月至 11 月，蒋介石和冯玉祥为保存军事实力，扩张统治势力在河南地区进行的一场战争。

北伐战争中，冯玉祥誓师响应北伐，取得了河南地盘，统治势力又得到了进一步扩张。蒋介石看到冯玉祥的军事实力不断增强，统治的地盘又连成一片，感到对自己的独裁统治是一个威胁，便采用拉拢手段，与冯"义结金兰"，企图以此来稳住冯玉祥。但蒋、冯之间互相排斥，暗中扩充势力，矛盾一直不断。在 1929 年初的编遣会议上，由于蒋介石和阎锡山合伙抛出的编遣方案，明显企图是削弱冯玉祥西北军的军事实力，冯以生病为由拒不出席会议，于 1 月底秘密由南京返回河南，遂使蒋、冯之间的矛盾冲突表面化。3 月 28 日，中日两国签订解决"济南惨案"的协定，其中规定日军自胶济线撤退，冯系山东省主席孙良诚接防济南。但蒋介石初电令孙良诚勿入济南，后虽同意"按原定计划接防"济南，但又另派陈调元部驻守胶东，牵制孙良诚部。山东这一问题的出现，使冯玉祥更为不满，蒋、冯之间的矛盾更趋激化。

4 月初，蒋介石进兵两湖，攻打桂系时，冯玉祥在邵力子的疏通下，表面上虽打出了拥护中央讨桂的通电，暗中却部署重兵于豫东和豫南，其意图是蒋战败即派兵渡江夺取南京，桂系战败则出兵武胜关夺取武汉。桂系在鄂失败后，冯系韩复榘、石友三两军进至鄂北花园。蒋介石为稳住韩、石两部，在武汉召见韩、石，以犒赏军队为名，进行收买。

冯玉祥在蒋桂战争末期，预感到蒋在打败桂系后，将会向西北军开刀。于是他在北联晋军拉阎锡山共同反蒋的同时，大力调整部队。4 月 24 日，冯玉祥在开封召集高级将领军事会议，认为桂系之所以失利，就在于战线拉得过长，李、白对将领失去控制。遂决定缩短战线，撤退山东部队，收缩鲁、豫兵力，集结河南。接着，孙良诚电辞山东省政府主席职，率部撤离山东，移驻陕西。随后，韩复榘、石友三、马鸿逵、庞炳勋等部也率部撤离河南进入陕西。冯部还将武胜关隧道和陇海线上的重要桥梁炸毁，以迟滞蒋军的调动，阻其进攻。5 月 15 日，冯部将领刘郁芬、孙良诚、韩复榘等通电"护党救国"，推冯为"护党救国军西北路总司令"，请冯率部反蒋。

面对蒋、冯间的紧张局势，蒋介石采取了边用兵边分化的策略。一方面制定了"集结主力于豫西、鄂西及平汉、陇海沿线一带，俟其发动一举而歼灭之"的作战计划，令朱培德的第一路军集结于徐州、开封之间；刘峙的第二路军在信阳、襄樊一线待命；唐生智的第五路军部署在洛阳、郑州一带。另一方面，蒋介石不惜以重金收买冯玉祥的部下。4 月间，蒋在武汉召见韩、石两人，就以巨款收买，使其萌发叛冯投蒋之心。后又继续策动韩、石破坏冯玉祥的西撤计划。5 月 22 日，韩、石通电"维持和平，拥护中央"。蒋介石即委任韩当西北军总指挥，任石为讨逆军第十三路总指挥。在行政上，蒋委任韩为河南省主席，石为安徽省主席。同时，蒋还策动冯部刘镇华、杨虎城、马鸿逵等叛冯投蒋，委任刘镇华为讨逆军第十一路总指挥、马鸿逵为第十五路总指挥，杨虎城为新编第十四师师长。这样，在蒋介石的一手策划下，西北军内部发生了激烈的分化。5 月 23 日，国民党中央决议开除了冯玉祥的党籍；24 日，国民党政府下令免去冯玉祥本兼各职，严缉拿办。冯玉祥遭此重大挫折，在出于无奈的情况下，委宋哲元代理总司令，只身去山西说服阎锡山共同反蒋。阎锡山却劝冯玉祥下野出洋，表示愿陪冯一起出国。冯处境困难，决定以退为进，表示愿意下野出国。阎却在 6 月下旬诡称共商反蒋大计，邀冯入晋，把冯玉祥软禁在五台山，作为与蒋介石谈判的筹码。

蒋介石在打败桂系，分化西北军得手后，为了进一步控制中原局势，又派嫡系将领蒋鼎文率第二军驻扎在武汉地区，南控湘赣，西制川鄂；命顾祝同率第一军驻守徐州，南掩京沪，北控苏鲁；对冯玉祥的西北军，则采取了以毒攻毒的策略，起用唐生智为第五路军总指挥，率其旧部开赴豫西扼制西北军东出潼关，并加紧经济封锁，企图将冯军困毙于西北荒漠地区。

西北军将领对阎锡山背信弃义扣押冯玉祥极为愤慨，再加上陕、甘、宁、青西部地区土地贫瘠，给养极其困难，都愿意投蒋打阎，以打开生路。遂由鹿钟麟出面拉拢韩复榘和石友三，重修旧好。这时，韩、石两部叛冯投蒋不久，仍处在蒋的嫡系部队包围之中，颇为不安，正想摆脱困境。他们在鹿钟麟的劝说之下，表示愿意合力攻阎，以报扣冯之仇。何应钦闻讯后，当即答应接济军火给养。阎锡山听说此事后，极其恐慌，并意识到西北军仍拥有广大地盘和雄厚实力，仍听从冯玉祥的调遣，于是改变了对冯玉祥的态度，表示愿和冯共同反蒋。冯为防止蒋、阎勾结，决定拆散其联盟，也表示愿意捐弃前嫌。双方约定，由西北军率先发动，晋军随即响应。因此，西北军又由联蒋攻阎变为联阎反蒋了。

10 月 10 日，退驻陕、甘的西北军在代总司令宋哲元的指挥下，发动了反蒋战争。接着，40 万大军兵分 3 路直指河南。第一路由孙良诚指挥，沿陇海线东进潼关，再入豫西；第二路为孙连仲、刘汝明部，由孙连仲指挥，出紫金关，东取南阳；第三路由张维玺、吉鸿昌率领，从汉中、兴安出鄂豫边的老河口，循白河东进，威胁襄樊。后两路得手后，进取武汉，与两广的张桂联军取得联系，共同倒蒋。

10 月 11 日，蒋介石下令讨伐西北军，决计将码军"歼灭于潼关——紫金关——白河以东地区，直驱长安，一鼓而荡平之"，蒋介石亲自指挥，以朱培德为总参谋长；以唐生智率领第五路军的第五、第八、第十军等部，在郑州以西进攻冯军，阻其由潼关东进；以方鼎英所率第一路军的第三、第四军等部，集中于叶县、舞阳、西平、郾城一带，西击冯军；以刘峙所率第二路军的第一、第三军等部，集结于鄂北广水、花园、樊城、老河口一带，相机北进；另调四川杨森部至荆州、沙市一带为后卫。

10 月下旬到 11 月上旬，蒋、冯两军在洛阳东南的临汝、登封、黑石关一线和豫西的淅川、紫金关一带发生激战。冯军 3 路出动后，初战甚为得手。孙良诚指挥的第一路军从左翼很快打败洛阳守军徐源泉部，进抵登丰、密县；

宋哲元指挥第二路军的冯治安军，从中路攻下临汾，孙连仲指挥刘汝明军也进抵西峡；张维玺、吉鸿昌部也从南路进至老河口一带。蒋介石见冯军攻击顺利，战局发展与己不利，便亲至许昌督师指挥作战。11月初，宋哲元、孙良诚两路军在防守陇海线黑石关要隘庞炳勋第二路军的配合下，正待部署军队夺取许昌和郑州时，不料蒋介石又和阎锡山达成协议，蒋给阎拨去月饷军费680万元，并委任阎为陆海空军副总司令。阎在蒋的高官厚禄收买之下，又倒向蒋介石方面，不仅违背了诺言，按兵不动，而且宣布就任南京国民政府陆海空军副司令职，并在北平、太原等地召开"讨逆"大会。阎的这一反叛行为，使冯玉祥及其西北军受到很大打击。左路军孙良诚部在唐生智、方鼎英部的拼命阻击下，放弃密县、登丰一带阵地后撤，因掩护撤退的魏凤楼军过早放弃龙门，孙良诚部在后退时被徐源泉部截击后部，受到很大损失，在蒋军的前后夹击下，孙良诚进退无路，准备接洽投蒋，以保全部下。宋哲元在中路得知这一消息后，恐腹背受敌，遂下令前线的本路军及庞炳勋军向潼关撤退。至11月底，在蒋军的强大攻势之下，西北军孤立无援，军事指挥上又无法统一，冯玉祥令其主力退回陕西。至此，冯玉祥反蒋战争遂告失败。

在蒋冯战争中，蒋介石面对冯、阎两大军事集团联盟，谨慎用兵，巧妙周旋，采取拉一个、打一个，边用兵、边分化的办法，首先以重金收买了冯部的高级军事将领韩复榘、石友三，破坏了冯玉祥部西撤的计划，使其兵力分散，主力未能及时收拢，而后又策反了刘镇华、杨虎城、马鸿逵等西北军将领，使西北军发生激烈的分化，战争未及展开，便使冯的军事力量受到严重挫折。战争展开后，蒋介石又以釜底抽薪的方法，用高官厚禄把阎锡山收买，破坏了冯、阎的军事联盟，使阎反叛讨冯，陷冯玉祥于孤立无援之中，为蒋介石集中兵力消灭冯玉祥的西北军，提供了可乘之机。这不能不说是导致冯玉祥反蒋战争失败的一个重要原因。而冯玉祥在这次战争中，虽然开始分析认识到了要接受蒋桂战争中桂系失败的经验教训，制定了缩短战线、集中兵力的作战方针，但是在战争的具体过程中却没能很好地贯彻落实，兵分3路出击均未能奏效。而对蒋介石惯用的收买、分化、瓦解的策略掉以轻心，缺少统一组织指挥和巩固内部、加强联盟的必要措施，因而重蹈桂系覆辙，导致了反蒋战争的失败。

唐、石联合反蒋之战

1929年12月至1930年1月，唐生智和石友三在以汪精卫为首的国民党改组派的支持下在河南进行反对蒋介石的作战。

自从北伐战争以来，唐生智一直是汪精卫的忠实追随者。武汉政府时期，唐生智因与张发奎支持汪精卫反蒋，被李宗仁、程潜讨伐下台，军队被桂系吞并，唐被迫出走东洋。在蒋桂战争中，蒋介石进兵两湖，讨伐桂系时，经汪向蒋极力建议，唐又从日本回国，从桂系手中收回旧部。国民党三全大会上，汪精卫的改组派没有获得如意好处，汪就派其党徒到处煽动与蒋有矛盾的部队起来反蒋。唐生智在蒋桂战争中，虽然率其湘军主力尽力助蒋讨桂，但蒋获胜后，唐并没有得到蒋的信任却被派驻郑州，唐去南京见蒋陈述己见又几乎被蒋扣留，因此，唐回到郑州以后反蒋之心更加强烈，积极寻找反蒋的势力结成联盟。

石友三则是一个唯利是图的小人，在蒋冯战争中，蒋介石通过高官厚禄的诱惑，使他叛冯投蒋。但蒋获胜后却把他的部队从亳州调到了德州，安徽省主席的职位被蒋留给了亲信陈调元。石为此嫉恨如仇，于是在刚刚投蒋不久，就又起反蒋之心。当时在投靠蒋介石的西北军将领中，韩复榘、马鸿逵、石友三都是寄蒋篱下，不受重用，备受歧视。他们3人同病相怜，互相庇护，秘密结成小集团。

唐生智认为这个小集团可以利用成为他反蒋的同盟者。于是在1929年11月主动与他们进行联系。在此期间，石、韩也与国民党改组派在上海的总部接上了关系。当唐生智与韩、石串联反蒋时，韩为壮大力量又派员去徐州与石、马秘密会商。马鸿逵看到这是一个卖友求荣的好机会，会后立即到南京向蒋介石告密。蒋由此而信任马鸿逵，对唐、石、韩则采取了严密的防范措施，并准备暗中解决唐、石等人。

就在蒋介石暗中准备解决唐、石的同时，国民党改组派总部也派人到唐、石的部队中进行策划，委任唐生智为"护党救国军"第四路总指挥，石友三为第五路总指挥，并约定在适当时机共同起兵反蒋。在改组派的串通下，唐生智除了早已与阎锡山、冯玉祥有联系外，又串通了各地大小反蒋势力，与陕西的宋哲元、湖北的夏斗寅、湖南的何键、河南的杨虎城、四川的刘文辉等都接通了关系。唐生智特别重视联络阎锡山，派大员袁华选专程到太原会晤阎锡山和冯玉祥，进一步策划联合反蒋之事。此时的阎锡山因受到蒋介石的猜疑，有心再度联冯反蒋，唐生智之请正中下怀。袁华选转达唐意，只要阎同意反蒋，唐即拥护阎为领袖。于是，唐、阎达成协议：阎派联络员到唐生智部，并开出50万的支票充作唐部的军费。唐生智在郑州发动反蒋行动后，阎锡山即在太原发表讨蒋通电。经过上述联络活动后，唐生智认为联合反蒋已经成功，石友三也积极做好了准备。

这时，蒋介石已侦知唐、石的反蒋活动，便采取分而治之，投其所好，诱其就范，而后聚歼的计谋，针对唐、石的不同情况采取了不同的措施。1929年11月下旬，蒋介石声称要委任石友三为安徽省主席职，令石率部到安徽接任。石并不知是计，于11月26日奉命将部队开到蚌埠，准备接管安徽省政。11月27日，石友三赴南京谒蒋，以为会立即得到高官、地盘和巨额军饷，没想到蒋却要石抽调部分力量去广东支援陈济棠攻打桂系。石立即醒悟这是蒋为拆散他的实力所施的一计。为了保存实力，对抗蒋分而治之的计谋，石提出亲率本部人马，全部赴粤。石原本以为蒋不会同意他的这个要求，没想到蒋却非常痛快，不仅同意石部全体南下，而且还许诺石任广东省主席。蒋指示石将部队带到浦口集结，然后分乘木船到上海，然后再由上海乘轮去广东。本性多疑的石友三，对蒋的这一出人意料的决定感到困惑不解。回到蚌埠大本营后，国民党改组派驻军代表帮助分析认为，这是蒋企图将石部诱上木船，在长江东下途中缴械。石恍然大悟，于是决定将计就计，乘其兵力集中，东下浦口时起兵反蒋。石秘密通知唐生智，约定在12月初到达浦口时同时举兵。为了麻痹蒋，石对蒋则表现得非常顺从，按时把部队带到浦口"待船"。

就在石率部东下浦口时，蒋介石对唐生智部开始实行重兵包围，加强对郑州的封锁，使其孤立，待机围歼。这时，石友三也发觉蒋对唐部的行动，不断把南京方面的军事情报向唐通告，当石电告唐，蒋介石已派何成浚去武汉，转平汉线督师，让唐提防小心时，唐回电请石专一在浦口行动，湖北、河南之事他已有安排，并告知石友三，驻扎在山东的高桂滋部已表示与他们合作反蒋，请石在浦口举兵可无后顾之忧。最后，唐、石二人商定：蒋已有察觉，事不宜迟，石友三部由浦口进攻南京，唐生智部下直取武汉。

12月2日深夜，石友三在浦口东站召开紧急会议，决定立即起兵反蒋。先把蒋介石派到石部的代表、兵站总监卢佐扣押，随后以数十门大炮排列在长江北岸，突然向南京城猛烈开火。同时派便衣队潜入南京城内，乘机扰乱。浦口的公安局、保安队、护路队等地方武装，全部被石部缴械，南京城里也陷于混乱之中。浦口的炮声一响，唐生智即在郑州发表早已拟定好的通电，列名者有75人，宣布联合反蒋。12月3日，唐又在郑州善乐园召集各团体机关开会，作了关于时局的讲话，提出放弃蒋介石颁给唐部的第五路军番号，改称"护党救国军第四路军"等六项政治主张，并发表了《拥汪联张电》，公开进行反蒋之战。

蒋介石虽已有所提防，但没想到石、唐会这么快就起兵反蒋。这时，两广战事未停，石、唐又起兵，蒋军主力集中在两广地区正与桂系作战，一时难以调回与唐、石部作战。蒋介石为解决肘腋之乱，便急忙于12月3日在南京召集国民党要员开会，谋划对策。商讨结果决定：争取阎锡山、张学良是解决问题的关键。只要拉住阎、张反对改组派，唐、石之乱即成无头之鸟。对唐、石二部，则重点打击唐部，对石部主要利用韩复榘、马鸿逵进行牵制，而不予以重点打击。会议过后，蒋即派吴铁城以劳军为名去东北拉拢张学良；派内政部长赵戴文去山西劝说阎锡山反唐；向马鸿逵发出训令，率部切实维持好徐州秩序；另派新编第二十路军冯铁裴部从浦口向北进击石友三部；另调集蒋系主力进攻唐生智部。

阎锡山与张学良在唐联络起兵反蒋时，已有过来往。阎在拟写反蒋通电时曾征求张的意见，填写了"党事由党人解决，国事由国人解决"之语，意在反对蒋介石的个人独裁统治。但是，阎的通电尚未发出，事情就发生了变化。一是唐起兵后，没有按照原来的约定，在通电中拥护阎为领袖，却发表了《拥汪联张电》。阎认为唐言而无信；二是内政部长赵戴文奉蒋之命及时赴晋劝阎反唐起了转化作用，使阎锡山由原来的联唐反蒋变为联蒋反唐；东北的张学良在吴铁成的劝说下，也表示反对改组派，支持蒋介石讨唐。于是，阎、张联合发表通电，表示拥护中央，反对改组派，联合讨唐。阎还在太原召开群众集会张贴标语，大造反对改组派、反对唐生智的声势。结果，允诺给唐部的50万元空头支票还没有来得及兑现又收了回去，完全倒向了蒋介石一边。

蒋、阎、张的关系打通之后，蒋、阎相约：阎锡山从山西、河北向河南出兵；马鸿逵、韩复榘部扼守陇海路东段；蒋系军队从南向北进攻郑州；阎、蒋南北夹击唐部。蒋并允许阎支配河南省政权。阎在唾手可得河南地盘的诱惑下决定出兵讨唐。

阎锡山态度的变化，立刻引起反蒋联盟的变化。原来唐生智在通电上列名的75名将领，纷纷发表声明，否认他们参与唐、石反蒋之事。12月15日，唐生智的老部下何键，不仅否认他曾同意列名反蒋，反而列举揭发唐的罪状，通电声讨唐生智。12月20日，由阎锡山领衔，原在唐生智通电上联名反蒋的将领，如马鸿逵、万选才、刘茂恩、刘镇华、王金钰等人联名通电，拥护中央，反对改组派，反对唐生智。在这种情况下，石友三与韩复榘商定，石投靠阎锡山，韩仍依靠蒋介石。12月21日，石友三在率部移至河南商丘后，发表"主张和平，反对改组派"的通电，投靠了阎锡山，后又率部移驻新乡，以免再遭蒋系军队的追歼。

蒋介石见唐、石联盟已破裂，石已投靠阎锡山，便顺水推舟，命令石友三部归阎指挥，不再追究石反蒋的罪过，但令其率部参加讨唐之役。西北军此时反蒋的态度也发生了变化，宋哲元部在唐生智发出反蒋通电后，曾发表通电声明支持唐军，当各派将领纷纷改变态度时，宋哲元又随众反唐。这样，唐生智就变成了孤家寡人，失去了与蒋较量的力量。

在唐生智集团内部，意见也不统一。五十一师师长龚浩，曾在12月3日的会议上提议，应当先借重蒋介石发展自己的势力，马上反蒋为时尚早；如果一定要反蒋，也要速战速决，不宜拖延。可是，唐生智听不得不同意见，对龚浩的这一有益的意见没有予以考虑，反蒋之战打响以后，唐生智又贻误战机，不肯迅速南下。12月20日前，汉口空虚，国民党机关纷纷逃往南京。夏斗寅曾从鄂西密电唐生智，请他迅速南下，占领武汉，夏愿为内应。但唐生智迷信于阎、唐联合，待阎起兵，推迟南下。结果阎锡山变友为敌，夏斗寅见势不妙，也参加反唐军的行动，使唐生智四面受敌。

12月9日，蒋介石在国府会议上讲话，指出要坚决以武力平定唐部。随后，调其嫡系刘峙等部队沿平汉线北上，进攻郑州。阎锡山派孙楚、杨爱源部从河北、山西向南推进。12月19日，蒋介石电令"讨逆军"全部归阎锡山指挥。这样，河南境内的王金钰、刘春荣、韩复榘、石友三等都在阎锡山的麾下参加讨唐作战。南京政府为了加强讨唐作战的力量，又购买了6架飞机参战。12月20日，蒋系部队在平汉线发起总攻。蒋鼎文、夏斗寅等师，经大小数十战，相继攻占了遂平、汝南；晋军于12月20日从北面抵至郑州，其中徐源泉部从鄂北攻入河南；驻在南阳的杨虎城部于1930年元旦之夜又袭击了唐军的供应站驻马店，将唐部拦腰截击，加速了唐部的崩溃。唐生智本人已从郑州进至驻马店以南地区，遭此袭击后，唐又率领主力进行反攻，因兵力不足，适这时又天降大雪，平地雪深3尺，人马难以行动。唐率部徘徊在豫南，进退无路。潜伏在河南的情报头子戴笠，将唐部的狼狈情况电告蒋的总部，1月3日，蒋介石遂命刘峙指挥豫南前线蒋军向唐部发起猛攻；命驻南阳的杨虎城率其陕军向唐生智总部驻马店再次发动袭击；阎锡山亲到郑州督战，委托韩复榘为北路总指挥，督率王金钰、王钧等部渡过黄河，沿京汉路南下。唐生智在两面夹击之下，失去了抵抗力，进退两难。1月6日，唐生智致电阎锡山，请求只身出洋，所部听候改编。随后，唐生智化装潜逃，经开封到天津隐居。1月9日，唐部先后到河南漯河集中。13日，唐残部只好在刘兴、龚浩的率领下投降。所部被蒋、阎两军缴械收编。至此，唐生智、石友三的联合反蒋之战彻底失败，国民党改组派在北方拉起的两支"护党救国军"也土崩瓦解了。

1929年是国民党新军阀混战动乱不止、战祸不断的一年，内战的地域狭及大半个中国。其中接受汪精卫国民党改组派"护党救国大同盟"中央委任的"护党救国军"就有张发奎、俞作柏、唐生智、石友三等部，其各地大小反蒋势力也云集四起。然而，所谓的"护党救国军"却都一个一个被蒋介石打败了。其原因主要在于他们发起的"护党救国"运动，只有其名而无其实，"护党救国"只不过是一张招牌，参加"护党救国"的各派系，都是为了互相利用，为本派系争权夺利，没有统一的斗争目标，不是为了反帝反封建的民族解放运动，而是为了以反共反人民的汪记国民党，取代另一个反共反人民的蒋记国民党。所以，汪记和蒋记的权力之争，导致了新军阀混战不断，给人民群众带来了深重的战争灾难，也得不到人民群众的支持。蒋介石在这次战争中，之所以能战胜各派反蒋势力，主要在于他凭借手中的军事实力，采取了威慑与拉拢相结合的手法，利用护党救国大同盟内部互相戒备，互拆墙脚，都希望别人倒下，自己称霸的混乱状况，竭尽纵横捭阖之能事，把改组派的护党救国军先后予以各个击破，并借机打击了反蒋势力，使蒋介石的军事实力和独裁统治得到了进一步的巩固和加强。而以汪精卫为首的国民党改组派却从此一蹶不振，名存实亡了。

桂粤联军反蒋之战

这是 1929 年 12 月至 1930 年 2 月，桂系军阀李宗仁和粤军张发奎部，为保存军事实力，取得对两广地区的统治权，在广东西部地区和广西省境内与蒋介石军事集团进行的一次战争。

蒋桂战争结束后，蒋冯战争又起。国民党改组派首领汪精卫看到内战不息，有机可乘，便在香港召开国民党第二届中央执行会议，号召各地武装力量，反对蒋介石的南京政府。并派人与拥汪派的张发奎、唐生智联系，要他们发动反蒋战争。而蒋介石此时已经注意到张发奎在鄂西收容了桂军残部，势力日益膨胀，因而命令张所统率的第四师，调往陇海路休整，并限于 9 月 20 日前乘轮船到达浦口。张估计蒋必在汉口或浦口将其所部包围缴械，时机迫切，不容久待。张与汪精卫取得联系后，于 9 月 17 日电告蒋介石，提出 3 项主张：一是取消违法乱纪的国民党三全大会；二是根本铲除党内腐化、恶化势力；三是敦请革命元勋回国，主持大计。这是张发出反蒋的信号。次日，张即率部由宜昌驻地取道湘西回桂，目的在于与广西的俞作柏、李明瑞部会师，一同进取广东，在广州另立政府，拥汪精卫出面，与蒋介石抗衡。

在张发奎率部经湘返桂途中，汪精卫特派薛岳去南宁会晤广西省政府主席俞作柏，请俞起兵倒蒋，与张发奎一同攻粤。俞以到广西主政才 3 个月，仓促起事，恐给人以可乘之机，考虑再三，犹豫不决。汪精卫以张率部师行途中，不容再缓，逼俞立即表态。俞不得已于 9 月 27 日在南宁宣布就任"护党救国军南路总司令"，并以李明瑞为副总司令。同时发表反蒋通电，欢迎张发奎部返桂。

蒋介石闻讯后，于 10 月 2 日下令免去俞、李本兼各职，另以吕焕炎为广西省政府主席兼第八路军副总指挥，以杨腾辉为广西编遣分区主任，又用重金收买李明瑞部的第四十四旅旅长黄权任独立第五师师长。10 月 7 日，蒋命陈济棠督率香翰屏、余汉谋、蔡廷锴 3 个师沿西江而上进入广西，目的给俞、李施加军事压力。同时经黄权转告，允给俞、李 10 万大洋下野。10 月 13 日，俞、李率张云逸的教导总队和俞作豫部离开南宁，分赴百色、龙州一带。

汪精卫在香港接到薛岳的报告，知悉俞、李率部离开南宁，非常不安，恐怕亲蒋的吕焕炎率桂军堵截张发奎部，便请李宗仁重返广西收拾桂局。李宗仁、白崇禧等人认为这是他们东山再起的好机会，便同意与张发奎合作，共同攻粤反蒋。10 月 31 日，张发奎率部经湘西进至龙胜县城，随即便派员与广西将领接洽，达成默契。11月初，张率部继续向灵州、长安一线前进。11月11日，张接到桂林方面的来电，告知："接第二届执监委员联席会议命令，任李宗仁为护党救国军第八路总司令兼中央命令主传达所所长，黄绍竑为副总司令，白崇禧为前敌总指挥，相与一致讨蒋靖粤。"张接电后决定率部兼程入粤。17日，张在同安宣布就任"护党救国军第三路总司令"职。24日，张率部到石桥镇与黄绍竑会晤，商讨进军靖粤部署后决定：1.李宗仁以中央传达所长名义，统一指挥第三、第八路部队入粤讨蒋作战；2.李宗仁为方便和汪精卫、张发奎的联系，任汪派要员陈翰誉为第八路总司令部参谋长；3.张发奎的第三路经怀集、广宁到清远；李宗仁的第八路经德庆、肇庆、四会到清远。两路部队定于12月6日在清远会师后发起总攻。

蒋介石对桂、张联合攻粤早已做了充分准备，在张率部返桂的同时，除已命令陈济棠以第八总指挥统率余汉谋、蔡廷锴、蒋光鼐、香翰屏、李杨敬5个师先后进入两广地区外，又派朱绍良的第六路谭道源、陈继承、毛炳文3个师由赣援粤。另外，蒋又令何键的第四路部队由湖南进攻广西，从北部牵制桂系。在粤方面委何应钦为广州行管主任，负责指挥入粤部队作战。

桂、张联军入粤作战部队共有5师5旅。其中桂系部队有5师一旅，分为两个纵队，第一纵队以吕焕炎为总指挥，下辖许崇武、梁朝玑两师和封克鲁旅；第二纵队以杨腾辉为总指挥，下辖梁重熙、黄权、蒙志3个师。张发奎的部队共有4个旅，即：邓龙光的第十旅、黄镇球的第十一旅、吴奇伟的第十二旅、陈芝馨的教导旅。两路兵力共有5万余人。

11月24日，第三路在张发奎的带领下经冈寨、下黄冈一线抵达清远、高田、上岳一带；第八路在李宗仁的带领下经都城、下茅墟、肇庆进至清远。

12月6日，李宗仁在清远下达了总攻击命令。7日晚，第三路和第八路第一纵队由横石、第二纵队由洲心墟渡过北江，击溃沿江守军一部，继续向粤攻击前进。8日，第三路到达花县外围，张发奎即以吴奇伟、陈芝馨两旅为右翼，进攻花县、两龙墟；以邓龙光、黄镇球两旅为左翼夺取新田、石角。左翼对阵的蒋军为朱绍良、毛炳文、陈继承三个师。9日，邓龙光旅在新田率先破敌，攻占石角。10日，在右翼陈芝馨旅一部协助下，又将石角玉象山一线蒋军击溃。此时，邓旅士气正盛，本应乘胜直追逃军进击广州，但因右翼方面战场吃紧，邓旅追至李溪时，奉命回师增援两龙墟。

此时，右翼吴奇伟旅，8日晚，在连湖击破谭道源部，即占领花县。9日下午，陈芝馨旅进取玉象山，吴旅追敌到两龙墟受敌顽强阻击。10日至11日，战事完全集中在两龙墟战场。蒋军为蒋光鼎、蔡廷锴两师，凭坚固工事与张发奎部作战，将张部阻隔在两龙墟外围。11日中午，黄镇球旅在进攻中严重受挫，旅长黄镇球受伤。张又令邓龙光旅继续进攻。12日，守两龙墟的蒋军在空军的支援下，对张部展开突然反击，张部被分割为数面，收拢不及，损失惨重，又与第八路军接应不上，张发奎不得已于13日下令撤退。14日，张部退至琶江集结。

李宗仁率领的第八路军，此时正在进攻军田。由于第八路军多系新编部队，战斗力较弱，又因无重火力助攻，所以，军田久攻不下。李宗仁接到第三路军在两龙墟进攻受挫，退却琶江的电文后，恐左侧背受到威胁，也下令部队撤出军田。13日，白崇禧致电张发奎："接兄电文，敝军占领芦苞后，决定元晨分由芦苞、白泥渡河，向炭步、新街前进。但主力渡河尚未完毕，迭见贵部军官由花县到军田，谓贵部已向原路退回，故德（李宗仁）季（黄绍竑）两公决心暂撤回北江右岸，以便与兄会商后再定计划……"随后，第三、第八路军都经广宁、怀集撤回广西。李宗仁原拟率部撤往梧州，并派一部先行抵梧，但部队尚未到，梧州已被陈济棠部进占，在这种情况下，只好率部退往平乐休整。12月28日，桂、张联军到达平乐。

1930年1月5日，李宗仁在平乐整编部队，决定将第三、第八路军的名义撤销，各自恢复以前的番号。改编后的番号是：张发奎任第四军军长，下辖第四、第十二师；杨腾辉为第七军军长，下辖第五、第八师；黄绍竑兼第十五军军长，下辖第一、第三师和教导师。这3个军仍以李宗仁为总司令、黄绍竑为副总司令，白崇禧任前敌总指挥。

此时，粤军分兵向平乐、荔浦进逼，而留守后方的吕焕炎又公开宣布反李拥蒋，并在玉林就任广西省政府主席职。吕的倒戈，使桂、张联军前后受敌，形势至为严重。李、黄、白、张在平乐举行会议，决定由白崇禧指挥杨腾辉的第七军和梁瀚嵩的教导师及黄瑞华的警卫团，阻击正面进入平乐、荔浦之敌；同时，由黄绍竑率第七军、第十五军主力远征桂南，解决吕焕炎叛军，以固后方。

1月9日黄绍竑率部由荔浦进抵柳州，吕焕炎在南宁的守军营长杨俊昌、覃兴即前来联系，黄告杨、覃应适时发动兵变，解决吕部守军，拿下南宁。随令第十五军于1月13日由修仁出发，第四军随后跟进。19日，第十五军许崇武师袭占桂平，梁朝玑师袭占贵县，吕焕炎从贵县逃至玉林固守。而杨俊昌、覃兴等人于18日突然发动兵变，以迅雷不及掩耳之势，把吕部在南宁的蒋武、张寿两团解决，并且获得了一批储存在南宁的武器装备。黄绍竑即提升杨俊昌、覃兴、岑建英为团长，令他们驻守南宁。驻守在宾阳的吕部伍朝栋、韦恒心二团率部移至黎塘，向李宗仁投诚。至此，李宗仁讨吕军事行动告一段落。

1月下旬，朱绍良统领的第六路三个师进入平乐。李宗仁在宾阳，令梁瀚嵩教导师由荔浦向平乐开进，令白崇禧率第七军全部及在宾阳归顺的伍朝栋、韦恒心两团固守荔浦，准备迎击蒋军。

梁瀚嵩师于 1 月 29 日由荔浦进到栗木，击退敌警戒部队。次日于龙窝又败敌一个团。进至平乐对岸时，却被优势的蒋军击退。白崇禧为了诱平乐之敌全部过漓江西岸，仍令梁瀚嵩师继续佯攻。2 月 1 日，梁再次率部进击。2 日，蒋军毛炳文师和谭道源师倾巢出击，企图围歼梁瀚嵩师。梁见诱敌任务已完成，便率部迅速退回荔浦。

白崇禧见毛、谭两师西渡漓江，急令杨腾辉率第七军全部为左翼，攻占马岭；以梁瀚嵩师及伍、韦两团为右翼，进攻栗木；以黄瑞华警卫团佯攻阳朔；以唐生明部由荣城袭扰平乐敌后；白崇禧则亲率第八师一个团为总预备队。对毛、谭两师形成合围之势。2 月 4 日，白崇禧下令总攻。5 日，左翼一举攻占马岭、栗木。6 日，又败敌于龙窝。7 日，残敌分散数处逃过漓江，退往八步。10 日，桂军追至八步，残敌又退至信都、开建，转往梧州与陈济棠部会合。至此，桂北之战已获胜利。但粤军余汉谋、香翰屏部正沿容仓公路进援玉林，企图解吕焕炎之围。为此，白崇禧电告黄绍竑，请他放弃玉林，退守浔贵，候他率第七军到后再一同破敌。12 日，白率第七军到柳州准备南下玉林。

可是黄绍竑此时已令第四军远征南路，一时调不回来。当黄得知粤军沿容仓公路急援玉林时，急调张发奎回师北流阻敌，可是此时李汉魂师在高州，邓龙光师在廉江，要数日后才能到达北流。黄迫于形势，遂改令第四军由高州进入容县杨梅附近，以阻止粤军的前进，但第四军主力未到，粤军已迫近，不得已又退向北流，粤军再次进逼北流。这时，白崇禧急电黄绍竑，重申不要孤军作战，继续后退，寻机再战。可是黄没有采纳这一正确意见，令第四军和第十五军主力与粤军余汉谋、香翰屏、蒋光鼐 3 个师在北流附近进行决战。从 13 日至 16 日，桂、张联军主力与粤军主力苦战 4 昼夜。张发奎第四军和第十五军的梁瀚嵩师因连日奔袭，劳师远征，兵力疲惫，在劳逸悬殊的不利形势下，终于败北。桂、张联军只好退到贵县防守。形成了桂、张联军与粤军隔浔江对峙的局面。北流一战，桂、张联军损失重大，特别是张发奎第四军尤甚。战后，张部缩编为第三十四、第三十五、第三十六团。至此，桂、张联军反蒋之战又以失败告终。

桂、张联军反蒋之战，是国民党新军阀混战中一场重要的战争，战争的核心是为了争夺在广东地区的统治权。汪精卫挑起战端后寓居香港，蒋介石则调用粤、赣军与桂、张联军对阵，其嫡系部队并未参战，但却从中捞到了好处，取得了对广东地区的统治权，进一步割弱了桂、张的反蒋实力，巩固了在南方的统治地位。而桂、张联军反蒋之战的失利，主要教训在于相互协调不够统一。在攻粤之战中，两军未能形成合力。在第三路左翼初战得手后，未能抓住有利战机，直下广州，威敌后方，却回援右翼，处置失当。而在两龙墟之战失利后，又未能及时与第八路联系，单方撤兵后退，使桂军侧翼暴露，不宜再战，也只好仓促退兵，导致了攻粤之战的失败。另外，桂、张联军在作战中频频转战，兵力分散，缺少必要的补充与休整，使部队过于疲惫，影响了战斗力的发挥也是这次反蒋失败的一个主要原因。在攻粤失败后，桂、张联军在蒋军的追击之下，未及休整便投入了桂南、桂北、桂东南等几次作战，实行分兵阻敌，虽然取得桂南、桂北作战的胜利，但没能很好地发展胜利形势，却劳师远征，欲解玉林之敌，主力被困守北流。最后导致整个反蒋之战失败。

蒋、冯、阎中原大战

1930年5月至11月，蒋介石与冯玉祥、阎锡山、李宗仁等为争夺军事统治权，在河南、山东、安徽等省进行了一场大规模军阀混战。因战争主要在中原地区进行，故又称"中原大战"。

1928年6月，国民党新军阀通过第二次北伐，将奉军驱逐出关后，蒋介石、冯玉祥、阎锡山、李宗仁4大军阀集团间为了分配地盘和统治权力，矛盾冲突逐渐尖锐化。同年7月11日，蒋介石接受政学系智囊人物杨永泰建议的"削藩"策略，召集各集团军总司令及其一些主要军官在北平（今北京）汤山举行会议，讨论缩减军队的方案，提交8月初举行的国民党二届五中全会审议并得到了通过。

1929年1月，国民党召开编遣会议，讨论军队缩减方案，蒋介石借此机会，首先集中力量削减冯玉祥的实力，而对阎锡山则实行拉拢手段。阎锡山当时兵力不足12个师，蒋介石不但保留了阎部12个师的番号，而且还允许补充足额。阎锡山虽然也看破了蒋介石借编遣会议削弱异己的企图，但是，他看到自己据有闭关自守的有利地盘，可以坐山观虎斗，因而，在编遣会议中也对蒋介石采取了虚与委蛇、见机行事的方针。

1929年初至1930年初，蒋介石先后在两湖、粤西、豫西、豫南等各次军阀混战中打败了李宗仁、张发奎、冯玉祥和唐生智等人后，军事势力更加强盛。这时，被打败的各路军阀已无力再与蒋抗衡，不仅其他一些杂牌军阀惴惴不安，"山西王"阎锡山也感到了蒋介石对自己的军事威胁。这时，蒋介石也对阎锡山改变了过去那种拉拢敷衍的态度：原来在和阎锡山联手讨伐唐生智时应允的每月拨给晋军的80万元军饷也不再拨付；阎锡山要求发行公债以偿付"北伐战争"垫付的军费也不予批准；原来由阎锡山控制在手的天津海关、长芦盐运使署等华北的重要税收机关，也由宋子文派人前来接收，如此等等。在蒋介石这种咄咄逼人的形势下，阎锡山终于决心揭起反蒋的旗帜。这时，由于其他各派军阀在蒋介石的打击之下，实力都遭到不同程度的削弱，只有阎的晋军还保持一支完整的兵力，因此，晋军就成为国内各反蒋派系所瞩目的重要力量。

1930 年初，国民党改组派头目汪精卫、陈公博，西山会议派头目邹鲁、谢持等人先后来到太原与阎锡山共同策划讨蒋。计有冯玉祥、李宗仁、张发奎、刘文辉、孙殿英、韩复榘、石友三、唐生智、马鸿逵、刘湘、何键、樊钟秀、井岳秀、任应岐、刘镇华、万选才、宋哲元、陈调元、金树人、岳相如、刘恩茂、刘桂棠、刘春荣等全国各地大小军阀均派代表参与酝酿。东北军阀张学良也派其秘书王树翰前去太原联系共同反蒋行动。太原一时各路军阀代表云集，成为汇合全国各地反蒋力量的政治中心。

阎锡山在采取军事行动前，首先作了一系列的舆论准备：2 月 10 日，以"礼让为国"为辞，通电要求蒋介石下野。3 月 13 日，又授意其部下商震通电劝阻阎锡山辞职。3 月 14 日，李宗仁、张发奎以及冯系将领鹿钟麟等 57 人联名发出了拥护阎锡山为中华民国陆海空军总司令、冯玉祥、李宗仁为副总司令的通电。3 月 21 日，阎、冯又联名发出倒蒋通电。4 月 1 日，阎、冯、李宣布就职。此时，全国各地大小军阀纷纷发表通电，拥护讨蒋。

4 月初，阎锡山到郑州与冯玉祥会晤，分析研究讨蒋之战的军事形势，确定作战方针是：河南战场采取攻势防御，将蒋军主力牵制在陇海、京汉两线；山东战场采取攻势，得手后即全线出击，夺取徐州和武胜关战略要地，而后各路围攻南京。其兵力部署是：桂军为第一方面军，李宗仁为总指挥，由广西出兵湖南，北进武汉；西北军为第二方面军，冯玉祥为总指挥，由郑州地区沿陇海路东取徐州，并防守许昌以北地区；晋军为第三方面军，阎锡山为总指挥，由河北沿津浦路南下进攻济南，而后会师冯部，围攻徐州，进兵南京；石友三指挥所部为第四方面军，由新乡东进，主攻济宁、兖州，配合晋军会攻济南；此外，反蒋联军还内定：张学良为第五方面军司令；刘文辉为第六方面军司令；何键为第七方面军司令；樊钟秀为第八方面军司令。此外，还有孙殿英、刘茂恩、万选才、刘春荣、刘桂堂等各地军阀参战，总兵力约 70 万人，以西北军和晋军为主力迅速展开于陇海、平汉、津浦各线。

4 月 5 日，南京国民政府下令，免去阎锡山本兼各职，"着京内外、多省政府、各军队，一体严拿归案"。国民党中常会议决定永远开除阎锡山党籍。与此同时，蒋介石方面也集中了 30 余万人的兵力，编成 4 个军团，蒋介石自任总司令，讨伐阎、冯反蒋联军。其兵力部署是：令韩复榘为第一军团总司令指挥所部防守山东禹城地区，阻止晋军南下；刘峙为第二军团总司令，率蒋军主力，集结于徐州、砀山、宿县等地展开，准备在陇海路沿线对阎、冯军主力作战；何成浚为第三军团总司令，指挥徐源泉、王金钰、杨虎城等杂牌军，布防于驻马店至漯河地区；陈调元指挥预备军团集结于济宁、菏泽一带地区。在兵力数量对比上，蒋介石方面虽处于劣势，但装备精良，战斗力强，且又为蒋介石一手控驭，因此，蒋介石针对反蒋联军兵力分散，战线过长，难以协调统一的弱点，采取了南截桂军入湘，北堵晋军入鲁，主力固守徐州、南京，分化瓦解阎、冯联军，各个击破的作战方针。

4月23日，阎、冯联军总司令部下达了总攻击的命令：以石友三部为左路，由考城向菏泽、定陶前进；以万选才部为中路，由归德（今商丘）向砀山前进；以孙殿英部为右路，由亳州向蒙城前进。揭开中原大战的序幕。

5月1日，蒋介石在南京举行誓师典礼，令各部队于10日前完成一切作战准备。11日，蒋介石下达总攻击命令，双方开始大规模接触，中原大战爆发。

战争初期，在陇海线上，由于孙殿英、万选才部均系河南土匪收编的部队，地形熟悉，又加上阎锡山委任孙殿英为安徽省主席，万选才为河南省主席，石友三为山东省主席，故孙、万、石3部初战卖命，进展甚为迅速，蒋军伤亡颇众。蒋介石和其参谋长杨杰亲自督战，指挥其主力第二军团奋力作战，并派飞机轮番轰炸，始将孙殿英、万选才部赶回亳州和归德（今商丘）。孙、万两部据守亳州、归德，蒋军久攻不下。蒋介石通过豫籍军人政客张钫，以大量金钱收买阎、冯联军中的豫籍将领刘茂恩。刘因未能获任河南省主席而对阎、冯不满，被蒋收买后便在宁陵诱捕其中路总指挥万选才献给蒋介石，宁陵不攻自破。蒋军又趁势攻下归德等地。在陇海路正面作战的晋军孙楚、杨效欧等部，由于刘恩茂的出卖也受到很大损失。蒋军则乘胜沿陇海西进，连续攻占了柳河、民权，进逼兰封、杞县。由于中路被蒋军不攻自破，孙殿英部被困于亳州，石友三部也在鲁西被阻不能前进。为了挽救陇海线上的战局，阎锡山急忙从华北调去杨耀芳、张会诏两个军前去增援。晋军深沟高垒，配备200多门大炮，日夜向蒋军轰击，使蒋军攻势受阻。蒋介石为击败晋军，调陈率其第一师向晋军阵地右翼扩张。晋军徐永昌部向冯军鹿钟麟部求援，鹿派其部下孙良诚率梁冠英、吉鸿昌、张自忠等军向陈诚部发起攻击。梁、吉等部利用黑夜冲入敌阵，以大刀砍杀，使陈诚部伤亡重大。刘峙急忙派顾祝同军支援、梁、吉部佯退，诱使顾军深入，纷纷掉入冯军的陷阱内。梁、吉部趁机回师反击，杀得陈、顾两军大败而归。左翼的石友三、刘春荣等军也乘机反攻，陈调元军节节败退，至6月上旬，被赶回定陶、曹县、民权、河阳集一线。蒋介石见陇海线战事吃紧，又从上海调来熊式辉部投入作战，始稳住阵地。

在平汉线方面，战斗也非常激烈。冯军左翼为樊钟秀、任应岐、刘桂棠等军，防守小商桥、逍遥镇至西华一线；阮玄武、张维玺、田金凯3个军防守鲁山、叶县、襄城一带；刘汝明军在淅川、南召一带监视杨虎城军。以上各军称为南路军，由张维玺统一指挥。5月16日，蒋介石命令何成浚发起总攻，王金钰部包围樊钟秀军于临颍。6月4日，樊在许昌城督战，被蒋军飞机炸死。冯玉祥派邓宝珊接任樊钟秀第八方面军总司令，并派其西北军劲旅孙连仲率其第五路军向许昌增援，进攻漯河。阎锡山也派赵承绶骑兵集团突袭周口，派刘桂棠部在西华与岳维峻的陕军作战。为了配合桂军进攻武汉，冯玉祥于6月10日下令平汉线各军全面进攻，激战两昼夜，何成浚军向漯河南溃败。南路军总指挥张维玺和邓宝珊等人主张乘胜追击，将蒋军逐出武胜关。冯玉祥却因此时桂军已退出长沙，不宜再分散兵力，未予采纳，遂在漯河至北屋渡一线建立阵地与蒋军对峙，将孙连仲等主力部队移往陇海线，以致错过了消灭南路蒋军的有利时机。在此期间，桂军被粤军困扰在桂北一带，李宗仁见短期逐出粤军已不可能，遂决定放弃广西，于5月中旬北上。李宗仁、黄绍竑、张发奎分兵3路入湘，与唐生智、何键等部队合为一股，一路进军，所向披靡。6月3日，桂军进占长沙。何应钦派来阻击桂军的朱绍良、夏斗寅、钱大钧等军也被击败，逃回湖北。6月8日，张发奎、白崇禧指挥的两路军攻克岳州，李宗仁率桂军总部人员随即进驻岳州，指挥部队继续北进。黄绍竑指挥第三路军也正在向衡阳跟进，准备攻占武汉后与冯玉祥沿平汉路南下的部队会师。正在这时，桂军的后方交通枢纽衡阳，突然为陈铭枢指挥的蒋光鼐、蔡廷锴两师攻占。李宗仁见后路被切断，遂放弃继续北进的计划，回师围攻衡阳。此时，桂系联军数万人跋涉数千里，疲乏已极，辎重尽失，给养中断，又无重兵器，屯兵于衡阳坚城之下，攻取无术。6月底，粤军主力跟进至湘南。两军决战于湖南，桂军又被战败，遂向广西撤退。沿途又遭到广东陈济棠、湖南何键、云南龙云等部的围攻。与此同时，张云逸、李明瑞等人组织的红军又先后攻陷百色等左右江流域城镇。在此形势下，李、白、黄自顾不暇，再也无力北上参与中原大战了。

在津浦线方面，由第二路总指挥傅作义指挥的本军和李生达、冯鹏翥两军展开了对韩复榘部的作战。5月，傅指挥所部发起进攻，韩部稍作抵抗便撤至黄河以南，凭黄河天险固守。6月26日，晋军以炮兵掩护渡河，韩部遂又撤往胶济线。晋军占领济南后，又向南推进至泰安、大汶口一带。正当傅作义指挥所部南进时，阎锡山接到密报说傅与张学良有来往，遂派第四路总指挥张荫吾率王靖国、李服膺两军到济南组织二、四路军联合指挥部，以分傅的指挥权。张到济南后，和傅意见不合，屡次发生摩擦。阎见此状况后，乃令张荫吾沿胶济路发展，将韩部赶到胶东；傅作义则率军沿津浦路南下，与马鸿逵、夏斗寅两军激战于曲阜。由于兵力不足，曲阜一直未能攻下，形成胶着状态。

蒋军由于在陇海、平汉两线受到冯军打击，兵力损伤较多，士气大为低落，蒋介石对能否战胜阎、冯已缺乏信心。为此，在6月初，开始策划和平运动，委托于右任、李石曾出面致电汪精卫，建议召开国民党临时全国代表大会，以便调解蒋、冯、阎之间的战争纠纷。李石曾为此去沈阳请张学良出面调解，张于6月12日致电阎、冯，表示愿做调解人。21日和22日，又先后致电阎、冯，主张把郑州、开封划作缓冲区，双方撤回前线部队，立即停战议和。阎、冯因对形势估计错误，一心想要倒蒋，因而拒绝了于、李、张3人的调停意见。

蒋介石见谋和的意图未能实现，唯一的办法只有强令部队和阎、冯等决一死战，因此，又发生以下几次大战。

蒋军奇袭开封之战

7月，蒋军以刘峙第一军为主，配合张治中的教导师，由杞县、太康之间突破冯军阵地，通过陈留、通许奇袭开封。冯军在事前已侦知蒋军的作战意图，为了诱敌深入，聚而歼之，遂命令孙良诚所部和吉鸿昌、梁冠英等军主动后撤。刘峙不知是计，指挥各师长驱直入，向开封挺进，结果陷入了冯军的包围圈，被孙良诚指挥的梁冠英、吉鸿昌军和庞炳勋部的第三路军在高贤集、龙曲集等地截为几段。冯军发扬近战的特长，用大刀肉搏砍杀，给顾祝同、陈诚、张治中等部以重大杀伤，残部分别经太康、睢县向周口、归德方向败逃。

冯军亳州解围之战

中原大战爆发后不久，由于刘恩茂的叛变，孙殿英部即被蒋军围困于亳州城。阎、冯以孙殿英在北伐战争中曾有过坚守卫辉3个多月的守城经验，为了牵制蒋军的主力，决定将计就计，命令孙率部死守亳州。从5月中旬开始，蒋介石派王钧指挥滇、黔、湘等杂牌军8万多人将亳州城团团围住。孙部虽然达到了牵制蒋军的作用，但近4万人困守孤城2个多月，城内存粮告罄、弹药不足，每日战事不断，不仅居民死伤累累，士兵饿毙者也日日发生。蒋介石为减轻侧背威胁，多次派与孙殿英有历史交往关系的旧军阀张钫、靳云鹗、王翰鸣等人以金钱和委任状诱降，但均被孙拒绝。孙困守孤城，不断向冯军求援，但冯军远在300多公里以外，且又被蒋军层层阻隔，一时无法驰援。困至6月中旬，蒋军再次发动攻城之战，孙求援愈急，冯玉祥见如不迅速为孙部解围，孙有可能投蒋就范，便派孙连仲、孙良诚率10余个师急速增援。为了隐蔽行动，部队昼伏夜行，经过10多天的艰苦跋涉，孙连仲、孙良诚率部于6月30日拂晓突然抵达亳州城下，一举击溃围攻亳州的黔军杨胜治师，将孙殿英的部队接应突围。三孙的队伍会师后，冯玉祥下令其合力攻占宿县、蚌埠，但因部队长途跋涉过于疲劳，而阎锡山又没能及时接济给养，以致未能实行。亳州的放弃，使蒋介石解除了后顾之忧，腾出了近10万部队转战于陇海和津浦线。从此以后，阎、冯联军即由主动转入被动的局面。

蒋军发动全面反攻

6月底，张发奎、李宗仁的联军在衡阳战败后退守广西，蒋介石即将蒋光鼐的第十九路军投入津浦线战场，另调湘军李韫珩师由青岛登陆，合力增援陈诚、夏斗寅和韩复榘，从津浦和胶济两线转入反攻。刘峙则指挥津浦路的部队向北反扑，傅作义孤军难支，率部败退。蒋军于8月6日夺取泰安，15日进入济南与胶济线的韩复榘部相接应。此时，晋军在鲁的部队退回黄河以北。

蒋军在津浦、胶济两线反攻得手后，阎锡山派员到郑州给冯玉祥送去大批银圆和面粉，要求冯在陇海线展开攻势，以解救津浦线的危局。冯玉祥于8月上旬以徐州为目标，兵分7路发动进攻：左翼由孙良诚指挥梁冠英、吉鸿昌两个军出睢县向宁陵进攻；中路由孙连仲指挥其第五路军由太康进攻归德；右翼由孙殿英率其第三路军出柘城攻马牧集；另有防守铁路正面的徐永昌指挥的晋军4个军，铁路以北的刘春荣部和鲁西南的石友三部向当面之敌发起进攻；令郑大章的骑兵集团深入蒋军后翼；宋哲元部为总预备队。

8月6日，冯玉祥指挥陇海线各部队开始总攻击。孙连仲部首先将防守河堤岭的蒋军击溃；孙殿英部也攻下马牧集。但宁陵一线因有蒋军重兵把守，又加以连日大雨，黄河泛滥，作战不便，致使孙良诚部久攻不下。冯玉祥又将宋哲元部加入左翼，协助孙良诚部作战。但因运输困难，给养不能得到及时补充，攻打宁陵作战遂成胶着状态。两军对峙于归德以西、宁陵以北的野鸡岗、内黄集一线。在此紧急形势下，蒋介石拟由陇海路正面及归德以南地区总退却，正在这时，蒋介石从无线电通讯中截获石友三叛阎投张（学良）的密电。于是蒋介石打消总退却的原定计划，悬赏全线坚守。双方激战了7天7夜后，因连日倾盆大雨，陇海线的争夺战始告暂停。

冯玉祥在陇海线发动攻势未果后，阎、冯联军的军事形势急剧逆转。蒋介石除了抽调津浦线部队南下增援陇海线外，又抽调部队加强平汉线的何成浚方面军的作战。正当这场反蒋战争的危急时刻，以汪精卫、邹鲁为首的国民党官僚政客却在北平召集国民党中央党部扩大会议，决定成立北平国民政府，推举阎锡山为主席。为此，阎锡山放下战事准备在9月9日到北平宣誓就任国民政府主席。

蒋介石利用这一有利时机，于9月6日开始全面转入反攻，首先以重兵对防守平汉线漯河至北屋渡一线的张维玺南路军进行猛攻，同时命令徐源泉、杨虎城等部向巩县、洛阳进攻，以威胁冯军的后路。张维玺在两翼遭受威胁的情况下，遂率南路军7万令人退据新郑。在东线方面，蒋军也分成若干纵队，由兰考、太康、杞县向淮阳、周口进攻。在蒋介石的全面反攻下，冯玉祥为了保存力量，集中兵力，一面派宋哲元率部防守郑州至潼关间的陇海线铁路交通线，一面命令南线和东线的部队向郑州附近集结，拟联合徐永昌指挥的晋军组织防线，顶住蒋军的进攻，以便将自己的军队撤往陕甘，晋军撤回山西。不料防守洧川、尉氏一线阵地的梁冠英、吉鸿昌部，经蒋介石派张钫以河南同乡关系进行策反投降了蒋介石。梁、吉二部放弃阵地，让开大路，使得顾祝同率领大军直插郑州以南，将张维玺指挥的南路军及接应张军的冯治安军和邓宝珊的第八方面军共 8 万多人在新郑一带全部包围缴械。随后，防守陇海线西端宋哲元第四路军的魏凤楼军在巩县被缴械；葛云龙师在洛阳向徐源泉投降。同时，张学良于 9 月 18 日发出"和平息争"的通电，就任国民革命军陆海空军副总司令，并派于学忠、王树常率两个军入关。在此败局危急的情况下，冯玉祥在石家庄与阎锡山举行军事会议，主张将阎、冯军队撤往黄河以北，据黄河天险与蒋军继续作战。但是阎锡山怕冯玉祥乘机侵占其山西的老巢，不予采纳，反而准备辞去国民政府主席以及其他职务，下野出洋。10 月 5 日，阎、冯、汪联电张学良，表示愿意停战，听候和平解决。10 月 15 日，阎、冯决定联袂下野。同日，西北军由鹿钟麟领衔通电罢兵息战。11 月 4 日，阎、冯通电取消太原陆海空军总司令部。自此，阎、冯离开军界，晋军和西北军分别为张学良、蒋介石所改编。中原大战宣告结束。

中原大战历时 7 个月，百万大军厮杀于千里战场之上，双方死伤 30 多万人，耗资无数，给人民的生命财产造成严重损失，是国民党新军阀混战中规模最大的一次战争。在这次战争中，蒋介石之所以能以 30 万之旅战胜 70 万大军，主要在于他制定了正确的作战方针，在初战不利的情况下及时调整兵力部署，做到灵活用兵，并注意利用各种关系和手段瓦解反蒋联盟，最后又将举足轻重的张学良争取过来，从而使阎、冯联盟解体，卒使阎、冯联军归于失败。而阎、冯在反蒋战争中，则没能很好地利用在兵力居于绝对优势的有利条件，战线拉得过多、过长，缺少强有力的统一指挥，没有抓住有利的战机去消灭蒋军的有生力量。特别是阎、冯、李等各执一方，互相协调、支持不够，缺乏足够的信任，给蒋介石以可乘之机，为其集中兵力，各个击破创造了条件。冯玉祥在这次战争中败得最惨，惨淡经营 20 多年的西北军，共 30 多万人马的一支军阀劲旅，竟在半年多的战争中全军瓦解。蒋介石则通过这场空前的军阀混战击溃了阎、冯、李等实力派的军阀，使国民党统治集团内部没有再能同他较量的军事力量了。在中国实现暂时的、形式上的统一。这不仅使他的独裁统治得到了进一步的巩固和加强，而且使他能腾出手来，集中兵力，对中国共产党领导的红军和革命根据地进行了长达数年的军事"围剿"，给中国革命带来了严重的灾难。

宁粤战争

1931 年 9 月，南京国民政府与广州国民政府为争夺对国民党政府内部的统治权，蒋系军队与广东陈济棠、广西李宗仁的军队，在湘、赣地区进行的军阀争斗。

1931 年 2 月 28 日，蒋介石和国民党立法院院长胡汉民因约法之争，把胡非法扣押起来，导致了国民党内部的又一次大分裂。各派反蒋势力再次联合起来，聚集在广州，形成了以广东军阀陈济棠为盟主的反蒋联盟。陈济棠自感反蒋力量不足，便联合李宗仁部和张发奎部共同反蒋，形成了以陈、李、张三大军事力量为主的军事支柱。同时，蛰居香港的汪派政客，也在广州开府，另立中央，寄希望于陈、李、张起兵讨伐蒋介石。

5 月 28 日，反蒋派在广州召开国民政府成立大会。根据非常会议的选任，由 15 人组成国民委员会，以汪精卫首任国民政府主席，陈济棠任军事部部长，李宗仁任参军处参军。广州政府成立后，为抵御蒋介石的武力威胁，首要的问题是整顿武装，加强军事力量，准备与蒋介石军队作战。6 月 2 日，广州国民政府非常会议召开第二次会议，决定成立军事委员会，以陈济棠、李宗仁、唐生智 3 人为常委。同时整编部队，将陈济棠的第八路军改称为第一集团军，陈为总司令，下辖第一、第二、第三军，以余汉谋、香翰屏、李敬扬分任军长。在此基础上，陈又借机扩充军队，增编一个教导师、两个独立师、5 个独立旅、8 个独立团及炮兵团、战车营等部队，使其军事势力大为增强。将李宗仁的桂系军队改称为第二集团军，以李为总司令、白崇禧为前敌总指挥，下辖 3 个军，以张发奎、杨腾辉、李品仙分任军长。桂系也同样借机扩充实力，从国外购置大量军械装备部队。同时，广州国民政府还扩充了海、空军，并以陈策为海军总指挥，以张惠长为空军总指挥。为联络其他武装力量参加反蒋作战，派员去北方石友三部和江西第十九路军处做联合反蒋工作。许崇智、唐生智也提出要收编旧部，率兵反蒋。因此，广州国民政府非常会议召开的第二次会议上，颇有一番积极反蒋的热闹景象。

但是，参加非常会议的各派反蒋力量，心怀异志，都只顾本派别和个人的私利，想尽力捞取更大的权力，因此，难以形成团结的力量，会议一开始就存在着矛盾。陈济棠以自己的实力强大，在会议中大搞拉帮结伙，恐怕别人夺去他的盟主地位；汪精卫以为自己在国民党中的影响大，不甘屈就于陈济棠之下；胡汉民派则想另立国民中央，担心汪派的人马操纵非常会议。因此，非常会议召开后不久，就出现了分裂，汪精卫因不满陈济棠的骄横跋扈，到处安插亲信，于 8 月负气出走香港。汪走后，陈又决定向蒋介石求和，但李宗仁认为不在军事上取得进展，蒋介石是不会同意和平解决的，因此，积极主张出兵。陈同意桂军出兵，攻打湖南衡阳，粤军在粤、赣地区作战。但是，从广西到衡阳，蒋军沿途修筑了很多工事，衡阳更是何键在湖南的重要军事据点，不打硬仗就无法轻取衡阳。白崇禧看出陈济棠一箭双雕的用意：既把桂军推出两广地区，又能借蒋的手削弱桂系的实力，因此，借故劳师远征，向陈索要 200 万元军费，陈不肯出资。因此，桂军行动便告吹。

陈济棠见桂系不肯出兵,便通过吴铁城、张继等人向蒋介石提出求和条件,要求南京承认他们既有的地位,和平解决宁、粤争端。但蒋又不肯付出代价与陈调和。陈见求和碰壁又回过头来与桂系合作。同时,陈又召开粤军师长以上会议,强调粤、桂团结的重要性,表示要消除分歧,统一反蒋行动。并派粤军一部赴湘、赣、闽边界地区,以示积极行动。又自动让出潮梅地区给桂军驻扎,请李抽调桂军一部到粤省协助防守。在这种情况下,陈又派人到香港请汪回广州维持广东局面。于是,汪于8月29日又从香港返回广州。

9月2日,陈在汪精卫等人的督促下同意开始出兵北上。其作战方针是:对江西采取守势,对湖南采取攻势。进攻湖南的部队以桂军为主力,与粤军李敬扬的第三军配合,分3路先取衡阳。桂军前敌总指挥白崇禧,于9月5日从桂林到兴安向桂军布置北进计划。11日,广州政府委任陈济棠为粤、桂联军统帅,统一指挥粤、桂联军北进。粤、桂联军集中5万余人逼近衡阳,唐生智也随军前往。何键惧怕唐生智分化他的部队,急忙在湘军中进行统一意志的行动,并把原唐生智的部下调开。与此同时,蒋介石也担心何键与桂系、唐生智重新联合起来,急忙派刘文岛、顾祝同、周佛海等入湘,帮助主持军政事务。9月6日,刘、顾、周3人到长沙后,即与何键召开军事会议,根据蒋介石的旨意,决定由顾祝同部固守衡阳,必要时从江西抽调3个师入湘助战;何键的湘军集中于长沙附近,名义上是保卫长沙,实际上是将桂、粤联军与何键的湘军分开,防止他们串通起来,又把粤方派到何键部的代表扣押起来,在广东问题没有解决以前,不予以释放。9月13日,蒋介石又令何应钦率蒋军一部入湘增援。何键已察觉蒋对己的不信任,为表示对蒋的忠诚,特电南昌行营,欢迎何应钦率部队入湘。

9月17日,桂、粤联军看到湖南蒋军的形势起了变化,遂改变了作战计划,兵分两路,粤军李敬扬第三军向东,防御江西蒋军入湘,桂军继续进攻衡阳。由于衡阳顾祝同部严兵固守,桂军集结城外没有发动强烈攻势。因而在衡阳以南地区形成对峙状态。

此时,蒋介石最担心的还不是广东问题,而是中国共产党人领导的红军的壮大和革命根据地的蓬勃发展。他连续发动的两次对中央革命根据地的"围剿"都被红军打破,红军的声威大震,给国民党的统治造成了严重威胁。在国民党反动派与人民革命的矛盾、国民党内部矛盾并存的情况下,蒋介石决定集中主要力量进行对付红军的反共战争,对宁、粤之间的争斗,则力求"和平统一",因此,蒋介石采取了和平对粤、全力剿共的方针,并呼吁粤方用心剿共,双方的矛盾不必诉诸武力,可以政治解决。自此以后,宁粤之争主要表现为政治上的斗争,宁粤战争也由此而中止。

宁粤战争是南京国民政府与广州国民政府间最后一次大规模的争斗。由于蒋介石在对国民党内部矛盾斗争和对中国共产党领导的红军战争中,采取了"和平对粤,全力剿共"的政策,使这场迫在眉睫、一触即发的大规模军阀混战得以避免,为蒋介石保存军事实力,集中主要兵力进行对红军的"围剿"创造了条件。另外,在宁粤战争之后,蒋介石利用反共这面旗帜,把南方各派反共势力统一起来,对缓和国民党内部矛盾,集中目标进行反共也起到了重要的号召作用。所以,宁粤战争中止后,蒋介石得以腾出手来,亲自到南昌任剿共总司令,以何应钦为前敌总指挥,调动 30 万大军向中央革命根据地发动了第三次大规模"围剿"。蒋介石疯狂反共的政策,给中国革命带来严重的灾难,特别是蒋介石在面临日本帝国主义入侵的民族存亡关头,却提出了"攘外必先安内"的反动政策,给日本帝国主义入侵中国创造了可乘之机,因而,在 1931 年 9 月 18 日,东北又响起了日本侵略者的炮声,在中国共产党人的积极倡导下,中国革命又开始逐步转向了反对日本帝国主义侵略的民族解放战争。

韩复榘与刘珍年山东之战

1932 年 9 月至 11 月,原西北军将领韩复榘与直鲁联军将领刘珍年,为争夺在山东地区的统治权,在胶东地区进行了一场混战。

1929 年底,韩复榘背叛冯玉祥,投靠了蒋介石,被蒋委任为河南省主席。1930 年春,中原大战爆发时,蒋介石又任韩为山东省主席,并委任为第一军团总指挥,负责山东方面的作战指挥。但蒋也知韩是一个反复无常的人,为了抑制韩的势力扩张,除将青岛交给张学良的海军驻防外,又将第十七军刘珍年部驻在胶东,牵制韩复榘。

刘珍年原是鲁系军阀褚玉璞的旧部,第二次北伐时,张宗昌和褚玉璞的直鲁联军被国民革命军打败,刘珍年率部投靠了蒋介石,后被蒋介石任命为第十七军军长兼第二十一师师长。刘珍年凭借胶东这块富庶之地,以牵制韩复榘为名,向蒋介石要人要枪,不断扩充实力,很快就把一支 3000 多人的残余部队扩展为一个师 4 个旅共 3 万余人的部队,且武器精良,装备齐全。韩复榘虽为山东省主席,但所辖鲁南和鲁西北地区比较贫瘠,且又多匪患,农村经济很落后,社会治安不良,特别是缺海口,交通又不发达,无法将土产输出换取武器装备。韩看到南有刘峙指挥蒋军嫡系部队 10 余万人控制着徐海、开封,山东境内又有刘珍年装备精良的 3 万余人盘踞在胶东,北方又有张学良的东北军。特别是"九一八"事变后,面临日本帝国主义的步步侵入,韩复榘感到自己四面受到威胁,于是派代表刘熙众去北平向张学良表示愿意结盟。张因在"九一八"事变中丢弃东北,使大片国土沦亡,正遭到全国人民的谴责,感到非常孤立和不安,也正在寻找同盟者,便欣然表示同意。1932

年春，韩复榘到北平与张学良换谱结盟，成为异姓兄弟。张除以一所豪华宅弟赠与韩外，并表示如韩对刘珍年用兵，张绝对以全力支持。

韩复榘从北平回到山东后，便积极部署对刘珍年的作战。1932年9月中旬，韩以刘部越过防区为名，发动了对刘珍年部的进攻作战。当时，韩复榘和刘珍年两军隔潍河为界，韩部兵分两路：韩复榘亲自指挥3个主力旅为左翼，沿烟（台）潍（坊）公路前进，直扑掖县；以曹福林为右翼总指挥，率其第二十九师3个旅渡莱河进攻平度，而后两路会师烟台，共同攻击刘珍年老巢。9月17日，韩、刘两部在昌邑潍河沿线接触，双方发生战斗。刘部稍事抗击后，很快退守掖县和平度，依据城防工事进行固守。韩部追至掖县城外前进受阻。23日，韩、刘两部主力在掖县外围展开激烈战斗。激战3天后，刘部于26日退入城内继续固守。韩部左路军在韩复榘的亲自指挥下，连续几次攻城受挫后，便在掖县外围构筑工事，破坏交通，伺机再行攻城。在此期间，曹福林指挥的右路军在平度外围与刘部守军发生激战后，刘军也缩短战线，退入莱阳城固守。

10月上旬起，韩、刘两军在掖县、平度一带不断发生激战。韩部急于破城，刘部据城死守。韩部先后集中了9个旅的兵力，又调动3个民团，轮番对两城进行攻击，终因缺乏重型武器，无法攻破刘部据守的坚城。至11月上旬韩部攻城月余，部队伤亡严重，张学良为了支援韩复榘，从驻防津浦线的王树常军派出一个重炮营化装成韩军前去助战。韩部在张学良炮兵的协助之下，于11月中旬开始对固守掖县、平度两城的刘部发动总攻。两城被韩部困守月余，城内已弹尽粮绝，无力再战，此时又受到重炮的轰击，刘珍年在莱阳城内的指挥部也受到重炮的猛轰，刘知已不能固守，遂请张学良出面调停，达成停火协议：刘珍年部撤离胶东，韩复榘部停止进攻，余下事宜由国民党军委会另议处理。国民党军委会此时正忙于对江西中央苏区进行第四次"围剿"，无暇顾及韩、刘的山东之战，便将鲁事交于张学良处理。

11月8日，张学良委托东北海防舰队中将司令兼青岛特别市长沈鸿烈率东北海军接防烟台、龙口，15日，国民党政府军政部长何应钦电调刘珍年率部离鲁开赴浙江。17日，刘率部退出莱阳，自烟台乘船向温州开拔，至12月10日，刘部抵达浙江温州港。此时，胶东各县政权均由张学良交由韩复榘接收。韩、刘山东之战到此结束。

齐鲁大地，历来是兵家必争之处，历史上曾发生过多次战争，民国后也发生过多次军阀混战。1932年9月至11月发生韩复榘与刘珍年的战事，只是众多战争中的一场小混战。这次战争虽然是驻防山东境内的军阀争权夺利，大动干戈，但战事的祸根却在蒋介石统治集团那里。韩复榘背叛冯玉祥，投靠蒋介石，却得不到蒋的信任；令其驻防山东，却又另派刘珍年等人以助防为名，扩充势力与韩抗衡。这使韩深感恼火和不安。为独霸在山东的统治权，韩采取了结张（学良）驱刘（珍年）的策略，不仅稳定了韩在北面的防务，而且得到张学良的大力支持与援助，在攻打掖县、平度和莱阳的关键时刻，以重炮营相助，为韩部破城，促使对刘部作战的胜利起到了重要作用。韩、刘山东之战结束后，使韩又占据了胶东半岛的战略要地，为其进一步扩大军事力量，独霸山东奠定了基础。

马仲英与盛世才的新疆之战

1933年6月至1934年3月，原奉系军阀中的盛世才与马家军军阀中的马仲英为争夺在新疆的统治权进行了一场混战。

马仲英出身于甘肃河州回系军阀世家，与青海军阀马步芳为叔伯兄弟，原名马步英，后因与马步芳决裂，改名仲英。1924年冬第二次直奉战争后，冯玉祥任西北边防督办兼甘肃省军务善后督办，派刘郁芬率军入甘。由于当时冯军气盛，盘踞在绥远、宁夏的马鸿宾等人投降了冯部。而控制凉州、青海的马仲英等人却坚决反对。1928年2月，马仲英率少数亲信回到河州西乡，利用乡土关系，在籍建立起一支2000多人的反冯武装。4月，马仲英率部包围了河州城。战败后，马仲英率部向洮岷突围，随后进入青海，又经陇中、河西进入宁夏民勤县。1929年2月22日，吉鸿昌率部进驻民勤城，马仲英等人又率部向河西走廊退去。5月5日，再度攻陷宁夏省城。6月初，吉鸿昌率部增援，经过激烈战斗，收复银川。1928年7月7日，新疆政使杨布新被刺身亡，省民政厅长甘肃人金树仁被南京国民政府任命为省主席。1931年2月，新疆发生民族纠纷，导致新疆东部地区少数民族暴动，马仲英应暴动首领的邀请于5月间率500余人入新疆，被暴动的维民推为领袖。马仲英部入新疆后屡败省军，至10月底率部从哈密直趋七角井，进占木垒河，直逼奇台。金树仁见马仲英部剽悍善战，急电驻伊犁归化军张培元部来援，并委任张为东路剿匪司令，盛世才为参谋长。张、盛两人指挥归化军与马仲英交战，马军不敌，退回肃州。金遂将张培元调回伊犁，另派黎海元为东路警备司令，盛世才、刘杰三分任剿匪指挥，继续剿匪。

1932年冬，马仲英会同维军尧乐博斯部将刘杰三部5000余人诱入东疆山隘，全部予以歼灭，从此，马仲英部更加强大，并令其副师长马世明率30多名营连级军官到达维吾尔族部队任教官，进行正规军的训练，使其战斗力有了很大提高。1933年初，马仲英派马世明、马占仓等人率部到达鄯善，利用同族关系诱了驻守吐鲁番的回族团长马福明，马福明又诱驻守该地的熊发友旅长率部入城，将熊生擒，部队被全部缴械。5000余人的武器，装备了麻木提的叛众。从此，在天山南麓又出现了一支反对金树仁的强大武装。

熊发友旅被诱歼后，金树仁命盛世才为东路剿匪总指挥，将所部由哈密西移。2月初，盛率部攻下吐鲁番。马世明、马占仓和麻木提等人将所部分为两股：马世明和麻木提率主力人马北上，马占仓率领一支人马南下阿克苏，乘机袭占焉耆，杀死行政长官牛时和驻军旅长詹世奎，将缴获的武器武装暴动的群众。与此同时，马世明率主力在除夕之夜，乘守军过节不防备、聚众玩乐之际，袭击达坂城，夺取了这个进入迪化（今乌鲁木齐）的要隘。2月21日，马世明指挥维、哈、回部队进攻迪化城。激战一天，于当晚夺取了城外要塞红山嘴和无线电台，并从红山嘴制高点向迪化城内射击，掩护敢死队爬城作战。22日清晨，迪化城防司令白绶之和督署参谋处长陈中亲临城头作战，在城头设大炮轰击马部，夺回红山嘴和无线电台。23日，又炸毁了西大桥外长达1里的回民街，使马世明失去攻城的依托，开始率部退至吉昌。接着，在马仲英的策动下，平康、乾德、绥来等地回民相继暴动。北疆、西疆烽火四起，金树仁政权处在四面楚歌之中，为最后挣扎，在3月初，金又将盛世才部由吐鲁番调到平康、乾德；将黎海元部从哈密调往奇台和木垒河；将陈品修部由达坂调回迪化城内。

3月下旬，马仲英率马虎山、马仲杰两个旅以神速的行动跨越辽阔的大戈壁，挺进到哈密城下。马部由于经过整训，纪律严明，受到维汉民众的欢迎。马仲英还采取与金树仁旧政权人员合作的方法，争取哈密行政长韩履中起义，并由韩出面使沿途驻军放下武器，归顺马部。因此，马仲英率部一路无阻，顺利挺进到黎玉海军防守的古城子（即奇台）。4月12日，马仲英率部攻城，其弟马仲杰被守军击毙，正当马仲英准备再次猛攻时，迪化城内发生反金政变。迪化县长陶明越、督署参谋处长陈中率驻城部队200余人发生叛乱，突然袭击省政府，金树仁之弟金树信被杀，金仓皇携眷属越墙而逃。但迪化城仍被陶、陈固守未破。4月14日，盛世才率部入城，就任新疆边防督办。事后，陶、陈等自恃逐金拥盛有功，对盛给的职位不满，便勾结南京国民党势力企图推倒盛世才。盛将计就计，在进行协商谈判时，将陶、陈等人处死。南京政府无可奈何，只得承认既成事实，从此，新疆开始了盛世才的统治时期。

盛世才是辽宁省开原人，早年毕业于滇军韶关讲武堂，后回东北投入郭松龄部任参谋，为郭器重，又保送其入日本陆军大学学习。1925年冬郭松龄反奉时，盛回国参战，失败后再次出逃日本。1926年国共合作举行北伐，盛任国民革命军总司令部参谋处作战科长。1930年，金树仁来内地招聘军事人才，盛因北伐成功未受重用便应召入新。起初给金树仁任高级参谋，及至马仲英率部入新疆时，盛开始握有兵权，升任参谋长，后又任剿匪总指挥，掌握兵权。当金树仁在迪化被围、被迫出走时，盛却按兵不动，坐收渔人之利，乘机夺取了迪化政权。

盛世才入主迪化后，为了巩固他的统治地位，即以"左倾"进步面目出现。经由中共平津党组织发动大批东北籍的中共党员和进步青年陆续入新，协助盛制订了符合新疆各族人民利益的"六大政策"（即反帝、亲苏、民族平等、清廉、和平、建设）。随后，在中国共产党人和苏联红军的援助下，盛世才又与马仲英展开了争夺新疆控制权的战争。

盛世才因刚取得迪化政权，需要整顿内部，稳定局势，因此，派出吴霭宸等人为代表去古城子同马仲英谈判和平解决新疆争端问题。谈判的焦点是谁控制新疆首府迪化的问题。盛世才表示他任边防督办，马仲英任省主席，马的军队不改编，仍由马为统帅。双方谈判延至 6 月 10 日，国民党南京政府派总参谋部次长黄慕松到新疆宣抚，准备进行调停。马仲英认为黄来新疆将于己不利，遂决定于 6 月 12 日突然向盛世才发动进攻。不料马的这一军事行动计划被电台台长秘密告知盛世才。盛遂埋伏重兵于马部所经要道。13 日夜，两军遭遇于滋泥泉。此时适逢风雪冰雹大作，两军对垒，咫尺难辨敌我。盛部前敌指挥官李杜率部奋勇冲杀之后，迅将部队撤出，马部却在自相攻击践踏，死伤累累。14 日天明，马部方知中计，马仲英率残部越过天山退往鄯善、吐鲁番、焉耆等地进行休整。

马仲英在吐鲁番休整了 4 个多月，渐复元气，于 10 月初又越过天山进扰北疆，寻机与盛部作战。10 月 11 日，两军在达坂城相遇，盛军前锋步兵第四旅猝不及防，在马部的预先伏击下，旅长刘万魁阵亡，所部全军覆灭。17 日，盛世才又倾其全军向马仲英部进攻。马仲英令其副师长马世明指挥全军及麻木提的维军采用前后夹击的战法，将盛部杀得大败。盛世才率残部逃离达坂，经数日收容始复成军，随后率部向迪化撤退。但马部紧追不舍，盛部边阻边撤，部队损失严重，于 11 月中旬撤至迪化。此时马仲英军连战告捷，军威复振，于 11 月底将迪化包围起来。

此时，新疆在军事上还存在三足鼎立的势力。一是盛世才盘踞着迪化及其附近几个县；二是马仲英控制着东疆和南疆；另外还有张培元的一个师在伊犁和北疆。张、马 2 人针对盛部多系北方人，不愿参加新疆内战的心理，都在做策反工作，并提供交通工具争取北方籍士兵脱离盛部返回内地。盛世才获悉此情报后，以议事为名逮捕了第二十八旅旅长杨耀钧（原吉林自卫军参谋长）、第十五旅旅长郑润成（原黑龙江救国军副官长）等与马仲英有秘密联系的高级将领多人，另提拔一批青年军官代替被逮捕的高级军官的职务，牢牢地控制住了部队。马仲英获此情报后，立即约会张培元出兵迪化。年底，张培元首先发兵，并策反了盛进才部的东北义勇军旧部，扣留了盛世才由塔城运至迪化的一大批军火，接着派兵向迪化进发。

张培元攻击迪化的部署是：以主力突破绥来，进逼迪化；以驻迪化的东北义勇军为内应；另以部分东北义勇军从乌苏北上塔城，与驻塔城的义勇军会合，控制乌苏与塔城的交通。

盛世才为挽救危局，除派马占山部将拥盛的归化军布防于呼图壁以西的乌兰乌苏阻击张培元部外，又亲赴苏联领事馆求见领事格尔金·阿布列索夫，请求苏联出兵援助。苏军阿尔泰军团随即开进伊宁，抄袭张培元的后路，接着又出动飞机对张部进行轰炸，并以摩托化部队直冲张部。在苏联军队的支援和强大火力的支持下，盛部开始全面反攻。张部顷刻瓦解，溃不成军。1934 年 1 月 16 日，张培元兵败自杀，所部主力和东北义勇军王孝芝旅（即盛世才部第二十六旅）被缴械。残部由马仲英部新编中央陆军第三十六师副师长杨中正率领，越过天山，逃往南疆，与马仲英部会合。

1934 年 1 月中旬，当张培元部向玛纳斯河前进时，马仲英乘盛军主力西调阻击张部时，也率部出达坂城，于 1 月 12 日直扑迪化，占领了无线电台和飞机场，又利用缴获的两架飞机向城内散发劝降传单。正在迪化岌岌可危之际，苏联军队从塔城南进，在头屯河与马部遭遇。马仲英部虽剽悍善战，但因陈旧劣质的武器无法抵挡机械化的苏联军队，交战初始便一败涂地，苏联军队顺利进占昌吉。2 月 11 日，苏联军队又进攻围困迪化的马部，马仲英见苏联军队锐不可当，便率部撤围而去。盛世才见苏联军队增援已至，便指挥守城部队乘势追赶马部，于 3 月 6 日攻克达坂城，8 日进占吐鲁番。马仲英、麻木提率残部节节败退，一直退至喀什地区。为了挽回颓势，马仲英率部在巴楚与盛部进行最后一次决战，结果马部战将马世明在战斗中阵亡，马部失去指挥，部队陷入混乱，盛部乘胜攻击，马部彻底失败。最后，一部分投降了盛世才，另一部分在马仲英的率领下退往和田地区，以皮山为前线与盛部形成对峙。随后不久，马仲英偕其手下亲信 280 余人进入苏联寻求庇护。至此，马仲英与盛世才的新疆之战遂告结束。

马仲英与盛世才的新疆之战，是国民党新军阀统治时期在新疆境内最大的一场混战。在这场混战中，马仲英部虽然兵力较强，部队剽悍善战，但因指挥员在作战中缺少用兵谋略和正确作战方案，使这些优势未能得到应有的发挥。特别在初战得手的情况下，未能一鼓作气拿下迪化，为盛世才以后调整兵力进行反扑留下余地。在联合张培元、策反东北义勇军倒盛的谋划中，未能采取有效组织措施，集中兵力，形成合力，共同作战，丧失了战胜盛世才的机会，最后导致了全军失败。而盛世才在这次混战中则巧妙地利用交战双方的矛盾冲突，保存实力，扩充势力，寻机各个歼敌的战术。在作战中能够以静制动，采取坚决手段镇压和肃清内部反叛分子，保持了部队内部的统一。另外，盛世才在扩大军事、政治势力的同时，制定了亲苏联共的政策，在危急之中及时得到苏联军队和中国共产党人的帮助，这也是他战胜马仲英的一个重要原因。

孙殿英与马鸿逵的宁夏之战

1934 年 1 月至 3 月，原西北军将领孙殿英与马鸿逵为争夺在宁夏、青海地区的统治权进行了一场混战。

孙殿英是河南永城人，原系豫西嵩山巨匪"仁义老张平"手下的一个小头目。民国后混入驻防河南的毅军当兵，后升任豫西镇守使丁香玲手下的连长。1924 年冬第二次直奉战争中，直系战败，孙乘机拉出两个连叛变为匪，在豫西一带收编土匪和会徒，不久即扩充为 2000 多人，经镇嵩军憨玉琨收编为混成旅。1925 年春，憨玉琨战败自杀，孙又改投国民军孙兵部任旅长。后又率部离豫到山东投靠张宗昌，获得大量的枪弹补充，成为张宗昌、褚玉璞直鲁联军的师长、军长。1928 年秋，张、褚直鲁联军在蒋介石进行的第二次北伐战争中战败，孙又投靠国民党。1930 年春，中原大战爆发，孙被阎锡山、冯玉祥委任为第五路军总指挥，兼安徽省主席。孙率部挺进皖北，死守亳州百余天，牵制蒋军 10 余万人。中原大战阎、冯失败后，孙率部撤至晋南一带，被东北军张学良部收编为师长，后升任陆军第四十一军军长。

1932 年冬，日军谋侵热河，孙殿英被张学良委任为华北第九军团总指挥，率部挺进热河，布防于赤峰、围场一线，与日伪军激战半个多月，孙军不仅实力未损，还收编了汤玉麟部 3 个多旅和其他一些义勇军武装 2 万多人。使孙部扩展到 6 万多人。热河抗战后，孙率部退入察东，后移沙城，控制了京（北京）、张（张家口）铁路咽喉，遂成为各派军阀竭力争取的对象。何应钦曾以察哈尔省主席为饵，令其进攻察哈尔抗日同盟军，但在冯玉祥和中国共产党人的劝告之下拒绝接受，并保持中立，掩护察哈尔抗日同盟军。当时，为帮助孙抗日，中共平津地下党组织发动党团员和革命青年 300 多人进入孙部帮助进行抗日宣传和改造工作。

孙殿英重兵在握，既不就察省主席，何应钦遂请孙改任"青海西区屯垦督办"。孙为取得休养生息的地盘，遂在 1933 年 7 月中旬率部离开察哈尔，于 7 月底到达五原、临河一带，逼近宁夏。宁夏、青海本是马家军阀的世袭领地，多年来不许外人染指，见孙部大兵压境，甚感不安，马家军以第十五路军总指挥马鸿逵为首的诸多将领纷纷致电国民政府，对孙部移驻青海西区表示坚决反对。蒋介石为防止马家军起兵闹事，便循马家之请，电令孙部停止入青，暂驻五原、临河一带。

五原、临河位于内蒙古中河套地区，南临黄河，北是荒漠，地域狭小，进退维谷。为打破困境，摆脱不利局势，孙殿英特邀请中共中央军委特科北方负责人南汉宸为高等顾问，经南与陕西杨虎城、陕北刘志丹、甘肃邓宝珊联络，密定了西北大联合的作战计划，其要点为：孙部借以去青海为名，攻取宁夏；杨虎城部进军陇东；刘志丹红军出击三边，并由孙部拨给刘志丹步枪 2000 支、机枪 100 挺；邓宝珊驻守甘肃以牵制马家军。待将马家军消灭后，即以杨虎城为盟主建立西北人民政权。阎锡山为了"送客出境"，允以粮食、弹药等物资随时接济。

孙殿英制定了"明攻平罗，暗袭银川"的作战方案，不料孙部的团长卫曰功（回民）暗通马鸿逵，将此作战计划密报于马。马鸿逵、马鸿宾、马步芳、马步青商定共同出兵对敌。当时孙部号称8万人，而四马可投入的全部兵力只有3万余人。在这种情况下，四马决定采取将孙部放入宁夏，马家军逐步后撤，随机应变，与孙部持久作战，以逐步削弱孙部，最后伺机与之决战。其兵力部署为：平罗方面，由新编第七师第二旅旅长马宝琳率1个步兵旅坚守，以银川为掎角；其余宁夏军队编为3个支队，青海军和马鸿宾的第三十五师各为一个战斗单位。以上5支部队控制在银川周围，准备与孙部决战。为坐收渔人之利，蒋介石在景泰部署了胡宗南的第一师；阎锡山也派傅作义指挥王靖国、赵承绶师布防在包头以西，静观孙、马宁夏之战的局势变化。

1934年1月13日，孙、马两军在磴口交战。孙部出动步、骑、炮兵混合部队向马家军展开猛烈进攻。在孙部的强大攻势下，马家军未作抵抗即撤退到石嘴山，接着又稍作抵抗即退往黄桥，与孙部保持一定距离，以引诱孙部深入。孙部第一师师长刘月亭、第二师师长丁绾亭不知是计，便以骑兵为先锋，率部向黄桥推进。马家军又以骑兵团引诱刘、丁两师人马孤军深入到贺兰山麓的红广营。在此期间，孙部主力包围了平罗县城，但由于马宝琳旅的顽强抵抗，孙部连攻几天未能破城，遂留一部分步兵监视平罗守军，其主力绕过中罗直接向宁夏省城银川进发。

时值隆冬季节，唐徕渠冬季水枯，孙部沿着干涸的河床行军，一路未遇任何抵抗。1月30日，抵达银川城下，与守军马鸿宾师及马英才旅展开激烈战斗。在马家军的顽强阻击下，孙部前进受阻，攻城不下，延至2月6日，马步芳、马步青等率援军赶到，双方主力在银川外围展开一场大决战。孙部在马家军城内城外两面夹击之下，伤亡惨重。这时，蒋介石又派飞机前来银川以助战为名，到处狂轰滥炸，由于孙、马两军战线混乱，飞机轰炸时也不分辨目标，致使孙、马两军都严重受损。孙殿英见战局发展与己不利，便率部退守李岗堡，并准备放弃攻银川、占宁夏的作战方案，率部渡过黄河，直趋固原，与陕西杨虎城部靠拢，并与进抵三边的刘志丹红军取得联系，但因部下意见不一，未能及时行动，仍在银川、李岗堡、平罗等地与马家军继续拼消耗。2月24日，孙得知阎锡山已出兵至临河，正向三圣公、磴口逼近，恐怕阎趁机截孙部后路，便撤回部队向银川西北方向集结，以图后谋。由于孙部出师远征半年有余，又与马家军激战月余，部队减员很大，给养也很缺，便电请阎锡山要求退至沃野过冬。阎心中早有打算，既已"送客出境"，便不再想让孙部回来，因此，百般搪塞不允。在此进退无路、给养奇缺的情况下，孙部军心开始混乱。3月15日，副军长于世铭投靠何应钦，并带走了骑兵军的部分人马，使孙部战斗力更为减弱。19日，马鸿逵乘孙部孤立无援、人心混乱的时机，指挥马家军进行总反攻，将孙部围困在银川西北地区。第二师师长丁缙亭因孤军在前，四面受敌，只好投降马鸿逵；刘月亭师见丁师投降，自感无力对敌，不敢恋战，便率队北退，企图与孙部主力在银川西北地区会合，不料在半路途中被阎锡山部截击缴械。25 日，孙殿英见主力部队已溃不成军，败局已定，便弃部出逃到阎部赵承绶师，并由赵承绶陪同去太原晋祠隐居起来。残余部队循编成刘月亭、卢丰年两个旅被阎锡山部收编后，开往江西修筑公路。至此，孙殿英与马家军的宁夏之战宣告结束。

孙殿英与马家军的宁夏之战，是一场优败劣胜的年阀混战，孙部苦心经营多年，已发展至 8 万余人，枪足弹丰，且又经热河抗战，在北方声名大振，占据了京、张铁路交通咽喉，这时本来应立足现有，充分发展有利形势，却因为了取得休养生息之地，放弃原有根据地，劳师远征，被困于河套地区，苦战在宁夏一隅，失去了原有天时、地利、人和的有利条件，最终导致了全军的失败。这是孙部进军宁夏失败的主要原因。二是，蒋、阎两人借刀杀人，坐收渔人之利，将孙部调出京、张交通咽喉之地，推向西北不毛之地，而后又串通马家军利用天时、地利、人和的有利条件，将劳师远征的孙部困在宁夏西北地区，一举聚而歼之。这除了马家军采用了诱敌深入，在自己割据区内歼敌的正确作战策略外，与蒋、阎的暗中庇护也有很大原因。否则，马家军的 3 万杂编人马要想战胜孙部的 8 万强勇之师也绝非易事。三是孙部在作战中没能充分发挥与友军的联盟作用。战前虽然制定了西北大联合的作战计划，但在实际作战中却未能依照而行，孤军冒进，陷于绝境。四是孙部在作战中缺少灵活的用兵方法，在攻取银川的战略企图暴露后本应及时调整战略，但因意见不一而错过了有利时机，仍与马家军拼消耗而导致了全军覆灭。马家军之所以能以 3 万弱旅战胜 8 万强师，除了占有天时、地利、人和的有利条件外，主要在于制定了诱敌深入、逐步削弱、分割围歼的正确作战方针，并在实战中得到了很好的贯彻落实，这不能不说是马家军在宁夏之战中成功地战胜孙殿英部的一个重要原因。

革命统一战线方针的确立

孙中山的转变

孙中山领导的第一次护法运动失败后，他退居上海，南方军政府实际上被桂系军阀所掌管。1920 年 8 月，粤、桂之间发生了争夺广东地盘的战争，结果粤军陈炯明打败了桂系，10 月底，占领了广东。桂军被逐回广西后，广东军民欢迎孙中山回粤。1921 年 5 月 5 日，孙中山就任非常大总统，再度揭起护法的旗帜。

孙中山重新树起护法的旗帜时，他的地位并不巩固。一方面英、美帝国主义对于桂系的失败并不欢心，他们惧怕孙中山领导的革命势力的发展，直接威胁其在华尤其是在广东的利益。所以，帝国主义全力以赴地帮助直系军阀，并从财政上压迫孙中山，宣布取消已拨交广东政府的关税余款。另一方面，陈炯明支持孙中山是由于自己的政治地位不稳，企图借助孙中山的威望以巩固自己的地位。

1921年6月，广东军政府决定由广西桂林北伐，再一次发动了粤、桂战争。这次战争，由于桂系军阀刘震寰归降，迫使桂系陆荣廷等先后逃走，广西遂重新归于军政府的统治之下。孙中山在桂林设立大本营，准备由桂入湘而北伐。由于陈炯明与帝国主义早已暗中勾结，在后方密谋予以牵制，准备破坏广东政权，孙中山被迫回师广东，改变北伐路线在韶关设立大本营，计划由粤入赣，讨伐直系。1922年5月，在北方爆发了直奉战争。孙中山早有和奉、皖两系结成反直联盟的约定，当他正要出兵攻打直系军阀时，奉军已败退关外。此外陈炯明在英帝国主义的帮助下，加紧和直系军阀结合。孙中山从韶关前线回到广州，陈炯明竟公开叛变孙中山，炮轰总统府。8月，孙中山又一次被迫退避上海，第二次护法运动再次宣告失败。

在这种情况下，共产国际、苏俄政府和中国共产党向孙中山伸出援助之手。孙中山"欢迎俄国人对中国的帮助，欢迎中国共产党同他合作"。从此开始他伟大的转变。

孙中山从一开始就对俄国的十月革命采取了欢迎的态度。1918年夏，他便致电列宁，对十月革命的成功表示祝贺，并"愿中俄两党团结共同斗争"。列宁关于殖民地附属国民主革命的学说，以及苏俄1919年和1920年所发表的两次对华宣言，使孙中山受到鼓舞和启示。1919年起，孙中山开始同共产国际和苏俄方面的有关人士接触。1920年秋，共产国际远东局代表维辛斯基在上海会见了孙中山。1921年，共产国际代表马林在共产党人张太雷的陪同下，于桂林会见了孙中山。双方商谈多次，马林向孙中山提出关于中国革命问题的两点建议：（1）要有一个能联合各阶级特别是工农群众的政党；（2）要有革命的武装核心，要办军官学校。孙中山十分赞同这些建议。陈炯明事变的发生推进了孙中山与苏俄的关系。

1922年8月，马林与苏俄特命全权代表越飞一同来华，马林与正在上海的孙中山再次晤谈，讨论国共合作及其方式问题，马林向孙中山提出共产党员以个人身份加入国民党和改组国民党的建议，孙中山接受了马林的建议。这时共产党人李大钊、林伯渠等也多次与孙中山会晤，"讨论振兴国民党以振兴中国之问题"。孙中山热烈欢迎共产党人参加到国民党中来，他亲自为李大钊加入国民党主盟，继李大钊之后，共产党的其他领导人也陆续地以个人身份参加了国民党。

1923 年 1 月，越飞到达上海与孙中山会晤，1 月 26 日，发表了《孙文越飞宣言》，宣言充分表明了苏俄对中国革命的关怀和对孙中山的友谊，也表明了孙中山开始放弃对帝国主义的幻想和他寻求国际革命势力援助的愿望。这个宣言正式确定了联俄政策和建立平等的中苏关系。随后，孙中山又指派廖仲恺陪同越飞去日本热海，在那里商谈具体合作事宜。这些行动标志着孙中山在新的革命道路上迈开了前进的步伐。

与此同时，陈炯明又被滇系军阀杨希闵、桂系军阀刘震寰打败。孙中山在杨、刘的拥护下又回到广州，重建大元帅府，继续进行国民党的改组工作。1 月发表了《中国国民党改组宣言》和《中国国民党党纲草案》，确定了"联俄、联共、扶助农工"的三大政策。并委派廖仲恺等到上海与各省支部商讨改组问题，传达国民党改组的意义和措施，随即组成了上海临时执行委员会，负责上海的改组工作。同时，在广州着手进行党员登记、组织市党部、区党部和区分部。12 月，孙中山连续对国民党员作了 3 次演说，申述他改组国民党和学习苏联的决心。

中国共产党"三大"

"二七"罢工后，中国共产党依据马克思列宁主义的策略思想，和第一次工运高潮所提供的经验、教训，采取了积极的步骤去建立工人阶级与其他民主力量的革命同盟，来推动中国革命运动的发展。

中国共产党和国民党建立革命的统一战线的政策，自党的二大提出建立"民主联合战线"以后，在共产国际的指导下，进行了一系列的准备工作。1922 年 8 月，共产国际代表马林又来到中国，出席了中共中央召开的杭州西湖会议。会上决定，为了加强国民党左派的势力，中共党员应以个人资格加入国民党，加速国民党的改组工作。同年底，陈独秀率领中国共产党代表团赴莫斯科参加共产国际第四次大会。1923 年 1 月 12 日，共产国际又作出了《关于国共合作的决议》，决议指出："只要国民党客观上进行着正确的政策，中国共产党就在民族革命战线上一切运动中帮助国民党，但中国共产党无论如何，不应与国民党合并，无论如何不应在这些运动中，隐藏自己特殊的旗帜。"1923 年 5 月，共产国际执行委员会在对中国共产党召开第三次代表大会的指示中强调："建立反帝统一战线一定要同农民反对封建主义残余的土地革命相结合""必须设法建立工农联盟""一切政策的中心问题是农民问题""领导权必须属于工人阶级政党"。所有这一切，为中国共产党第三次全国代表大会的召开奠定了基础。

1923 年 6 月 12 日至 20 日，中国共产党第三次全国代表大会在广州召开。出席会议的代表 30 多人，代表全国党员 420 人。共产国际代表马林也出席了大会。会议的中心内容是讨论全体共产党员加入国民党，建立国共合作的统一战线问题。

会议正确地分析了建立国共合作的必要性与可能性，经过激烈的争论，通过了《关于国民运动及国民党问题的议决案》，正式决定全体共产党员以个人名义加入国民党，同国民党实行党内合作，帮助孙中山把国民党改组为民主革命联盟，以建立国共合作的革命统一战线。

党的三大正确地制定了与资产阶级民主派建立革命统一战线的政策，决定以共产党员加入国民党的方式实现国共合作。这既有利于国民党的改造，使国民党获得新生，也有利于中国共产党从工人运动的低潮中走出来，开拓革命的新局面。实现这一决策，就能在国共合作的旗帜下，运用孙中山的广泛影响，深入发动群众，组织革命力量，推进革命进程，迎接革命高潮。这是中共三大的重要功绩。

国民党的改组工作

中共三大之后，共产党的各级组织开始在全国各地积极推进国共合作的发展，孙中山也加快了改组国民党的步伐。

1923年8月，孙中山派出蒋介石等在内并有共产党人张太雷参加的"孙逸仙博士代表团"赴苏考察军事、政治和党务，并洽谈苏联援助问题。9月，应孙中山的邀请，苏联政府派鲍罗廷为常驻广州代表，具体指导国民党的改组工作。10月19日，孙中山任命廖仲恺、李大钊、汪精卫、张继、戴季陶5人为国民党改组委员，负责改组事宜。25日，在广州召开了有共产党人参加的改组国民党的特别会议，会议决定聘请鲍罗廷为国民党组织教练员，委任廖仲恺、林森、谭平山等9人组成临时中央执行委员会，讨论后发表了《国民党改组宣言》和党纲草案，派汪精卫、廖仲恺筹备召开国民党第一次全国代表大会。孙中山参考了苏联的建党经验，决心把国民党改组成为一个有力量的革命政党，使之能担负起改造国家的重任。

国民党改组工作的进程不是一帆风顺的，国民党右派势力对此极力反对和阻挠。《国民党改组宣言》发表的当天，邓泽如、林直勉等联名向孙中山提出"弹劾"共产党的报告书，公开对抗孙中山改组国民党的主张。廖仲恺等国民党左派，坚决支持孙中山改组国民党，同孙中山一起对右派势力进行了针锋相对的斗争，为国民党第一次全国代表大会顺利召开扫清了障碍。

1924年1月20日至30日，国民党第一次全国代表大会在广州举行。与会代表165人。孙中山亲自主持大会，并指派李大钊、林森、汪精卫、胡汉民、谢持等5人组成大会主席团。共产党人谭平山代表临时中央执行委员会向大会作了报告；李大钊和其他共产党人还参加了会议各审查委员会的工作，在大会中起了重要作用。这次大会主要解决了3个问题：

第一，会议确定了新三民主义政纲，在大会通过的著名的《中国国民党第一次全国代表大会宣言》中（这个宣言由孙中山委托鲍罗廷起草、由瞿秋白翻译、汪精卫润色），对三民主义作了符合时代潮流的新解释，使之发展成新三民主义。新三民主义的民族主义，对外反对帝国主义，主张"中国民族自求解放"，对内反对民族压迫，主张"各民族一律平等"；新三民主义的民权主义，主张民主权利"为一般平民所共有"，不许为少数人所专有、成为压迫平民的工具；新三民主义的民生主义，确定"平均地权"和"节制资本"两大原则，前者强调"农民之缺乏田地沦为佃户者，国家当给以土地，资其耕作"，以期达到耕者有其田，后者则强调"私有资本制度不能操纵国民之生计"。所有这些规定，与旧三民主义已有很大不同。这样，新三民主义既反映了中国民族资产阶级的利益，也符合广大工农群众当前的基本利益，与中国共产党在民主革命阶段的纲领基本相同。所以，新三民主义成为国共合作统一战线的共同纲领和政治基础。

第二，会议正式确定实行联俄、联共、扶助农工的三大政策。会议在讨论国民党章程时，经过与国民党内右派激烈争论之后，通过了允许共产党员和社会主义青年团员以个人身份加入国民党的章程条文；会议同时决定大力吸收工农分子加入国民党，积极开展工农运动，扶助工农革命团体的发展。

第三，会议按照国共合作的精神，选举了国民党中央执行委员会并健全了中央领导机构。共产党人谭平山、李大钊、于树德、林祖涵、毛泽东、于方舟、瞿秋白、韩麟符、张国焘、沈定一10人分别当选为国民党中央委员和候补中央委员。在随后召开的一届一中全会上，谭平山还被推选为中央常务委员、组织部长，林祖涵任农民部长，有相当一批共产党人在中央党部和地方执行部中担任了其他重要领导职务。

中国国民党第一次全国代表大会的召开，标志着以国共合作为基础的国民革命联合战线的建立。改组后的国民党，基本上成为工人、农民、城市小资产阶级、民族资产阶级的革命联盟，成为联合战线的组织形式。

国共合作的发展和广东革命根据地的建立

黄埔军校的创立和革命武装力量的发展

国共合作后，孙中山在中国共产党和苏联的帮助下，决定创办一所陆军军官学校。因校址设在广州附近的黄埔岛上，故称为黄埔陆军军官学校，通称"黄埔军校"。

黄埔军校于1924年5月5日开学。6月16日，举行开学典礼，宣告该校正式成立。黄埔军校第一期新生600多名。孙中山亲自出席并发表演说，讲述创办黄埔军校的必要性和目的，并希望黄埔军校学生应成为"革命军的骨干"，担负起"救国救民的责任"。军校根据孙中山的指示，并参照苏联红军建军经验，建立了军校的组织机构。军校最高领导机关为校本部，直属国民党中央执行委员会。孙中山自兼军校本部总理，任命粤军参谋长蒋介石为校长，著名的国民党左派廖仲恺为党代表，先后聘请布留赫尔（在中国化名加伦）等苏联红军将领为军事顾问。校本部下设教授、教练、政治、管理、军需、军医6个部。后又增设教育长、参谋处。1925年1月30日，教授、教练二部合并为教育部，政治部仍为旧制，其他各部均改为处。4月，又添设军法处和军械处。

军校学生入学要进行入伍教育和正式教育。军校设军事和政治两类课程，实行军事与政治并重的教育方针。在政治教育方面，军校把政治教育提到和军事训练同等重要的地位，注重培养学生的爱国思想和革命精神，这是它同一切旧式军校根本不同的地方，是军校的最大特点。政治教育主要以革命理论和革命知识为内容，对不同学派的思想理论采取兼容并蓄的原则，不仅讲授三大政策的新三民主义课程，而且可以宣讲共产主义原理。政治教育的方式有政治讲演、政治讨论会、组织回答、建立宣传队、发行刊物等。在军事教育方面，军校尽量采用当时苏联最新的军事理论和技术进行训练。

中国共产党除从各地选派大批党员、团员和革命青年到黄埔军校学习外，还抽调优秀共产党员到军校从事政治、军事工作。周恩来、熊雄先后担任过政治部主任，聂荣臻担任政治部秘书，恽代英、萧楚女等担任政治教官。军校政治部工作基本上是共产党人主持，并为我国革命军队建设提供了经验。军校实行党代表制度，这是孙中山仿照苏联红军的建军原则设立的。黄埔军校在筹建和开办过程中，得到苏联多方面的大力援助。

黄埔军校是一所国共合作的军官学校，培养了大批军事、政治干部，为建立国民革命军、统一广东革命根据地和进行北伐战争创造了重要的条件。

广东农民运动讲习所

国共合作实现后，为了培养农民运动干部，由国民党中央农民部部长林祖涵提出，经国民党中央执行委员会第39次会议通过，在广州举办了农民运动讲习所。农讲所名义上由中国国民党中央执行委员会开办，中国国民党中央执委会农民部主管，其名称先后为"中国国民党中央执行委员会农民运动讲习所"和"中国国民党农民运动讲习所"。但实际上农讲所是中国共产党领导的。

从1924年7月至1926年10月，先后办36期，6届农讲所的负责人都是共产党员：第一届和第五届彭湃，第二届罗绮国，第三届阮啸仙，第四届谭植棠，第六届毛泽东。除负责人亲自任课外，周恩来、萧楚女、恽代英、李立三等共产党人常来所任课。农讲所的全部主办人和绝大部分教员是共产党人。绝大多数学员是由共产党的地方组织选派的党团员和进步青年。学员毕业后实际上也由共产党分配工作，成为各地农民运动的骨干。

广东国民政府的成立和革命军的组成

国民革命联合战线的建立，为工农运动的恢复和发展提供了有利条件。中国共产党进一步加强了对工人运动的领导。迅速恢复了"二七惨案"后被封闭的工会，营救被捕的工人领袖。1924年2月7日，在北京成立了全国铁路总工会，推动了铁路工人运动的发展。全国铁路总工会利用有利的革命形势，很快恢复了京汉、京津、京奉、京绥、正太、陇海各路的工会，使"二七惨案"后一度低落的北方铁路工人运动重新活跃起来。

1924年7月，中国共产党领导广州沙面租界数千人，为反对英、法帝国主义颁布的"不准中国人自由出入租界"的"新警律"举行罢工。罢工坚持一个多月，迫使帝国主义取消了"新警律"，广州工人乘胜组织了工团军。这次罢工斗争的胜利，成为革命高潮到来的新起点。与此同时，胶济铁路工人举行了大罢工。接着，上海、北京、武汉、沈阳、唐山、广东等地相继爆发多次罢工，全国工人运动逐渐走向高涨。

随着工人运动的恢复和发展，农民运动也逐渐地发展起来。彭湃领导的广东广大农民，开展减租减息和反抗地主武装镇压农民运动的斗争，建立了农民自卫军。1925年5月，在海丰农民运动的影响和推动下，全省22个县建立了农民协会，会员达21万人。5月1日，召开了全省第一次农民代表大会，成立广东省农民协会。

为了进一步推动南方革命形势的发展、广东革命政府果断地进行了讨伐广东境内军阀势力的战争。1925年2月首先开始了讨伐陈炯明的东征。当时盘踞在东江地区的军阀陈炯明部，与港英当局和北方军阀相勾结，是对广东革命政府最直接的威胁。东征军的主力是黄埔学生军，其中以共产党员、共青团员为骨干。东征军在广大工农的支持下，不到两个月就打垮了陈炯明的主力，解放了除惠州以外几乎所有东江地区。6月，正当东征军节节胜利之际，原来受广东革命政府节制的滇桂军阀杨希闵、刘震寰部在广州叛乱。东征军乃回师镇压杨、刘叛乱，消除了广东革命政府的一个隐患。10月，开始第二次东征。在东江地区广大工农的协助下，到11月初，东征军就消灭陈炯明残部，收复了整个东江地区。12月，又开始了讨伐军阀邓本殷部的南征，于次年2月即全部解放雷州和海南。至此，广东革命政府全部肃清广东境内军阀势力，统一了广东，革命基础大大巩固。

1925年3月12日，中华民族民主革命的伟大先驱孙中山因肝癌在北京逝世，为适应孙中山去世后的新形势，广东革命政府于1925年7月将大元帅府改组为委员制的国民政府，汪精卫任主席，胡汉民、许崇智、廖仲恺分别任外交、军事和财政部长；随后，将所辖各军统一组编为国民革命军第一至第六军，蒋介石、谭延闿、朱培德、李济深、李福林、程潜分别任第一、二、三、四、五、六军军长。各军都设有党代表和政治部，负责部队政治工作。廖仲恺任国民革命军总党代表，共产党人周恩来、李富春、朱克靖、罗汉、林伯渠分别任一、二、三、四、六军副党代表和政治部主任。广东的统一，国民政府的成立和国民革命军的组编，为发展工农运动，进行北伐战争，奠定了良好基础。

国共分裂

"四一二"反革命政变

1927年3月底，在国民革命的关键时刻，蒋介石由江西、安徽到达上海。他一到上海，便同帝国主义分子、江浙大资产阶级分子以及上海帮会首领等举行一系列秘密会议，加紧策划公开叛变革命。帝国主义者以软硬兼施的手段，竭力促使蒋介石公开反共；江浙大资产阶级分子则保证给以全力支持，并筹措数以千万元计的巨款作活动经费；以黄金荣、杜月笙为首领的上海帮会也保证把大批流氓、暴徒组织武装起来担任反共打手。同时，蒋介石又有预谋地调集自己的嫡系部队和拥护他的部队陆续控制江浙两省特别是沪宁地区，而把他不能完全控制的部队调开，从而实现占领江浙富饶地区及政治、经济中心的计划，大大地加强了他发动反革命政变的政治、经济和军事实力。

4月初，蒋介石在上海与国民党将领李宗仁、白崇禧、李济深以及右派政客张静江、吴稚晖等密谋清党反共计划；吴稚晖等还提出所谓检举共产党谋叛案，为发动反革命政变制造舆论。当时刚从国外回来的汪精卫也参加了上述反共密谈，只是在反共时机与方式上与蒋等有一些分歧。在此形势下，陈独秀竟与汪精卫会谈，并在4月5日发表《汪精卫、陈独秀联合宣言》，声称国民党"决无有驱逐友党、摧残工会之事"，说"上海军事当局表示服从中央，即或有些意见与误会，也未必终不可解释"，并要求国共两党同志"立即抛弃相互间的怀疑，不听信任何谣言，相互尊敬，事事开诚协商进行"。这个宣言掩盖了蒋介石策划清党反共的反革命政变阴谋，解除了共产党人应付突然事变的思想武装，是陈独秀投降主义危害革命的一次突出表现。

4月12日凌晨，蒋介石先命令全副武装的青洪帮流氓冒充工人，从租界四出袭击上海工人纠察队。接着，又命令军警以"调解工人内讧"为名收缴工人纠察队武装，并占领上海总工会会址，逮捕和枪杀工人群众，此前一日，上海总工会委员长汪寿华即被秘密扣留并遭杀害。13日，上海10万工人举行抗议游行，又在宝山路上遭到蒋介石集团军队的密集射击，当场被打死 100 多人，伤者无数。时值大雨，宝山路上血流成河。到 15 日，工人被杀者 300 多人，被捕者 500 多人，失踪者 5000 多人，这就是蒋介石制造的"四一二"反革命政变。随后，苏、浙、皖、闽、粤、桂、川等省也开始了清党反共的大屠杀。仅广东在"四一二"反革命政变后，被捕杀的共产党员和革命群众即达 2100 多人，其中包括著名共产党人萧楚女、熊雄等。与南方国民党右派的反共大屠杀相呼应，北方奉系头目张作霖也在帝国主义公使团的支持下，于 4 月 6 日派兵袭击北京东交民巷苏联大使馆，逮捕了李大钊、范鸿劼等 35 名共产党员、国民党左派和其他革命青年，28 日以残酷的绞刑杀害了李大钊等 20 人。

南京国民政府的建立

"四一二"反革命政变后，蒋介石拉拢胡汉民，在南京召开所谓国民党中央执委、监委联席会议，因到会人数不足半数，改为谈话会。后即成立南京国民党中央政治会议和军事委员会。4 月 18 日，在南京成立大地主大资产阶级专政的另一个"国民政府"，与武汉国民政府相对立。从此，蒋介石成了帝国主义在中国的总代理人。此时的武汉国民政府，统辖湖南、湖北、江西 3 省和河南部分地区，拥有 10 多万北伐军。当时两湖地区群众斗争虽在继续发展，但武汉政府已处在帝国主义和蒋介石新军阀、广东军阀、四川军阀和北京奉系军阀的四面包围之中，且武汉政府本身也已为汪精卫等所把持，总的政治、经济、军事形势都十分困难，国民革命已处在危急关头。

"七一五"反革命政变

中共五大之后，武汉地区形势进一步恶化。5 月 13 日，原驻宜昌的国民革命军独立第十四师师长夏斗寅率部叛变。5 月 21 日唐生智部三十五军第三十三团团长许克祥率部在长沙叛变，捣毁拥护三大政策的国民党湖南省党部、省总工会和省农协，释放在押土豪劣绅，大肆捕杀革命群众，这就是"马日事变"。中共湖南临时省委发动长沙附近各县农军会攻长沙，镇压叛乱。但陈独秀却怕"引起整个政局纠纷"，主张"湖南问题须静候国民政府解决"。结果许克祥乘机反扑，20 多天内，长沙及其附近各县被杀共产党员和革命群众达万余人。武汉政府内以汪精卫为首的右派集团明目张胆地镇压工农运动，5 月中下旬连续发布限制工农运动的禁令、训令，并解散湖北两个最大的县农协——黄冈县和黄陂县农协。6 月初，江西省长朱培德则在"礼送共产党人出境"的名义下，也开始清党反共。6 月 10 日到 19 日，冯玉祥先后在郑州与徐州，分别同汪精卫和蒋介石等人讨论蒋汪合作、宁汉合流、共同反共等问题。

在此紧急时刻，陈独秀继续执行投降主义方针。他先是拒不在党内讨论共产国际关于发动农民土地革命、组织新的革命军队等紧急指示，又拒绝党内毛泽东、蔡和森等提出的组织对反动派反击的建议，并于7月3日主持政治局扩大会议，通过关于国共关系的决议，正式宣布国民党"当然处于国民革命之领导地位"，规定工农团体"均应受国民党党部之领导与监督"，工农武装"均应服从政府之管理和训练"，加入武汉国民政府之共产党可以"请病假"名义退出，等等。

7月14日，杰出的国民党左派领袖、孙中山夫人宋庆龄发表声明，痛斥武汉政府汪精卫等反对三大政策、违背孙中山遗训，宣布退出国民党中央执行委员会，随即离开武汉经上海前往欧洲。在此之前，另一位国民党左派领袖邓演达也于6月30日秘密离汉出走，他在给国民党中央的告别信中斥责汪精卫集团的反动行径，愤然辞去了在国民党中的一切职务。7月14日晚，汪精卫等密谋确定"分共"和大屠杀计划。15日，汪精卫召集国民党中央常务委员会扩大会议，正式宣布和共产党决裂，公开背弃孙中山三大政策。随后在武汉地区对共产党人和革命群众开始了大逮捕、大屠杀。这就是汪精卫制造的"七一五"反革命政变。至此，由国共两党合作发动的国民革命宣告失败。

"四一二"政变

"四一二"反革命政变是帝国主义、封建军阀和买办势力相勾结，国民党右派势力和蒋介石集团叛变革命以及以陈独秀为首的中共中央犯了严重的右倾投降主义错误的结果。

早在北伐战争中，蒋介石就通过1926年3月的"中山舰事件"和1928年5月的"整理党务案"，开始了反共反革命活动和篡夺革命领导权的步伐。随着北伐战争的胜利进军，工农运动的不断高涨，又反对工农运动。

而北伐战争沉重打击了帝国主义在中国的殖民统治，帝国主义于是加紧了干涉和破坏中国革命的活动。1926年8月，英国"万流号"等轮船，在四川云阳江面撞沉中国木船，造成人员伤亡，被川军扣留。英国以此为借口，调来军舰于9月5日轰击万县城，打死打伤中国军民数千人，制造了万县惨案。当北伐军向长江下游发展时，英、美、法、日等帝国主义，纷纷调动军舰来华声言"联合保卫上海"。3月24日，当北伐军占领南京时，英、法、美、日等帝国主义国家借口"保护侨民和领事馆"，下令停泊在下关江面的军舰炮轰南京，打死打伤中国军民2000多人，制造了震惊中外的南京惨案。帝国主义对中国革命在实行武装干涉的同时，还采取种种手段破坏和分化革命阵线。他们一面从财政、军事上继续支持北洋军阀势力，一面又在改变其历来不承认南方革命政府的政策，策划南北妥协，以长江为界，"南北分治"，以实现其分裂肢解中国的阴谋。

蒋介石在得到帝国主义和国内各反动势力的支持后，就开始了对革命的的绞杀。1927 年 1 月，蒋指使张静江、陈果夫等非法占据了国民党江西省党部及许多县党部，派出大批爪牙充当农运特派员，勾结土豪劣绅，贪官污吏，捣毁农民协会，残害农会干部，另组假农会，制造了一系列反革命事件。

同时，蒋介石还同帝国主义、大买办、大地主及帮会流氓头子一起，在租界内开始反革命政变的交易。蒋表示："保证与租界当局及外国捕房取得密切合作，以建立上海的法律与秩序。"帝国主义在得到蒋介石的明确保证后，答应通过租界提供一切便利，并以驻扎上海的侵略军帮助蒋介石。青洪帮头子黄金荣、杜月笙等答应给蒋组织大批流氓打手。

在这一紧要关头，中共中央总书记陈独秀，对于蒋介石反革命叛变的阴谋活动，竟然熟视无睹，不做任何应付突然事变的准备。竟于 4 月 5 日，与汪精卫抛出了《汪精卫、陈独秀联合宣言》，声称蒋介石"决无驱逐支党，摧残工会之事"，要工人群众"不听信任何谣言"，还要求革命人民同蒋介石"开诚合作，如兄弟般亲密"。这个宣言，实际上成了掩护蒋介石屠杀共产党人和革命者的烟幕弹。

蒋介石一切准备就绪后，于 4 月 11 日，下达"清党"命令，开始了一场反革命政变。当天深夜，帝国主义军队越过租界，搜查、拘捕共产党员和革命工人 1000 余人，并解送到龙华蒋军司令部。12 月凌晨，全副武装的青洪帮流氓打手，袖缠"工"字符号，冒充工人，袭击各区工人纠察队。当工人纠察队奋起自卫时，早已准备好的反动军队，以"调解工人内讧"为名，收缴了工人纠察队的枪械。工人纠察队牺牲 120 人，伤 180 人，上海总工会也被流氓、党棍占据。13 日，上海 10 多万工人在闸北青云路广场集会，抗议蒋介石的反动暴行。下午，群众冒雨游行，高呼"还我武装""打倒新军阀"等口号。当游行队伍行至宝山路时，遭到埋伏在那里的反动军队的开枪扫射，当场牺牲 100 余人，伤者无数。接着，反动派解散了上海总工会，查封革命组织，捕杀共产党员和革命者，白色恐怖笼罩着上海。这就是"四一二"反革命政变。从此，反革命大屠杀迅速蔓延。4 月 15 日，广东也发生了反革命政变，实行"清共"，大肆逮捕、屠杀共产党员和革命群众。在江苏、广西、浙江、福建、四川等省都相继实行"清党"，无数共产党员和工农群众遭到迫害。

"四一二"反革命政变，标志着革命统一战线发生了严重分化，蒋介石公开投敌，大革命遭到局部失败。

南京国民政府

1927 年 4 月 12 日，蒋介石发动反革命政变后，于 4 月 15 日召集胡汉民、吴稚晖、张静江、李石曾、邓泽如、宋子文、李济深、黄绍竑等，在南京召开了一个"谈话会"，通过了另组国民政府，以南京为国都，取消武汉"不合法"之中央党部及武汉国民政府；取消跨党分子党籍等8项议案。17日，蒋介石在南京召开了国民党中央政治会议，决议立即成立国民政府。4月18日即举行典礼，正式宣告南京国民政府成立。

蒋介石在南京阅兵典礼训话中讲："现在集合在这个场里的同志，可说是我们最纯粹的国民党党员，最忠实的总理信徒。""今天虽是国民政府成立的一个纪念日，也可以说是我们国民党恢复党权中兴的一个纪念日。"还说："赶紧共同一致的行动起来驱逐共产党。""要晓得共产党是非打不走的，非我们去消灭他，他就要来消灭我们，非我们去杀他，他就要来杀我们。"蒋介石的这一"训话"，道出了帝国主义及一切反动势力的共同心愿，进一步暴露出了他反共、反人民、反革命的嚣张气焰。

南京国民政府初建时，未公布政府组织法，仍沿袭广州国民政府旧制，设国民政府委员会，以蒋介石、胡汉民、张静江、吴稚晖、李石曾、邓泽如、蔡元培、李宗仁、何应钦等16人为委员。以胡汉民、蒋介石、张静江、伍朝枢、古应芬为国民政府委员会常务委员。以胡汉民为南京国民政府主席。南京国民政府初设民政、外交、财政、交通、司法、教育行政等部院。蒋介石以国民革命军总司令的名义，操纵着整个南京政府的实权。

南京国民政府建立后，发布的"秘字第一号命令"，就是实行所谓"清党"，"通缉共产党首要"，明令缉拿鲍罗廷、陈独秀、徐谦、邓演达、吴玉章等共产党人、国民党左派人士和其他著名活动家190余人。5月20日颁布了"清党条例"，白色恐怖笼罩了蒋所控制的地区。南京政府对外积极投靠帝国主义，"取宠于帝国主义列强"。

南京政府代表了帝国主义和大地主资产阶级利益的反共反人民政权。它的成立，使中国出现了与武汉国民政府对峙的政权，并加速了国民大革命失败的进程。

五卅运动

1925年1月召开的中共第四次全国代表大会上，明确提出了无产阶级在民主革命中的领导权问题。5月1日，在广州又召开了广东全省农民代表大会与第二次全国性劳动大会，并成立了中华全国总工会，选出林伟民、刘少奇、邓中夏等25人为执行委员。中华全国总工会的成立，有力地推动了工人运动和全国革命运动高潮的到来。

1925年5月14日，上海日本内外棉纱厂工人，为抗议日本资本家无理开除中国工人而举行罢工。15日，当工人代表与厂方交涉时，日本资本家竟向罢工工人开枪，当场打死工人领袖、共产党员顾正红，打伤10余人。这一暴行成为五卅运动爆发的直接导火线。

事件发生后，上海日本纱厂2万多工人立即罢工，学生及各界群众纷纷游行示威，声援工人斗争，抗议帝国主义暴行。5月28日，中共中央在上海举行紧急会议，决定把工人经济斗争转变为反对帝国主义的政治斗争。30日，学生、工人及其他群众代表2000余人，在南京路公共租界散发传单，进行讲演，揭露帝国主义枪杀工人、逮捕学生的罪行，遭到租界巡捕逮捕，仅南京路老闸捕房拘捕的学生就有100余人。万余群众集合于捕房门口，要求立即释放被捕学生。英国巡捕开枪射击，当场打死10多人，伤几十人，逮捕数十人，制造了震惊中外的"五卅"惨案。

帝国主义的血腥屠杀，使中国人民的反帝情绪更加激昂。惨案发生后，中共中央连夜召开紧急会议，决定领导各界人民举行罢工、罢市、罢课的"三罢"运动。6月1日，上海总工会公开成立，选举李立三为委员长，刘华为副委员长，刘少奇为总务科主任，宣布举行同盟总罢工。7日，成立了上海反帝运动的领导机关工商学联合会。11日，上海20万工人首先举行大罢工，学生、商人也纷纷以罢课、罢市响应，向帝国主义提出了惩凶、赔偿、取消领事裁判权、永远撤退驻华之英日军队、撤削"增加码头捐""交易所注册"等17项条件。国民党上海执行部也发表宣言，声讨帝国主义暴行，同时还组织了失业工人救济会，募捐援救罢工工人。上海工人阶级、小资产阶级的联合反帝斗争，沉重地打击了帝国主义。

为了镇压中国人民的反帝爱国运动，帝国主义出动了大批军队，并调集军舰20余艘，在黄浦江上进行恫吓。同时，他们勾结上海买办资产阶级，用召开"关税会议"和停止借款、停止供电等办法引诱和威胁民族资产阶级，破坏和分裂反帝统一战线。在帝国主义威逼利诱面前，民族资产阶级表现出妥协动摇。上海各商店在6月23日停止罢市，开市营业。学生因暑期到来纷纷离校，工人阶级孤军奋战。随后，帝国主义又指使军阀当局，封闭了上海工商学联合会和上海总工会，秘密杀害了刘华。鉴于此种情况，共产党为了保存革命力量和工人阶级的组织，决定在取得一定的经济、政治要求后，停止总同盟罢工。

"五卅"运动是中国人民反帝斗争史上光辉不朽的一页，它把中国人民的反帝斗争引向了新的高潮，标志着革命大风暴的到来。"五卅"运动爆发后，全国各大城市和大多数中等城市，都先后爆发了各界人民群众的"三罢"斗争和抵制英、日货的运动，形成了空前的革命浪潮。

省港大罢工

省港大罢工是在中国共产党的直接领导下，为了支援上海工人阶级的反帝斗争，争取民族自由与独立，有准备有组织进行的。

五卅运动掀起的大革命风暴迅速由上海席卷全国。北京、广州、青岛、武汉、天津等许多城市约有 1200 万群众，不顾帝国主义及其反动军阀的残酷镇压，先后起来响应上海人民的反帝斗争，形成了全国范围的反帝斗争新高潮。其中规模最大、时间最长，影响最深的是"省港大罢工"。

1925 年 6 月 19 日，在共产党人苏兆征、邓中夏的领导下，省港数万工人举行罢工，声明支持上海工人提出的十七项交涉条件，并向香港当局提出政治自由、法律平等、普遍选举、劳动立法、居住自由等 6 项要求。香港当局不仅拒绝了工人的要求，还宣布戒严，并对广东革命政府实行封锁。愤慨的工人纷纷离港来到广州，准备同帝国主义进行长期斗争。21 日，广州沙面租界的中国工人也举行罢工。23 日，在中华全国总工会的发动下，广州工人、学生、农民、商人、黄埔军校学生和从香港返回的罢工工人共 10 万人举行了反帝集会和示威游行，当队伍路过沙面租界对岸之沙基时，遭到英帝国主义的扫射和炮击，死亡 52 人，重伤 170 余人，造成"沙基惨案"。帝国主义的暴行更加激起了香港、广州人民的愤怒，参加罢工的工人迅速增加到 25 万人。

中国共产党为了加强对省港大罢工的领导，成立了以苏兆征为委员长、邓中夏为副委员长的省港罢工委员会。并组织了 2000 多人的工人纠察队，协同广大人民群众，严密封锁香港及沙面租界，分驻各海口码头，截留出口粮食，扣押走私货物，抵制英货、缉拿和严惩帝国主义走狗等。致使香港交通运输中断，工厂停工，公共事业瘫痪，肉食蔬菜供应断绝，商店货源枯竭，街道垃圾粪便堆积如山，蚊蝇成群，臭气熏天。使香港变成了"死港""臭港"。

"省港大罢工"坚持了 16 个月，直至 1926 年 10 月才宣告结束，它充分显示了中国工人阶级的伟大力量，在政治上、经济上给帝国主义以沉重的打击，有力地支持和促进了广东革命根据地的统一和巩固。

革命军北伐

历史背景

1. 反奉倒段斗争

北京政变后，成立了奉、皖、国民军三方都同意的北京临时执政府，后来张作霖、段祺瑞排挤冯玉祥，掌握了北京政府，以段祺瑞作总执政。他秉承日、英帝国主义的旨意，到处"压迫国民革命运动，屠杀工人群众，封闭民众团体，摧残人民的自由"。就连扶植他起来的国民军也遭到排挤。1925年10月，浙奉战争爆发后，中国共产党和中国国民党决定乘军阀混战之机，掀起全国范围的反奉倒段斗争。11月，郭松龄倒戈反奉后，国民党中央政治委员会和中共北方区委都决定开展大规模的群众斗争，反对奉系军阀，推倒段祺瑞政府，建立国民政府。11月28日下午，北京工人、学生和各界群众约5万余人，齐集神武门（原称玄武门，故宫北门）前，举行示威大会。会后，群众奔向铁狮子胡同一号段祺瑞执政府（即地安门东大街）和吉兆胡同段祺瑞住宅，要求段祺瑞于次日午前辞职下台。后来群众还捣毁了一些安福系官僚政客的住宅。29日，北京更多的群众又在天安门前举行国民大会，通过了"即日解除段祺瑞一切职权，由国民裁判""解散关税会议，宣布关税自主""组织国民政府临时委员会，召集国民会议""惩办卖国贼"等7项决议。会后游行，部分群众又前往捣毁《晨报》馆。连续两天的大规模群众示威运动，形成了五四运动以后北京革命斗争的又一次高潮，史称"首都革命"。国共两党领导的这次打倒段祺瑞政府的斗争，由于缺乏经验和条件的不成熟没有成功，但它却显示了人民群众反对军阀统治的斗争精神，对段祺瑞政府是一个沉重的打击，影响很大。

除北京外，上海、南京、开封、汉口、广州等许多地方，也相继发动了类似的反对段祺瑞政府的斗争，要求建立革命的民众政权。

2. "三一八"惨案

1926年3月18日，北京学生、工人、市民万余人在天安门前举行反对八国通牒国民示威大会。大会在国民党领导人徐廉和共产党领导人李大钊等主持下，发表了激动人心的演说，揭露了帝国主义的罪行，并通过了废除《辛丑条约》、立刻撤退外兵外舰、惩办大沽口战争祸首等决议。会后，李大钊等带领2000多人，赴执政府和国务院请愿，竟遭府院卫队开枪镇压。当场被打死47人，打伤200多人，李大钊、陈乔年等也负伤，造成"三一八"惨案。

"三一八"惨案之后，北方革命运动转入了低潮。段祺瑞企图联合奉军反对国民军。但驻北京的国民军鹿钟麟部于4月10日推倒了段政府，恢复了曹锟的自由。鹿的意图是"联吴抗奉"，但为吴所不许。结果，在直、奉军的进攻下，国民军于4月15日被迫由北京退往南口。4月下旬，直鲁联军由天津进入北京。接着，南口大战爆发，国民军击退了张宗昌直鲁联军的攻击。6月至8月中旬，国民军在同直、奉军及晋军的多次反复进攻下，被迫全线撤退。8月15日，国民军放弃南口、张家口，向绥远、甘肃等西北地区退却，这就为尔后参加北伐战争保存了军事力量。后来，人们习惯地称这支军队为西北军。

3. 北伐军的胜利进军

在国共合作的推动下，以工农为主体的国民革命运动在全国高涨，为北伐战争准备了广泛的群众基础。广东的统一，又为北伐战争提供了巩固的后方根据地。

北伐前期的北洋军阀主要的有三大军事集团：一是奉系张作霖，约有兵力35万，盘踞在东北三省和京津地区，控制着津浦铁路北段；二是直系吴佩孚，约有兵力20万，盘踞在河南、湖北二省和直隶、陕西、湖南一部分地区，控制着京汉铁路；三是孙传芳，约有兵力20万，盘踞在江苏、浙江、安徽、江西、福建5省，标榜"保境安民"，表示不愿介入南北之争。

1926年7月9日，国民革命军在广州誓师北伐，北伐前，广西李宗仁、白崇禧部和湖南唐生智部先后编入国民革命军序列，分别编为第七军和第八军。北伐出师时，国民革命军共8个军10万人，蒋介石为总司令，李济深为总参谋长，邓演达为总政治部主任，苏联加仑将军为军事总顾问。北伐前夕北洋派三大军阀共有兵力约70多万，但其统治已失尽人心，内部又存在深刻矛盾。根据当时敌众我寡和军阀间矛盾的情况，北伐军采纳加仑将军的建议，实行集中兵力、各个歼敌的战略方针，按西路、中路、东路3路进军，而以西路两湖战场为主攻方向和首要战场。

1926年10月，北伐军占领武昌，两湖战场上，国民革命军取得了决定性的胜利，歼灭了吴佩孚的主力。叶挺所在的第四军，因战功卓著，被誉为"铁军"。中路江西战场，打败了孙传芳的主力。东路军于1927年2月18日攻占杭州，3月20日，进抵龙华，22日，解放上海，26日，第六军攻占南京。至此，国民革命军完全占领了长江中下游地区。

在北伐军胜利进军之际，冯玉祥在苏联顾问团和中国共产党的帮助下，于1926年9月17日在绥远五原誓师，宣布参加国民革命。国民军随即进军甘、陕，11月占领陕西后，挺进豫西，计划与北伐军会师中原。

从1926年7月至1927年3月不到半年时间，北伐军打垮了吴佩孚、孙传芳的主力，将革命推进到长江、黄河流域，沉重地打击了帝国主义和北洋军阀的反动统治。为适应新的革命形势，1927年1月，广东国民政府由广州迁至武汉。

4. 汉口、九江收回英租界的斗争

从1926年秋、冬起，全国各地的工人群众和各界民众，在北伐军节节胜利的鼓舞下，掀起空前规模的反帝反封建斗争浪潮。汉口、九江收回英租界的斗争和上海工人的3次武装起义，就是其中最辉煌最突出的斗争。

1926年10月，为了加强对工人运动的领导，中国共产党派刘少奇、李立三主持全国总工会汉口办事处的工作，并兼任湖北省总工会领导职务，开办了"工人运动讲习所",培训了工人运动骨干,恢复发展工会组织。到1926年底,湖北工会组织由北伐前的12个猛增到340多个。江西的南昌、九江、吉安、赣州市总工会相继建立,开展罢工斗争,各地的工人纠察队,直接配合北伐军作战。

为抗议英帝国主义干涉中国革命的暴行,1926年底,由李立三主持武汉各界群众反英大会,提出对英经济绝交、收回租界的要求。1927年1月初,武汉10万工人和市民连日举行集会,庆祝北伐胜利和国民政府迁都武汉。英国调兵刺伤群众数十人。刘少奇、李立三等因势利导,组织武汉各界群众集会游行,抗议英帝国主义的罪恶行径,要求惩凶、收回英租界等,经过武汉和九江人民的英勇斗争,于2月收回了汉口、九江英租界。这是近百年来反帝斗争史的空前壮举。

5. 上海工人三次武装起义

1926年10月、1927年2月和3月,在中国共产党的领导下,具有光荣革命传统的上海工人先后举行了3次武装起义。前两次起义因准备不充分而失败。

第三次武装起义由中共中央军委和江浙区委负责人周恩来、罗亦农、赵世炎等领导和指挥。这次起义之前做了周密的准备和部署,建立了有严密组织的5000人的工人武装纠察队,成立了起义总指挥部和各区指挥部,制定了统一指挥、分区作战的起义计划并详细掌握了敌情。3月21日,首先发动全市总同盟罢工,随即在全市7个区同时举行武装起义。工人武装纠察队经过30个小时浴血奋战,击溃北洋军警,于3月22日下午全部占领上海,取得了起义的胜利。起义胜利后,当时已进至上海西郊龙华的东路北伐军白崇禧部才开进上海。起义胜利的第二天,召开第二次市民代表大会,成立了上海特别临时政府。

上海工人3次武装起义,是大革命时期工人运动发展高峰的标志。它的最终胜利,显示了中国工人的坚强战斗性和伟大的组织力量,沉重地打击了帝国主义和北洋军阀的统治,在我国工运史上写下了光辉的一章,在世界工人武装斗争史上也占有重要的地位。

6. 毛泽东发表《湖南农民运动考察报告》

从1926年秋至1927年春,出现了全国农民运动的高潮。这场农民运动主要是在中国共产党的直接领导下发动的,毛泽东就是当时党内指导农民运动的杰出代表。

北伐战争的节节胜利,扫荡了北洋军阀在南方的封建势力,推动了全国农民运动的发展。中国共产党为进一步加强对农民运动的领导,又在上海成立了中共中央农民运动委员会,毛泽东为主任。毛泽东发表了《国民革命与农民运动》一文,指出农民问题是国民革命的中心问题,国民革命没有农民的参加和拥护,就不能成功;没有农民在乡村奋起打倒宗法封建的地主阶级特权，则军阀与帝国主义势力就不会根本倒塌。

这时，广东、湖南、湖北、江西、河南等省农民运动猛烈地发展，陕西、四川、广西、福建、安徽、江苏、浙江7省也全面开展。特别是湖南农民运动，其广度和深度都超过全国其他各省，在中国历史上是空前的。在革命和反革命的斗争日益尖锐化的情况下，陈独秀右倾机会主义者，被反革命的气焰所吓倒，不仅不敢支持农民革命斗争，反而跟在地主、资产阶级后面指责农民运动。这样农民问题不仅成为革命与反革命、无产阶级与资产阶级斗争的中心，而且成了共产党内马克思主义者与陈独秀右倾机会主义者斗争的焦点。

为回击地主阶级、国民党右派的进攻，驳斥陈独秀右倾机会主义者的责难，支持正在蓬勃兴起的农民运动，毛泽东于1927年1月至2月5日，深入湖南农村，进行了32天的实际考察，于3月间发表了著名的《湖南农民运动考察报告》。报告以大量的事实，生动朴实的语言，雄辩的逻辑力量，总结了湖南农民运动的伟大成果和经验，再现了党领导下湖南农民运动的热烈场面，有力地支持了农民的革命斗争。《湖南农民运动考察报告》是第一次国内革命战争时期党领导农民革命的科学总结。它有力地驳斥了反动派对农民运动的攻击和污蔑，深刻地批判了陈独秀的右倾机会主义错误，极大地鼓舞了当时正在高涨的农民运动，把湖南农村革命推向了组织武装、解决土地问题的新阶段。

战争概况

广东国民革命根据地的日益巩固，以"五卅"运动为起点的人民革命运动的不断高涨，为北伐战争奠定了基础。

1926年1月，国民党召开"二大"时，就确定了北伐的方针。2月，中共中央在北京召开了特别会议，确定党的任务是从各方面准备北伐战争，以革命战争推翻帝国主义和封建军阀在中国的统治。

当时，北伐面临的敌人有3支：一是直系军阀吴佩孚，盘踞在湖南、湖北、河南3省及陕西东部、河北南部，控制着京汉铁路，拥有军队20多万人；二是从直系分化出来自成一派的亲英、美的军阀孙传芳，主要盘踞在江苏、安徽、浙江、福建、江西一带，拥有军队20万人；三是亲日的奉系军阀张作霖，占据着东北三省，津浦铁路的北段以及京津一带，拥有军队35万人。1926年6月，吴、张两军阀在帝国主义的指使下，以"讨赤"为基础联合起来，以奉军为主在北方发动了对冯玉祥国民军的进攻；在南方，由吴佩孚挂帅，先出兵湖南，联合云、贵、川、闽、赣等地军阀，计划从三面围攻广东革命根据地。挂着"保境安民"旗号的孙传芳，也积极备战，伺机进攻广东。

北伐前夕，在湖南首先爆发了驱逐赵恒惕的运动。当时倾向革命的唐生智，向广东国民政府请援。国民政府即调派第四军的两个师和叶挺独立团及第七军一部赴湘援唐。5月，叶挺独立团挺进湖南，揭开了北伐战争的序幕。

北伐战争开始时，国民革命军共8个军，约10万余人。鉴于敌众我寡和军阀之间矛盾的情况，国民革命军制定了集中优势兵力，各个击破的方针。即先集中优势兵力消灭吴佩孚，再转向孙传芳，最后相机消灭张作霖及其他军阀势力。1926年6月4日，国民党中央通过出师北伐案。7月1日发布北伐动员令，4日通过《国民革命军北伐宣言》。9日，国民革命军在广州誓师，正式出师北伐。国民革命军以蒋介石为总司令，李济深为总参谋长，邓演达为总政治部主任。除李济深统领第四军一部，第五军大部留守广州，第七军一部留守广西外，其他各部均出师北伐。

北伐军首先激战于湖南。1926年5月底至6月初，入湘援唐的叶挺独立团首战告捷，连克汝城、永兴、安仁、攸县等地。7月初，北伐军第四、七、八军陆续到达湖南前线，连克株洲、醴陵，长沙守敌叶开鑫于7月9日弃城出逃。7月11日，北伐军进占长沙。8月中下旬，突破敌军汩罗江防线，连克平江、岳阳。至此，湖南全省为北伐军所占，战争转入湖北境内。当时，为阻止北伐军前进，吴佩孚在贺胜桥设立总司令部，亲自督战，集中2万多主力扼守军事要道汀泗桥。8月27日，独立团和第四军各部得到当地农民的引导，出敌不意，攻克了汀泗桥，8月30日夺取了吴佩孚的指挥阵地贺胜桥。9月1日，北伐军打到了武昌城下。6日攻占汉阳。7日，占领汉口。10月10日，攻战武昌。至此，吴佩孚的主力基本上被消灭，北伐军在两湖战场取得了决定性的胜利。因叶挺独立团及所在的第四军，在战斗中英勇善战，屡建奇功，因而赢得了"铁军"的光荣称号。

在两湖战场胜利在望之时，北伐军第二、第三、第六及第一、第五军各一部，独立第一师，于9月初就开始向江西的孙传芳发动了进攻。由于南昌得而复失，10月下旬，第四军主力奉调入赣。后经第二、三、四、六、七各军协力作战，于11月4日攻占九江，8日再克南昌。孙传芳逃回南京，其在江西的主力部队绝大部分被歼灭，少数逃往浙江。

北伐军在江西战场取得胜利后，驻守潮、梅警戒粤、闽边境的第一军主力，开辟了福建战场，于10月中旬攻克永定、漳州等地。后未经大的战斗，于12月9日进入福州，继而收复福建全省。接着兵分3路，向浙江、安徽、江苏挺进。于1927年2月18日攻占杭州，3月中旬抵达上海附近。3月21日，上海工人举行第三次武装起义胜利后，北伐军乘胜进入上海。3月初，北伐军还在安徽轻取安庆、芜湖，再沿江而下，3月24日攻占南京。至此，长江中下游的东南5省全部处于北伐军控制之下。

由于北伐战争是国共两党共同发动和领导的反帝反封建的正义战争，得到了广大工农群众的热烈拥护和大力支持。而且共产党员、共青团员的先锋模范作用及苏联政府在物质上和军事上的帮助，并利用北洋军阀内部的腐败和重重矛盾，使得北伐战争迅速取得胜利。

北伐军自出师以来不到10个月的时间就打垮了吴佩孚和孙传芳的主力部队，占领了湘、鄂、赣、闽、苏等省的全部或大部，把国民革命从珠江流域推进到长江流域，席卷了半个中国。这一胜利沉重地打击了帝国主义和封建军阀在中国的统治，为革命的进一步发展创造了极为有利的条件。

北伐进程

中国共产党和中国国民党合作组成的广州国民政府，领导国民革命军于1926—1927年为推翻北洋军阀统治而进行的革命战争。这次战争连同1924—1925年统一广东的战争，亦称第一次国内革命战争。

1. 战争的准备

辛亥革命后，以孙中山为代表的革命党人，为反对北洋军阀的反动统治进行了不屈不挠的斗争，但屡遭挫折和失败。1924年1月，孙中山在广州主持召开中国国民党第一次全国代表大会，确定联俄、联共、扶助农工三大政策，改组国民党，实现了第一次国共合作，随后在广州黄埔创办了中国国民党陆军军官学校。中国共产党选派了重要干部到军校从事政治工作和军事工作。10月，开始建立黄埔教导团，随后扩大为新型的革命军队。为了推动工农群众运动的发展，广东革命政府先后颁布了农民协会章程和工会条例，迅速打开了工农革命运动的新局面，同时建立了工团军和农民自卫军。

广东革命政府依靠黄埔学生军和工农革命武装，团结其他军队，于1924年10月平定商团叛乱。1925年2月举行讨伐陈炯明的第一次东征。6月消灭了滇桂军阀杨希闵、刘宸寰的叛乱。7月1日，国民政府在广州成立。接着将所辖黄埔学生军和驻广东的粤、湘、滇、鄂等部队统编为国民革命军，共6个军。10月举行第二次东征，同时进行南征，先后消灭了陈炯明和邓本殷的反革命军队，1926年1月，统一了广东革命根据地。同时广西李宗仁和湖南唐生智先后宣布拥护广州国民政府，使国民革命军拥有8个军约10万人。1925年五卅运动之后，全国反帝爱国民主运动和工农革命运动日益高涨，广东省港工人奋起响应，大力支持广州国民政府，为北伐战争准备了条件。1926年2月，中国共产党在北京召开特别会议，提出出兵北伐、推翻军阀统治的主张。6月5日，广州国民政府通过出师北伐案。7月1日，发表《北伐宣言》，9日，国民革命军誓师北伐。国民革命军的基本编组情况是：国民革命军总司令蒋介石，总参谋长李济深（留守广州），副总参谋长白崇禧，总政治部主任邓演达，总政治部副主任郭沫若。第一军军长何应钦，党代表缪斌。第二军军长谭延闿，副军长鲁涤平，党代表李富春。第三军军长朱培德，党代表朱克靖。第四军军长李济深，副军长陈可钰，党代表廖乾吾。第五军军长李福林，党代表李郎如。第六军军长程潜，党代表林伯渠。第七军军长李宗仁，党代表黄绍竑。第八军军长唐生智，党代表刘文岛。其中从事政治工作人员多数是中共党员和国民党左派人士。苏联政府派加伦将军等为国民革命军顾问。广东等省人民群众大力支援北伐军；省港罢工工人组织了几千人的运输队随军出征。

2. 战争的胜利进军

北洋军阀在政治、经济和军事等方面都拥有强大的实力，窃据了北京中央政权和中国经济比较发达的10多个省份。直系军阀吴佩孚，拥兵20万，占据了河南、湖北、湖南3省，陕西的东部和直隶（今河北）保定一带，控制着京汉铁路。另一直系军阀孙传芳，拥兵20万，据有江苏、安徽、浙江、福建和江西5省。奉系军阀张作霖，拥兵35万，占有东北各省和北京、天津等地，控制着津浦铁路北段。其他各省还有许多地方军阀。为了扑灭日益高涨的人民革命运动，吴佩孚、张作霖在1926年3、4月间已采取联合步骤，计划在北方消灭冯玉祥率领的国民军，在南方先进攻湖南，进而消灭广东革命势力。孙传芳由于同吴佩孚、张作霖存在尖锐矛盾，表面上"保境安民"，实际上坐山观虎斗，以便从中渔利。

国民革命军决定采取集中兵力各个击破的战略方针，首先歼灭吴佩孚军，然后消灭孙传芳军，最后消灭张作霖军。9月17日，冯玉祥率部在绥远五原（今属内蒙古）誓师参战。

北伐军首先以主力向湖南进军，两湖战场成了北伐战争的主要战场。此前，1926年5月上旬，国民革命军第七军的两个旅已入湘协同第八军唐生智部同吴佩孚作战。5月下旬，广州国民政府又派第四军第十师（师长陈铭枢）、第十二师（师长张发奎）和叶挺独立团入湘增援，打开北伐的前进道路。叶挺独立团是中国共产党直接领导的部队，共有2000余人，连以上干部全部为共产党员。独立团是第四军的开路先锋，6月5日攻占攸县，取得了入湘作战的首次大捷。7月初，担任主攻任务的第四、七军先后抵达攸县地区，与第八军汇合。然后分3路进攻长沙。在工农群众的支援下，北伐军11日进入长沙。蒋介石在长沙召开军事会议，决定分3路攻取湖北。8月19日，中路军发起总攻，先后攻占平江、岳阳，切断粤汉路。接着进入湖北境内作战。25日，开始攻打武长铁路线上的军事要隘汀泗桥、贺胜桥。汀泗桥是武汉南面的门户，地形险要，易守难攻。北伐军要攻占武汉，必先攻占此桥。吴佩孚把司令部设在贺胜桥，亲自督战，下令死守汀泗桥。8月26日，第四军以6个团的兵力发起进攻，双方争夺激烈，汀泗桥4次易手，仍不能决定胜负，双方伤亡惨重。27日晨，独立团在当地农民的引导下，从东面大山的小路迂回到汀泗桥东北面敌人背后发起猛攻，敌因受前后夹击，慌乱溃退，吴佩孚下令用大刀砍杀败退官兵也不能稳住阵脚。当天北伐军占领汀泗桥。第四军英勇善战，获得了"铁军"称号。8月29日，北伐军第四、七军向贺胜桥发起总攻。30日下午，叶挺独立团首先突破吴军防线，当日占领贺胜桥。9月1日，第四、七军到达武昌城下。吴佩孚企图凭借武昌城垣及长江天险负隅顽抗，守住武汉，等待河南吴军和江西孙传芳来援。他设司令部于汉口，命其第八师师长刘玉春为武昌防守司令，率兵死守武昌。北伐军第四、七、八军合围武昌城，从3日起连续多次攻城，均未成功。5日，独立团官兵潜至城脚下，奋勇登梯，城上弹如雨下，第一营登梯官兵10余人全部牺牲，表现了革命战士奋不顾身的英雄气概。接着北伐军调整部署，由第四军担任围攻武昌的任务，第八军进攻汉阳。在北伐军的猛烈进攻下，汉阳守军刘佐龙部倒戈。汉口工人举行罢工支援北伐。7日，北伐军占领了汉阳、汉口，吴佩孚逃往郑州。10月9日，在北伐军的严密包围和策动下，武昌守军吴俊卿部起义，接应北伐军。10日，陈铭枢师、张发奎师、叶挺独立团、第八军第一师等联合发起总进攻，负隅抵抗的守敌被迫投降。北伐军此役共俘守敌司令以下官兵12000千余人，缴获大量战利品。至此，吴佩孚的主力基本被消灭，北伐军取得了两湖战役的决定性胜利。

北伐军攻克武昌后，广州国民政府决定迁都武汉。1927年1月成立了国民党中央执行委员和国民政府委员联席会议，代表国民党中央和国民政府职权。3月，召开国民党二届三中全会，抵制了蒋介石迁都南昌的主张，正式成立武汉国民政府，坚持了孙中山的三大革命政策，促进了革命战争的胜利发展。

北伐军在两湖的胜利进军，使孙传芳感到威胁，便向北伐军提出最后通牒，限令退回广东，并分两路袭击北伐军。中国共产党坚决主张集中力量消灭孙传芳。蒋介石也因唐生智的势力在两湖迅速发展，急于开辟江西战场，夺取江西地盘，扩张自己的势力。江西战场，主要以3次攻打南昌为中心。9月中旬以前，第二、三军分别夺取赣州、吉安、萍乡、安源等地，第六军占领奉新等地。19日，第三、六军各一部冒险攻入南昌城，21日，被迫退出。南昌撤退时，北伐军损失惨重。10月上旬，蒋介石由武昌转赴江西，亲自指挥南昌会战，北伐军付出重大伤亡，被迫撤除南昌之围。北伐军在两湖战事胜利结束后，主力迅速转入江西，准备第三次攻打南昌。这时孙传芳后方极不稳定，一度准备同蒋介石和谈，在中国共产党和苏联顾问的一致反对下，和谈未能实现。11月初，北伐军在加伦将军的参加指挥下对江西孙传芳部各据点发动了总攻。北伐军先攻占德安、马回岭，控制了南浔铁路，使九江和南昌陷于孤立。孙传芳见势不妙，逃回南京。11月5日，北伐军攻克九江，同时包围南昌。8日，占领南昌。至此，江西的北洋军全线溃退。

江西战事紧急时，福建周荫人部企图进攻广东，扰乱北伐军的后方。北伐军出兵福建，孙传芳无力顾及，敌人内部加剧分化，张毅等部归附北伐军。1926 年 12 月间，北伐军占领福建全省并乘胜追击，向浙江挺进。这时北伐军已发展到 20 个军，拥有兵力 25 万人。

1927 年 1 月，北伐军决定分 3 路追歼敌军。东路军由何应钦、白崇禧率第一、三军等 6 个纵队向浙江进攻。中路军由蒋介石任总指挥，以第二、六、七军为主力，自江西沿长江两岸东进，其中李宗仁率第七军等 3 个纵队为江左军，程潜率二、六军等 3 个纵队为江右军。西路军由唐生智率四、八军等 4 个纵队为主力，沿京汉铁路对付来自河南之敌。3 路大军的总目标是夺取南京和上海。

东路军于 1 月中旬由闽入浙，2 月下旬，占领浙东，2 月底，占领了杭州及浙江全省。然后，自嘉兴向淞沪前进。3 月 21 日，白崇禧率东路军右翼占领松江，薛岳部抵达龙华。上海工人在周恩来、罗亦农、赵世炎等参加的中共中央特别委员会的领导下，举行第三次武装起义，22 日，取得胜利，解放上海。中路军的江左军和江右军，于 2 月下旬，同时东进。3 月 6 日，江右军占领芜湖。3 月 22 日，东路军攻占镇江，截断沪宁路。中路军的江右军和东路军分别逼近南京。24 日，第六军和第二军攻占南京，至此，长江下游全由北伐军占领。

3. 战争的成就与夭折

北伐军从 1926 年 6 月出师，经过近 10 个月的征战，占领了湖南、湖北、江西、浙江、安徽、江苏等省的全部或一部，消灭了吴佩孚、孙传芳的主力，取得重大胜利。但在革命胜利的形势下，革命统一战线内部所潜伏的危机终于爆发，造成北伐战争中途夭折。

在北伐军胜利进军的同时，退守绥远一带的国民军，在苏联和中国共产党的帮助下，1926 年 9 月中旬在五原誓师。冯玉祥刚从苏联回国，与国民军集体加入了国民党，担任了国民联军总司令。11 月，国民军占领甘肃、陕西两省，在北方策应北伐军的进军。不久，又从潼关、紫荆关入豫作战。刘伯坚、邓小平等共产党员，先后到国民军中帮助进行军事和政治工作，有力地配合了南方北伐军的作战。

北伐军所到之处，都得到广大工农群众极大的欢迎和支援。1927 年初，汉口、九江民众进行了勇敢的斗争，收回了两地的英租界，取得了维护国家主权的重大胜利。以湖南为中心的农民运动迅速发展。革命势力迅速发展到长江、黄河流域，使北洋军阀的统治趋于崩溃。但反帝反封建的大革命的迅猛发展，严重威胁着帝国主义和大地主、大资产阶级的利益，民族资产阶级也因惧怕工农运动而动摇起来。他们极力支持和纵容拥有军事实力并蓄谋反共的蒋介石发动政变，建立反动统治。在中国共产党内，由于陈独秀的右倾麻痹，对国民党右派采取妥协退让政策，无力阻止局势的逆转。蒋介石集团经过一系列精心策划与周密部署，1927 年，在上海发动了"四一二"政变，实行清党反共，屠杀共产党人和革命群众。4 月 18 日，在南京另立国民政府，与武汉国民政府相对峙，并与帝国主义协同对武汉实行经济封锁。汪精卫在 4 月初从法国回上海，随即赴武汉。他把自己装扮成"左"派领袖，取得了武汉国民党中央和政府的大权。武汉政府为了打开局面，决定第二次北伐，任唐生智为总指挥。4 月 19 日，在武昌南湖誓师，21 日，沿京汉路向河南进发。这时冯玉祥也由陕西向开封进攻。5 月下旬，北伐军 3 个师在临颍十里头战役中击溃奉军主力。北伐军与冯部国民军合作，占领了郑州、开封等地。但武汉政府面临外交孤立，经济困难，反共军人夏斗寅、许克祥相继叛乱。汪精卫于 6 月 19 日到徐州与蒋介石达成"清党反共"协议，7 月 15 日，在武汉实行"分共"。至此，第一次国共合作最后破裂，国共两党合作进行的北伐战争夭折。

北伐战争是一场规模空前的反帝反封建的革命战争。虽然中途夭折，但这次战争沉重打击了北洋军阀的统治，产生了深远的影响。同时使中国共产党人认识到开展武装斗争的极端重要性，开始了创建工农红军、进行土地革命的新时期。

北伐贺胜桥之战

1926 年 8 月 27 日上午，汀泗桥战斗的硝烟未尽，吴佩孚增援汀泗桥的部队，乘三列火车、90 余节车厢，赶到贺胜桥，听说汀泗桥已经被北伐军攻陷，不得不就地下车，火速于贺胜桥地区部署防御阵线。

守卫贺胜桥的吴军有吴佩孚亲率的第十三混成旅、刘玉春的第八师、陈嘉谟的第二十五师及汀泗桥溃退下来的吴军，约 45000 余人，轻重机枪 200 余挺，山炮、野炮数十门。贺胜桥号称鄂南第二门户，也是一个形势险要的兵家必争之地。西有黄塘湖，东有梁子湖，丘陵起伏，遍地是茅草和树丛，有 500 米以上的制高点达 7 处之多。贺胜桥以北至武昌，为百余公里平原，再无险可守。所以，吴佩孚视此地为与北伐军一决雌雄的最后一道防线。8 月 28 日，吴佩孚亲临贺胜桥，亲自勘察地形，主持构筑工事。吴军在距离贺胜桥几公里的王本立至杨林挡一线，构筑了第一线防御阵地，也是主防御阵地；在距贺胜桥 4 公里左右的孟家山至桃林铺一线，构筑了第二线防御阵地，准备第一线防御阵地如果失守，再全力防守第二线，实行逐次防守的战斗计划；在贺胜桥至烟斗山一带，构筑了第三线防御阵地。三道防线的地势愈来愈险，非常有利于逐次防守的实施。三道防线纵深达几公里，宽度亦达几公里。防线的每座山头上都修了环形工事，既能防前又能防后；既能独立作战，又能相互策应。一切安排妥当之后，吴佩孚大言不惭地夸下海口说："昔以汀泗桥一战而定鄂，今以贺胜桥一战而定天下。"况且，吴佩孚对两广与湘军的战斗力向来不屑一顾。而今天他的对手正是由广东、广西子弟组成的国民革命军第四军与第七军，他更觉得胜券在握。吴佩孚还传谕全军，凡有退逃者，一律由大刀队处以极刑，总司令本人退却，也要同此办理，表示了与贺胜桥共存亡的决心。

但吴佩孚大大地估计错了，经过了国民革命风潮洗礼的第四军与第七军，在鲜明的革命政治目标的指引下，战斗力也今非昔比了，他们已经完全不等同于以往的粤军与桂军。这是一个封建军阀所无法理解的。

8月27日，国民革命军北伐军总司令蒋介石抵达湖北蒲圻。同日，第七军军长李宗仁率部抵达咸宁，与第四军会合。8月28日，国民革命军北伐军前敌总指挥唐生智抵达咸宁。同日，第一军第二师、第八军第四师由蒲圻向咸宁开进。蒋介石召集第八军军长兼前敌总指挥唐生智、第七军军长李宗仁、第四军代军长陈可钰、国民革命军北伐军总参谋长白崇禧等召开会议，决定以第四、七军分左右两翼，攻击贺胜桥。由第四军担任主攻方向，唐生智任总指挥；第八军第四师、第一军第二师为总预备队。国民革命军第一线作战部队计有14个团，约35000人。

吴佩孚是直系军阀的主帅，又在旧军阀中以文韬武略、能攻善守著名，一贯以精英自喻，自称从未打过败仗，第二次直奉战争的失败，不过是因冯玉祥从背后插刀子。蒋介石、唐生智、李宗仁、白崇禧、陈可钰虽是后生，但皆是新秀，又多为科班出身，对第一次世界大战后的新战法、新战术多有了解。在他们眼中，吴佩孚不过是个迂腐的落第秀才，北洋军队的旧式编制、旧式战术，早就该被淘汰了。所以，双方都以最大的本钱进行孤注一掷的战斗，取得胜利者，将取得整个中国。

8月29日，第四、七军从咸宁地区分两路向贺胜桥开进。午后1时，第七军第八旅于袁家铺地区与吴军展开战斗，经两小时激战，吴军后退，第八旅攻至王本立吴军阵地前。午后4时，吴军从贺胜桥派来援军约2000人，立即对第八旅展开反攻，第八旅几乎不支，后第七军第二旅及时赶到，至6时才打退了吴军的反攻，稳住了阵脚。第八旅由于过分疲劳，退往第二旅后休整。午后6时，第四军担任主攻任务的三十五团抵达吴家湾，与吴军交火。同时，另一个担任主攻任务的团队——第四军叶挺独立团，正在向预定方位——北路学校疾进。

8月30日凌晨1时，吴军派出主力部队，向第四军与第七军的接合部北路学校发动进攻。由于地形复杂，独立团行军困难，刚刚抵达北路学校，尚未展开，就受敌猛攻，仓促应战，几乎濒危。但全团在叶挺的指挥下，沉着应战，上下一心，边打边展开，边打边构筑工事。同时，第七军第二旅第四团见状，在向对面吴军开火的同时，派出一个营向独立团右翼增援，从侧面攻击吴军，使吴军不得不后退500米。这时，担任师预备队的三十六团闻讯后，立即派出一个营增援独立团左翼。吴军虽然进攻受挫，仍然拼力发起冲锋，企图打开缺口，切断第四、七军的联系，各个击破。晨3时，担任第四军预备队的第二十八团加入战斗，才稳住了战局，打退了吴军的进攻。与此同时，第七军第二旅也遭到吴军的猛攻，被吴军从侧后包围，情况十分危急。虽经血战，只是拼力防守而已。晨6时，第七军担任预备队的两个团赶到，始将敌击退。

8月30日晨5时，第四军对杨林挡吴军发起总攻。国民革命军臂着"红蓝白"三色识别带，防止战斗中敌我不分。7时30分，独立团首先突破杨林挡吴军阵地。晨7时，第七军4个团也向王本立吴军阵地发动猛攻，吴军不支，向余花坪、孟家山一线后退。上午8时许，吴军第一线阵地被完全攻破。

第四军独立团在首先突破吴军第一线阵地后，马不停蹄，立即向吴军第二道防线猛进。桃林铺的吴军措手不及，尚未来得及有组织地抵抗，已被独立团突破。独立团又直冲吴军第三道防线前。当时第三十五团、三十六团、二十八团由于行动稍缓，尚未将吴军第二道防线突破，造成独立团孤军深入的局面，独立团三面受敌。独立团第二营长、共产党员许继慎胸部被子弹穿透，鲜血淋漓，仍坚持指挥作战，下令："只准前进，不许后退。"团长叶挺审时度势，果断决定全力向吴军烟斗山主阵地进攻。因为只有将这个高地拿下来，独立团才能转危为安，同时也将使敌第三道防线出现重大缺口。在六挺重机枪的掩护下，独立团第二营一鼓作气冲上海拔556米高的烟斗山。副营长、共产党员符克振牺牲在山头上。这时三十六团、二十八团、二十九团、三十团，由于第二道防线早已出现缺口、守军发生动摇，相继顺利地攻破吴军第二道防线，向吴军第三道防线猛冲。由于烟斗山是吴军第三道防线的火力支撑点，烟斗山失守，军心动摇。上午9时左右，吴军开始纷纷溃退。吴佩孚见状，亲自在贺胜桥桥北手刃了几个后退的团以上军官，大刀队也劈了后退的士兵百余人。又在桥头架起机枪猛扫，只打得桥上桥下，尸横累累，宽阔的河面殷红一片，只见浮尸不见水，溃兵处于夹击之中。时代在发展，吴佩孚这种不讲人道的封建军阀督战方式，已经人心丧尽。退却的吴军官兵被吴佩孚自相残杀的暴行所激怒，遂组织起来，对贺胜桥实行反冲锋。面对洪水般决堤的败兵，大刀队无可奈何，自己也急忙逃命。吴佩孚见状，也只好乘铁甲列车带头逃跑，不顾订的什么"即使总司令退却也要身首异处"的军纪了。上午11时，独立团首先冲过铁桥，进入贺胜桥镇，然后又向前追了15公里，直到涂家湾方奉命停止。由于第四军独立团广大官兵的勇敢与迅速，吴军根本没来得及实行什么逐次防守的战略，就土崩瓦解了。

与此同时，右翼第七军与吴军的战斗仍在孟家山一线进行。上午11时，吴军向余花坪后退，第七军才突破第二道防线。第七军追至余花坪，全军8个团兵力冲锋10余次，均被吴军击退。至晚6时，第七军停止进攻，准备休整一夜，第二天再进行进攻。是日夜，余花坪吴军闻贺胜桥主阵地已经失守，自己面临腹背受敌的危险，乘夜退往武昌。贺胜桥战役遂告结束。

贺胜桥战役中，国民革命军共俘敌3235名，缴获炮24门、长短枪2914枝、重机枪10挺。国民革命军方面亡262人，伤574人。

贺胜桥战役中，吴佩孚所采取的在防守中突然反攻的奇袭战术，不愧其善用兵之称。如果他的对手是一般的军阀部队，就一定奏效了。北伐军的指挥官也并没预料到这一点。然而北伐军广大士兵的顽强战斗精神，使吴佩孚失算了。国民革命军贺胜桥战役的胜利，虽未达到歼灭战的目的，却重创了吴佩孚的主力，使吴佩孚在军事上从此一蹶不振，只有招架之功，再无还手之力。吴佩孚这个北洋军阀的名将、常胜将军，从此再没打一个胜仗。

讲究封建迷信的吴佩孚，预卜"贺胜桥"的"贺胜"两个字为吉兆。到头来，贺胜桥只是为国民革命军北伐军"贺胜"了。

两军相逢勇者胜，贺胜桥战役就是一场勇者获胜的战斗，是一场比试战斗力的战斗。

南昌起义

概况

国民革命失败后，中国共产党总结了失败的教训，继续高举革命的大旗，把中国革命推进到了一个新的阶段。南昌起义和"八七"会议，便是这个新阶段的开端。

1927年8月1日凌晨2时，在周恩来、贺龙、叶挺、朱德、刘伯承等的领导下，南昌起义爆发。由贺龙、叶挺以及朱德等指挥的部队共2万余人参加了起义。经过5小时激战，起义军歼敌2000余人，胜利占领了南昌全城。起义胜利后，随即成立了以跨党共产党人为核心，并有国民党左派参加的中国国民党革命委员会，由宋庆龄、谭平山、贺龙、邓演达、郭沫若、恽代英等7人组成主席团。同时，对起义部队进行整编，由贺龙任国民革命军第二方面军代总指挥兼二十军军长，叶挺任前敌代总指挥兼十一军军长，朱德任九军副军长。8月2日，革命委员会颁布《八一起义宣传大纲》《土地革命宣传大纲》，宣布继承北伐革命未完成的事业，反对帝国主义，打倒新旧军阀，实行耕者有其田的政策。2日下午，南昌各界群众5万人隆重集会，举行革命委员会委员就职典礼，庆祝起义胜利。

8月3—6日，起义军按中共前敌委员会的部署，退出南昌，向广东进发，计划先到东江一带建立工农政权，依靠那里的海口取得国际援助，充实力量，然后伺机攻取广州，重整旗鼓，再行北伐。起义部队在南下途中不断打垮敌军的围堵，并于9月下旬占领潮州、汕头，10月初，终因敌我力量悬殊而在汤坑、三河坝一带战败。所留部队，一支转到海陆丰与当时农民军会合；一支由朱德、陈毅率领，经赣南、粤北转入湘南，坚持游击战争。

南昌起义打响了武装反抗国民党反动派的第一枪，在全国人民面前树起了一面坚持革命斗争的光辉旗帜。它是中国共产党探索创建军队，独立领导、武装夺取政权的革命新道路的开始。这次起义由于没能与当地农民运动结合，就地开展土地革命和建立农村革命政权而遭到失败。

起义经过

1927年8月1日，根据中国共产党中央委员会的决定，在以周恩来为书记的中国共产党前敌委员会和贺龙、叶挺、朱德、刘伯承等人的领导下，中国共产党所能掌握和影响的北伐军2万余人在江西南昌举行了武装起义。这次起义，是中国共产党在极端危急的情况下，为了挽救革命作出的第一次响亮的回答，它打响了武装反抗国民党反动派的第一枪，宣告了中国共产党独立领导中国革命战争新时期的开始。起义保存下来的一部分部队，成为中国工农红军的骨干之一。8月1日，成为中国人民解放军的建军节。

1927年4月12日，蒋介石发动反革命政变，彻底背叛工农大革命后，武汉国民党汪精卫集团的"分共"活动日趋加紧。7月12日，中共中央根据共产国际的指示改组中央机构，成立了由张国焘、周恩来、李维汉、张太雷、李立三组成的中共中央政治局临时常委会。在此期间，共产国际驻中共代表鲍罗廷提议中共"准备一些军队去南昌回广州"。7月15日，武汉国民党汪精卫集团公开"分共"。此时，国民革命军第四集团军（总司令唐生智）第二方面军总指挥张发奎，仍与中共保持统一战线关系，企图凭借中共力量，借武汉国民党"东征讨蒋"之机，摆脱武汉国民政府控制，渐次经南昌移师回粤，排挤桂系，攫取广东。遂令所部由鄂东南进至赣东北的九江、德安地区，坐视时局发展，待机行动。

张发奎第二方面军战斗序列为第四军、第十一军、第二十军，合约3万人。其中第四、第十一军是战斗力较强的两支部队。大革命期间，中国共产党所能掌握或影响的部队，多在第二方面军。计有共产党员叶挺任副军长兼师长的第十一军第二十四师3个团，由共产党员周士第任团长的第四军第二十五师第七十三团，由共产党员王尔琢、孙一中控制的第二十五师第七十四、第七十五团，由共产党员范荩任团长的第十一军第十师第三十团。第二十军军长贺龙正炽热地追求中国共产党，决心献身无产阶级革命事业。

大革命的失败和国民党新军阀的大屠杀使中国共产党人痛定思变，决心拿起枪杆子，用武装的革命反对武装的反革命。新组成的中共中央政治局临时常委会在决定发动湘、鄂、粤、赣4省农民秋收暴动之后，又根据张发奎的政治态度和共产国际的指示，决定集合中共掌握和影响的部队，"依张发奎回粤徐图发展"，即在广东成立新国民政府，开展土地革命，重建根据地，积蓄革命力量，再次举行北伐。为执行"依张回粤"计划，中共中央政治局临时常委会指派李立三、邓中夏赴九江，会同谭平山、叶挺，共同筹划移师广东的准备工作，并指示中共广东省委，在政治与军事等方面做好迎接回师广东的工作。

汪精卫集团"分共"以后，竭力拉拢张发奎"清党"反共。张发奎虽然还与中共保持一定的合作关系，但他"已深受汪之影响，高唱拥汪"，并"有在第二方面军高级军官中的共产党分子，如叶挺等须退出军队或脱离共产党之表示"。李立三、邓中夏等人于7月19日抵达九江，又收到中共中央发给张发奎部中共负责人的指示，"如果张发奎能够不拥护汪精卫，则我们可以与他合作回粤，否则实行脱离关系"。这时九江地区的政治、军事形势正发生急剧变化：张发奎的政治态度明显右倾，不仅出席了汪精卫在庐山召开的秘密军事会议，而且决意在第二方面军内"清党"，还电令叶挺、贺龙所部迅速集中德安，图谋解除叶、贺的兵权；第四军、第十一军、第二十军又正面临着被驻南昌、临川、樟树的朱培德第五方面军及由萍乡向南昌急进的程潜第六军危害的危险。面对严峻的形势，李立三、邓中夏、谭平山、叶挺和聂荣臻等于7月20日在九江召开会议（史称"谈话会"）。会议认为，由于张发奎政治态度日趋右倾，"依靠张为领袖之回粤运动，很少成功之可能，甚至为三、六、九军所包围而完全消灭，纵然回粤成功，我们亦必在张、汪协谋之中而牺牲，将与我们回粤去号召农民暴动，实现土地革命，建立新的革命根据地之目的完全相反，所以我们应该抛弃依张之政策，而决定独立的军事行动"。会议决定，叶挺部"集中南昌，运动二十军与我们一致，实行在南昌暴动，解决三、六、九军在南昌之武装。在政治上反对武汉、南京两政府，建立新的政府"。九江同志的意见得到了正在庐山休息的瞿秋白等人的同意，并由瞿秋白带交中共中央政治局临时常委会会议决定。7月25日（一说24日），中共中央政治局临时常委会会议决定在南昌举行起义。

会议根据加伦（广东国民政府的苏联军事顾问，大革命失败后，曾参与中共中央军事决策活动，后随贺龙第二十军参加南昌起义）的提议，决定南昌起义后部队立即南下广东，占领出海口，以便取得国际援助。为加强对起义的组织领导使起义获得成功，常委会议决定成立中国共产党前敌委员会，作为起义的最高领导机构，指定周恩来为书记，李立三、恽代英、彭湃为委员（事实上谭平山自始至终参与了前委的活动）。会议还决定武汉国民政府警卫团（亦称第二方面军警卫团），中央军事政治学校武汉分校学员大队，平（江）、浏（阳）农民义勇队等中共领导和掌握的武装力量，迅速由武汉开往南昌参加起义；约请在武汉、九江的国民党左派知名人士迅速到南昌准备参加起义后的革命政权；迅速向转入地下斗争的中共负责干部通报南昌起义决定等。

7月23日，贺龙到达九江，与谭平山会晤，表示对起义热烈的响应。接着，李立三、恽代英、谭平山、邓中夏等人在九江举行第二次会议，具体研究了起义的计划、政纲、宣言以及组织与宁、汉国民党中央党部相对抗的中国国民党革命委员会等问题。决定28日前，叶、贺两军集中南昌，28日晚举行起义，并急电中央请求批准。7月26日，周恩来由陈赓陪同秘密抵达九江，向李立三、恽代英、谭平山、邓中夏及聂荣臻等人传达了中共中央政治局临时常委会关于南昌起义和土地革命为口号的决定。周恩来在离九江潜往南昌前，指定聂荣臻到马回岭，与周士第、王尔琢、孙一中一起，将第四军第二十五师拉到南昌参加起义。

在中国共产党准备南昌起义的同时，汪精卫集团也加紧了反共活动。7月24日，汪精卫、孙科等人到达庐山，召集了有第二、第五两个方面军高级军官参加的秘密会议，策划军队中的"清党"，协谋解除叶挺、贺龙的兵权。时任第四军参谋长的共产党员叶剑英得此密息，星夜下山赶到九江面晤叶挺。在此危急关头，叶挺、贺龙、叶剑英、高语罕、廖乾吾等人在甘棠湖的一只小船上商定：叶、贺不去庐山开会；叶挺率领第十一军第二十四师、贺龙率领第二十军分别于25日和26日乘火车开赴南昌。会后，叶挺、贺龙置张发奎电令于不顾，毅然率部开进南昌，起义军完成了集结。到7月底，周恩来、李立三、恽代英、彭湃、刘伯承、谭平山、林伯渠、吴玉章、徐特立、郭亮、毛泽覃、高语罕、廖乾吾、周逸群、方维夏、彭泽民、张曙时等中共干部相继抵达南昌，为起义进行紧张的准备工作。广东北江农军、中央军事政治学校武汉分校女生队和何香凝办的妇女训练班部分学员也相继赶到南昌。

7月27日，周恩来抵达南昌与先期潜回的朱德会合。当日，中国共产党前敌委员会正式成立。前委对有关起义的重大问题进行讨论，做出了如下决定：因准备工作不及，起义日期由28日推迟到30日；在其他起义领导人赶到南昌之前，由周恩来、叶挺负责起义的组织工作，谭平山、韩麟符等负责筹备革命政权。起义即将举行的前一天，时任中共中央政治局临时常委的张国焘从九江接连发来两封急电，说："暴动宜慎重，无论如何候他到再决定"。张国焘是作为中央代表到南昌传达共产国际关于南昌起义复电的。共产国际的复电说：如有成功把握，可举行暴动；否则不可动，把军队中的同志退出，派到各地农民中去。周恩来接电后经同前委成员商议，果断决定暴动决不能停止，一切准备工作继续进行。30日上午，张国焘到达南昌，前委即开扩大会议。张国焘以共产国际的复电为由，主张应极力拉拢张发奎，得到张之同意，否则不可动。周恩来坚决表示起义"还是干"，李立三、恽代英、彭湃、谭平山、叶挺及周逸群则明确指出，"暴动断不可迁移，更不可停止，张（发奎）已受汪之包围，决不会同意我们的计划，在客观上应当是我党站在领导的地位，再不能依赖张（发奎）"，一致主张起义如期举行。前委扩大会议激烈争论数小时，因张国焘是中共中央代表，不能以少数服从多数的原则来决定问题。31日晨，再开前委扩大会议。此时，因叶、贺未上庐山开会，张发奎来电说8月1日陪同汪精卫、孙科到南昌。此种情况下，张国焘被迫表示同意起义。前委决定，起义于8月1日凌晨4时举行。根据前委决定，起义部队加紧了起义前的直接准备。叶、贺两军分别召开了团以上军官会议，传达了中共中央和前委的起义决定与命令；各团、营受领了任务，并处罚了反动军官；部（分）队制定了战斗方案。中共江西省委召开了党、团和工人活动分子会议。是日晚9时许，第二十军一个副营长到第五方面军警卫团告密，为保证起义的突然性，前委决定提前两小时发动起义。

1927年8月1日凌晨2时，贺龙指挥的第二十军，叶挺指挥的第十一军第二十四师，以及第五方面军第三军军官教导团一部和南昌市公安局两个保安队，按照前委的部署和作战方案，突然向预定目标发起攻击，打响了土地革命战争的第一枪。

1. 歼灭朱培德第五方面军警卫团的战斗

朱培德第五方面军总指挥部设在南昌城内的藩台衙门内，与贺龙第二十军指挥部仅一街之隔，由朱的嫡系部队警卫团防守。街西有高约十二三米的鼓楼一座，攻占藩台衙门，非通过鼓楼洞门不可。警卫团因得到第二十军副营长的告密，已预作准备，防守严密。第二十军第一、第二两团发起攻击时，守军凭借有利形势，顽固防守，用猛烈的机枪火力，封锁鼓楼洞门，起义军进攻受挫。贺龙、刘伯承冒着生命危险，亲临指挥。起义军官兵备受鼓舞，冒死冲击；守军警卫团负隅顽抗，战斗进入僵持阶段。此时，第二十军第五团适时投入战斗。该团迂回到藩台衙门后侧，一举攻入院内。起义军前后夹击，守军警卫团被迫缴械投降。

2. 歼灭程潜第六军第五十七团的战斗

程潜第六军前卫第五十七团进驻南昌市内的天主教堂和匡庐中学两地。战斗打响后，叶挺指挥第二十四师主力向该团发起猛烈攻击，并一举切断了该团的退路。战斗激烈进行时，周恩来亲临一线与叶挺共同指挥。为迅速歼灭天主教堂内的守军，叶挺挑选共产党员、共青团员组织冲锋队，前仆后继，连续冲击，同时命令一部兵力绕到天主教堂背后翻墙入院。守军腹背受敌，被迫放弃抵抗。叶挺旋即指挥第二十四师主力支援匡庐中学的战斗。匡庐中学守军缴枪投降。

与此同时，第二十四师第七十二团歼灭了驻贡院、新营房的朱培德第三军留守部队；第二十军教导团、第六团歼灭了驻小营房、老营房的朱培德第九军留守部队。驻百花洲、吕祖祠、高升港原张勋公馆及南昌卫戍司令部、牛行车站等处的守军分队，也先后被起义军缴械。清晨6时，南昌城内的守军全部肃清。起义军共歼守军3000余人，缴枪5000余支，子弹70多万发，山炮、平射炮和迫击炮数门。还打开监狱，救出100多名群众。

受周恩来之命到马回岭主持第四军第二十五师起义的聂荣臻，得知南昌起义已经胜利，即与第七十三团团长周士第、第七十四团参谋长王尔琢、第七十五团第一营营长孙一中等共产党员秘密商定，以"打野外"（即野外训练）为名，分别将所部拉出营房，集结德安，尔后向南昌开进。8月1日下午1时，部队按预定计划开出营房向德安急进。张发奎得悉第二十五师大部离开马回岭开向德安火车站，即刻带第二十五师师长李汉魂及卫队营乘火车由九江驰向德安。途中遭到起义部队的阻击。张发奎、李汉魂落荒而逃，卫队营被起义部队缴械。2日（一说3日），聂荣臻、周士第、孙一中率领3000人赶到南昌，与起义军主力汇合。

武汉国民政府警卫团，平（江）、浏（阳）农民义勇队等武装，在开向南昌途中分别受阻。后转至江西修水、铜鼓，参加了毛泽东领导的湘赣边界秋收起义。中央军事政治学校武汉分校学员大队途中于九江被张发奎缴械，改编为第四军教导团，由叶剑英兼任团长，后参加了广州起义。陈毅被迫离开学员大队去追赶南昌起义军。

8月1日上午，前委以特别委员会名义，召开了国民党中央委员及各省、区、特别市和海外党部代表的联席会议。到会的有7名在南昌的国民党中委，和江苏、顺直、福建、新疆、湖南、山西、湖北、东北、甘肃、江西、四川、安徽、绥远、浙江、广东、广西、上海、哈尔滨等地及海外华侨支部代表共40余人。叶挺向会议报告了起义经过。会议决定成立中国国民党革命委员会，推举邓演达、张发奎、谭平山、陈友仁、吴玉章、彭泽民、林祖涵（即林伯渠）、贺龙、郭沫若、黄琪翔、恽代英、江浩、朱晖日、周恩来、张国焘、叶挺、张曙时、李立三、徐特立、彭湃、苏兆征、宋庆龄、何香凝、于右任、经享颐等25人为委员，由宋庆龄、贺龙、张发奎、邓演达、谭平山、郭沫若、恽代英等7人组成主席团。革命委员会下设：秘书厅、军事参谋团和财政、宣传、农工运动、党务等委员会以及总政治部、政治保卫处等机构。会议宣告：国民党革命委员会将"于最短期间，当确立一革命之新根据地，以便召集第三次全国代表大会，讨论一切党国大计，重新选举本党中央执行委员，以便指导全国革命运动，使其有更正确更迅速的发展。"

革命委员会为阐明起义的宗旨和纲领，发表了一系列重要宣言、文告。如《中央委员宣言》《中央委员及各省区特别市和海外党部代表联席会议宣言》《叶挺告第二方面军同志书》。革命委员会决定：吴玉章任秘书长，刘伯承任军事参谋团参谋长，郭沫若任宣传委员会主席兼总政治部主任，林祖涵任财政委员会主席，张国焘任农工运动委员会主席，张曙时任党务委员会主席，李立三任政治保卫处长，姜济寰任江西省政府主席。决定南昌起义军沿用国民革命军第四集团军第二方面军番号，下辖第十一军，由第十、第二十四、第二十五师编成；第二十军，由第一、第二、第三师编成；第九军，由原第三军教导团、南昌市公安局保安队编成（实际兵力约一个营，缺编拟在南下途中扩充），全军2.3万人。任命贺龙兼代方面军总指挥，黄琪翔任前敌总指挥（未到任前由叶挺代理）；郭沫若、章伯钧任方面军政治部正副主任；叶挺兼代第十一军军长、第二十四师师长，蔡廷锴兼代第十一军副军长、第十师师长；韦杵任第九军军长、朱德任副军长。周逸群任第二十军第三师师长（该师在临川正式组建）；聂荣臻任第十一军党代表，廖乾吾任第二十军党代表，朱克靖任第九军党代表。

起义的胜利，极大地鼓舞了南昌各界群众。8月2日，数万南昌群众举行庆祝南昌起义胜利和革命委员会成立大会。会后广大青年踊跃参军，仅报名的学生就多达600余人。

3.起义军南下广东的作战行动

南昌起义后，国民党汪精卫集团急令张发奎、朱培德等率部向南昌进攻。中共前委按照中央的原定计划，率领起义军南进，先攻占广东的东江地区，以发展革命力量，并接受外援，待实力充实后攻取广州。

8月3日至5日，起义军未经休息、整顿，急促撤离南昌，踏上了南下广东的征途。部队沿抚河南进，计划经瑞金、寻乌入粤。时值盛夏酷暑，路途遥远，官兵武装行军，加之对共产党和武装起义的认识不足，在给养、医疗严重困难的条件下，"军心大为动摇，逃跑的极多"。从南昌出发不久，蔡廷锴率第十师脱离起义军开走。仅行军3日，实力损失1/3以上，子弹丢弃过半。8月8日，起义军抵达临川，休整3天后继续南进。其间陈毅等百余人兼程赶上起义军，萧志戎、李井泉率领临川农军参加起义部队。25日，起义军先头部队进抵瑞金以北的壬田附近地区。是时，国民党驻守广东的第八路军总指挥李济深，已做好截击起义军入粤的部署：调钱大钧部9000人从赣州进到会昌、瑞金，其前锋前出壬田；调黄绍竑部9000人由南雄、大庾（今太余）向雩都（今于都）前进，企图将起义军堵截于江西境内。26日，贺龙指挥第二十军对钱大钧部前锋一个师发起进攻，迅速击溃其3个团，乘胜进占瑞金，钱部败退会昌。前委获悉，钱大钧部4个师以会昌为中心，依托贡河组织防御；黄绍竑部先头师已进至雩都东南地区。28日至30日，起义军以第十一军第二十四师占领会昌西北的洛口阻击黄绍竑部，集中主力1万余人，猛攻会昌，经激烈战斗，攻占会昌，虽歼粤军6000人，但自损1700人。"经此战役，叶、贺两军共有兵额一万一千六百人"，而黄绍竑部9000人正在安远、寻邬一线严阵以待。为避免与黄部决战，以保存革命力量，前委决定改变入粤路线，由福建长汀，再沿汀江、漳江进入东江地区。9月5日，第二十军由瑞金进抵长汀，第十一军由会昌转到瑞金，9日，起义军全部进抵长汀。周恩来在长汀向中共中央写了书面报告，综合汇报了起义军南下以来的作战行动、目前困难、当前敌情及前委的日后行动计划。这是前委离开南昌与中共中央失去联络后给中央的第二个报告。9月15日，起义军进抵上杭，19日，进入广东境内的大埔，并攻占了三河坝。但担任后卫的第十一军第二十五师，此时还在长汀至上杭的路上。23日，起义军进占潮安、汕头，第二十五师进抵三河坝。

汕头，是广东省东部重要的海口城市，也是起义军南下广东计划夺取的要地之一。进占潮（安）、汕（头）后，前委即刻开展群众工作和政权建设：发布保护民众团体和商、贸界通告，成立市级工农民主政府，组织工人纠察队，筹措粮饷等等。张太雷受中共中央指派，此时亦赶到了汕头，向前委传达了中共"八七"会议精神和中央关于抛弃"左派国民党"旗帜、打出工农革命红旗、建立工农苏维埃政权等重大决策，并与前委共同研究了起义军进入广东后的行动方针。

起义军进占潮、汕前后，李济深令钱大钧残部牵制三河坝的起义军第二十五师；以黄绍竑部经丰顺（今丰良镇）进击潮安；以陈济棠部3个师和潮、梅警备部队共1.5万人组成东路军，由河源经汤坑（今丰顺）进击揭阳，寻歼起义军主力。前委和参谋团决定：留第二十军第三师、第十一军第二十四师一部共1000人，驻守潮、汕，警备革命委员会；以主力6500余人于27日集中揭阳，向汤坑推进，迎击由河源来犯之敌。9月28日，起义军主力在汤坑东南的白石同陈济棠东路军遭遇。经3昼夜激战，虽歼陈部3000余人，但自身损失兵力1/3，弹药近耗尽，遂退出战斗，向揭阳转移。此间，潮、汕已陷落。10月3日，中共前委、革命委员会率部向海陆丰撤退途中，被国民党军拦腰截为两段。起义军大部溃散，一部被国民党军张望收编，余部1200人在董朗、颜昌颐的带领下到达海陆丰，改编为红军第二师，加入了东江地区的武装斗争。中共前委与革命委员会成员，辗转到香港。南昌起义竟至失败。

朱德指挥第二十五师和第九军一部由三河坝撤出战斗后，在极其困难的条件下，几经转战，到达湖南南部。后来与中共湘南特委共同发动了著名的"湘南暴动"。

"八七"会议

南昌起义后6天，中共中央为彻底清算并纠正党在过去的严重错误，确定新的路线和政策，在汉口秘密召开紧急会议，这即是"八七"会议。

由于时局紧张，交通异常不便，出席会议者仅20余人，其中中央委员10人，候补中央委员3人，会期也只有一天。会议由李维汉主持，共产国际代表罗米纳兹和瞿秋白分别作了报告。邓中夏、蔡和森、任弼时等纷纷在会上发言批判陈独秀的严重错误。毛泽东也在讨论中先后7次发言，提出了"枪杆子里出政权"的思想。会议通过了《中共八七会议告全党党员书》《最近农民斗争的决议案》等重要文件，并成立了新的临时中央政治局，瞿秋白等9人当选为政治局委员，毛泽东、周恩来等7人当选为政治局候补委员。8月9日，政治局会议又推选瞿秋白、苏兆征、李维汉为政治局常委。

八七会议是一个转折点，是中共中央召开的一次具有重大历史意义的会议。它在中国革命的危急关头，清算和结束了共产党内的右倾投降主义错误，明确了新时期的斗争方针，为全国人民指明了前进的方向。

八七会议后，中共中央临时政治局派出许多干部到各地传达会议决议，恢复和整顿党的组织。毛泽东作为中央特派员到湖南改组中共湖南省委并领导秋收起义。8月中下旬，改组后的湖南省委召开多次会议，根据八七会议精神讨论和制定秋收起义计划，成立了以毛泽东为书记的前敌委员会。这次起义同南昌起义比较，最显著的特点是：它不仅是军队的行动，而且有数量众多的工农武装参加；它不再用国民党的名义，而公开打出了工农革命军的旗帜。起义部队统一编为工农革命军第一军第一师，共约5000人。9月9日，湘赣边界秋收起义从破坏粤汉铁路开始。起义最初仍以夺取湖南的中心城市长沙为目标。起义军虽按计划先后占领了醴陵、浏阳等县城，但遭到远比自己强大的反动军队的阻击，损失十分严重，夺取长沙的目标已无法实现。毛泽东根据变化了的形势，当机立断，改变原有部署，9月19日在浏阳文家市主持召开前委会议，否定了一部分人坚持"取浏阳直攻长沙"的主张。会后，部队在毛泽东的率领下迅速撤离平江、浏阳地区，沿罗霄山脉向南转移，在敌人统治比较薄弱的农村山区寻找立足地，这成为中国革命重心由城市转向农村的具有决定意义的新起点。9月29日，前委在江西省永新县三湾村对起义部队进行改编：将原来的一个师缩编为一个团；在部队中建立各级党组织和党代表制度，将党的支部建在连上；在部队内部实行民主管理制度，连以上建立各级士兵委员会。"三湾改编"开始确立了共产党对军队的绝对领导，从政治上、组织上奠定了建设新型人民军队的基础。

湘赣边界秋收起义

　　1927 年 9 月 11 日，以毛泽东为书记的中共湖南省委前敌委员会，领导工农革命军第一师 5000 人，按照中共湖南省委起义计划，在湘赣边界举行武装起义。起义军各路先后遭受严重挫折，夺取长沙的目标无法实现。毛泽东当机立断地改变原定起义计划，率部南移，进入江西，经过著名的"三湾改编"，于 10 月 7 日到达井冈山北麓的宁冈县茅坪，开始了创建井冈山革命根据地的斗争。

　　八七会议后，中共中央临时政治局派出许多干部到各地传达会议决议，恢复和整顿中共各级组织，执行暴动政策，准备武装起义。在这之前，中共中央已于 8 月 3 日制定《关于湘鄂粤赣四省农民秋收暴动大纲》，决定在大革命时期农民运动基础较好的这 4 个省举行秋收起义；8 月 5 日又向中共湖南省委发出指示，要求省委立即开始秋收起义的准备工作，并决定派毛泽东到湘南地区，任中共湘南特别委员会书记，领导湘南农民起义，建立革命政权，策应南昌起义军。毛泽东根据中共中央决定，起草了《湘南运动大纲》，拟定：以汝城县为中心，进而占领桂（东）、宜（章）、郴（州）等四五县，"成一政治形势，组织一政府模样的革命指挥机关，实行土地革命"。目的在于"造成革命力量之中心，以推翻唐（生智）政府"；建议中央将在汝城的广东东江"惠潮梅农工救党军"暂留汝城，将平（江）、浏（阳）工农义勇队调到汝城，将南昌起义一个团转进汝城，组成相当的武装力量，确保湘南起义计划的实现。8 月 9 日，中共中央临时政治局讨论湖南、湖北两省秋收起义问题。

　　毛泽东发言指出：中央不要只盯住广东，湖南也是很重要的；湖南的群众基础比广东还要好，其组织比广东还要大，缺的是武装力量。他说："在湘南形成一师的武装，占据五六县，形成政治基础，发展全省的土地革命。纵然失败也不用去广东而应上山。"会议肯定了毛泽东的上述主张，并决定毛泽东为中共中央特派员，与彭公达一道到湖南，负责改组省委，组织领导全省秋收起义。8 月 16 日，中共湖南省委改组，彭公达任书记。8 月 19 日到月底，新的省委召开多次会议，就起义纲领、计划、领导机构及与鄂南暴动之协调配合等问题，进行了反复讨论。期间，关于暴动力量与土地问题讨论激烈。毛泽东对两个问题都发表了重要的意见。关于暴动问题，他主张："要发动暴动，单靠农民的力量是不行的，必须有一个军事的帮助"；"我们党从前的错误，就是忽略了军事，现在应以百分之六十的精力注意军事运动。实行在枪杆子上夺取政权，建设政权"，坚持举行起义要有一定的武装力量；对于土地问题，他认为："单只没收大地主的土地，不能满足农民的要求和需要。要能全部抓着农民，必须没收地主的土地交给农民。"省委还根据毛泽东等人的正确意见决定：集中力量，将原来计划的湖南全省暴动改变为先在以长沙为中心的湘中七县暴动；起义打出共产党旗帜，由共产党独立领导起义，成立以毛泽东为书记的前敌委员会，负责将修水、铜鼓、安源的武装力量编成工农革命军第一师，毛泽东任师长，率该师会攻长沙；成立以易礼容为书记的行动委员会，负责组织湘中7县农民起义，配合工农革命军第一师在长沙工人起义策应下，夺取长沙；由何资琛到岳州（今岳阳）发动农民起义，并负责与鄂南农民起义联络；彭公达到汉口向中共中央报告工作。数日后，中共中央作出《关于两湖暴动计划决议案》，规定两湖农民暴动必须于9月10日开始，毛泽东从安源来信提出11日起义，18日进攻长沙。据此，省委决定："9日开始破坏铁路，11日各县暴动，15日长沙暴动"，随即通知湘中各县照此计划执行。

9月初，毛泽东抵达湘赣边界安源、铜彭地区后，即刻开展了起义的组织准备。按照湘中起义计划，参虽起义的主要武装力量包括两个部分：一部分是正规部队，即没有赶上南昌起义的原国民革命军第四集团军第二方面军警卫团（亦称武汉国民政府警卫团），中共党员卢德铭任团长，范树德任副团长，韩浚任参谋长，辛焕文任政治指导员。团、营指挥员多系共产党员和黄埔军校毕业生。该团辖4个营，约2000人，战斗力较强。另一部分为工农武装，计有王兴亚指挥的江西永新、安福、莲花等县的农军一部（驻安源）：安源矿区工人纠察队和中共党组织控制的矿警；余贲民、苏先骏指挥的平江、浏阳工农义勇队和叶重开、罗荣桓指挥的湖北崇（阳）、通（城）部分农军。上述两部分武装力量共约5000人。毛泽东先到安源，向当地中共党组织传达了八七会议精神和湖南省委秋收起义的决定，成立了中共湖南省委前敌委员会。前委由毛泽东、王兴亚、潘新源、邓乾元、苏先俊、余洒渡、余贲民、钟文璋等为委员，毛泽东为书记。前委会议着重讨论、确定了起义武装的改编、番号、行动计划、部署等问题。确定：任命余洒渡为工农革命军第一师师长；下属3个团：第一团由警卫团大部、平江工农义勇队、鄂南崇通农军编成，钟文璋任团长；第二团由永、安、莲农军和醴陵部分农军编成，王新亚任团长；第三团由警卫团一个营和浏阳工农义勇队编成，苏先骏任团长。总指挥卢德铭，党代表毛泽东。这时，国民党军在平江、浏阳、醴陵等县各只驻有一个营，前委决定各团分头行动：第一团为北路，由修水攻击平江；第二团为南路，由安源攻击醴陵；第三团为中路，由铜鼓攻击浏阳。在歼灭上述3县国民党军之后，集中长沙东郊，在各县农民起义武装和长沙城内起义工人配合下，会攻长沙。各团于9月11日开始行动，18日向长沙发起攻击。

1927年9月9日，长沙市郊的部分农军开始破坏粤汉铁路，以求切断国民党军南北联系。翌日，第一团由修水向平江方向运动。9月11日，工农革命军第一师各团按预定计划，攻击前进。第一团进至修（水）、平（江）交界的龙门厂时，随该团行动的由余洒渡收编的土匪邱国轩部，突然反戈叛变，突袭第一团后卫营，劫去全团辎重，驻长寿街国民党军一个营乘机发起攻击。第一团腹背受敌，损失一个营，团长钟文璋失踪。南路第二团击溃萍（乡）、醴（陵）交界的老关守军后，在醴陵四乡数千起义农民的支援下一举攻占了醴陵县城，歼灭守军一部，生俘100余人，缴枪近100支；救出被反动派关押的中共党员和革命群众300余人，并召开群众大会，宣传土地革命，建立了醴陵工农兵革命政府。醴陵靠近长沙，是沟通湘赣两省株萍铁路交通的要镇。国民党第八军第一师第二团两个营迅速沿株萍路向醴陵反扑过来；第三十五军教导团第一大队亦由醴陵西乡向县城推进，企图围歼起义军第二团于醴陵。第二团主动放弃醴陵改取浏阳得手。但部队进城后失去警惕，未能及时发现尾追之国民党军两个营的行动。追兵突然反攻浏阳县城，第二团毫无戒备，猝不及防，全团溃散，团长王兴亚去向不明。中路第三团由铜鼓西进，直逼浏阳白沙镇，与守军激战一小时，守军一个连抵挡不住，弃镇逃向东门市。第三团首战获胜，军心大振，12日，乘胜进攻东门市。守军一个营又一个连，稍经接触即向达浒逃窜，第三团乘势进占东门市。9月14日，国民党军第三军第一师两个团由省援浏，"协同驻浏周营痛剿"起义军。第三团被迫放弃东门市，北辙至上坪。在向长沙进攻的作战中，工农革命军先后受挫，受到不小的损失。在这种情况下，前委书记毛泽东当机立断，命令各部立即撤出战斗，到浏阳文家市集结，再决定下步行动。19日，工农革命军第三团全部、第一团大部、第二团少许人员相继到达文家市，共1500余人。在此期间，省行委领导的平江、浏阳、醴陵等县部分农民革命军及农民群众按计划举行起义。虽说规模不大，但是给国民党湖南省政府不小威慑，拖住了部分湘军。

工农革命军集中文家市时，面临的形势十分严峻：浏阳城及东乡有国民党军和民团武装合约一个师；浏（阳）、醴（陵）边界有国民党军和地主武装约1000余人；铜鼓、尤载有赣军约一个师；长沙国民党军几天内增到9000余人，第三十五军教导团亦将调防浏阳。工农革命军尚未摆脱国民党军和地方反动武装之威胁，仍处在遭受围攻而陷入更加危险的境地。在此情势下，9月19日晚，毛泽东在文家市召开前委会议，分析形势，讨论行动计划。毛泽东指出：原定的农民起义没有形成巨大声势，单靠工农革命军的力量不可能攻占长沙，为了保存革命力量，必须放弃省委原定的计划。工农革命军应即刻离开便于国民党军调动兵力的湘东北，实行战略转移，卢德铭等支持毛泽东的意见。经过激烈争论，会议否定了余洒渡"取浏阳直攻长沙"的主张，决定迅速撤离平江、浏阳地区，进入江西省，沿罗霄山脉南移，在国民党反动派控制比较薄弱的山区，寻求立足地，以保存革命力量，另图发展。

9月20日，工农革命军撤离文家市，开始沿罗霄山脉南下。25日，部队在江西萍乡芦溪遭到赣军朱培德所部和当地保安团的阻击，部队受到损失，总指挥卢德铭牺牲。工农革命军继续南进。这时，师长余洒渡和团长苏先骏情绪十分低落，离队士兵日渐增多，两个建制团实力却不足1000人，战斗连队缺额严重。毛泽东开始考虑对工农革命军进行整编。9月29日，工农革命军进抵江西永新县的三湾镇。当晚，毛泽东主持召开前委会议，提出对部队进行整编的意见和设想，得到了前委的通过。首先调整了前委，由毛泽东、宛希先、何挺颖、陈皓、韩庄剑、张子清等人组成新的前委，毛泽东任书记。接着对工农革命军的编制体制、中国共产党的组织、军队纪律和政治思想进行了整顿。工农革命军缩编为"工农革命军第一军第一师第一团"，直辖第一、第二营共6个连，另编特务连和卫生队，实力共700余人；连队建立中共党支部，营、团建立中共党的委员会；建立党的书记兼任同级党代表的制度；连以上分队建立士兵委员会，实行民主制度。三湾改编，是建设无产阶级领导的新型革命军队的重要开端。

10月3日，工农革命军进抵宁冈县古城。前委在这里与永新、宁冈两县的中共党组织取得了联系，并通过他们进一步了解了井冈山地区的具体情况，与井冈山北麓的农军首领、中共党员袁文才取得了联系。10月中旬，工农革命军进抵井冈山西麓的湖南酃县水口地区。前委了解到，此时湘南，有国民党军许克祥独立第三师、土匪武装胡凤璋部，衡阳地区还驻有国民党重兵。工农革命军几经辗转，严重减员，实力不足600人。师长余洒渡借口离队出走，原团长苏先骏脱队而去。如此形势下，工农革命军若贸然转兵湘南，很难立足生根。毛泽东断然放弃原定转兵湘南求发展的计划，率部调头向江西遂川进发。10月下旬，工农革命军经遂川大汾、黄坳、荆竹山上了井冈山，开始了创建井冈山农村革命根据地的斗争。

广州起义

概况

紧接着秋收起义之后，1927年12月11日凌晨，在张太雷、叶挺、恽代英、叶剑英、杨殷、周文雍、聂荣臻等的领导下，发动了广州起义。起义主力是叶剑英领导的国民革命军第四军教导团以及周文雍领导的3000工人赤卫队。在5万多名参战工人的配合下，起义部队经过两小时激战便占领了市内大部分地区。其后，当即成立了以苏兆征为主席（未到前由张太雷代理）的广州苏维埃政府，即著名的广州公社。同时，公布了公社的政策，宣布一切政权归苏维埃，打倒帝国主义、国民党和各式军阀，土地国有归农民耕种，工人实行 8 小时工作制，等等。广州起义震惊了国内外反动派，国民党军阀闻讯立即停止内战，并调集 5 万多军队在帝国主义军舰的掩护下，向广州疯狂反扑。起义军未能采用主动撤向农村的建议，虽经 3 天 3 夜的浴血奋战仍遭失败，起义主要领导人张太雷也在巷战中牺牲。余部 1000 余人在退出广州后改编为工农革命军第四师，加入了东江地区的武装斗争；另有少数撤往北江地区，与朱德、陈毅领导的部队会合。

广州起义是中国共产党挽救革命的又一次英勇尝试。它的失败标志着革命低潮已经形成。同时，它也再次证明，按照外国经验，首先夺取与巩固中心城市的革命道路，在中国是行不通的。

广西百色、龙州起义

1929 年 12 月 11 日和翌年 2 月 1 日，中共中央代表邓小平（化名邓斌）和张云逸、李明瑞、韦拔群、陈豪人、雷经天、俞作豫等，发动和领导广西警备队第四、第五大队和教导队，在百色和龙州举行武装起义，组建了中国工农红军第七、第八军，建立左江和右江革命根据地。后来，红军第七军艰难转战到达江西中央革命根据地，加入红军第一方面军序列，参加了中央革命根据地的反"围剿"斗争。

以百色为中心的左江地区，与云南、贵州两省交界，包括恩阴（今田阴）、奉议（今田阳）、恩隆（今田东）、思林（今属田东）、东兰、凤山等 10 县；以龙州为中心的右江地区，西北与左江地区相连，西南与安南（今越南）毗邻，包括崇善（今属崇左）、养利（今属大新）、靖西、龙茗等 10 余县。在第一次国内革命战争时期，中共党员韦拔群、余少杰等在东兰、凤山、沿河等地，组织农民协会，建立农民武装，开展农民运动。国民党叛变工农革命后，广西的农民运动相继失败，但尚保存了一批干部和农民武装。1929 年春，蒋桂新军阀战争爆发，广西的反动统治秩序混乱，这给发展革命力量造成了有利形势，广西革命开始复兴。4 月，桂系军阀李宗仁、黄绍竑、白崇禧战败出走。6 月，蒋介石委任原桂系将领俞作柏、李明瑞为广西省政府主席和广西省绥靖司令。俞、李在第一次国内革命战争时期，倾向进步，同情工农革命，靠近中国共产党。他们深知中共在广西省有很好的群众基础，为扩展自己的力量，防范蒋介石的算计，以巩固自己的地位，主动要求与中共合作，派干部到广西协商共事。中共中央抓紧机会，与俞、李建立统一战线，先后从广东省委及中央派出邓小平、贺昌、张云逸、陈豪人、叶季壮等干部 40 余人到广西，与早期派往广西的中共干部雷经天、俞作豫（系俞作柏的胞弟）会合，开展广西革命斗争，由中共中央代表邓小平统一领导。

7月，邓小平到达南宁后，一方面对俞、李积极开展统战工作；另一方面领导中共广西特委的工作，特别是注重抓兵运工作。他通过各种关系和途径，将共产党员派进军事系统任职，争取兵权。张云逸担任了广西警备队第四大队大队长，俞作豫担任了第五大队大队长，龚鹤村担任了南宁市公安局长。这两个大队共6个营18个连2000余人。根据邓小平的建议，俞作柏、李明瑞开办了训练初级军官的教导总队，由张云逸兼任总队长。总队设3个营9个连，有学员1000多名。9个连队的干部几乎都是共产党员，各个连队都建立了中共党组织（不公开）。还采取"明升暗降""调虎离山"等办法，撤换警备队和教导总队中的反动军官和教官，剥夺他们的指挥实权。在士兵中加强政治宣传教育，灌输革命思想，开展士兵民主运动，提高他们的阶级觉悟。积极慎重地吸收先进士兵加入共产党，为建立革命军队培养骨干力量。大力发动和吸收工人、农民和进步学生参军，增加部队中的工农成分比重。通过教育和改造，使警备第四、第五大队，教导总队，由军阀部队朝着革命军队的方向不断转变，面貌日趋焕新，领导权很快掌握在中共党组织手里，为武装起义准备了骨干队伍。

与此同时，在邓小平的正确领导下，中共广西特委利用俞作柏、李明瑞同意开放工农运动的机会，加紧建立各地党组织，各地工会、农会组织。并以成立"护商大队"名义，经俞作柏同意，拨给韦拔群一批武器，装备东兰、凤山地区农军；推荐一批共产党员和革命青年由省政府委任左、右江各县县长或农运干部，进一步推进了广西农民运动的深入发展。为后来建立农村革命根据地创造了条件。随着各地农运的恢复和发展，广西农民代表大会于1929年8月在南宁召开，雷经天、韦拔群为省农协筹备处正副主任委员。到9月中旬，广西全省有共产党员420人，共青团员130人，中共县委（特支）和党支部24个，全省革命形势有较快的发展。根据邓小平、贺昌的指示，中共广西特委于9月10日至14日召开了中共广西第一次代表大会，传达贯彻中共六大和六届二中全会精神，总结过去斗争经验教训，讨论分析当前形势任务，选举新的中共广西特委，会议提出"推翻国民党豪绅资产阶级的统治"、"深入土地革命宣传和行动""准备武装暴动夺取政权"的任务和方针。在邓小平指导下召开的中共广西第一次代表大会及其通过的各项决议，对后来举行百色、龙州起义具有重要指导意义。

正当广西革命形势有了转机的时候，蒋介石与俞作柏、李明瑞的矛盾尖锐化。俞、李决心与广东张发奎联合反蒋。邓小平从当时的军事政治形势分析，认为俞、李执掌广西不到半年，势单力薄，仓促反蒋，必然失败，这也就打乱中共对广西工作的部署。于是在真诚劝阻俞、李权衡利弊、不盲目出兵参战的同时，作出了应变举措。与贺昌共同决定：将中共在广西工作的重心由城市转向农村，把共产党已掌握的武装力量撤退到群众基础较好的右江和左江地区，与农民运动结合，建立革命根据地，发展苏维埃运动。于是中共广西特委及时派出雷经天等大批干部分赴右江和左江地区，筹建县委，加强农协，使右江和左江地区中共地方党组织得到加强，农民运动得到迅速发展。9月下旬，俞作柏、李明瑞不听中共忠告劝阻执意通电反蒋，随即出兵进攻广东。邓小平、张云逸等以教导总队、警备第四、第五大队应加紧训练和保卫后方安全为理由，向俞、李建议，将这3支部队转入战争状态留守南宁。俞、李接受了邓小平、张云逸等人建议，委任张云逸为南宁警备司令，还接管设在南宁的军火库等机关。不日后，中共中央致信广东省委并转广西特委，指示：在蒋、张、俞、李军阀并战的形势下，广西必须加强对工农斗争和兵运的领导，以"群众的革命暴动来消灭军阀战争"，并"发展到农民群众中去，实行游击战争，开展土地革命"（《中共中央给中共广西省委并转广西特委的指示信》，1929年10月8日）。同时又要求广西特委继续坚持以南宁、梧州、柳州三大城市为工作中心。此间，俞、李出兵反蒋已经失败，蒋系军队3个师逼近南宁，广西革命形势突变。在邓小平的指导下，中共广西特委从广西革命形势的实际出发，没有机械地执行中央的指示，而是采取断然措施，争取主动。按照预定的应变计划，将警备队、教导总队等共2000余人和军火库的近6000支步枪及大批弹药物资，分水路和陆路，转移到左、右江地区。同时，对俞作柏、李明瑞陈明利害，晓以大义，劝留他们参加革命。李明瑞参加革命，后加入中国共产党，成为一名红军高级指挥员。俞作柏出走香港。10月底，中共广西省委决定，在广西成立以邓小平为书记的中共广西前敌委员会，统辖广西军事斗争与地方工作（起义后改称中共红七军前委）。在这之前，邓小平、张云逸一到百色，即召开了军队中的中共领导干部会议，决定：公开在军队和地方宣传中共六大精神和"十大纲领"及一系列政治主张，用以发动群众；立即从南宁抢运的武器中拨出5000支步枪和所需弹药，武装恩隆、奉议、东兰、凤山、凌云、思林、向都、果德等县农军和百色工人赤卫队，并派出军事干部帮助训练；继续抓紧对警备部队的整顿、改造和充实，建立士兵委员会，实行民主管理，反对军阀作风，"调训"屡教不改的旧军官与兵痞，扩军1000名以上；在军队和地方，继续建立和发展中共基层党组织，培训新的军事、政治干部，开办新的教导队和训练所，为起义和建立根据地准备各类急需的干部。

正当左右江地区加紧准备武装起义时，广西警备第三大队1000余人，打着俞作柏、李明瑞的旗号，进驻右江的平马、那坡（今属田阳县）地区，与当地豪绅地主相勾结，成为右江反动势力的支柱，还图谋火并俞作豫指挥的警备第四大队、镇压右江革命运动。在邓小平、张云逸、雷经天、韦拔群的周密计划和指挥下，警备第四大队（有300多农军配合）将第三大队缴械。获枪1000余支，镇压反动大队长熊镐。进而清除了武装起义的一大障碍，拉开了百色起义的序幕。

11月初，中共中央关于发动左右江起义和成立红七、八军的指示传达到百色。邓小平立即主持中共前委会议贯彻中央指示，决定加紧起义准备，在12月11日广州起义两周年纪念日那天，宣布武装起义，成立中国工农红军第七军和右江苏维埃政府。会后，中共中央电示邓小平去上海汇报广西工作。临行前，邓对右江地区武装起义各项准备工作作了具体部署；与李明瑞进行了长谈并以前委名义约请李担任红七、红八军总指挥，李毅然表示参加起义。此后，中共广西前委（邓小平赴上海期间，前委工作由陈豪人负总责）根据中共中央指示和邓小平的部署，迅速将左右江地区的警备队、教导总队和农军武装编组成3个纵队：以原第四大队两个营为骨干，扩编为第一纵队，李兼任纵队司令，沈静斋任政治部主任，约1000多人；以原第四大队一个营、教导总队一部为骨干，加入恩隆、奉议、思林等县农军武装合编成第二纵队，胡斌任纵队司令，袁任远任政治部主任，约1000多人；东兰、凤山等县地方武装1000多人合编为第三纵队，韦拔群任纵队司令，李朴任政治部主任。一个纵队相当一个大团。

1929年12月11日，由中国共产党独立领导的中国工农红军第七军在百色正式宣告成立，张云逸任军长，邓小平任政治委员，陈豪人任政治部主任。中共广西前委改为中共红七军前委，仍由邓小平任书记。同一天，右江地区11县农会代表五镇工会代表和红七军士兵委员会代表共80余人，出席右江地区第一届工农兵代表大会。大会宣布成立右江苏维埃政府，选举雷经天为政府主席，韦拔群、陈洪涛等11人为政府成员。右江苏维埃政府的成立，标志着共产党领导的右江革命根据地的初步形成，广西的革命进入了一个新阶段。

中共广西特委在邓小平的领导下，加紧右江地区武装起义准备的同时，也抓紧了发动左江地区起义的各项准备工作。疏散行动中，俞作豫执行特委计划，将警备第五大队转移到左江地区，以龙州为据点，积极开展工作。一方面，打着俞作柏、李明瑞的旗号，就任左江督办，接管左江军政事务，扩充武装，使警备第五大队由原来的3个营1000多人枪，扩大到6个营2000多人枪，并加紧部队的整训和改造工作。另一方面，为稳定和发展左江地区革命形势，派出了一批中共干部和革命青年深入镇、乡、村，宣传和发动各族工农群众，建立和发展工会、农会和工农武装组织。在不太长的时间内，共有11个县成立了农会组织，各县建立了农民赤卫军和工人赤卫队合约6000人。先后委任了龙茗、万承、宁明、明江、养利等县县长。11月中旬，警备第五大队副大队长蒙志仁被桂系军阀收买，胁迫两个营袭占龙州，举行叛乱。在李明瑞、俞作豫的指挥下，左江地区工农武装配合第五大队主力合围龙州，激战3昼夜，平息蒙志仁的叛乱。此次作战，对部队是实战锻炼和考验，成为武装起义的预演。平叛结束后，邓小平从百色到龙州，传达了中共中央关于建立红八军的指示：分析了左江地区的形势，确立了龙州起义计划大纲（原定龙州与百色同时起义，因发生蒙志仁叛乱，而推迟）；指示俞作豫加紧整顿、改造警备第五大队，等条件成熟时再宣布武装起义。根据邓小平的指示，以第五大队为基础，加入农民赤卫军一部，改编为一个旅，李明瑞任总指挥，俞作豫任旅长，下辖两个团6个营，委任一批共产党员担任重要岗位的职务，成立了由徐开先任书记的中共左江军委，以加强对军事斗争的领导。百色起义和红军第七军的成立，大大推进了左江地区武装起义的各项准备工作，起义的条件日渐成熟，只是秘而不宣。

1930年2月1日，中共左江军委正式宣布举行龙州起义，成立中国工农红军第八军和建立左江革命委员会。俞作豫任军长，邓小平兼政治委员，宛旦平任参谋长，何世昌任政治部主任。红八军是以原警备第五大队为骨干扩编而成的，辖两个纵队，何家荣任第一纵队司令，宛旦平兼第二纵队司令，全军2000余人。根据邓小平推荐报上级批准，李明瑞任红七、红八两军总指挥。中共左江军委改组为红八军军委。7日，邓小平由上海返桂直奔龙州，传达中共中央有关指示，与红八军领导人共同研究左江地区形势，确定了土地革命的方针，将红八军军委改组为红八军临时前委，由邓小平兼任书记（何世昌代理）。同时，调王逸接任中共左江特委书记。红八军成立后，为发展根据地，保卫革命果实，除留第二纵队一个多营和农军、赤卫队一部（合约2000人）警卫龙州外，军主力即分散在各地开展游击活动，清剿土匪武装，帮助地方建立乡、村苏维埃政权。还抽调一批枪支武装龙州工人赤卫队。军部还开办了一所"军事政治训练学校"，招收100余名学员，培训所需的军事政治干部。

继百色起义建立红军第七军之后，又爆发龙州起义建立红军第八军，这对于国民党桂系军阀来说，是一个重重的打击。他们窥视到红八军主力分散，龙州空虚，于是调集第十五军第十一师3个团的兵力，联络左江地主武装4000多人，突然，围攻革命根据中心龙州城，红八军军长俞作豫缺乏思想准备，被迫率领军部和第二纵队守城部队与工农武装2000余人仓促迎战。浴血抗击一天，给进犯的国民党军以大量杀伤后，率队突围。转移途中，俞作豫迫于形势，带几十名干部离队出走（后来被捕，在广州牺牲）。余部数百名官兵被国民党军收编。红八军第一纵队在分散游击中亦遭损失，为摆脱国民党军的追堵，在滇桂黔边不断流动，历时半年之久。1930年10月间，进入右江地区，编入红军第七军。

百色起义胜利后，广西国民党军即开始进犯右江地区。为巩固和发展红军与革命根据地，红七军主力展开游击战争，以一部坚持根据地的武装斗争。1930年2月，红七军主力在隆安与进犯的国民党军4个团激战一场，将其重创后，转向桂黔边游击。6月上初，回师右江，歼灭桂军警卫第四团，收复百色、恩隆、奉议、恩阳诸城。与此同时，邓小平、雷经天、韦拔群等领导人，大力开展根据地建设。通过苏维埃政府颁发法规、条例，制定政策、方针，巩固政权，发展经济和文化事业，使土地革命和苏维埃运动热火朝天地开展起来。鼎盛时期，革命根据地区域达 20 个县，人口达 100 万，武装力量达 1 万余人。当时李宗仁曾哀叹说："桂省几成为共产党之西南根据地。"

1930 年 6 月，中共中央作出《新的革命高潮与一省数省的首先胜利》决议，提出了全国红军"会师武汉"的作战计划，命令江西红军第一军团、湘鄂西红军第二军团、湘赣红军第三军团、鄂豫皖红军第一军、赣东北红军第十军和广西红军第二军，分别去攻占南昌、九江、长沙、武汉、柳州等中心城市，首先夺取数省革命的胜利。中共红七军前委对中央赋予攻占柳州、桂林、广州等任务进行了认真讨论。邓小平和张云逸坚持认为，在新桂系军阀李宗仁、白崇禧已恢复对广西统治，统治基础相对稳定的情况下，几千人枪的红七军去执行那样大的任务是困难的，不实际的；对岗（邓拔奇，中共中央南方局代表）、陈豪人、龚鹤村等人坚持主张执行党的指令。在少数服从多数原则下，会议决定红七军北上作战，执行中共中央赋予的作战任务。

1930 年 11 月 7 日，红七军在河池召开第一次党代表大会，传达了中共中央决议和作战计划，讨论了形势和任务。会议决定接受中共中央交给的攻占柳州、桂林、广州的指示；选举新的前委，邓小平任书记，陈豪人、张云逸、李谦、袁振武、许进、许卓、李朝纲、黄一平等为委员。全军改编为师团建制，下辖 3 个师。总指挥李明瑞，军长张云逸，政治委员邓小平，参谋长龚鹤村，政治部主任陈豪人。原第一、第三纵队合编为第十九师，龚鹤村兼师长，邓小平兼政治委员，下辖第五十五、第五十六团；原第二纵队和军部直属队合编为第二十师，李谦任师长，陈豪人兼政治委员，黄治峰任副师长，下辖第五十八、第五十九团；第二十一师待组建，由韦拔群任师长，陈洪涛任政治委员，黄松坚任副师长。全军共 7000 多人（不含第二十一师）。第十九、第二十两师，由邓小平、张云逸、李明瑞率领，北上执行中共中央指令，韦拔群、陈洪涛率领 80 余人打第二十一师番号留在右江地区坚持武装斗争。

11 月 9 日，红七军第十九、第二十两师开始由河池北上。原计划经庆远（今宜州市）直攻柳州。因庆远国民党军早有防备，部队绕道渡过龙江到罗城，途中遭到国民党军的阻击，撤出战斗后，转到三防休整。12 月 5 日，部队攻打融县（今融安县）未果，旋即退至桂黔边的三江县境。此时，中共红七军前委闻悉：柳州、庆远等地国民党军已移师桂林布防，于是率部向湖南的通（道）绥（宁）进发。当时正值冬季，部队远离根据地进入新区，粮、弹给养发生严重困难，非战斗减员增加。为解决部队给养问题，前委决定攻占武冈县城，以筹措粮饷，解决冬装。武冈未克，部队即向广西全州撤退。1931 年 1 月上旬，中共红七军前委在全州召开会议。讨论总结部队此次行动以来的经验教训，确立日后行动方向。邓小平、张云逸、李明瑞从报纸上得知朱毛红军割据江西的消息，力主放弃攻打城市的计划，拟将部队拉到湘粤边，寻机进入江西，与朱毛红军会合，会议决定采纳邓、张、李的主张。会后，红七军即离开全州，向湖南江华县进发。途中发现湖南国民党军已在宁远、蓝山地区设防拦截，于是折转向湘、桂、粤3省交界的广西桂岭圩前进。在桂岭圩，部队进行休整，将两个师缩编为两个团。此后，红七军向广东进发途中，在乳源县境遭到粤军3个团的围攻，部队伤亡很大。是役后，中共红军七军前委打消了在浮源县一带建立根据地的念头，坚定了率部北上江西与朱毛红军会合的决心。嗣后，红七军在邓小平（部队到达江西崇义时奉命赴上海向中共中央汇报工作）、张云逸、李明瑞的率领下，一路征战，于1931年7月进入中央革命根据地，与红军第一方面军会合，参加了中央红军反"围剿"的斗争。自1930年10月红七军奉命开始北上作战行动，到1931年7月胜利进入江西，部队沿桂、湘、粤、赣边境，艰苦转战数千里，历时10个月，艰难奋战而不溃散。这既展示了红军指战员不屈不挠的革命斗争精神，也反映了"左"倾错误领导给革命造成的严重恶果。

起义经过

1927年12月11日爆发的广州起义，是中国共产党领导的、继南昌起义和湘赣边界秋收起义后的又一次大规模武装起义。它是中国人民在中国共产党领导下实行武装夺取政权的又一次伟大尝试，在国内外均有重大的影响。

1924年1月，孙中山领导改组国民党，实行"联俄，联共，扶助农工"的三大政策，与中国共产党实现合作，建立了广州革命政府。后经过镇压商团叛乱、两次东征，从而巩固和扩大了广东革命根据地，使广州成为大革命的策源地。1926年7月，国共两党领导国民革命军从广州出发，发起了旨在打倒旧军阀、统一中国的北伐战争。国民革命军北伐连战皆捷，于1926年10月初攻克武汉三镇。12月，国民政府从广州迁都武汉。1927年4月12日，窃取国民革命军总司令职务的蒋介石背叛孙中山，发动反革命政变。4月15日，国民革命军代理总司令李济深，紧步蒋介石反革命后尘，在广州实行"分共""清党"，公开镇压工农革命运动。他调动军队与警察，解除省港工人纠察队武装，查抄工会、农会与群众革命团体，搜捕杀害共产党人和革命者。一周之内，工人工会和群众革命团体20余处被查封，共产党人和革命者2100余人遭逮捕，包括著名共产党员刘尔崧、李森、何耀全、萧楚女、熊雄在内的100多人被秘密杀害。中共广东地区党组织被迫转入地下斗争，工会会员由20万人锐减至3万余人。在一片白色恐怖下，工农革命运动落入低潮。

在此期间，国民党新军阀为争夺广东的斗争日趋激烈起来。蒋介石因作战受挫，被迫下野，桂系李宗仁执掌南京政权。汪精卫不满大权落入李宗仁之手，于10月底到达广州，企望借助张发奎、拉拢李济深，另立中央与桂系抗衡。李济深与李宗仁同属广西，关系密切，联手倒蒋后，又怕李宗仁侵占广东，同时不满汪、张夺取他的权力。蒋介石下野后，宋子文赴广州与汪精卫密晤，答应支持汪、张共同倒桂。一向窥视广东的张发奎，打着"援李讨逆"的旗号，由江西九江南下广州后，始则同李济深周旋，扩大自己的影响；继则联合汪精卫反对李宗仁；后于11月17日乘汪精卫、李济深赴上海之机，在广州发动倒桂政变，执掌了广州的军政大权。被赶出广州的李济深部及其他小军阀，仍虎视眈眈地瞪着广州，图谋卷土重来。

广州起义是中共中央、中共广东省委经过反复酝酿后决策的。"四一二"蒋介石叛变工农革命后，中共广东区委预感到广东国民党军阀将步蒋氏后尘背叛革命，遂准备于5月初在广州、北江、西江、琼崖、潮梅、惠州等地组织武装起义。后因李济深旋即发动了"四一五"政变，起义准备不及而未果。南昌起义爆发后，中共中央作出《关于湘鄂粤赣四省农民秋收暴动大纲》，制定了《广东农运暴动计划》，成立了以张国焘为书记，周恩来、张太雷、彭湃、陈郁、恽代英、黄平为委员的中共南方局（南昌起义军南下期间，中共中央又决定由张太雷、杨殷、黄平组成临时南方局），负责两广等地暴动和政治、军事工作，并由张太雷任广东省委书记。

8月20日，张太雷在香港召开了中共广东省委会议，传达了党的"八七会议"决议和中共中央关于广东工作的策略。省委会议决定成立广州、西江、北江3个暴动委员会，发动上述地区农民暴动，迎接南昌起义军入粤部队一举夺取广州政权，并将此暴动计划上报中共中央，同时派人分赴上述各地进行暴动的准备工作。中共中央很快复信批准广东省委拟制的暴动计划，但强调暴动"须立即开始，不要等待贺、叶军队到来。"10月初，中共中央获悉贺、叶起义军在潮汕地区失败，遂致信中共南方局和广东省委，认为夺取广东、建立根据地的计划暂时已无法实现，广东省委应立即停止执行广州暴动计划。由于当时的条件，中共中央这一指示精神未能及时传达到广东省委。

10月15日，张太雷在香港主持召开南方局、广东省委联席会议，分析广东的政治形势，通过了《最后工作纲领》。《纲领》认为，广州起义是一独立的行动，"决不能因为叶、贺军队之失败而取消之"；中共中央和广东省委决定在广东暴动的计划，"完全是根据于广东工农群众的伟大力量与剧烈斗争，及广东封建资产阶级之不能稳定而自形崩溃之实际状况"拟制的；"贺、叶军队的失败并没有增加敌人的稳定，反而更加引起剧烈的内部冲突。李济深、黄绍竑、张发奎已成为鼎立之势，而互相争夺广东政权之斗争益烈，火拼之期愈近""广东土地革命运动仍是高涨，暴动的计划应继续实现"。省委决定："现在的暴动还不应停止，而应努力扩大。"省委会议结束，张太雷于15日赴上海向中共中央报告省委工作计划。中共中央认为广东省委10月15日通过的《最后工作纲领》"带有偏重军事的倾向，而未能完全把暴动主力建筑在农民身上"。中共中央决定另为广东省委起草一个工作计划，并撤销中共中央南方局，由广东省委全面领导广东暴动。

1927年11月9、10日，中共中央临时政治局扩大会议讨论通过《中国现状与共产党的任务决议案》。此决议案认为，中国目前正处于"直接革命的形势"，中国革命是"无间断的革命""城市工人的暴动是革命的胜利在巨大暴动内得以巩固而发展的先决条件"，是"农民暴动的中心及指导者"，暴动是现阶段中共的主要行动方针。为此，中共中央又一次把注意力转向了广州，指定苏兆征、张太雷代中央起草《广东工作计划决议案》。其间，张发奎于17日发动了倒桂政变，夺取了广州的全部政权。粤桂军阀之间的矛盾和斗争更加尖锐激烈，发展成为公开的武装冲突，张发奎不得不全力对付桂系的武装反扑，广州城内的兵力异常薄弱。据此，《广东工作计划决议案》指出，广东省委目前应当不失时机地"利用这一政变的继续战争机会，坚决地扩大工农群众在城市、在乡村的暴动，煽动士兵在战争中的哗变和反抗，并急速使这些暴动会合而成为总暴动，以取得广东全省政权，建立工农兵代表会议的统治"。该决议案还要求广东省委采取10项措施促使工作计划的实现。这10项措施要旨是：省委发一个政治宣言，号召全省工农暴动，建立工农兵代表会议的政权，以反对两广军阀战争；广州工人展开一切斗争，恢复工人工会，捣毁反动工会，召开工人代表大会，形成全市政治总同盟罢工，以夺取政权；东江地区的工农革命军利用两广军阀部队在东江战争之机，准备进攻惠州、广州；广州市郊各县农民起来暴动，破坏交通，向广州集中；南昌起义军朱德余部由江西信丰开往老隆、兴宁、五华、紫金等地配合农民暴动；派军事干部打入驻粤国民党军下层，开展兵运，策动士兵哗变倒向农民革命军等等。17日夜，中共中央常委会讨论通过了《广东工作计划决议案》，并命令广东省委"急速"发动全省总暴动，中心是夺取广州政权，"建立工农兵代表会议的统治"。

12月26日，张太雷在广州主持召开广东省委常委会议，黄平、吴毅、陈郁、沈青和王亚强等出席，常委会一致赞成中共中央《广东工作计划决议案》。常委会认为，粤桂战争爆发，为广州起义提供了一个机会，"广州工人只有自己起来夺取广州政权方有出路"。会议还就起义的准备工作等问题进行了认真的讨论，决定"立即暴动"夺取广州政权。为加强起义的组织领导，会后成立了由张太雷、黄平、周文雍组成的革命军事委员会，作为起义的领导机关，张太雷任总指挥，叶挺任起义军总指挥，叶剑英任起义军副总指挥，参加组成领导起义的还有杨殷、恽代英、徐光英、聂荣臻、诺伊曼（又译罗曼，德国人，共产国际驻中共代表）。12月5日，中共中央在收到广东省委关于广州起义的报告后致信省委，批准省委的起义计划。复信强调，广东省委在发动广州起义时，"应注意广州市及四郊工农群众之发动""虽说以广州为集中的目标——夺取省政权是对的，但是千万不要忽略了乡中土地革命苏维埃政权的根本工作。"12月7日，中共广东省委根据中共中央的指示精神，召开了广州苏维埃（工农兵）代表会议，选举产生了广州苏维埃执行委员会，作为广州革命政权的最高权力机关，正式决定于12月12日举行广州武装起义。恽代英代省委起草了《广州苏维埃宣言》和《广州苏维埃政府告民众书》。

中共中央批准中共广东省委常委会议做出"立即起义"决定及制定起义计划后，广州起义的各项准备工作进入了实质筹备阶段。

11月28日和12月1日，省委先后颁布《号召暴动宣言》和《紧急通告》第二号，号召广州及四郊的工人、农民及革命的士兵，"夺取一切武装""杀尽工贼、走狗，改组委员""杀尽绅富、地主和民团""变军阀的战争为工农兵革命胜利的战争""为广州苏维埃而战争"。12月，共青团广东省委亦发表宣言，号召革命青年加入共青团和少先队组织，"打倒反动政府，把政权夺在我们手里，建立工农兵政府。"广州市委也印发大批传单，号召"工农兵联合起来，以革命的暴动，消灭为个人抢地盘的军阀战争"。省委还大力发动和组织工会工人大批印发省委刊物《红旗》、市委刊物《工农小报》、香港海员支部刊物《中国海员》及工会刊物《锤声》和《苦叫》等革命刊物和传单，通过各级党、团组织和工会、农会以及进步群众团体，造成武装起义的宣传声势，以唤起工农商学民众，准备参加起义。

根据省委决定，周文雍负责将原先以行业为单位分散组织的"义勇队""自卫队""剑仔队""自救队""维持队"等工人纠察武装，正式改编为"工人赤卫队"，统一编为7个联队。联队下辖大队、中队和小队。周文雍任总指挥、梁桂华任副总指挥，全队共计3000人，并组成敢死队、消息局、汽车队和破坏交通队等战斗组织。同时派人去香港、澳门、粤北等地，动员被遣散的省港工人纠察队员和罢工工人返回广州准备参加起义。为使赤卫队员迅速掌握基本军事技能，徐向前等一批军事干部受命担任联队指挥员，负责进行军事训练，还秘密建立制弹厂赶制手榴弹、标枪、大刀，收集匕首、铁棍、木棒。在抓紧建立市区工人武装的同时，省委又指派黄谦、赵自选、张善鸣、叶季壮、赖松柏等干部分赴铁路沿线各县区，组织农军，准备参加武装起义。

当时，中共广东省委能调动指挥的正规武装力量有第四军教导团、警卫团和黄埔军校特务营等部，省委特别重视对上述各部的组织发动工作。教导团官兵1500多人，其中有中共党员200多人。为加强对该团的领导，11月18日，省委军委干部曾干庭受命到该团工作。12月4日，省委书记张太雷亲自出席该团中共地下党的会议，讲解广州起义的意义，号召中共地下党组织发动全团官兵准备参加起义，并就该团战斗任务作了布置。稍后几天，该团又秘密吸收一批进步官兵加入中共党组织。军事训练也加紧进行。警卫团官兵1000多人，团长梁秉枢和部分指挥官均系中共党员，为提高该团无产阶级成分，省委曾利用招募新兵，选派300余名省港罢工工人纠察队员入伍，编为第三营；又通过第四军参谋长、中共党员叶剑英的关系，把一批中共党员军事干部调入该团以加强中共对该团的领导力量。黄埔军校特务营及部分宪兵中，有一批中共党员，他们根据党的决议，积极展开兵运工作，准备参加武装起义。省委还与朱德、陈毅率领的南昌起义军余部取得联系，指示该部参加广州起义，后因广州起义迅速失败而未执行计划。

为使中共基层党组织和广大工农群众了解起义的重大意义，广东省委和广州工人代表会议于12月上旬分别召开基层党支部书记联席会议和工人代表会议。7日，召开的工农兵代表大会，选出工人、农民、革命士兵代表，加上中共代表，组成执行委员会；通过了《举行暴动的最终决定》《暴动的行动计划》、起义政纲和多项苏维埃政府法令。会议宣布12日举行起义。在此前后，广东省委还开展了工人运动，发动工人和市民举行罢工和游行示威。

12月初，中共在广州准备起义的消息传到上海，汪精卫速派其妻回广州与张发奎协谋消除共产党。由于教导团中的反动分子向张发奎告密和中共地下武装转运站败露，张发奎决定解散教导团，镇压共产党并宣布广州全市戒严。面对急转直下的严峻形势，以张太雷为首的广东省委和革命军事委员会果断地决定，起义提前到11日举行并报告中共中央。

12月10日晚7时许，革命军事委员会召开教导团、警卫团、工人赤卫队指挥员会议。会议由张太雷主持，参谋长徐光英首先分析了敌我态势，宣布了起义行动计划，并对作战行动作了部署：教导团负责攻打沙河、燕塘和观音山；警卫团负责攻打第四军司令部、留守处和军械库，并向河南担任警戒；工人赤卫队负责攻打市公安局、保安队、警察署、省政府部分机关和火车站；教导团女生队和部分共青团员组成宣传队、救护队。起义军一律颈系红领带或臂戴红袖标。考虑到叶挺过早回广州不安全，直到起义前6小时才通知其回广州。

1927年12月11日凌晨2时许，张太雷、叶挺、徐光英等人赶到教导团营地北校场，宣布李云鹏任教导团团长，叶镛、赵希杰、饶寿柏分别任教导团第一、第二、第二营营长。随即按预定计划逮捕反动军官，当众枪决了参谋长朱勉芳。全团召开誓师大会，张太雷、叶挺作战斗动员，下达各营战斗任务。起义官兵撕下国民党军徽章，系上鲜艳的红领带，举起斧头镰刀红旗，高呼革命口号，宣布武装起义，分东、中、西3路向预定攻击目标疾进。

叶挺、李云鹏指挥东路奔袭沙河，以迅雷不及掩耳之势，包围国民党军一个步兵团，生俘600余人。旋即转兵燕塘，包围国民党军两个炮兵留守处，其中约一个营的官兵在中共地下党员的号召下宣布起义，余者1300多人被俘，起义军缴获各种炮30多门，各种枪1800多支和大批弹药，并控制了从东北方向进入广州市区的咽喉。第二营营长赵希杰指挥中路在工人赤卫队第二联队的支援下，迅速攻占了广九车站；徐光英、叶镛指挥第一营在歼灭四标营附近国民党军学兵营后，直插市公安局，与先期攻击的工人赤卫队第一联队会合，歼灭了保安总队，攻占了市公安局，并将起义军总指挥部从大东门警察署接进公安局院内。第三营营长饶寿柏指挥西路，在工人赤卫队第五联队和花县及市郊农军百余人的协同下，攻克了伪省政府和东山国民党军据点。

警卫团第三营在团长梁秉枢的指挥下，处决了团参谋长等一批反动军官，宣布起义。随即向驻长堤肇庆会馆的第四军司令部、仰忠街的军械库和文德路的第十二师留守处发动攻击。经激战，起义军攻克了第十二师留守处。第四军司令部和军械库守军凭坚顽抗，又得到停泊珠江的军舰火炮支援，双方陷入相持状态。警卫团第二营起义后奉命在长堤一线警戒，防备河南之国民党军渡江增援。位于观音山的警卫团第一营一部抗拒起义，团长梁秉枢得悉即前往解除其武装，不幸在战斗中被反动分子开枪打伤，其职务由蔡申熙接任。这时，教导团一部攻克观音山要地。

工人赤卫队也按预定时间出击。第一联队攻打公安局；第二联队攻打七、八、二区警署和广九车站；第三联队攻打驻太平戏院的保安队和五区警署；第四联队攻打驻大佛寺的保安队和四区警署；第五联队攻打伪省长公署和德宣路的警署；第六联队攻打芳村警察局、驻石围塘的保安队和广三车站；第七联队机动作战。此外，花县的农军百余人，市郊西村、芳村、花地、聚农村等地的农民赤卫军以及广九铁路沿线的农军，纷纷拿起武器参加起义。在黄埔军校毕业的一些越南革命者在起义中与工人赤卫队并肩战斗，为中国人民革命斗争做出了贡献。

天亮前，起义军已相继攻占了市公安局、伪省府、国民党省党部、市电话局、电报局、电灯局、邮电局等地。珠江北岸市区除第四军司令部、军械库和中央银行等要点外，都被起义军占领。11日下午，广州起义的消息传到离市区约20公里的黄埔军校，王侃予和吴展急忙率领军校特务营官兵渡过珠江赶往市区参加作战，途中遭国民党军阻击，伤亡较大，被迫撤退白云山，后折向花县。

11日6时，市公安局楼顶升起了一面鲜艳的绣着斧头镰刀的大红旗，大门口挂着"广州苏维埃政府"的大横额。红旗、横额向全中国人民宣告：广州工农民主政权在武装斗争中正式诞生了！广州起义军改称工农红军。上午，张太雷主持广州苏维埃政府第一次会议。张太雷、叶挺、杨殷、周文雍等报告了苏维埃、军事、肃反和赤卫队各方面的情况，讨论通过了苏维埃政府政纲和苏维埃政府领导人名单：主席苏兆征（未到任之前由张太雷代理），内务兼外交委员黄平，肃反委员杨殷，土地委员彭湃（未到任前由赵自选代理），劳动委员周文雍，司法委员陈郁，经济委员何来，海陆军委员张太雷，秘书长恽代英，工农红军总司令叶挺。会议还做出了一系列重大决定，公布了苏维埃政府政纲等重要文件。政纲提出：广州政府属于工农兵；迅速组建工农红军3个军；坚决消灭一切反革命；禁止国民党的活动；工人8小时工作制，没收资本家房产；维护失业工人的利益和特权；封闭黄色工会等等。宣言指出：红军不是军阀的军队，是革命的军队；红军不是为军阀奋斗的，"是为给米与工人吃，给土地与农民耕，解放一切被压迫阶级及给帝国主义与一切反革命的死亡而奋斗的。"

广州起义第一天取得的胜利，仅仅是局部的胜利，它没有触动张发奎在广州地区的主力部队，敌强我弱的全局形势就没有根本改变。起义前，曾有人建议武力包围张发奎等军政头目住宅，因起义军兵力不够，建议未被采纳。战斗中，张发奎、陈公博、黄琪翔、朱晖日等逃往河南，调动军队迅速组织反扑。张发奎下令：第五军驻河南的部队凭河坚守，驻韶关的两个团、驻石龙的第四军第二十五师、驻西江的第四军第十二师和第二十六师一个团、驻江门的新编第二师两个团和驻黄埔的新编第三师一个团迅速回援广州，镇压起义。张发奎和陈公博于当晚赶往江门、肇庆继续调兵；黄琪翔坐镇"江大"舰，沿珠江炮击防守长堤的工农红军；朱晖日派反动的机器工会体育队潜入江北市区进行破坏。停泊在白鹅潭的英、美、法、日等国军舰也向工农红军示威。广州苏维埃政府和工农红军遭受的压力越来越大，形势相当严峻。

11日深夜，起义总指挥部召开紧急会议，分析军事形势，讨论下一步行动方针。叶挺审时度势，指出张发奎部兵力雄厚，距广州又近，疯狂反扑过来，工农红军将陷入四面包围中，偌大个广州是很难坚守的。提议在张发奎部尚未逼近广州之际，主动撤离广州，移师海陆丰，与彭湃的农军会合，坚持革命斗争。叶挺的主张得到聂荣臻等人的支持，却遭到多数人反对。结果，会议决定继续扫荡河北国民党军警残部，准备进攻河南李福林第五军，坚决固守广州，保卫苏维埃政权。

12日，军事形势急转直下，由于工农红军无力控制广三、广九、粤汉和珠江三路一水，张发奎所部得以从容机动猛扑广州。战斗在四面八方激烈展开，争夺观音山要地战斗尤为激烈。上午，第五军和新编第二师各一部共3个团，从北面猛攻观音山，教导团第三营在第一、第二营，工人赤卫队第一、第六联队各一部的配合下，顽强拼杀，顶住了国民党军的连续冲击。下午，陈赓率教导团一部赶来支援，观音山阵地暂时巩固。第四军第二十五师从东面猛攻广九车站和沙河；第五军主力在"江大""宝壁"两舰炮火的支援下，从南面猛攻西壕口、长堤。工农红军虽经顽强抗击，阻住国民党军的多次进攻，但各要点独立防御，彼此不能支援，工农红军伤亡逐渐增大。当日下午，张太雷在群众大会结束返回指挥部途中中弹牺牲，苏维埃政府和红军失去领导核心。此时，国民党军的进攻更加疯狂，各处红军纷纷求援。在此危急关头，叶挺、聂荣臻再次建议，乘国民党军合围尚未形成，工农红军掩护苏维埃政府迅速撤离广州或往北与朱德、陈毅部会合，或进海陆丰与彭湃的农军会合，以保存革命力量。总指挥部同意了叶、聂的主张，决定13日凌晨前开始撤退，苏维埃政府成员撤往香港，非军事人员就地疏散，红军武装撤至江北地区。这时间，市内部分地区已开始巷战，战线犬牙交错，指挥部与红军指挥员失去联系，叶挺、叶剑英、李云鹏等未能收到撤退的命令。结果除部分红军武装突围转移外，大部分工人赤卫队和红军因没有接到撤退命令而继续在要点或市区与国民党军浴血奋战。

突出重围的起义军1000余人改编为工农红军第四师，下辖3个团，叶镛任师长，王侃予任党代表，途经花县、从化、龙门、河源、紫金等地，进入海陆丰，同董朗、颜昌颐率领由南昌起义军余部改编的工农红军第二师会合，参加了彭湃领导的东江革命武装斗争。部分武装力量突围后转移到韶关与朱德、陈毅率领的南昌起义军余部会合，后辗转湘南，走上井冈山。突围转移到广西的部分起义武装，后来参加了邓小平、张云逸、韦拔群等领导的百色、龙州起义。广州起义的主要领导人也顺利地转移到香港。13日下午，广州苏维埃政府所在地陷落，反动派重占广州，开始对革命群众进行大屠杀，仅14日至19日的6天内，就公开屠杀革命群众5700多人。白色恐怖又笼罩着广州。

井冈山根据地的建立

三湾改编后毛泽东率领起义部队继续向南转移，并选定罗霄山脉中段即井冈山地区作为立足点，并派人同井冈山地区的农民武装袁文才、王佐部取得了联系。10月7日，毛泽东带领部队到达井冈山北麓的宁冈县茅坪，27日抵达茨坪，开始了创建井冈山农村革命根据地的伟大斗争。1928年4月下旬，朱德、陈毅率领的部队抵达井冈山。与毛泽东领导的秋收起义部队胜利会师。5月4日，两军合编为工农革命军第四军（6月改称工农红军第四军），由朱德任军长、毛泽东任党代表、王尔琢任参谋长、陈毅任政治部主任，下辖3个师，共1万余人。井冈山会师有力地促进了革命根据地的巩固发展。

5月20日，湘赣边界党的第一次代表大会召开。会议讨论了发展党的组织、深入土地革命、巩固扩大红军和革命根据地等项任务，选举产生了以毛泽东为书记的中共湘赣边界特委会。同月下旬，又成立了以袁文才为主席的湘赣边界工农政府。在特委和边界工农政府的领导下，各县、区、乡普遍成立土地革命委员会，将土地革命轰轰烈烈地开展起来。

与此同时，红军多次打败湖南、江西两省国民党军的"围剿"，巩固发展了井冈山革命根据地。6月下旬，朱德和陈毅指挥红四军在龙源口、七溪岭一带，粉碎江西敌军两个师的"进剿"，歼敌千余人，缴枪 400 多支，取得了井冈山根据地创建以来最大的一次胜利。龙源口大捷以后，井冈山根据地进入全盛时期。

井冈山农村革命根据地的建立具有深远的历史意义。它点燃了"工农武装割据"的星星之火，为共产党领导的其他各地的起义武装树立了榜样，提供了新鲜经验；从实践上开辟了一条在新形势下，无产阶级及其先锋队深入农村，发动和武装农民，开展土地革命，建立农村革命根据地，以保存和发展革命力量的正确道路。这条道路代表了 1927 年大革命失败后中国民主革命的发展方向。

随着红四军的发展壮大，井冈山地区作为革命根据地经济困难、供应紧张和军事上缺乏足够回旋余地的弱点逐渐显露出来。1929 年 1 月，毛泽东、朱德、陈毅率红四军主力离开井冈山（彭德怀、滕代远指挥一部分红军留守井冈山），向自然条件和群众基础较好的赣南、闽西进军，先后开辟了这两块新根据地，为后来的中央革命根据地奠定了基础。与此同时，各地红军充分利用国民党新军阀混战的有利时机，主动出击，发展工农武装，扩大红色区域。到 1930 年初，全国红军主力部队发展到 7 万多人，地方武装近 3 万人，在全国 10 多个省 300 多个县建立了 10 多块农村革命根据地，其中较大的，除中央革命根据地外，还有湘鄂西、鄂豫皖、赣东北、左右江革命根据地等。

毛泽东关于红色政权的理论

1928 年 6 月 18 日至 7 月 11 日，中国共产党在莫斯科召开了第六次全国代表大会。大会总结了第一次国内革命战争以来的经验，彻底清算了陈独秀的右倾投降主义，批判了"八七会议"以后逐渐成为党内主要危险的以瞿秋白为代表的"左"倾盲动主义错误，正确地肯定了中国革命的性质仍然是资产阶级民主革命，规定了党在民主革命阶段的十大纲领，提出了当时革命的形势正处于低潮，党的总路线是争取群众。

1928 年 10 月 11 日，毛泽东写了《中国的红色政权为什么能够存在？》和《井冈山的斗争》两篇著作，深刻分析了半殖民地半封建中国社会的特点，总结了井冈山斗争的经验，第一次从理论上系统地分析和论证了中国红色政权发生、发展的原因和条件，正确回答了关系着中国革命前途和命运的最基本问题。

1929 年 12 月，红四军在福建省上杭县古田村召开党的第九次代表大会（简称"古田会议"），毛泽东在会上作了政治报告。中心思想是要用无产阶级思想进行军队和党的建设。在军队建设方面，决议强调了共产党对红军的绝对领导这个根本的原则，指出中国的红军是一个执行革命的政治任务的武装集团，必须全心全意地为实现党的纲领、路线和政策而奋斗，这就使红军根本区别于历史上的一切旧式军队。在党的建设方面，决议案强调了加强党的思想建设的重要性，分析了红四军党内存在着的各种非无产阶级思想的表现、来源及其危害，提出了纠正的办法。

古田会议解决了处在长期分散的农村游击战争环境中，如何从思想政治教育入手，建设坚强的无产阶级政党和新型的人民军队的问题，从而为党地工作重心放到农村提供了一个重要的支点。

土地革命的深入发展

农村土地问题始终是中国民主革命的基本问题，改变封建地主土地所有制，真正实现耕者有其田，是中国社会最主要的变革，也是亿万农民群众的迫切要求。中国共产党抓住事物的本质，在各农村革命根据地，领导人民广泛深入地开展了土地革命斗争。

从1927年冬开始，井冈山根据地在发动群众打倒土豪劣绅的基础上，逐步掀起分田的高潮。1928年12月，湘赣边区工农政府在总结分田经验的基础上，颁布了《井冈山土地法》。这是中国共产党领导农民在几个县的范围内实行土地制度变革的第一次尝试，其意义是深远的。由于缺乏经验，《土地法》规定没收一切土地，而不只没收地主的土地，土地所有权属于工农民主政府而不是属于农民个人，这样不符合中国农村的实际，容易侵犯中农利益，不易为广大农民所接受。1929年4月，在总结赣南土地斗争经验的基础上，毛泽东主持制定了兴国县《土地法》，将井冈山《土地法》中的"没收一切土地"改为"没收一切公共土地及地主阶级的土地"，这是一个原则性的纠正。同年7月，中共闽西第一次代表大会的决议案，在土地革命的一些具体政策上有了新的发展。如规定：对大小地主区别对待，给地主以生活出路；对富农不过分打击，以争取其中立；保护自耕中农，不使其受任何损失；对大小商店采取保护政策；在土地分配方法上，不再采用打乱平分的办法，而是按"抽多补少"的原则，在原耕地基础上平均分配。这些政策得到广大群众的积极拥护。

土地革命的深入开展，使农村革命根据地的面貌发生了根本的变化，被压迫、受剥削的贫苦农民在政治上、经济上翻了身，成为农村的主人，生产积极性普遍高涨，农村生产力得到了解放，农民生活有了很大的改善；翻身农民从事实中分清了国共两党和两个政权的优劣，亲身感受到共产党和红军是为他们谋利益的，因此，踊跃参军参战，支援红军战争，保卫革命根据地。

红军反"围剿"战争的概况

红军的发展，农村革命根据地的扩大和土地革命的深入，革命力量的迅猛发展，成了国民党蒋介石的"心腹之患"。1930年，蒋介石与冯玉祥、阎锡山之间的中原大战结束后，立即调集重兵，对红军和革命根据地发动围剿，而红军和根据地人民则展开了反"围剿"的斗争。

1930年10月，蒋介石纠集10万兵力，以江西省主席鲁涤平为总司令，张辉瓒为前线总指挥，采取分进合击的方针，发动第一次"围剿"。毛泽东、朱德领导4万红军，采取诱敌深入、集中兵力、中间突破的方针，将敌主力诱至龙岗地区加以歼灭。这次初战告捷，歼敌9000多人。活捉敌军总指挥张辉瓒，吓得各路敌军纷纷撤退，红军乘胜追击，又歼敌半个师。红军在5天内打了两仗，歼敌万余人，缴枪万余支，粉碎了敌人的第一次"围剿"。

1931年4月，蒋介石调集16个师23个旅，共20万人，由何应钦任总司令，采取步步为营、稳扎稳打的战术，从江西吉安到福建建宁，筑成一道800里长的战线，兵分4路，向中央根据地发动第二次"围剿"。这时，红一方面军只有3万多人，在毛泽东、朱德的指挥下，采取集中兵力、先打弱敌，并在运动中各个歼灭敌人的作战方针，第一仗先打富田地区的王金钰师和公秉藩师，消灭了公秉藩师全部和王金钰师一个旅的大部。接着红军由西向东横扫过去，首先在白河全歼王金钰师一个旅的残部和郭华宗师的一部，敌郝梦龄师不战而从藤田逃回永丰；红军又在中村歼灭高树勋旅大部；广昌一战，敌朱绍良第八路军逃往南丰，红军击毙敌第五师师长胡祖钰，胡部当夜北逃。然后红军乘胜向东横扫，连挫强敌，15天行程700里，打了5个胜仗，歼敌3万余人，缴枪2万余支，胜利地粉碎了敌人的第二次"围剿"。

蒋介石两次"围剿"红军惨败后，仍不甘心。1931年7月，又发动了第三次"围剿"，蒋介石亲任总司令，坐镇南昌，集中30万兵力，采取长驱直入、分进合击的战略，分左、中、右3路，由南丰、南昌、吉安三面向中央苏区进攻，企图消灭红军于赣江东岸。面对10倍于己的强敌，毛泽东、朱德指挥红军，从建宁绕道千里回师赣南兴国，采取诱敌深入、打其虚弱的方针，突然向东出击，三战三捷，歼敌3个师的大部分，当敌主力掉头东进，寻找红军主力时，红军主力则巧妙地穿越敌军间隙返回兴国。等敌人发觉后掉头西进时，红军已休整半个月。敌人疲惫不堪，只好退却，红军又乘胜追击，打了3个胜仗。这样，从7月至9月，为时3个月，红军共歼敌3万余人，缴枪两万余支，粉碎了敌人的第三次"围剿"。

经过三次反"围剿"的胜利，赣南、闽西两块根据地连成一片，拥有人口 300 余万。

与此同时，其他革命根据地也都取得反"围剿"的胜利和发展。鄂豫皖根据地的红军打下黄梅，占领广济，攻克英山，击败敌人 7 个师兵力的进攻。贺龙领导湘鄂西根据地的红军解放潜江，夺取天门，打败了蒋介石 4 个师兵力的进攻。赣东北的红十军也取得许多重要胜利。在红军胜利的影响下，被蒋介石驱赶到江西"剿共"的国民党第二十六路军 1 万余人，由赵博生、董振堂领导于 1931 年 12 月在宁都起义加入了红军。

根据地反"围剿"斗争的胜利巩固并扩大了革命根据地，红军发展已达到 10 万人以上，为革命的继续向前发展提供了保证。

工农革命军第一次反"围剿"

1928 年 1 月中旬，毛泽东率领工农革命军第一团在遂川一带游击，江西国民党军杨如轩第二十七师以第七十九团的一个营 300 人进占了宁冈新城，准备"进剿"井冈山红军。毛泽东得悉杨如轩部进占宁冈的消息后，决心集中力量首先拔除这个据点，消灭该营。遂于 2 月 4 日率领第一团由遂川返回井冈山。经多次侦察发现：杨部一营共 3 个连，营部率一个连驻宁冈新城北街县府大院，另一连驻南街天主教堂，又一连驻南门外选锋书院，城内还有靖卫团 100 余人。杨营误认为工农革命军仍在遂川，戒备松懈，每日清晨在南门外出操。经过充分的准备，工农革命军第一、第二两团在赤卫队的配合下，于 2 月 18 日拂晓，由南、北、东 3 个方向，对新城驻军发起突然进攻，经数小时激战，攻占新城，全歼该营和靖卫团，俘虏近 300 人。将杨如轩对井冈山的第一次"进剿"，击破于计划实施之前。战后，工农革命军根据毛泽东的规定，对俘虏采取了不杀不打、医治伤兵、愿留者欢迎、愿走者发路费释放的政策，进而形成了红军优待俘虏和瓦解敌军的原则。

红四军第二次反"围剿"

1928 年 4 月中旬，朱德、陈毅率领的南昌起义军余部和湘南暴动农军在毛泽东率领的工农革命军的接应下，出湘南顺利地转移到井冈山。朱、毛两支革命军队胜利会师后，合编为工农革命军第四军（5 月后改称工农红军第四军），下辖 3 个师（不久又缩编为两个师共 4 个团和一个教导大队），全军共 6000 余人，朱德任军长，毛泽东任中共党代表和军委书记，王尔琢任军参谋长。红四军的建立，大大增强了井冈山革命根据地的军事力量，对于实行湘赣边界武装割据和革命战争的发展，具有重大的意义。

1928年4月21日，江西、湖南两省国民党军开始协谋对红四军进行"会剿"。也正是在此时间，红四军军委决定，以永新为中心，向临近各县发展游击战争，建立工农兵政权，实行土地革命，巩固和扩大井冈山革命根据地。为达成上述战略目的，决定在赣省国民党军杨如轩师发动新的"进剿"之前，由毛泽东率领第十一师在根据地内，进行根据地建设的工作，并以一部兵力监视永新和酃县、茶陵方向的国民党军动向；由朱德和王尔琢率领第十、第十二师出击遂川，进行发动群众和筹款工作，以扩大红军影响和根据地。

4月下旬，赣军杨如轩第二十七师第七十九、第八十一两团，由永新、遂川向井冈山革命根据地发动了第二次"进剿"，湖南国民党军吴尚第八军第一师进占了茶陵、酃县地区。朱德、王尔琢率部出击遂川途中，在黄坳与杨师第八十一团后卫遭遇，经红军猛烈冲击，该团后卫溃逃五斗江。朱、王迅速查明第八十一团企图后，决定放弃出击遂川的原定计划，集中第十、第十二两师，攻歼杨如轩师第八十一团，尔后与毛泽东率领的第十一师会合，攻歼杨如轩师第七十九团，打破杨如轩的第二次"进剿"。于是，王尔琢率领第十师第二十八团向溃逃五斗江的杨如轩师第八十一团所部追击，朱德率第十师第二十九团直趋拿山，寻歼第八十一团主力。4月底，杨如轩师第八十一团进犯五斗江，当即遭到红四军第十师第二十八团的痛击，该团大部被歼，一部败退永新。继而，朱德命令红军第二十八、第二十九两团乘势进攻永新县城，将杨如轩师第七十九团第三营击溃，共缴枪300余支，迫使第八十一团余部丢弃永新逃往吉安，红军进占永新。此时，位于龙源口的杨如轩师第七十九团主力慑于就歼，仓皇退兵吉安。红四军又将杨如轩第二十七师对井冈山的第二次"进剿"打破于"进剿"发起之前。永新战斗后，毛泽东、朱德判断赣省国民党军必将在近期再次发动"进剿"。为准备新的"进剿"作战，红四军在永新只作短期群众工作和筹款后，遂回师宁冈。

红四军第三次反"围剿"

1928年5月中旬，江西国民党军杨如轩第二十七师和杨池生第九师的5个团（一说：系二十七师和第七、第九师各一个团），再度进占永新，对井冈山革命根据地和红四军发动第三次"进剿"。其部署是：杨如轩第二十七师部率第七十九团和第九师第二十七团一个营占据永新县城，其余4个团南渡禾水河，企图由龙源口等地突进宁冈。这时，红四军第二十八团和第三十一团第一营，在朱德、王尔琢的率领下活动在永新以西约70华里的小西区。在接到红四军军委关于赣军重占永新并企图以主力由龙源口等地进攻宁冈的情况通报后，朱德、王尔琢遂决心率领红4军四个主力营沿禾水河北岸大道直扑永新县城，首先袭击杨如轩的师部，打掉其指挥中心，尔后在赣军侧背寻机作战，以打乱赣军的进攻部署，达成击破其"进剿"之行动。根据朱、王的决心，红四军4个主力营由小西区出发，向永新城急进，于当日夜进至距永新城约30华里的漕田宿营。杨如轩误认为是永新赤卫队，命令第七十九团于次日前往漕田"清剿"。翌日晨，第七十九团由永新西进，同由漕田东进的红四军主力在草市坳遭遇。在地形不利于红军作战的情况下，朱德沉着果断，命令第二十八团从正面对第七十九团发起猛烈冲击；命令第三十一团第一营由北侧山地向第七十九团侧后迂回。杨如轩师第七十九团在毫无戒备的情况下，遭到红军前后突然夹击，队伍大乱，指挥失措，不到两个小时，全团被歼，团长被击毙。朱德、王尔琢决定不失战机，率领红军直奔永新，打敌措手不及。正午时分，红军扑至城下，赣军正在吃午饭。红军突然发起攻击，一举突入城内，再歼第二十七师师部及师直机枪连、炮兵队、工兵队、卫生队、输送队等独立分队和第九师第二十七团一个营，击伤师长杨如轩。位于龙源口地区的赣军4个团得悉上述战况后，仓皇向吉安收缩。红四军胜利地击破了赣省国民党军的第三次"进剿"，并取得了歼灭赣军一个师部、一个团另一个营，缴获山炮2门、迫击炮7门、各种枪300多支（挺）、银圆20余担以及大批弹药物资的空前胜利。

红四军第四次反"围剿"

随着红四军反"进剿"作战的胜利，井冈山革命根据地的建设进入了一个发展阶段。5月20日，中国共产党湘赣边界第一次代表大会胜利召开，会议通过了政治问题等一系列决议案；选举产生了以毛泽东为书记的中共湘赣边界特别委员会，进而统一了湘赣边界红军和地方中共党组织的领导；针对红军部分官兵对边界武装割据缺乏信心的问题，毛泽东指出了中国革命战争发生和发展的必然性与可能性，消除了"红旗到底打得多久"的疑虑，坚定了武装斗争的必胜信心。5月下旬，建立了由袁文才为主席的湘赣边界"工农兵苏埃政府"。在中共湘赣边界特委和苏维埃政府的领导下，湘赣边革命根据地的土地革命和苏维埃运动，如火如荼地开展起来了。

6月中旬，江西国民党又以杨池生为总指挥，率领第九师和杨如轩第二十七师余部共5个团前出永新，准备对井冈山革命根据地和红四军发动新的"进剿"，同时，请求国民党南京政府下令湘南国民党军出兵，协同"会剿"。在南京政府的严令下，湘军吴尚第八军第二、第三师于6月16日后进驻攸县、茶陵，参加对红四军的"会剿"。中共湘赣边界特委鉴于湘军较强、赣军较弱且经过红军3次打击有畏惧心理以及湘、赣两军貌合神离等情况，确立了"对湘取守势,对赣取攻势"的作战方针,决心集中力量打击由永新地区进犯之赣军。

6月22日,进驻永新的赣军出动3个团进至龙源口和白口,企图经新七溪岭或老七溪岭突击宁冈。是时,进驻攸县、茶陵的吴尚第八军第二、第三两师却无行动迹象。根据上述情况,中共湘赣边界特委与四军军委(已由陈毅接替毛泽东任书记)遂于22日晚确定如下决心:由朱德率领第二十九团和第三十一团一个营,控制新七溪岭要地,准备打击企图由此突入宁冈之赣军;由陈毅、王尔琢率领第二十八团,从老七溪岭迂回赣军侧后,打乱其进攻部署,尔后与坚守新七溪岭的部队合击赣军,求歼其一部,以打破赣军第四次"进剿";永新、宁冈等地赤卫队、暴动队不断袭扰进犯之赣军,使其疲惫、消耗。23日上午,赣军一个团,向新七溪岭红军阵地多次冲击,都被第二十九团和第三十一团一营所击退。与此同时,第二十八团向进占老七溪岭制高点的赣军两个团多次发起猛烈的攻击。战至午后,将赣军击溃,接着转入追击,又在白口打掉赣军的前方指挥所,随即向龙源口迂回包抄。与此同时,朱德指挥的第二十九团和第三十一团一营,也在新七溪岭实施反击,将赣军一个团驱赶至龙源口,并与陈、王指挥的第二十八团并肩突击,将龙源口之赣军围歼。旋即,红四军主力乘胜进攻永新县城,迫使赣军总指挥杨池生率部逃向吉安,进而胜利地打破了江西国民党军的第四次"进剿"。是役,红四军共消灭了赣军一个团,击溃两个团,缴获步枪400余支、重机枪1挺。战后,根据地群众翘首称赞说:"不费红军三分力,打败江西两只羊"("两只羊",系指杨池生、杨如轩及其第九师和第二十七师部队)。

红军长征

概况

第五次反"围剿"失利,毛泽东力主放弃与红二、六军团会合的计划,改向敌人力量薄弱的贵州前进。这一主张得到党和红军大部分领导人的赞成。红军在占领湘西南的通道县城后转入贵州。12月18日,中央政治局在黎平召开会议,正式决定放弃向湘西前进的计划,改向以遵义为中心的黔北地区挺进,创建川黔边新根据地。会后,红军强渡乌江天险,1月7日,占领黔北重镇遵义。

1935年1月15日至17日,中共中央在遵义召开政治局扩大会议。

遵义会议集中全力解决了当时最紧迫的军事问题和组织问题。会议通过了《中共中央关于反对敌人五次"围剿"的总结决议》,批判了王明"左"倾冒险主义的军事方针,重新肯定了以毛泽东为代表的正确作战的原则。会议改组了中央领导机构,推选毛泽东为政治局常委,取消了博古、李德的最高指挥权,决定仍由中央军委主要负责人周恩来、朱德指挥军事。会后，常委进行了分工：由张闻天代替博古负总责，军委设置前敌司令部，朱德为司令员，毛泽东为政委。后在行军途中又组成了由毛泽东、周恩来、王稼祥3人参加的军事指挥小组。

遵义会议在中国共产党的历史上是一个生死攸关的转折点。它集中全力纠正了当时具有决定意义的军事上和组织上的错误。它结束了王明"左"倾冒险主义在党中央的统治，确立了毛泽东在红军和党中央的领导地位。

遵义会议后，红军移师北上，展开机动灵活的运动战，四渡赤水，取得遵义战役的胜利；5月上旬，巧渡金沙江，摆脱了几十万敌军的围追堵截，取得了长征中具有决定意义的胜利。随后，红军依靠民族平等友好的政策，顺利通过了川西大凉山彝族地区；又以无比的英勇强渡天险大渡河，飞夺泸定桥，以坚忍不拔的毅力翻越了终年积雪的夹金山。6月中旬，中央红军到达川西懋功地区，与4月离开川陕根据地先期到达的红四方面军会师。

毛泽东、周恩来等率领中央红军北上后，张国焘继续坚持右倾分裂主义错误，带领红四方面军向川康边境少数民族地区退却。1935年10月，张国焘在卓木碉另立"中央"，自封为"主席"。由于中共中央的正确政策，由于朱德、刘伯承等坚持维护党的团结和统一，由于红二、四方面军广大指战员的坚决斗争，张国焘被迫放弃反对中共中央的活动，取消伪中央，同意北上。1936年10月，红二、四方面军分别到达甘肃会宁、静宁地区，与前来接应的红一方面军胜利会师。这样，全国三支主力红军历时两年的战略大转移，举世闻名的二万五千里长征，就宣告胜利结束了。

长征的胜利成为中国革命转危为安的关键，使中国共产党和红军进入了抗日的前沿阵地，为后来抗日战争和整个中国民主革命的胜利打下了基础。中国革命的新局面开始了。

第五次反"围剿"的失利

中共临时中央迁到瑞金后，"左"倾冒险主义方针在中央根据地和中央红军内得以全面贯彻执行。临时中央在福建开展了反对"罗明路线"的斗争；在江西开展反对邓（小平）、毛（泽覃）、谢（唯俊）、古（柏）的"江西罗明路线"的斗争，斗争的矛头主要是针对毛泽东的各项正确主张。"左"倾领导人还在土地革命斗争中实行"地主不分用，富家分坏田"的政策，提出"经济上消灭富农，肉体上消灭地主"的口号；对中小工商业者课以重税，剥夺他们的选举权和被选举权；歧视和打击知识分子，给根据地各项工作造成极大的混乱。

王明"左"倾冒险主义的更大危害是直接导致了中央红军第五次反"围剿"作战的失败。1933年9月，蒋介石自任总司令，调集50万军队，向中央根据地发动空前规模的第五次"围剿"。临时中央负责人博古不懂军事，一切听命于共产国际军事顾问李德，李德却只有第一次世界大战中那种正规的阵地战的经验，不懂得中国革命战争的具体特点；他们又完全否定了毛泽东为代表的红军作战的正确领导与指挥，因此，在第五次反"围剿"战争的军事指挥上犯了严重错误。结果至11月中旬，红军屡战不胜，并陷入被动挨打的局面。此时，恰值福建事变爆发。但李德、博古不采用将红军主力突进到苏浙皖赣地区、向广大无堡垒区域寻求作战的正确方案，并拒绝援助福建人民政府，从而失去了打破"围剿"的有利时机。1934年1月，蒋介石在打败福建人民政府后，集中全力进攻红军。此时，李德、博古又实行防御中的保守主义。4月，调集9个师的兵力进行广昌保卫战，结果红军伤亡5500余人，广昌失守。其后，红军又6路分兵，全线防御，继续实行所谓"短促突击"，造成更大的损失。随着根据地的日益缩小，红军打破敌人"围剿"的希望最后断绝，除进行战略转移外，已无其他办法。

长征经过

以教条主义为主要特征的王明"左"倾冒险主义在中央苏区的广泛推行，直接导致了红军第五次反"围剿"的失败，迫使红军不得不进行战略转移。

1934年10月10日晚，中共中央率红一方面军主力及中央机关和直属部队共8.6万余人，分别从瑞金、雩都地区出发，被迫实行战略大转移。留下部分红军1.6万余人（另有伤病员万余人）和部分党政工作人员，在项英、陈毅等领导下坚持当地斗争。

在长征初期，"左"倾冒险主义者又实行退却中的逃跑主义。部队出发前，政治局既没有讨论，又没有做深入的政治动员，在军事上又不能把握有利时机，主动地歼灭敌人，而是让红军以消极的防御作战来掩护庞大的后方机关转移，使红军陷于被动。广大指战员虽然英勇奋战，连续突破了敌人设置的四道封锁线，但人员折损过半，到达湖南通县时，只剩下3万人。但"左"倾机会主义者却不顾一切，仍然坚持去湘西的计划，使红军面临全军覆没的危险。此时，国民党已判断出红军向湘西转移的意图，便集结重兵，阻挡两部红军会师，并企图一举消灭中央红军。在危急关头，毛泽东力主放弃原定和二、六军团会师的计划，改向敌人力量薄弱的贵州进军，这一主张到1934年12月召开的政治局会议得到多数人的赞同。1934年12月底，红军到达乌江边的猴场。1935年1月1日，中共中央政治局又在猴场召开了会议，重申创建川黔根据地，并向川南发展的战略方针。会后，红军打响了强渡乌江的战斗，消灭了贵州军阀王家烈的4个团，乘胜占领了黔北重镇——遵义。

1935年1月，中共中央在遵义召开了政治局扩大会议，集中解决了当时具有决定意义的军事问题和组织问题。成立了由毛泽东、周恩来、王稼祥组成的 3 人指挥小组，全权指挥军事，结束了王明"左"倾机会主义在党中央的统治。遵义会议后，中央红军进行整编、紧缩机关，充实连队，决定北上与红四方面军会合。1 月 19 日，红军离开遵义，移师北上，采取高度灵活的作战方针，一渡赤水河，进入川领边扎西。2 月下旬又挥师东进，二渡赤水，重入遵义。3 月中旬，红军迅速跳出敌合围圈，三渡赤水，再入川南。随后，又出敌不意地四渡赤水，南渡乌江，佯攻贵阳，乘滇军援贵之际，直插云南，作威胁昆明夺势。接着红军又向西北方向急进，于 5 月初巧渡金沙江。至此，中央红军摆脱了数十万敌军的围追堵截，取得战略转移中具有决定意义的胜利。

1935 年 5 月，红军顺利通过大凉山彝族地区，强渡大渡河，飞夺泸定桥，进入川康边境。6 月，红军翻过了终年积雪的夹金山，占领了四川懋功，同四方面军胜利会师。中共中央根据会师后的形势，确定了北上建立川陕根据地的战略方针。但当时在四方面军担任领导工作的张国焘却对革命前途悲观失望，主张向川康边界退却。为了统一战略方针，1935 年 6 月 26 日，中共中央在两河口召开了政治局会议，通过了《关于一、四方面军会合后战略方针的决定》，否定了张国焘的错误主张，明确指出两军会师后的战略方针是："集中主力向北进攻，在运动战中大量消灭敌人，首先取得甘肃南部，以创造川陕甘苏区根据地。"7 月，红军连续翻越几座大雪山，到达毛儿盖。8 月 3 日，红军总部决定把一、四方面军混合编成右路军和左路军。中共中央随右路军行动。左路军由张国焘率领，朱德、刘伯承随左路军行动。随后，左、右路军分别从卓克基、毛儿盖等地出发，跨过荒无人烟的茫茫草地，于 8 月下旬先后到达阿坝和巴西地区。

9 月，张国焘拒绝执行中央的北上方针，自恃枪多势众，要挟右路军和中共中央南下，甚至企图危害中央。毛泽东、周恩来、张闻天、博古等在巴西紧急磋商，决定迅速脱离险区，率右路军中的红一、三军和军委纵队先期北上。9 月 12 日，中央政治局在川甘边俄界召开扩大会议，通过了关于张国焘同志错误的决定，并再次电告张国焘改正错误，率部北上。但张国焘却顽固坚持其错误主张，命令左路军和右路军中的原四方面军四军、三十军南下，并于 10 月在卓木碉公然另立"中央"。朱德、刘伯承等在艰难的处境下与张国焘的分裂主义错误进行了不懈的斗争。

俄界会议后，中共中央率领红一、三军和军委纵队，攻克甘南天险腊子口，越过岷山，到达哈达铺，部队改编为中国工农红军陕西甘支队。9 月 27 日，占领榜罗镇。中央政治局召开会议，正式决定以陕北作为领导中国革命的大本营。之后，中共中央率部越过六盘山，于 10 月 19 日抵达陕北吴起镇，与红十五军团胜利会师，结束了红一方面军的长征。11 月 17 日，中共中央机关到达陕甘根据地中心瓦窑堡，及时解放了刘志丹等被迫害的干部，纠正了陕北肃反扩大化的错误，使陕甘根据地转危为安。11月20日至24日，红军在直罗镇全歼国民党军一个师又一个团，为中共中央把全国革命大本营放在西北，举行了一个奠基礼。

1935年11月，红二、六军团奉命退出湘鄂川黔根据地，开始转移。随后，红二、六军团合编为红二方面军，贺龙任总指挥，任弼时任政治委员。1936年7月2日，红二方面军到达西康甘孜与红四方面军会师。此时，红四方面军由于张国焘的错误领导，损失严重，只剩下4万余人，同南下时相比已减员过半，张国焘不得不于6月6日宣布取消他的第二"中央"。两支部队会合以后，红二、六军团奉中共中央电令编为红二方面军，贺龙任总指挥，任弼时任政委。在朱德、刘伯承、任弼时、贺龙、关向应等的力争下，红二、四方面军决定共同北上同中央会合。1936年10月，一、二、四方面军在甘肃会宁胜利会师。至此，红军主力长征结束。

中国工农红军第一、二、四方面军，以坚忍不拔的革命精神，经过整整两年的艰苦奋战，胜利完成跨越赣、闽、粤、湘、桂、黔、滇、川、康、甘、宁、陕等12省，经过汉、苗、壮、彝、藏、回约2亿人口的不同民族地区，总路程达2.5万里以上的长征。虽然失去了原有的根据地，损失了相当大的力量，但是保存和锻炼了中国共产党和红军的骨干，沿途播下了革命的火种。革命的中心由江西移到陕甘，迎来中国革命的新曙光，正如毛泽东同志所言："长征是历史记录上的第一次，长征是宣言书，长征是宣传队，长征是播种机。""长征是以我们的胜利，敌人失败的结果而告结束。"

遵义会议

第五次反"围剿"的失败和长征初期红军遭受的严重挫折，加深了许多指战员和党政干部对于中央军事指挥的错误问题，基本上取得一致意见。而遵义会议就是在这种情况下为挽救中国革命的危机而召开的。

1935年1月15至17日，中共中央在遵义召开了政治局扩大会议。出席会议的政治局委员有博古、张闻天、周恩来、毛泽东、朱德、陈云，政治局候补委员王稼祥、刘少奇、邓发、何克全，还有红军总部和各军团负责人刘伯承、李富春、林彪、聂荣臻、彭德怀、杨尚昆、李卓然，以及中央秘书长邓小平。李德及翻译伍修权列席了会议。

这次会议集中全力解决当时具有决定意义的军事上和组织上的问题。

博古在会上首先作了关于反对第五次"围剿"的总结报告，他把第五次反"围剿"失败的原因归之于敌人力量的强大和中央苏区建前工作的不力等等，为错误的军事领导进行辩护。然后，周恩来就军事问题作了副报告。毛泽东在会上作了重要发言，对博古，李德军事指挥上的错误进行了切中要害的分析和批评，并阐述了中国革命战争的战略战术问题和此后在军事上应采取的方针。王稼祥在发言中，也批评了博古、李德，支持毛泽东的正确意见。周恩来、朱德、刘少奇等多数与会者也发言不同意博古的总结报告，同意毛泽东、张闻天、王稼祥的意见。

会议完后增选毛泽东为中央政治局常委，取消博古、李德的最高军事指挥权，决议仍由中央军委主要负责人周恩来、朱德指挥军事。随后，根据会议精神，常委进行分工，由张闻天代替博古负总责，毛泽东、周恩来负责军事。在行军途中，又组成由毛泽东、周恩来、王稼祥参加的3人军事指挥小组，负责指挥全军的军事行动，这是当时中共中央最重要的领导机构。

在紧急形势下举行的遵义会议，没有全面地讨论政治路线方面的问题。但是，解决了当时党内所面临的最迫切的军事问题，改组了中央的领导，结束了"左"倾教条主义在中共中央的统治，实际上确立了以毛泽东为代表的新的中央的正确领导，把党的路线转移到马克思主义轨道上来。遵义会议又是在中国共产党和共产国际联系中断的情况下独立自主召开的。这次会议在极端危急的历史关头挽救了中国共产党，挽救了红军，挽救了中国革命，是中国共产党历史上一个生死攸关的转折点，它标志着中国共产党在政治上开始走向成熟。

飞夺泸定桥

大渡河，历史上曾经是太平天国领袖石达开率领4万部下葬身的地方。蒋介石得知红军大队向大渡河开进，高兴得不得了，他认定红军要成为第二个石达开了。

此时，蒋介石靠在飞机舒适的软椅上，从机窗里看着脚下的这条深谷里的激流，不由地又一阵喜上心头，消灭红军的希望就在这条河上了。

坐在旁边的陈诚不时地在地图上指划着，给他的上司介绍情况。

"安顺场到底在哪里？"蒋介石两眼仍然望着窗外问。

"委座，你看，就在那个河弯弯里稍微突出的地方。"陈诚把身子欠起来说。

"是那个小圆山旁边的村子吗？"

"是的。"

"那个村子不大嘛！"

"不过百十户人家。当年石达开的部队就困守在那个小圆山上，几乎有一多半人死在那里。"

"噢！那以后呢？"蒋介石盯着那个小山包，仿佛要从上面看到太平军覆灭的情景。

"以后，石达开就率领残部向下游突围。喏，就是这个叫老鸦漩的地方。"

陈诚指了指大渡河较宽的地方。接着说：

"在那里，石达开的其余人马大部分被赶下了河，淹死了，他的3个妻子就是在那里跳水自尽的。"

蒋介石听得入神了。好像陈诚说的不是70多年前的石达开，而是他正在日夜追赶的红军，脸上流露出抑制不住的笑容，连光头上也似乎冒出了胜利的光环。

接着，蒋介石的脸又耷拉下来："这一次毛泽东又重新掌权了，不可小看啊，朱、毛又搞到一块去了，毛泽东打起仗来没有一定之规，这就很难办了！这一次他又把哪一个放到了前面？"

"委座，根据情报，是林彪的一军团的两个师。"

蒋介石皱起了眉头："这个林彪是黄埔的学生，后来当过叶挺独立团的排长。当初周恩来要组织这个独立团，我就看出了他们的想法，就是要抓军队嘛！当时太大意了，只以为让他们搞一个团没有关系，就那么千把子人，可是这就留下了祸根，养虎为患啊！南昌暴乱有它，井冈山为匪有它，这一回的大流窜，又是这个部队打头阵！悔不该当初啊！"

蒋介石如梦初醒："薛岳他们到了哪里？"

"已经到了德昌。"

"告诉他们，再快点，这次一定不能让共匪跑了。"

"是！"

大渡河宽约100米，深约30米，流速每秒4米左右。它发源于青海省，环绕于群山之中，然后泻入成都南边的岷江。

红一师第一团在杨得志团长的率领下，不负众望，17名勇士飞渡对岸，消灭了守敌，为红军打开了通道。

大渡河水急浪高，河面又宽。一团找遍了沿江上下游，只找到4条小船，其中只有1条是好的，仅能坐40余人，其余尚待修理。

全军数万人马靠这几条小船，在几天之内全部渡过河去是不可能的，而且敌军步步紧逼。刘汀、刘文辉、杨森的部队已离大渡河不远，薛岳、周浑元的中央军也在日夜兼程追击，情况十分紧急。

毛泽东、周恩来、朱德都忘不了石达开全军覆灭的故事，所有的红军战士也都知道这个故事。因为他们已面临石达开一样的险恶处境。

毛泽东坚信红军不会做第二个石达开，但是如果在敌人追兵到来以前过不了河，局势将会怎样？

当年石达开本来是可以过江的，但是因为夫人生了孩子，他命令部队休息3天，结果清兵追上，全军覆没。

红军会重蹈覆辙吗？没有人愿意做这样的设想。

但是，现实危险是存在的。

毛泽东急得嘴上起了好几个燎泡。

他看着地图，眼下只有从安顺场北面的泸定桥过河了。

可是泸定桥距此还有 320 里的路，派哪个部队去呢？

这时，刘伯承走了进来："主席，一军团的人都来了。"

"快叫他们进来，我有话说。"

毛泽东话音未落，林彪、聂荣臻、陈光、刘亚楼走了进来。

"大家都来了，我们面前只有一条路，就是泸定桥，一定要夺过来，只能成功，不能失败，这关系到红军的命运。叫哪个部队去？"

林彪看了一眼毛泽东："叫二师去，先派一个团把桥夺过来。陈师长，你们哪个团去？"

陈光这时已经考虑好了："我们派红四团去，五团、六团在后面。"

沉思片刻，毛泽东指着地图上的泸定桥说：

"就这样定下了，叫红四团去，告诉王开湘、杨成武，一定要把桥夺过来。"

于是，红军决定改变原计划，以红一师及干部团由安顺场继续渡河，过河后沿大渡河东岸北上，红军主力由安顺场沿大渡河西岸北上，以红二师第四团为先锋团，火速抢占距安顺场 320 里的泸定桥。

5 月 27 日清晨，漫天大雾，大渡河两岸白茫茫一片，只有大渡河水发出震天的怒吼。一支部队悄悄地出发了。王开湘团长和杨成武政委率领红四团从安顺场沿大渡河西岸北上向泸定桥奔袭。同时，红二师师长陈光、政委刘亚楼率领第五团、第六团和师部随红 1 军团紧跟其后。

中央军委命令红二师第四团 3 天之内赶到泸定桥，全程 320 里，通往泸定桥的路，是绝壁上硬凿出来的栈道，有时碰上一段路，也是七弯八拐，起伏不定。山腰上堆满了耀眼的积雪，走在上面寒气袭人，且十分滑，稍不留心就有跌入万丈深渊的危险。战士们穿行在蜿蜒曲折、险峻陡峭的山道上，艰难而紧张地向前赶。

部队刚走了 30 多里路，就被敌人发现，从对岸向我射击。为了争取时间，王团长、杨政委决定爬山插近路。大约又走了 30 里，先头连与阻敌一个营遭遇。第三营营长曾庆林带领一个连从左侧迂回到敌人背后，与正面部队前后夹击，迅速消灭了这股敌人，俘敌营长以下 200 多人，缴获步枪 100 余支，机枪 20 挺。尔后，继续赶路。

28 日凌晨 5 点，红四团提前一小时开了饭，整队出发。刚走了几里路，便接到军团首长的一份命令，上面写道：

"中央军委限左路军于明天夺取泸定桥。你们要用最高速度的行军力和机动的手段去完成这一光荣伟大的任务。你们要在此次战斗中，突破过去夺取道州和 5 团夺取鸭溪一天跑 160 里的纪录，你们是火线上的英雄，红军中的模范，相信你们一定能够完成这一任务，我们准备祝贺你们的胜利！"

明天夺取泸定桥！？从这里到泸定桥还有 240 里，也就是说两天的路必须在一个昼夜走完。

红四团领导没有料到情况变化这么快，任务这么急。240 里一步不能少，而且还要突破敌人重重堵击。泸定桥本来就有一个团防守。蒋介石已探听到我军欲夺取泸定桥的意图，已任命四川军阀杨森为大渡河守备总指挥。敌人增调了第二十四军和第二十军各一旅，正沿着大渡河对岸和红军齐头并进。谁先到达泸定桥，胜利的主动权就掌握在谁手中。

红四团领导和司政机关边行军边研究如何完成任务。"红四团有光荣的战斗历史，坚决完成这一光荣任务，保持光荣传统！"

"任务是光荣的，又是十分艰巨的，我们要经得起考验！"

"走完二百四，赶到泸定桥！"这些动员口号，成了鼓舞人心的号角。

无论如何，也要在 29 日晨 6 时赶到泸定桥！

这就是四团官兵铁的意志。

这一天的奔袭中，战士们饿了就吃一把生米，渴了就喝一口凉水，除了听到大口大口的喘息声，便是踏动山石的脚步声。

忽然，河对岸出现了几点光亮，接着连成了长长的火龙。这是增援泸定桥的敌人在和我们同步行进。他们在黑夜里高举着火把，速度很快。

决不能让敌人抢先到达泸定桥！他们急中生智，毅然点燃火把，冒充敌人的番号用军号与敌人对话联络。对岸敌人相信了是自己人，也用号声回了话。这下，红四团可以放心大胆地举着火把前进了，敌人糊里糊涂地和红四团战士一起走了二三十里。

敌人终于经不住天冷雨淋，行动越来越慢了，最终停了下来。红四团战士抓紧时机拼命向前！

动作神速勇猛的红二师第四团，一昼夜行军 240 里，于 5 月 29 日清晨 6 点钟到达泸定桥西岸。在中央军委预定的时间内赶到了泸定桥。

此刻，对于四团战士来说，到达泸定桥任务只完成了一半。他们昼夜兼程赶来，不是为了看看泸定桥，而是要拿下它，占领泸定城，掩护中央和红军主力渡过天险大渡河。

现在泸定桥和泸定城都在敌人的牢牢控制之中。

泸定桥建于 1706 年，横跨在奔腾咆哮的大渡河上。桥长 101 米，用 13 根碗口粗的铁索，由东岸的东陵山桥台拉到西岸的海子山桥台。红四团直奔西桥头，击溃守桥敌人，占领了桥头阵地。

这时的泸定桥，桥上的木板已全部被敌人撤走，只剩下孤零零的铁索，显得极不协调，对岸沿河及山坡上筑满了防御工事。枪口、炮口早已对准桥头阵地，由敌第二十八团把守。王开湘团长、杨成武政委侦察完地形后，立即在西桥头不远处的天主教堂召开全团干部会议。

突然，对岸一发迫击炮弹落在屋顶上，炸开了一个大窟窿，险些将天主教堂震塌。接着，又有第二发、第三发迫击炮弹飞来炸响。

王开湘团长向全体干部交代了夺桥任务后，便指定第二连担任突击队。

杨政委站起来说：

"团长的主意好，要打仗有的是，咱们轮着干。上次渡乌江是一连打头，这次轮到二连。那么就请廖大珠同志任突击队长，挑选22个共产党员和积极分子组成一个精干的突击队。"

散会后，杨政委叫住王友才说：

"三连的任务也不轻，团里决定你们连担任一梯队，紧跟着突击队冲，还要负责铺桥板，好让后续部队能迅速冲进城去，你看怎么样？"

王连长一听高兴得跳了起来，敬了个礼便跑回连里准备去了。

下午4点多钟，一场激烈的夺桥战斗开始了。由两个主力营组成严密的火力掩护，防止两侧增援之敌，其余部队组成3个梯队，正面突击。红二连连长廖大珠、指导员王海云与20名共产党员和积极分子组成的突击队，整装待发，第三连连长王友才率领的一梯队也做好了出击准备。

团长、政委挺立在桥头。他俩相互交换了一下眼色，然后看了看时间，点了点头，全团司号员一起吹响了冲锋号。

身背冲锋枪、手枪、背插马刀、腰缠手榴弹的22名勇士一起向桥上冲去，光溜溜的铁索在勇士们的攀越下荡秋千似地晃悠着。敌人拼命向22勇士射击，我掩护部队给以狠狠还击。一时，泸定桥上硝烟滚滚，火光闪闪。

冲过去！一定要冲过去。敌人的子弹在头顶、脚下呼呼乱窜，勇士们既要避开子弹，又要使出浑身力气，攀着铁索向前悬空移动。敌人疯狂地射击着，企图阻止勇士们前进。有一个勇士倒下了，掉进了波涛滚滚的大渡河。又一个勇士倒下了……

三连的战士紧跟在后，把一块块木板重新铺上。突然，对面桥头燃起了熊熊大火。敌人用煤油点燃稻草，浓烟伴着烈火在东桥头阻止红军。守不住桥的敌人使出最后的花招。

敌人在桥的东端还留下了仅有的几块桥板。有一个战士终于爬了过来。敌人想抽掉剩下的那几块桥板已来不及了，突击队终于冒着枪林弹雨，闯过了滚滚硝烟与熊熊大火，拿下了泸定桥。

突击队与守敌展开了激烈的搏斗，在这紧急关头，王友才带领第三连冲了过来，王团长和杨政委也率大部队迅速过了桥冲进泸定城。经过两小时的激战，终于歼灭守敌一个团的大半。

黄昏，红四团全部占领泸定城，并牢牢地控制了泸定桥，打开了中央红军北上的道路，使蒋介石处心积虑地要红军成为"第二个石达开"的计划成为泡影。

四渡赤水作战

四渡赤水作战，是中央红军长征途中，在贵州、四川、云南3省边界地区，为摆脱国民党军围追堵截，争取战略主动权的一决战略性战役行动。此役从1935年1月19日，中央红军从遵义城出发，到5月9日胜利抢渡金沙江，历时110天。此次战略性战役作战行动，是在周恩来、王稼祥的得力协助下，由毛泽东亲自指挥，采取运动战作战形式，声东击西，灵活机动，四渡赤水河，最终使中央红军在长征的关键时刻，由被动转为主动，从挫折走向胜利。四渡赤水作战，充分体现毛泽东高超的军事指挥艺术和光辉战略思想。

1934年秋，在王明"左"倾冒险主义军事战略的指导下，中央红军和中央苏区第五次反"围剿"作战，未能打破国民党军进攻而遭受失败。10月10日，中共中央、中革军委率领党的中央机关和中华苏维埃临时中央政府及其领导下的中央红军共8.6万余人，被迫退出中央苏区，实行大规模的战略转移。在王明逃跑主义战略方针指导下，中央红军广大指战员虽经英勇奋战，连续突破国民党军的四道封锁线，但付出了惨重的代价，突过湘江后的中央红军已损失过半，只剩下3万余人了。中央红军艰难转战，1935年1月，进占贵州省的遵义地区。1月15日至17日，中共中央在遵义召开了政治局扩大会议。遵义会议结束了王明"左"倾错误领导在全党的统治，确立了毛泽东在红军和中共中央的领导地位。这次会议，在最危急的关头挽救了中国共产党，挽救了中国工农红军，挽救了中国革命，成为中国共产党和红军历史上生死攸关的伟大转折点。会议以后，中共中央成立了毛泽东、周恩来、王稼祥3人指挥小组（以中革军委名义）指挥红军的作战行动。会议期间，红军第一军团集结于桐梓、松坎地区，第三、第五、第九军团等部分别集结于滥板凳、猪场、湄潭地区。各军团以一部兵力阻击国民党军，掩护主力部队休整。部队边整顿边发动群众，扩大红军（吸收新战士4000余人）。部队甩掉从苏区带出的笨重物品，实行轻装和精简机关，进而恢复了体力，增强了机动力和战斗力。

蒋介石为阻止中央红军北进四川同红四方面军会合，或东出湘西同红二、红六军团会合，除以湘鄂两省军队一部围攻红二、红六军团，以川陕两省军队一部对付红四方面军外，调集了薛岳兵团和贵州国民党军全部，四川、湖南、云南国民党军主力和广西国民党军一部，向遵义地区进逼包围，企图围歼中央红军于乌江西北的川黔两省边境地区。1月中旬，薛岳指挥的国民党中央军吴奇伟、周浑元两个纵队共8个师，尾追中央红军进入贵州，控制了贵阳、息烽、清镇等地以后，前锋已进抵乌江南岸；黔军王家烈以两个师向刃肥水、滥板凳，以一个师向湄潭发动进攻；川军刘湘调集了 10 多个旅 40 多个团的兵力，组成"四川南岸剿共军"，分路向川南集中，其中两个旅已进抵松坎以北的川黔边境；湘军 4 个师位于川湘黔边界的酉阳、秀山、松桃、铜山一线筑碉设防，阻止中央红军东进；滇军 4 个旅 12 个团进抵贵州毕节地区；桂军 3 个师已抵贵州独山、都匀一线。此外，国民党中央军上官云相部正由河南向四川万县、重庆开进。

根据以上军事形势，毛泽东和中央革命军事委员（以下简称"中革军委"）决定，中央红军目前基本作战方针为："在由黔北地域经过川南渡江后，转入新的地域，协同四方面军由四川西北方面实行总反攻，而以二、六军团在川黔湘鄂之交活动，来钳制四川东南'会剿'之敌，配合此反攻，以粉碎敌人新的围攻，并争取四川赤化。"为实行上述基本方针，中央红军第一步任务是，"由松坎、桐梓、遵义地域迅速转移到赤水、土城及其附近地域，渡过赤水，夺取蓝田坝、大渡口、江安之线和各渡河点以便迅速渡江"。为配合中央红军的作战行动，中央军委要求红二、红六军团向秀山、黔江、彭水、松桃、印江、沿河地域发展，并以一部发展来凤、咸丰、宣恩、恩施地域的游击活动；红四方面军以一部向营山，主力从苍溪、阆中之线向嘉陵江以西发动进攻。

1935 年 1 月 19 日，中央红军兵分 3 路从松坎、桐梓、遵义地区向土城方向开进。当晚，黔军第一师、第二师进占遵义，另一部进占湄潭。川军以模范师第一旅、边防第四路（两个团）分别防守宜宾、泸州，其主力 8 个旅分别向松坎、温水、赤水、叙永、合江等地推进。24 日，中央红军右纵队红一军团一举击溃黔军侯汉佑教导师的抵抗，攻占土城，至 26 日，占领赤水城东南的旺隆场、复兴场；中纵队红九军团攻占习水，红五军团进抵三元场；左纵队红三军团进抵土城东南的回龙场地区。是时，川军教导师第一旅和第五师第十三旅先进赤水城并对红一军团发起猛烈反扑；教导师第三旅和独立第四旅由东胜场进至温水，先头进至土城以东的木栏坝，尾击红军，另有 4 个旅作为第二梯队跟进；第一师第三旅主力正向叙永推进，并重占习水。

毛泽东和中革军委根据中央红军面临的军事形势，决定乘国民党中央军薛岳兵团主力尚在乌江以南，黔军被击溃的有利时机，以红一、红九两军团各一部运动阻击由赤水、习水南下之川军，集中红军主力求歼川军教导师先头 4 个团于土城东北之风材坝、万羔咀、表岗坡地区，以保障红军顺利北渡长江入川。28 日，红三军团、红五军团、干部团，于拂晓向表岗坡地区川军教导师发起突然猛攻，激战一天，重创川军，但未能全歼。此时，川军第二梯队两个旅迅速增援并从红军背后发起攻击。中央红军腹背受敌，再战更为不利。毛泽东和中革军委决定，红军立即撤出战斗，西渡赤水河（即一渡赤水），运动至古蔺、兴文、长宁西南地区集结，尔后视情况从宜宾上游北渡金沙江。当晚，红军以少数兵力阻击川军，主力撤出战斗。

1月29日，中央红军在预先架好浮桥情况下，分3路从猿猴场、土城南北地区"西渡赤水河，向古蔺南部西进"。这时，川军以12个旅分路向红军追截，并沿长江西岸布防。薛岳兵团所部和黔军也从贵州分路向川南追击；滇军3个旅正向毕节、镇雄疾进，企图截击红军。2月2日，红军右纵队红一军团先头第二师猛攻叙永而未克，后卫第一师在三岔河遭敌截击。3日至6日，红一军团又先后在永宁、毛坝、大坝等地遭截击。红军左纵队第三军团在天堂坝与追击之川军一个旅展开激战。在国民党军以优势兵力分路围追堵截，并加强了长江西岸沿线防御的情况下，中央红军从宜宾上游北渡长江入川的原定计划已无可能。毛泽东和中央军委于2月7日决定，暂缓实施北渡长江的计划，改为在川黔边境地区机动作战，争取"以川滇黔边境为发展地区，以战斗的胜利来开展局面，并争取由黔西向东的有利发展"。为此，命令各军团迅速脱离川军，向川滇边的扎西（今威信）地区集中。

中央红军进入川滇边地区后，蒋介石为了加强对红军的"追剿"，将第一兵团编为第一路军，以何键为第一路军总司令，刘建绪为前线总指挥，除以一部在湘西"围剿"红二、红六两军团外，以一部策应第二路军作战；以薛岳兵团和滇黔西省军队为"追剿军"第二路，龙云为第二路军总司令，薛岳为前线总指挥，辖4个纵队，即吴奇伟部4个师为第一纵队，周浑元部4个师为第二纵队，滇军孙渡部4个旅为第三纵队，黔军王家烈部5个师为第四纵队，与川军潘文华部一起，专司"围剿"中央红军。国民党军阀矛盾重重，何键见红军主力远离湘境，不愿再让湘军西进"跟踪穷追"；王家烈急于恢复其对贵州的统治，对"追剿"红军的兴趣不浓；桂军滞留在独山、都匀地区，徐图自保。只有川军刘湘和滇军龙云害怕红军进入他们的领土而对防堵红军颇为卖力。2月7日，龙云下令孙渡第三纵队由滇雄、毕节向扎西以南之大湾子推进；吴奇伟、周浑元的第一、第二两纵队主力集中黔西、大定（今大方），一部向叙永推进；王家烈第四纵队防守赤水河东之遵义、桐梓、赤水等地区。川军潘文华（指挥约15个旅）以一部兵力固守叙永、古蔺、兴文、长宁等地和长江、横江沿岸，防止红军北上，其主力则由高县、珙县、长宁及其以南地区向扎西推进，妄图合力围歼中央红军于长江南岸的叙永以西、横江以东地区。此时，蒋介石调集围追堵截中央红军的部队多达150多个团，约40余万人。

2月9日，中央红军在扎西地区集结完毕。各军团根据中革军委指示进行了休整与缩编。全军加上干部团共编为17个团，共3.6万人左右。红一军团为两个师6个团，红三军团为4个团，红五、红九两军团各为3个团。11日，孙渡纵队和潘文华所部从南北两面迫近扎西，吴奇伟纵队一部已进至黔西，周浑元纵队主力正从东南方向扑向扎西。为避强击弱，脱离川军与滇军的合击，毛泽东和中革军委决定，"争取渡河先机，并准备以薛岳兵团及黔敌为主要作战目标"，即迅速东渡赤水河，向黔军力量薄弱的黔北地区发动进攻，以开展战局，寻歼王家烈部主力。按上述行动方针，中央红军于2月11日由扎西地区突然掉头东进，分3个纵队，经营盘山、摩泥、回龙场、锅厂坝，于18日至21日由太平渡、二郎滩东渡赤水河（即二渡赤水），以红五团一部向温水佯动吸引追兵，主力向桐梓地区疾进。

中央红军突然由扎西地区掉头向东，二渡赤水河，回师黔北，使蒋介石的"追剿军"措手不及。于是川军3个旅急忙由扎西附近地域向东尾追，却已落在红军后面3—4天的路程，红军则赢得了东出桐梓、娄山关的宝贵时间。黔军王家烈慌忙抽调遵义及其附近地区的部队向娄山关、桐梓增援，吴奇伟纵队第五十九师、第九十三师由黔西向遵义开进，妄图阻止红军并与王家烈部合击红军于娄山关或遵义以北地区。2月24日，中央红军左纵队第一军团先敌进占桐梓，援桐之黔军一个团退守娄山关。翌日，毛泽东和中革军委决定："我野战军决以一部阻滞四川追敌主力，坚决消灭娄山关黔敌，乘胜夺取遵义城，以开展战局。"为达成上述目的，以红五、红九两军团在桐梓西北地区运动防御，阻击川军；以红一军团主力和红三军团一部从娄山关东西两翼向守关黔军侧后迂回，经过激烈战斗，红军于26日攻占了娄山关，并乘胜追击，击溃黔军三个团的阻击，于28日晨重占遵义城。天亮后，吴奇伟纵队第五十九师主力和第九十三师一部即向遵义猛扑过来。第五十九师主力向红1军团阵地红花岗连续发起冲击，当即遭到红军英勇反击，将其一个团击溃。于是该师又转向红三军团阵地老鸦山发起猛攻，经过激烈战斗，红军予敌以大量杀伤后，撤离老鸦山阵地。协同吴奇伟部进攻的王家烈部，因屡遭红军重创，此时则观望不前。红一军团主力乘机展开猛烈反击，迅速突破第九十三师和王家烈部的抵抗，直插吴奇伟的指挥部忠庄铺。吴奇伟仓皇率领第九十三师残部约一个团向滥板凳方向逃窜。红军发扬不怕疲劳、连续作战的战斗，穷追狠打，配合红三军团夺回老鸦山阵地，歼灭第五十九师大部。王家烈亦率残部逃向打鼓新场。

遵义之战，中央红军在毛泽东和中革军委的正确指挥下，在3月之内，连下桐梓、娄山关、遵义城，击溃和歼灭国民党军两个师又8个团，俘虏约3000人。这是中央红军长征以来最大的也是最漂亮的一仗，这次胜利，极大地振奋了全军的胜利信心，沉重地打击了蒋介石的反动气焰，使得其"追剿军"在一段时间内不敢轻举妄动，连蒋介石也不得不承认是"奇耻大辱"。同时，中央红军获得了作战物资的补充和短期休整的机会。

中央红军重占遵义，蒋介石万分焦虑，于3月2日飞往重庆，再度策划对中央红军的围追堵截，妄图采取堡垒主义和重点进攻相结合、南北夹击的战法，夺回遵义并围歼中央红军于遵义、鸭溪地区。他下令川军郭勋祺部两个旅由桐梓向遵义进攻；上官云相部两个师由重庆向松坎、新站地区推进，支援川军克复遵义；周浑元纵队4个师进抵仁怀、鲁班场地区，向遵义及其西北地区进攻；孙渡纵队4个旅进抵大定、黔西北地区防堵；王家烈纵队一部集结于金沙、土城等地，阻止红军向西发展；吴奇伟纵队4个师（其中第五十九、第九十三两师已受重创）位于乌江南岸，策应各路作战。同时，命令李韫珩第五十三师由镇远向石碑推进，何键部3个师沿乌江东岸筑碉防堵红军东进。3月5日至10日近一周的时间内，中央红军准备在桐梓、遵义地区吸引川军郭勋祺部向东运动，集中主力由遵义西进白蜡坎、长干山地区，寻歼周浑元纵队。周纵队各部始终惧歼不前，只守不攻，红军多次寻战，终未得手。蒋介石对中央红军在遵义西南机动作战产生了错觉，认为红军此举是"徘徊于绝地，乃系大方针未定的表现，今后可能化整为零，在乌江以北打游击"，因此命令各路"追剿军"按原定部署加快推进。至11日，川军郭勋祺部进占遵义，吴奇伟纵队一部已北渡乌江后向鸭溪、遵义方向推进。

3月13日，中共中央政治局决定："中央红军仍应以黔北为主要活动地区，并应控制赤水河上游，以作转移枢纽，以消灭薛岳兵团及王家烈部为主要作战目标，对川滇两军须在有利而又急需的条件下，才应与之作战，求得歼其一部。"依据这个战略方针，中央红军于15日集中主力对鲁班场之周浑元纵队发起进攻，由于周4个师猥集一团，不便于分割各个击破，且吴奇伟部增援部队已进抵枫香坝，为避免前后夹击，陷入被动，毛泽东和中革军委立即决定中央红军放弃进攻鲁班场，迅速撤出战斗，转兵西进，再创战机。3月16日，中央红军在茅台镇附近西渡赤水河（即三渡赤水），向古蔺、叙永方向前进，途中击溃川军一个团的阻截，于19日进至大村、铁厂、两河口地区。

中央红军三渡赤水，再次进入川南，蒋介石认为红军又要北渡长江，会合红四方面军，旋即调整军事部署，令其所有"追剿军"各部以川南为目标全力追堵，围歼中央红军于古蔺地区。具体布置是：周浑元纵队主力经鄢家渡向古蔺方向追截；吴奇伟纵队两个师归周浑元指挥，尾红军追击；孙渡纵队主力进抵毕节附近堵击；王家烈纵队以一部兵力运动于新场以北地区，寻找红军截击；川军郭勋祺由两河口向仁怀、古蔺追击，第一师第二旅赶赴土城防堵；李韫珩第五十三师由石碑向遵义推进。毛泽东和中革军委依据敌情变化，于3月20日决定中央红军"以秘密迅速坚决出敌不备折而东向""渡过赤水东岸寻求机动"。为了迷惑蒋介石，加深其错觉，红军以一个团伪装成主力，大张旗鼓地向古蔺方向前进，主力则由镇龙山地区秘密北上，途中突然折向东进，于21日晚由二郎滩、九溪口、太平渡东渡赤水河（即四渡赤水），并随即从"追剿军"右翼分路向南疾进，进至遵义至仁怀大道北侧，准备在运动中歼灭尾追之敌一部。3月24日，蒋介石由重庆直飞贵阳，亲自督军，妄图寻中央红军主力决战。鉴于"追剿军"重兵猬集，不易分割歼灭。27日，毛泽东和中革军委决定以红九军团暂留马鬃岭地区，以积极行动向长干山、枫香坝之敌佯攻，以吸引"追剿军"向北，主力则乘敌还没有搞清红军意图之际，继续分路向南急进。翌日，中央红军主力在鸭溪、白蜡坝之间突破敌军封锁线，进至乌江北岸的沙土、安底、狗场地区，并于31日南渡乌江，从而巧妙地跳出了蒋介石布下的合击圈，把国民党军几十万"追剿"部队甩在了乌江以北。4月2日，中央红军以一部兵力佯动息烽，主力进占狗场、扎佐，前锋逼近贵阳。

正在贵阳督战的蒋介石惊恐万分。这是因为，此时贵阳及其周围只有黔军第九十九师4个团，如此单薄的兵力，何以挡住红军中央主力的进攻？蒋介石慌忙下令"追剿军"各纵队火速驰援贵阳"保驾"。同时下令守城部队死守机场，并准备轿子、马匹、向导，随时准备逃跑。于是"追剿军"各路又纷纷转向贵阳急进。4月3日，中央红军在息烽至扎佐之间东进，5日进至清水河西岸的高寨、羊场、白果坪地区。为了迷惑蒋介石，中央红军即以少量兵力东渡清水河，向平越方向积极动作，并在清水河上架设浮桥，作出全军东渡的姿态。此举果然使蒋介石又一次发生错觉，认为中央红军欲东进湘西与红二、红六军团会合。于是又急令湘军何键部3个师向余庆、石碑推进堵截；令桂军白崇禧部一个师进至清水河以东的平越、中场一线防堵；急令已达贵阳及其以北地区的孙渡、吴奇伟两纵队和李韫珩第五十三师，分3路掉头向东追击；令周浑元纵队位于息烽以北的乌江北岸筑碉设防，防止中央红军北渡乌江。

滇军孙渡纵队由滇黔边境开往黔东后，云南境内兵力空虚，这就为中央红军进入云南提供了条件。毛泽东在部署这次行动时就讲过："只要能将滇军调出来，就是胜利。"于是，中央红军乘"追剿军"各路驰援贵阳"保驾"之际，于4月8日在运动中急转南下，以每天60公里的强行军，突破"追剿军"贵阳至龙黑之间的防线，经青岩、惠水、广顺、鸡场、老凹圹等地，向云南疾进。蒋介石又一次失措，气急败坏，急忙又命令吴奇伟、周浑元两纵队和李韫珩第五十三师在东进中调头向西，在中央红军右侧沿滇黔公路向云南追击；令孙渡纵队尾随中央红军追击。"追剿军"各路往返奔波，疲惫不堪，怨声载道，士气更加低落，内部矛盾加重。4月18日，中央红军主力在白层、者坪地区渡过北盘江，先后进占贞丰、安龙、兴仁等地。原暂留乌江以北马鬃岭地区牵制敌军的红九军团，完成掩护主力南进任务后，也转战到达黔西的水城地区。此时，蒋介石判断中央红军主力必由平彝（今富源）北进会合红九军团，然后西渡金沙江或向北经毕节入川。于是决定集中龙云、薛岳指挥的第二路"追剿军"主力向宣威、威宁地区逼近，将中央红军围歼在该地区。据此，吴奇伟、周浑元、王家烈3个纵队和李韫珩第五十三师分路向宣（威）、威（宁）

地区转进，孙渡尾追红军不舍，川军郭勋祺部则集结毕节。

为了进一步调动各路"追剿军"，毛泽东和中革军委命令红九军团继续单独进行，以吸引敌军，掩护主力行动。红九军团迅速由水城向滇东北前进，主力则以神速动作向西挺进，相继攻占马龙、寻甸、嵩明，于4月27日进抵杨林，前锋已逼近昆明市。这时的昆明，守军力薄势小；滇军主力孙渡纵队尚在几百里以外的曲靖以东地区；另一个旅虽正向昆明进发，因遭红军打击，伤亡惨重，战斗力甚小；其他"追剿军"距昆明都有3天以上里程。龙云为保老巢安全，一面电催孙渡纵队取捷径回援昆明，一面调集各县团防武装防守城垣。这样，就进一步削弱了滇北各地和金沙江南岸的防堵力量，为中央红军北渡金沙江造成了有利的条件。据此，中共中央、中革军委于4月29日决定："利用目前有利的时机，争取迅速渡过金沙江，转入川西"，实现原定的"转入川西创立苏维埃根据地的根本方针"，并号召全军将士以英勇顽强的战斗精神，坚决果敢地去实现这一艰巨任务。当日，中央红军分3路向滇西北前进。红一军团为左路纵队，经禄劝、武定、元谋直取龙街；红三军团为右路纵队，经思力坝、马鹿塘夺取洪门渡；军委纵队和红五军团为中央纵队，经山仓玗、海龙塘、石板河进攻至皎平渡。5月3日，中央纵队先遣队干部团一部赶到皎平渡，当晚偷渡成功，全歼对岸守军川康边防军一个排和边防大队一部，抢占了北岸制高点，控制了渡口，又以一部分兵力北上，途中击溃增援敌人，前出至会理城下。在此期间，红一军团抢占了龙街渡。由于洪门渡等渡口的水流太急或江面太宽，一时无法架桥，且渡船又小，大部队难以过江，毛泽东和中革军委决定，除留红三军团第十三团由洪门渡过江外，红一军团和红三军团主力全都改由皎平渡过江。中央红军渡江过程中，"追剿军"先头已进到团街，担任后卫的红五军团乘敌立足未稳，先机攻击，掩护主力顺利渡江。9日，中央红军全部胜利渡过金沙江。在滇东北单独行动以吸引"追剿军"的红九军团，于5月2日攻占了东川（今会泽）并顺利渡过金沙江。这时，尾追中央红军的"追剿军"各路人马，全被抛在金沙江以南。因会理地区则只有川康边防军一个旅，毛泽东和中革军委决定以红三军团、干部团围攻会理守军，又以红九军团在蒙姑、巧家之间阻击东岸追兵，其余部队在会理地区短期休整。四渡赤水作战胜利结束。仅就其中大小近40次战斗的统计，中央红军歼灭国民党"追剿军"1.8万人左右，击落敌机1架，缴枪数千支。

中国共产党抗日民族统一战线策略

在中华民族危机进一步加深，国内阶级关系进一步发生新的变动的情况下，中国共产党高举民族解放的旗帜，为建立抗日民族统一战线，促成全国共同抗战，进行了长期不懈和艰巨复杂的斗争。

1935年7月25日至8月20日，共产国际在莫斯科举行第七次代表大会。大会根据德、意、日法西斯势力日益猖獗，严重威胁着世界和平的客观形势，决定改变以往对社会民主党的策略，实行反法西斯统一战线和反帝统一战线政策。会上，共产国际总书记季米特洛夫作了《法西斯主义的进攻与共产国际为工人阶级的反法西斯主义的统一而斗争的任务》的报告，向全世界共产主义运动提出了反法西斯统一战线的问题。中国共产党驻共产国际代表团出席了大会。8月1日，代表团根据大会的精神，集体讨论起草了《为抗日救国告全国同胞书》，以中华苏维埃中央政府和中国共产党中央委员会的名义，于10月1日在法国巴黎出版的中文版《救国报》（以后改为《救国时报》）和莫斯科出版的英文版《共产国际通讯》上发表，通常被称为《八一宣言》。

《八一宣言》正确地分析了国内形势，指出中华民族正面临着亡国灭种的生死关头。提出了建立抗日民族统一战线的策略方针。

《八一宣言》发表后，在全国各个爱国阶层中引起了强烈的反响，有力地推动了全国抗日救国运动的兴起，使蒋介石对内用兵对日妥协政策陷于更加孤立的地位。

1935年12月17日至25日，中共中央在瓦窑堡召开政治局会议。会议通过了张闻天起草的《关于目前政治形势与党的任务的决议》，深入分析和讨论了国内外的政治形势，着重批评了党内长期存在的"左"倾关门主义的错误，确定了抗日民族统一战线策略的总路线，相应调整了各项具体政策。

为了充分地说明民族资产阶级在抗日的条件下有参加统一战线的可能性和重要性，系统地阐明中国共产党的抗日民族统一路线的理论和政策，毛泽东根据瓦窑堡会议精神，于12月27日在党的活动分子会议上作了《论反对日本帝国主义的策略》的报告。报告批判了"左"倾关门主义错误，并告诫全党不要重复第一次国共合作时陈独秀右倾投降主义的错误；为了更广泛地争取各抗日阶级进入民族统一战线，报告阐明了苏维埃人民共和国的性质及其各项政策。

瓦窑堡会议和毛泽东的报告精辟地分析了国内政治形势，抓住了时局发展的关键，正确地解决了遵义会议尚来不及解决和还不可能完全解决的共产党的政治路线和政治策略问题。在一个新的历史转变时期，系统地提出了建立抗日民族统一战线的策略方针，标志着中国共产党关于抗日民族统一战线政策的确定。瓦窑堡会议决议和毛泽东的报告，为实现第二次国共合作奠定了理论基础，使党能够顺利地完成由国内革命战争向抗日民族战争转变的任务，促成了抗日战争的兴起。因此，瓦窑堡会议是继遵义会议后的一次极其重要的会议。之后，建立抗日民族统一战线的工作在全党范围内卓有成效地开展起来。

"九一八"事变

1931 年 9 月 18 日，日本帝国主义对我国东北悍然发动了武装进攻。"九一八"事变是日本帝国主义蓄谋已久侵略中国的结果。

日本利用同清朝政府订立的不平等条约，从中国东北的南部掠取了一块殖民地扩张基地"关东州"，设立了殖民机构"南满铁道株式会社"（简称"满铁"），建立了一支推行殖民政策的军事力量"关东军"。日俄战争后，日本在满蒙取得了很多特权。奉系军阀张作霖统治东北时期，日本在东北掠得了更多的权益。1927 年 4 月，日本内阁首相田中义一在给日本天皇的秘密奏折中："惟欲征服支那，必先征服满蒙，如欲征服世界，必先征服支那""此所谓满蒙者，依历史非支那之领土，亦非支那特殊区域。"显然，当时日本已把独占"满蒙"作为它的国策公开化了。

1929 年冬，空前的经济危机席卷了整个资本主义世界，日本经济也濒临崩溃。1931 年，日本工业总产值比 1929 年下降了 32.4%，其中重工业下降了 50%，对外贸易额减少了 40%，失业人数增加到 300 多万。危机也波及了农业，使农产品价格锐减，农民遭受着更为残酷的剥削，因而负债累累。国内阶级矛盾日趋尖锐，斗争遍及各地。日本帝国主义为了寻找出路，对内采取高压政策，加速了军国主义化；对外加强对殖民地的掠夺，进一步发动对中国的侵略。

日本侵略中国首当其冲是东北。因为东北是日本重要的原料供应地。1930 年，日本从中国东北进口的物资占日本整个进口的 31%，日本进口的 64% 的煤、46% 的生铁、76% 的豆类也都是由东北供应的。东北还是日本最大的投资场所和商品销售市场。1930 年，日本在中国东北的投资占外国对东北投资总额的 73%。所以，日本把东北视为它的"生命线"。

为了侵占中国的东北，日本政府还进行了各方面的准备。1929 年，日本参谋本部和关东军司令部先后 4 次秘密地派遣特务，侦察中国东北地区，以制定武力进攻的方案。1931 年 6 月，日本军部制定《解决满洲问题方策大纲》，确定了"采取军事行动"占领"满蒙"的方针。同时，又竭力地为侵华战争大造舆论。日本关东军高级参谋板垣征四郎叫嚷："满蒙对帝国的国防和国民的经济生活有很深的特殊关系，""由于帝国掌握着满蒙战略关键的据点，在这里形成了帝国国防的第一线。"又说："满蒙的资源是很丰富的，有着作为国防资源所必需的所有资源，是帝国自给自足所绝对必要的地区。"

日本帝国主义又先后在东北制造一系列挑衅事件，作为武装进攻的借口。1931 年 7 月，日本在吉林省长春市北郊的万宝山，制造了屠杀中国农民的挑拨中、朝两大民族关系的"万宝山事件"。8 月，又借口日本间谍中村大尉失踪，大肆制造侵略中国的舆论与气氛，并把大批侵略军开进东北，向沈阳集中，叫嚣必须"武力解决"。9月上旬，日本军队开始在沈阳进行军事演习，向中国军队示威。

这样，经过精心策划。1931年9月18日夜，日本关东军自行炸毁沈阳北郊柳条湖附近南满铁路的一段铁轨，反以诬蔑中国军队破坏铁路为借口，突然袭击东北军驻地北大营和沈阳城，挑起了"九一八"事变。一夜之间，全国的最大兵工厂、制造炮厂及200架飞机全部落入日军手中，中国方面损失达18亿元以上。接着，日军又在几天内侵占安东（丹东）、海城、营口、辽阳、鞍山、本溪、抚顺、四平、长春等20多座城市。在4个月的时间内，东北三省百万平方公里的河山即沦为日本的殖民地，3000万同胞沦为亡国奴。

"九一八"事变能够这样快发生，又与以蒋介石为首的国民党政府对日本的侵略实行不抵抗政策有关。事变发生之时，日本关东军只有1万多人，而关外的中国东北军有10多万人。事变前，蒋介石于8月16日电示张学良："无论日本军队此后如何在东北寻衅，我方应不予抵抗，力避冲突。"事变发生之后，国民党政府又电告东北军："日军此举不过寻常寻衅性质，为免除事变扩大起见，绝对抱不抵抗主义"。正是这种不抵抗政策下，东北军部队在日军的侵略面前，除小部分违反蒋介石的命令奋起抵抗外，其余均不战而退。

"九一八"事变的爆发，标志着日本大规模公开侵略中国的开始。同时，日本的侵略激起了中国人民的强烈义愤，一个群众性的抗日爱国运动很快在全国兴起。从此，中国国内的主要矛盾也开始转变。

"一·二八"事变

日本侵占东三省后，又在上海点起战火。企图转移国际上对中国东北问题的注意，迫使国民党政府承认它占领东北的现实，并把上海变成它侵略中国内地的新基地。"一·二八"事变就是在这种情况下发生的。

1932年1月28日夜，日军在上海分数路向租界向闸北区进攻。驻守上海的以蒋光鼐、蔡廷锴将军率领的第十九路军，违背国民党政府的命令，自动进行英勇抵抗。蒋光鼐、蔡廷锴等通电表示："为救国守土而抵抗，虽牺牲至一卒一弹，决不退缩。"中日双方激战23天，十九路军连成皆捷，使日本侵略军遭到沉重打击，前后增兵6.7万人，死伤万余，三易主帅，却无法实现日军的速战速决的作战计划。在战斗中，十九路军和随后参战的部分第五军广大爱国官兵表现了高度的爱国热忱和英勇牺牲精神。如在蕴藻浜一处阵地上的60名士兵，以火油淋湿身体，负巨型炸弹，猛扑日军阵地，使敌军阵线崩溃，60位爱国志士全部壮烈殉国。

"一·二八"事变发生后，十九路军的抗战，得到全市各界人民的大力支持。上海工人、农民、学生和各界群众，纷纷组织义勇军、敢死队、救护队协助十九路军作战，护理伤员。宋庆龄、何香凝等亲临前线慰问，主持、组织筹设了几十个伤兵医院，发起捐赠棉衣 3 万多套送至前线。全国各地人民和海外华侨踊跃向十九路军捐款达 700 余万元。中共江苏省领导下成立的上海民众反日救国联合会在支援十九路军抗战的活动中发挥了重要作用。

在广大人民群众的有力支持下，第十九路军和随后参战的部分第五军官兵，坚持抵抗一个多月，连续打退了武器装备和兵员数量占优势的日军，取得重大成果。迫使日军三易主帅，数度增兵，损伤一万余人，没有实现其速战速决的迷梦。

但是，国民党政府对十九路军的抗战不但不予支持，反而用停发军饷、截留捐款、限制其他部队增援等手段横加破坏。3 月初，日军发起总攻，中国军队在背腹受敌、又无援军的情况下，不得已奉命放弃庙行、江湾、闸北阵地，撤出上海。经过英、美等国"调停"，中日双方进行谈判，于 5 月 5 日签订《淞沪停战协定》。规定上海至苏州、昆山一带地区中国军队不能驻扎，只能由警察接管，而日军若干部队则可在上述地区驻扎。这是国民党政府签订的一个丧权辱国的协定。

上海停战协定签订不久，蒋介石就正式宣布"攘外必先安内"为国民党处理对内对外关系的基本国策，立即将英勇抗日的第十九路军调驻江西参加"剿共"。加上共产党内的"左"倾错误，一时蓬勃兴起的全国性抗日爱国运动趋于低落。

东北人民的抗日救亡斗争

"九一八"事变后，日本帝国主义将已被废黜的清朝末代皇帝溥仪从天津秘密送到东北。并于 1932 年 3 月 1 日，用"满洲国"政府名义，发表一个所谓"建国宣言"，宣布"满洲国"成立。从此，日本侵略者及其卵翼下的伪满政权，对东北人民实行野蛮的军事统治。日伪宪兵、警察、特务随意逮捕和杀害城乡中国居民，用各种狠毒手段镇压东北人民的反抗，用中国人进行细菌试验。它们在经济上实行"统制"政策，通过各种手段，对东北人民进行经济掠夺，摧残东北地区的民族工商业。在文化教育上，实行法西斯专制政策和大力推行奴化教育，妄图泯灭东北人民的民族意识。日本帝国主义通过加强殖民统治，逐步把东北变为它侵略华北和全中国的战略基地。

面对日本侵略者的蹂躏，东北人民以各种形式同侵略者展开了不屈不挠的斗争。沈阳、抚顺、鞍山、本溪、辽阳、哈尔滨等地工人先后举行罢工。沈阳兵工厂的工人，拒绝为敌人生产屠杀中国人的武器而举行罢工，长春中长铁路工人，用转移机车和车辆的办法，破坏日军运兵北上，吉海铁路工人扒铁路，毁桥梁，颠覆军车，打击日军侵略者。青年学生和爱国知识分子冒着生命危险展开抗日爱国运动。许多农民拿起锄头、木棍和刀枪，与日伪军展开斗争，流亡关内的东北各阶层人民到处奔走呼号进行救亡活动。流亡在北平的东北各界知名人士高崇民、阎宝航等联络各界爱国人士，于9月28日成立了"东北民众抗日救国会"，并且把"抵抗日本侵略，共谋收复失地，保护主权"作为他们开展抗日活动的中心任务。

东北人民抗日斗争的主要形式是武装斗争。"九一八"事变后，东北相继兴起为数众多的抗日义勇军。其中较著名的领导人有黑龙江省的马占山、苏炳文；吉林省的李杜、丁超、王德林、冯占海；辽宁省的黄显声、唐聚五、邓铁梅等。这些抗日义勇军，多数是属于东北军，部分是东北军旧部与民众结合组织起来的部队，还有一些自发的农民武装和地主武装。他们的斗争给日本侵略者以相当的打击，揭开了东北抗日游击战争的序幕。1932年一年内，辽宁、吉林两省的重要城市，被义勇军袭击达30余次，其仅沈阳市便被袭击11次，沈阳和哈尔滨的飞机场被义勇军烧毁，抚顺煤矿的发电厂也被义勇军破坏。但这些自发的抗日武装力量，由于缺乏统一的组织和指挥、统一的政治目标，领导人物成分复杂，意见分歧，奋战一年余，到1933年转入低潮。

在此期间，中共满洲省委指示各地党组织，加强与抗日义勇军的联系，并组织党领导下的抗日武装。"九一八"事变后，中共满洲省委派出杨靖宇、董长荣、王德泰、周保中（白族）、李兆麟、赵尚志、冯仲云、魏拯民等一大批干部，到东北军和义勇军中开展工作，或建立由中国共产党直接领导的抗日游击队。从1932年起，先后组织了由汉、满、朝、蒙、回等民族的爱国志士参加的10余支抗日游击队，主要有：磐石、东满、珠河、密山、宁安、汤原、饶河等游击队。这些部队虽然人数不多，武器粗劣，斗争环境困难，但战士素质好，有党的领导，有明确的政治纲领，紧紧依靠人民群众，使抗日烽火很快燃遍东北各地。自1933年9月至1936年2月，先后发展成为东北人民革命军第一至六军，1936年统一改编为东北抗日联军。

东北人民的抗日斗争有力地打击了日本侵略者的嚣张气焰，也粉碎了其速战速决的美梦。

华北事变

日本帝国主义为了实现进一步吞并中国的狂妄野心，于1934年发表了独占中国的"声明"，声称日本是东亚的"主人"，是中国的"保护者"。为此，他们于1935年又向华北地区发动了一系列新的侵略，提出华北政权特殊化的无理要求，制造了华北事变。

是年 5 月初，东北抗日义勇军孙永勤部退到长城附近坚持抗战，当地 4 万多农民纷起响应，积极支持孙部的爱国行动。日本以此为借口，指责中国当局援助东北义勇军进入滦东"非武装社长白逾柱和《国权报》社社长胡恩溥两汉奸被暗杀是中国的排日行为，向国民党北平军分会代理委员长何应钦提出对华北统治权的无理要求，并由东北调集大批侵略军入关进行军事威胁。声言中国如不接受日方要求，日本将采取自由行动。对此，国民党政府竟然步步退让妥协。6 月初，蒋介石指派何应钦与日本华北驻屯司令官梅津美治郎谈判。双方经过多次交涉，7 月 6 日，何应钦正式复函梅津，全部承诺日方要求，达成了秘密的卖国条约，即《何梅协定》。其主要内容有：取消河北省和平、津两市的国民党党部，撤退驻河北省的东北军第五十一军、国民党中央军及宪兵第三团，解散北平军分政训处及蓝衣社、励志社等机关，撤免河北省主席于学忠等官吏，取缔全国一切反日团体及活动等。

1935 年 5 月，日本关东军代表土肥原贤二，借口察哈尔省张北县中国驻军扣留日本特务人员（随即释放），向国民党南京政府提出抗议，并屯兵察省进行威胁。6 月 27 日，察哈尔省民政厅长秦德纯与土肥原在北京谈判，达成《秦土协定》，其主要内容有：取消察省境内一切国民党机构；成立察东非武装区，宋哲元的第二十九军从该地区全部撤退，向日方道歉，撤换与该事件有关的中国军官，确保日人今后在察省自由往来无阻；解散反日机构；将察省主席宋哲元免职。这两个协定，使中国冀察两省主权大部丧失，华北局势日益恶化。

接着，日本又积极策划华北五省"防共自治运动"，妄图变冀、鲁、晋、察、绥华北五省为第二个"东北"，成立"华北国"。9 月，日本华北驻屯军司令官多日后公然鼓吹华北五省组织"联合自治"。在日本侵略者的指使下，10 月 22 日，河北东部地区的香河、三河、昌平、武清等县的一批汉奸、流氓、无赖举行所谓的"饥民暴动"，强占香河县城，成立了伪"县政临时维持会"。11 月 25 日，日本又唆使国民党行政督察专员、汉奸殷汝耕在通县成立"冀东防共自治委员会"（后改为"冀东防共自治政府"），统辖冀东 22 个县。

蒋介石对日本帝国主义策划的"华北五省自治运动"采取妥协敷衍的政策。为了迎合日本使"华北政权特殊化"的要求，蒋介石表示："中日两国无论自哪一方面看都应该提携协力，以图亚细亚的繁荣，"中国愿"考虑日本的利益，做相当的妥协让步。"1935 年 11 月，国民党政府下令在北平成立冀察政务委员会，指派宋哲元为委员长，汉奸王辑唐、王克敏等为委员，以实行变相的"自治"，在实际上把冀察两省置于中国行政区域之外。

在进行军事侵略的同时，日本帝国主义还以"中日经济提携"为幌子，加紧对华北的经济掠夺。日本驻北平特务机关松室孝良在给关东军司令的秘密情报中毫不隐讳地说："帝国原料与市场问题之解决，实不能不注视于进攻中国华北。"1935 年 12 月，日本政府决定由"满铁"出资，在天津成立"兴中公司"，从事"开发华北经济"，控制华北的工矿企业、交通运输业和金融业及铁、煤、石油、盐等资源的开发，逐步形成了以军事力量为后盾的经济独占趋势。据日本经济报统计，自 1928 年至 1935 年间，日本对华投资达 20 余亿日元。日本还公然大规模地武装走私，甚至殴打中国海关人员，逼迫中国缉私人员解除武装。到 1936 年 6 月，日本浪人便组织了"特殊贸易会"，要求冀东伪政权和天津市政府，全力维护"特殊贸易"，并向北宁、津浦铁路局表示，不得阻碍运输。华北的政治和经济实权都掌握在日本侵略者的手中。

日本帝国主义对华北的侵略，不仅严重损害了英、美帝国主义和南京政府的经济利益，扩大了南京国民党政府内部在对日问题上派系的对立和分化。同时也严重损害了中国民族资产阶级的利益，使中华民族面临着空前的危机，中日民族矛盾逐渐上升为主要矛盾，国际关系和国内阶级关系发生了新的变化。

西安事变

概况

在全国抗日救亡运动的推动和中国共产党建立抗日民族统一战线的号召下，国民党营垒进一步分化。蒋介石调驻在陕西的张学良东北军和杨虎城第十七路军（又称西北军）为进攻红军的主要力量，受到红军的沉重打击，蒋介石不仅不予补充，反而取消其被歼部队番号。张、杨十分不满，感到对红军作战没有出路，下级军官和广大士兵更是厌倦内战，要求抗日的情绪日趋高涨。

而中国共产党鉴于东北军、西北军所处的特殊政治地位及广大官兵要求抗日的情绪，在争取国民党最高当局联合抗日的同时，加强了对这两支部队的统战工作。1936 年 1 月，毛泽东、周恩来、朱德以红军将领的名义致书东北军全体将士，阐明中共的抗日主张，明确表示红军愿意同东北军首先停战，共同抗日。并且释放了被俘的东北军军官，与张学良等在延安会谈，商讨了逼蒋抗日的可能性。

10 月，蒋介石调集嫡系部队约 30 个师从河南开往西北"剿共"前线。12 月 4 日，蒋介石再次飞抵西安，逼迫张、杨执行"剿共"命令，否则即将东北军、西北军分别调驻福建和安徽，由中央军进驻陕、甘两省"剿共"。张、杨既不想参加内战，也不想离开西北。张多次劝说蒋介石放弃内战政策，杨拒不服从"剿共"命令。而蒋介石毫无悔悟之意，表示"剿共"政策至死不变。张、杨"苦谏"失败后，便开始筹划"兵谏"，逼蒋抗日。

12 月 12 日凌晨，震惊中外的"西安事变"爆发。张学良卫队包围了临潼华清池，扣留了蒋介石；杨虎城部控制了西安全城，扣押了陈诚、卫立煌等国民党军政要员。随即向全国发出通电，陈述事变动机完全出于抗日救国，对蒋介石"保其安全，促其反省"，并提出：改组南京政府，容纳各党各派共同负责救国；停止一切内战；立即释放上海被捕之爱国领袖；释放一切政治犯；开放民众爱国运动；保障人民集会结社一切政治自由；确实遵行孙中山遗嘱；立即召开救国会议等抗日救国的八项主张。同时，张、杨还电告中共中央，邀请代表团来西安参与决策，共商大计。

西安事变引起了国内外各派政治势力的强烈反响。英、美两国政府从维护其切身利益出发，避免南京政府为亲日派所控制，因而极力主张支持营救蒋介石，和平解决西安事变。苏联则从外交政策上考虑，希望同南京政府改善关系，力主事变和平解决，竟公然斥责张、杨这一爱国义举。日本政府竭力破坏中国的团结抗日，挑动内战，公开威胁南京当局，暗中支持武力"讨伐"，以便实现灭亡中国的野心。

在国内，西安事变的爆发，完全出乎南京政府的意料，以军政部长何应钦为首的亲日派极力主张明令"讨伐"张、杨，炸平西安，欲置蒋介石于死地，以便取而代之。以宋子文、宋美龄为代表的亲英美派则力主用和平方式营救蒋介石。国民党左派人士冯玉祥等也主张和平解决，以避免内战。东北军和西北军将士及西安大多数民众要求公平、枪毙蒋介石。张学良主张和平解决事变，杨虎城倾向于惩办蒋介石。

西安事变的消息传至陕北，中共中央政治局在深入讨论之后，于 19 日发出《中央关于西安事变及我们的任务的指示》，指出西安事变的发动，是中国一部分民族资产阶级的代表，也是国民党中的实力派之一部，不满意南京政府的对日政策，要求立刻停止内战一致抗日，并接受了共产党抗日主张的结果。并指出事变的发展可能有两个前途：一是爆发内战，削弱全国抗日力量，推迟全国抗战的发动，这是日本帝国主义及其走狗亲日派所欢迎的；二是结束"剿共"，使停止内战一致抗日的主张得到早日实现。中共中央从民族利益的全局出发，提出了和平解决西安事变的基本方针。12 月 15 日和 19 日，中共中央先后两次发出通电，坚决支持张、杨的爱国立场，重申国共合作、团结救国的一贯主张，阐明和平解决西安事变的根本立场。

12 月 23 日，宋美龄、宋子文代表南京方面，张学良、杨虎城代表西安方面，周恩来作为中共全权代表，正式开始三方面会谈。经过两天的谈判，达成了6 项协议，即：改组国民党与国民政府，驱逐亲日派，容纳抗日分子；释放上海爱国领袖，释放一切政治犯，保障人民的自由权利；停止"剿共"政策，联合红军抗日；召集各党各派各界各军的救国会议，决定抗日救亡方针；与同情中国抗日的国家建立合作关系；其他的具体救国办法。蒋介石当面向周恩来表示："停止剿共，联合抗日。"但对6项协议，不愿书面签字，而以"领袖人格"担保，回南京后分条逐段实行。

西安事变的和平解决，成为扭转时局的关键。从此，十年内战的局面基本结束，为国共两党重新合作和抗日民族统一战线的建立准备了必要的前提，成为由国内战争走向抗日民族战争的历史转折点。

第二次国共合作

面对日本帝国主义对中国的大肆进攻，中华民族危机日益深重，国共两党再度合作，为抗日战争的胜利奠定了基础。

瓦窑堡会议后，中共为促成抗日民族统一战线的形成，采取了各项措施。1935年12月23日，中共中央政治局通过了《关于军事战略问题的决议》，确定红军的战略方针是"把国内战争同民族战争结合起来，准备对日作战力量，扩大红军。"为了贯彻执行决议精神，中共中央把红一方面军和陕北红军变为"中国人民红军抗日先锋军"，并于1936年2月17日发表《东北宣言》。当蒋介石调遣中央军7个师10万人阻止红军东征时，为了顾全抗日大局，中共中央决定红军回师陕北，于5月5日发布《停战议和一致抗日通电》。揭露蒋介石、阎锡山阻拦红军抗日的错误行为，鼓促南京政府幡然改悔，通电正式放弃了反蒋抗日的口号，第一次公开把蒋介石看作为联合对象。8月25日，中共中央发表《致中国国民党书》，对国民党五届二中全会宣言和蒋介石报告中的若干转变表示了诚恳的欢迎。同时要求国民党把敌对的目标由国内移向日本侵略者，恢复孙中山先生的联俄、联共、扶助农工的三大政策，集中国力，一致对外，以结成全民族的坚固的统一战线。在信中，中共用"民主共和国"口号代替"人民共和国"的口号，以便动员和团结一切赞成民主，拥护抗日的阶级、阶层和个人参加抗日民族统一战线。9月1日，中共中央向全党发出《关于逼蒋抗日问题的指示》。指出：目前中国人民的主要敌人是日本帝国主义，把蒋介石与日本帝国主义同等看待是错误的，"抗日反蒋"的口号应改为"逼蒋抗日"。1935年12月6日，又发出《关于改变对富农策略的决定》，变过去反对富农为中共联合富农的政策。1936年7月，又作出《关于土地政策指示》，除对汉奸、卖国贼的土地予与没收外，其他小商人、手工业等不在没收之列。这些政策的调整，有利于团结一切可能抗日的阶级、阶层，促进了抗日民族统一战线的形成。

国民党方面为商讨西安事变后的国共关系和对日政策，于1937年2月15在南京召开国民党五届三中全会。会上接受了宋庆龄、冯玉祥等人提出的"恢复孙中山手订联俄、联共、扶助农工三大政策案"并通过了《根绝赤祸之决议》

《促进救国大计案》等决议案，在原则上接受了中共关于团结抗日的主张，成为国民党最高当局由内战、"剿共"和对日妥协向和平统一、团结抗日转变的重要标志，也是以国共合作为基础的抗日民族统一战线初步形成的历史标志。

日本发动"七七"事变后，尽快实现国共两党重新合作，建立抗日民族统一战线，成为中华民族的当务之急。从 1937 年 2 月至 9 月下旬，国共两党就红军改编、苏维埃改制、合作形纲领等问题进行了 6 次谈判。7 月 15 日，中共中央向国民党递送了《中共中央为公布国共合作宣言》，提出了抗日三项主张。"八一三事变"后，抗日战争全面爆发，加快了国共合作的步伐。8 月 22 日，国民政府军事委员会公布了红军改编为国民革命军等第八路军的命令，成立总指挥部，委任朱德为总指挥，彭德怀为副总指挥。

9 月 22 日，国民党中央通讯社发表了《中共中央为公布国共合作宣言》，23 日，蒋介石在庐山发表谈话，承认中共的合法地位。至此，以国共两党合作为基础的全国抗日民族统一战线正式建立。

1. 中共"抗日反蒋"政策向"逼蒋抗日"政策的转变

1936 年 2 月，为了扩大抗日武装和根据地，以实际行动表示红军抗日的决心中共中央决定红一方面军以"中国人民红军抗日先锋军"名义进行东征。东征红军在山西遭到阎锡山部队的阻击，蒋介石亦调兵进入山西，并下令驻在陕西的杨虎城、张学良部向陕甘根据地进攻。正在此时，在宋庆龄的帮助下，以牧师身份活动的共产党员董健吾带着国民党当局要求同中共中央谈判的信息于 2 月 27 日到达陕北。中共中央分析了国民党政府一部分高级领导人主张联俄、联共抗日，有同红军妥协的倾向，同时国民党方面提出了五条联合抗日的意见，表示愿同南京当局开始切实的谈判。国民党高层之间中断 8 年多的联系接通了。不久，中共中央决定东征红军回师陕北，在 5 月 5 日发出《停战议和一致抗日》通电，敦促南京当局幡然悔悟，在全国首先在陕甘晋停止内战，互派代表磋商抗日救国具体办法。这一通电实际上是向全国宣布中国共产党的"抗日反蒋"政策已经转变为"逼蒋抗日"政策。8 月 25 日，共产党发表致中国国民党书，对国民党五届二中全会宣言和蒋介石报告中的若干转变表示诚恳的欢迎，同时希望国民党的政策能有彻底的改变，实现国共两党第二次合作。9 月 1 日，中共中央向党内发出"关于逼蒋抗日问题的指示"，指出"在日本帝国主义继续进攻，全国民族革命运动继续发展的条件下，国民党中央军全部或其大部有参加抗日的可能。我们的总方针应是逼蒋抗日"。

以后，毛泽东分别致函宋庆龄、蔡元培等著名爱国人士，希望他们利用各自的资望和地位，积极响应和推动统一战线的组成。周恩来也先后致函曾养甫、陈果夫、陈立夫等国民党上层领导人，表达中国共产党与国民党合作抗日的真诚愿望，希望国民党从过去的误国政策中摆脱出来。实现两党的重新合作。

2. 国民党对日政策的调整

日本帝国主义对中国的侵略和扩张，严重损害了英、美在华的利益，英、美同日本的矛盾激化。在"华北事变"前，日本外务省情报部长天羽英二就发表一份独占中国的声明，即所谓"天羽声明"。主要意思是说：日本是东亚的主人与中国的保护者，任何国家不得染指中国，中国更不能与日本以外的任何国家发生关系。意在排挤英、美在华势力。日本制造"华北事变"后，加深和扩大了与英、美之间的矛盾，对英、美在华的经济利益构成了严重的威胁。因此，英、美两国政府发出照会，反对日本以"东方太上政府"自居，独霸中国。为此，它们加紧支持国民党内的英、美派势力，阻止日本的侵略和扩张。1935 年冬，英国帮助蒋介石实行"币制改革"。1936 年美国同国民党政府订立"中美白银协定"。英、美两国一面加紧控制中国的财政金融命脉，一面公开谴责日本是"国际上的强盗""黩武的国家"。英、美与日本矛盾的激化，也引起国民党内部英、美派与亲日派的明显对立和分化。

汪精卫集团坚持媚日外交，成为亲日派。蒋介石集团则适应英、美对日态度的变化，在对日政策上同汪精卫集团发生分歧，成为亲英美派。1935 年8 月，亲英美派分子借《敦睦邦交令》的颁布，攻击亲日派的媚日外交，迫使汪精卫提出辞职。11 月初，汪精卫在国民党四届六中全会上被爱国志士刺伤，亲日派势力受到严重打击。同月，蒋介石在国民党第五次全国代表大会上发表讲演，虽然继续大谈对日和平外交，但又表示如果日本无止境地进攻，超过了和平的限度，那就到了牺牲的最后关头，他就要"听命党国，下最后之决心"。12 月，南京政府进行大规模人事更动，蒋介石接替汪精卫的行政院院长职务，由亲日派分子担任的各部部长也都换成了亲英美派分子。

蒋介石还通过各种渠道同中国共产党对话，经过双方共同努力，第二次国共合作的渠道终于打通，两党开始接触、谈判，商讨合作事宜。

1936 年 11 月，潘汉年作为中共正式代表与国民党代表陈立夫会谈。中国共产党从国家和民族的最大利益出发，提出了切实可行的联合抗日的具体意见。国民党方面在谈判初期态度比较积极，但由于蒋介石坚持"中共武装必先解除"，而后"以政治方式解决"的错误立场，陈立夫在会谈中提出了工农民主政权和红军必须取消的条件。潘汉年不辱使命，拒绝了国民党的无理要求。谈判终未达成任何协议。

在国共两党初步接触和谈判期间，国民党实行的是两面政策。一方面在对日态度和政策上渐趋强硬，使日本侵略者没能从这个阶段的谈判中得到任何想要得到的东西。随着中日关系日趋紧张，国民党着手进行整军备战工作，取得一定成效。1936 年 6 月，为了以政治方式解决广东陈济棠、广西李宗仁、白崇禧宣布"北上抗日"的"两广事变"，国民党召开五届二中全会，蒋介石在会上表示"对于外交所抱的最低限度，就是保持领土主权的完整""假如有人强迫我们签订承认伪（满洲）国等损害领土主权的时候，就是我们不能容忍的时候，就是我们最后牺牲的时候"。这年8月，日本卵翼下的伪军在关东军的策动和配合下进攻绥远，绥远省主席傅作义率部抵抗，击溃了日伪军的进犯，收复了百灵庙、大庙等地。全国人民展开空前热烈的援绥运动。这表明，由于日本帝国主义步步进逼和国民党营垒内部已经和即将发生的更大更多的分裂，使蒋介石和国民党在事实上已经不可能继续执行对日不抵抗政策了。但是，另一方面，蒋介石和国民党当局对内仍然坚持反共和镇压抗日民主运动的反动政策。1936年11月，国民党当局以"危害民国"罪悍然逮捕救国会领袖沈钧儒、邹韬奋、李公朴、沙千里、史良、章乃器、王造时等7人，制造了震惊中外的"七君子事件"。蒋介石的倒行逆施，引起了东北军和西北军广大官兵的强烈反对，更激起了全国各阶层人民的无比愤慨。

3. 西北军与共产党的联合抗日

中国共产党与杨虎城的关系由来已久。在1935年以前，主要是中共地方组织和共产党员与杨共事。但自《八一宣言》发表后，杨就积极与中共中央联系，中共组织也运用各种关系和渠道，加强对杨的争取工作。1935年11月，毛泽东写信给杨虎城，提出西北大联合的主张，希望杨和中共的关系继续保持并发扬光大。中共中央派汪锋把信送给杨虎城，3次和杨会谈，沟通了中共中央和杨虎城的关系。1936年4月，由杨虎城资助去德国留学的王炳南回国后，被派到杨部做联络工作。经过多方面的工作，5月，双方达成了互不侵犯，停止内战，联合抗日，互派代表，建立交通电讯联系等协议。

为了加快西北大联合的步伐，毛泽东于8月13日在给杨虎城的信中说："先生同意联合战线，盛情可感。"后中共中央派张文彬为中央驻杨虎城部的联络代表，被杨委任为少校秘书，从此双方的联系得到了加强。为加强对十七路军的抗日教育，杨虎城还改组了其部队的步兵训练班，由赵寿山（后加入中共）负责，王炳南任政治教官。至此，中共与杨虎城的合作也比较牢固地建立起来了。

东北军与西北军有较好的合作关系，但由于体系不同，又驻扎在一起，时有纠纷不可避免。张、杨之间常发生矛盾。为此，1936年10月，王炳南在上海经杜重远写信介绍会见张学良，做沟通张学良和杨虎城关系的工作。此后，张、杨消除了误会，增强了团结。经过中共党员和进步人士的工作，两军的关系也逐步改善。最后，张、杨两将军推诚相见，倾吐真言，成为挚友。10月26日，毛泽东等40多名红军将领写信给蒋介石及西北的将领，提出只要国民党政府决心抗战，红军"誓与你们合作到底"。第一次公开称国民党军队为友军。至此，实现了红军、东北军、西北军"三位一体"的西北大联合，从而为张、杨"逼蒋抗日"壮了胆，坚定了他们发动西安事变的决心和信心。

西安事变

西北地区实行联合抗日后，张学良曾多次劝谏蒋介石停止内战，但都遭到拒绝。蒋介石十分担心西北的联合抗日局面影响其他地区。"两广事变"解决后，他立即集结重兵于陕甘根据地周围，并逼迫张学良、杨虎城率部"剿共"。12月4日，蒋介石又亲临西安，迫令张、杨立即执行"剿共"命令。否则将这两支部队分别调往福建、安徽。张、杨慷慨陈词，据理力争，多次劝说蒋介石放弃内战政策。但是，蒋介石毫无悔改之意，表示誓不改变"剿共"计划。12月9日，西北地区1万学生举行纪念"一二·九"运动一周年爱国请愿游行。蒋介石令张学良派兵武力制止。张学良为学生激情所感动，10日、11日两天又接连向蒋介石进谏，竟被蒋介石斥之为"犯上作乱"。张学良为形势所迫，与杨虎城商议，决心实行"兵谏"。

1936年12月12日凌晨，张学良派卫队包围华清池，扣留了蒋介石；杨虎城的部队控制了西安全城，扣押了陈诚、蒋鼎文、卫立煌等国民党军政要员。13日，张、杨通电全国，陈述事变动机完全出于抗日救国，对蒋介石本人必定"保其安全，促其反省"；提出改组南京政府、容纳各党各派共同负责救国等八项抗日救国主张。张、杨还电告中共中央，邀请派代表团来西安共商大计和处理"兵谏"后事宜。

西安事变在国内外引起强烈反响。国际上，日本企图乘机挑起中国大规模内战，公开威胁南京政府，暗中支持"讨伐"张、杨。英、美力求维持蒋介石的统治，并认为在此前提下不妨同共产党采取某种形式的联合，以共同对付日本。苏联和共产国际一方面认为西安事变是张学良的"投机"，是"破坏"中国抗日力量的团结；另一方面主张和平解决事变。在国内，国民党内出现了"讨伐派"和"主和派"的对立。何应钦、戴季陶等极力主张明令"讨伐"张、杨，轰炸西安，何应钦出任"讨伐军总司令"，使"讨伐派"一度占了上风。孔祥熙、宋子文、宋美龄等力主用和平方式营救蒋介石，反对"讨伐"，冯玉祥等抗日民主势力也积极主张和平解决，反对内战再起。地方实力派中多数呼吁"政治解决"，少数主张付诸武力。东北军、第十七路军多数官兵要求杀掉蒋介石。红军将士和根据地人民中的多数也主张严惩蒋介石，但又忧虑内战再起。

西安事变的和平解决

面对错综复杂的政治形势，中共中央经过多次慎重研究，正确分析了事变的性质、前途和党的基本方针，指出这是中国一部分民族资产阶级的代表，也是国民党中实力派之一部，不满意南京政府的对日政策，要求立即停止"剿共"，停止一切内战，一致抗日，并接受中国共产党抗日主张的结果。事变的发展可能有两种前途：或是由此引起更大规模的内战，这是日本帝国主义和中国亲日派所欢迎的；或是由于事变的和平解决而结束内战，早日实现全民族抗战，这是中国人民和一切抗日爱国分子所希望的。中国共产党的基本方针是：（一）坚持反对新的内战，主张南京和西安之间在团结抗日的基础上和平解决；（二）联合国民党左派，争取中间派，反对和揭露亲日派发动内战的阴谋，推动南京政府走上抗日道路；（三）给张学良、杨虎城以政治上、军事上的积极援助；（四）切实做好防御准备，随时迎击亲日派和日军的武装进攻。这些方针是1936年5月以来公开放弃反蒋口号，实行逼蒋抗日政策的继续和发展。中共中央在12月19日向党内发出的《中央关于西安事变及我们任务的指示》中对这些方针作了概括的说明。在对待被扣押的蒋介石个人问题上，中共中央的决策有个过程。12月15日，红军将领联名发表《致国民党国民政府电》，其中要求南京当局"罢免蒋氏，交付国人裁判"。17日，周恩来等作为中共中央代表抵达西安。18日，周恩来致电中共中央，反映国内各派对事变的反应，并陈述个人对于解决这一事变的意见。中共中央根据周恩来的电报，进一步分析了事变后的形势，为促成事变的和平解决，改变了15日电文中的对蒋介石的处置意见，在18日致国民党中央的电文中明确指出"如贵党能实现各项全国人民的迫切要求，不但国家民族从此得救，即蒋氏的安全自由当亦不成问题"。中共中央这一决策得到各界爱国人士和许多国民党上层人士的支持。

南京方面在经过多方斡旋，弄清张、杨和共产党的态度后，于22日派宋子文、宋美龄兄妹到西安。23日，周恩来作为中共全权代表参加了张、杨与宋氏兄妹的谈判，做了大量卓有成效的工作。经过两天的会谈，终于达成改组国民党和国民政府、释放政治犯、停止"剿共"、联合红军抗日等6项和平协定。24日晚，周恩来会见了蒋介石，指出目前形势是非抗日无以图存，非团结无以救国，坚持内战必自速其亡，只有停止内战、一致抗日才是唯一出路。蒋介石被迫表示同意业已达成的6项和平协议。25日，蒋介石由张学良陪同飞离西安返回南京。西安事变终于和平解决。

西安事变的和平解决粉碎了亲日派和日本帝国主义的阴谋，迫使蒋介石下令撤离了包围陕甘根据地的国民党军队，实际停止了对红军的进攻，基本结束了反共的十年内战，开始了国内和平的新时期；事变的和平解决促进了中共中央逼蒋抗日方针的实现，对国共两党的再次合作、团结抗日起了重要的推动作用，为抗日民族统一战线的建立准备了必要的前提，成为由国内战争走向抗日民族战争的转折点，成为时局转换的枢纽。

抗战爆发

日本策划全面侵华

1936 年日本组建广田内阁，建立了由军部掌握国家大权的天皇制的法西斯政权。8 月 7 日，日本召开首相、陆相、海相、外相、藏相会议。通过了一个国策纲领性文件"国策基准"。其中指出对中国，重点"在于首先使华北迅速成为防共、亲日满的特殊地区，并且一面获取国防资源，扩充交通设备，一面使整个中国反对苏联，依靠日本"。

日本帝国主义加紧扩充军备，并与国际上的法西斯势力相勾结，提出反苏反共的口号，加紧进行全面侵华战争的部署。在东北，大量增加驻军，1936 年与 1931 年比，兵力增加 4 倍多，火炮增加 3 倍，飞机增加 2 倍，坦克增加 9 倍。在华北，于古北口修筑炮台，于北宁路屯驻重兵，为切断中国华北与南方的联系又占领丰台。同时，派大批军舰开进青岛、上海及长江各埠。1937 年，日本参谋本部制定了以 14 个师团的兵力，占领中国的华北、华中、华南地区，一举灭亡中国的计划。

"七七"事变

日本帝国主义完成对中国的作战准备后，于 1937 年在卢沟桥发动"七·七"事变，挑起全面侵华战争。

事变前夕，日伪军已从北、东北、西北对北平形成三面包围之势，即日军河边正三混成第四旅团驻在西起丰台、东至山海关的北宁路上；以汉奸殷汝耕所属的伪保安队 1.7 万多人盘踞在冀东；以德王德穆楚克栋鲁普、李守信为首的伪蒙军约 4 万人驻扎在察东地区。这样，只有北平西南卢沟桥一带，尚为中国军队所控制。于是，位于北平广安门外永定河上、扼守平汉路要塞的卢沟桥就成了北平通往华中地区交通的唯一通道，也成了日军进攻北平，发动全面侵华战争的首攻目标。当时，中国驻守在北平、天津和冀察地区的军队是宋哲元的第二十九军，总兵力约 10 万人。

1937 年（日本昭和十二年）7 月 7 日晚 10 时，驻丰台的日军河边旅团第一联队第三大队第八中队，在中队长清水节郎的率领下，奉命以卢沟桥为假想攻击目标，在卢沟桥以北一公里的龙王庙一带进行所谓的夜间军事演习，事先并未通知中国当地驻军，即第二十九军第三十七师第一一〇旅第二一九团。晚 11 时许，演习完毕，日军诡称"仿佛"听到宛平城内有枪声，借口一名日兵"失踪"，无理要求立即进入宛平城搜查，遭到中国驻军的正义拒绝。

此后，"失踪"的日兵志村菊次郎已归队，但日军仍蛮横坚持要派兵入城，并声称"要以武力保护前进"。为防止事态扩大，经与日方反复交涉，约定双方派员前往调查。正当双方交涉之际，日军又反诬遭到龙王庙附近中国军队的突然射击，于是随即向宛平中国驻军进攻，还发炮 100 多弹，炮击卢沟桥。当地驻军第二一九团吉星文部在忍无可忍的情况下，奋起还击。激战中，守军营长金振中腿部负伤，但仍带领士兵们坚守卢沟桥阵地。旅长何基沣、团长吉星文亲临前线指挥作战，并下令"坚守阵地，坚决回击"。广大官兵义愤填膺，英勇杀敌，歼灭进攻卢沟桥的日军 100 多人。一位年轻战士，一连用大刀砍伤 13 名日军，最后壮烈牺牲。守卫卢沟桥北面的一连中国官兵，前仆后继，抗击日军，最后只剩下 4 人，其余全部阵亡。这就是举世震惊的"七七"事变（亦称"卢沟桥事变"），从而揭开了中国抗日战争的序幕。

全国抗日民族统一战线的建立

《抗日救国十大纲领》

抗战开始，中国共产党就提出，只有动员和组织全国人民起来抗战，实行全面抗战路线即人民战争路线，才能抵御强敌，争取胜利。全面抗战路线就是中国共产党新民主主义革命总路线在抗日时期的具体体现。

至"七七"事变前夕，国共两党就实现第二次国共合作问题，曾先后在西安、杭州、庐山等地进行谈判。但因国民党企图控制红军和边区，在具体问题的讨论中设置种种障碍，使谈判没有取得进展，被拖延下来。

"七七"事变后，7 月 15 日，中共中央拟定了《中国共产党为公布国共合作宣言》交给国民党，并要求早日公布。

为了动员一切力量实现全面抗战，并具体制定党领导抗战的纲领和政策，1937 年 8 月 25 日，中国共产党在陕北洛川召开中央政治局扩大会议。会议通过了著名的《抗日救国十大纲领》。其内容为：（一）打倒日本帝国主义；（二）全国军事的总动员；（三）全国人民的总动员；（四）改革政治机构；（五）抗日的外交政策；（六）战时的财政经济政策；（七）改良人民生活；（八）抗日的教育政策；（九）肃清汉奸卖国贼亲日派，巩固后方；（十）抗日的民族团结。这个纲领是全面抗战路线的具体化，明确提出了党关于抗日救国的正确主张。

抗日民族统一战线的正式成立

西安事变和平解决以后，为了促成抗日民族统一战线早日成立，7 月 17 日，中共代表周恩来、秦邦宪、林伯渠和国民党代表蒋介石、张冲、邵力子等在庐山进行谈判。谈判中，蒋介石虽然承认了中国共产党和陕甘宁边区的合法地位，但在红军改编后的指挥问题上，他坚持不设总指挥部，由政训处负责人事、指挥等要求。

8月，日军大举进攻上海，国民党的统治受到严重威胁。8月中旬，到南京出席最高国防会议的周恩来、朱德、叶剑英又同蒋介石就红军改编后的人数、设立总指挥部和保持独立自主等问题，继续进行谈判。由于蒋介石急于要红军开赴前线牵制日军，于8月19日被迫同意共产党关于红军改编的主张。22日，国民政府军事委员会正式公布红军改编为国民革命军第八路军（9月11日改称第十八集团军）的命令，任命朱德、彭德怀为正副总指挥。第八路军下辖3个师：一一五师，师长林彪；一二〇师，师长贺龙；一二九师，师长刘伯承。不久，南方八省的红军游击队改编为国民革命军陆军新编第四军（简称新四军），军长叶挺，副军长项英。9月22日，国民党中央通讯社正式公布了中国共产党递交的国共合作宣言。9月中旬，国民政府承认陕甘宁边区政府，以林伯渠、张国焘为正副主席。9月22日，博古和康泽代表双方在宣言上签字。当天，国民党的中央通讯社正式发表了《中国共产党为公布国共合作宣言》。23日，蒋介石发表了关于国共二次合作的谈话。谈话中表示，此次中国共产党发表之宣言所举诸项，均与国民党三中全会之宣言及决议案相合，在存亡危急之秋，不应计较过去之一切，而当使全国国民彻底更始，力谋团结，以共保国家之生命与生存。对于国内任何派别，只要诚意救国，政府无不开诚接纳。在这里，蒋介石虽然仍顽固地坚持其国民党一党专政的立场，把同共产党的合作说成是"接纳"，但是，蒋介石的这个谈话，公开表示了承认中国共产党的合法地位和两党的合作。所以，中国共产党的宣言和蒋介石谈话的发表，就标志着以国共两党合作为基础的抗日民族统一战线的正式形成。

卢沟桥畔的枪声

1937年7月6日，驻丰台的日军冒雨在卢沟桥东北侧龙王庙一带组织演习，并紧张地构筑工事，还到宛平城东门外，要求通过县城到长辛店地区演习，遭守军拒绝。日军异常恼火，相持10余小时后退回丰台。针对如此紧张气氛，第一一〇旅旅长何基沣要求第二一九团："注意监视日军行动""如日军挑衅，一定要坚决回击。"金振中营全体官兵早已愤慨万分，一致表示日军若要采取行动，一定誓死抵抗。金振中随即召开军事会议，命令各连做好战斗准备，并规定日军进入阵地前100米内即准射击。

7月7日上午，丰台日军又来到卢沟桥以北地区举行演习，蓄意挑衅。

下午，第八中队近600人，在中队长清水节郎的率领下进至龙王庙附近，声称要进行夜间演习，并加紧抢修工事。日军的种种迹象，引起守军和宛平县政府的密切注意。天黑前，宛平警察局即将东门关闭，不准人员出入。暮色降临后，清水指挥日军开始夜间演习。22时40分，宛平城东北日军演习地区突然响起一阵枪声。少顷，几名日军来到宛平城下，诡称1名士兵失踪，硬要进入宛平城搜查，遭守军严正拒绝。日军第一联队联队长牟田口廉和驻北平特务机关长松井久太郎当即与冀察当局交涉，声称："仿佛听到宛平城内之军队发枪数响，致使演习部队失落日兵一名，要求进入宛平搜索失兵。"第二十九军副军长兼北平市长秦德纯答复："卢沟桥是中国领土，日本军队事前未得我方同意即在该地演习，已违背国际公法，妨害我国主权，走失士兵我们不能负责，日方更不得进城搜查，致起误会。"心怀鬼胎的日军极为不满，公开威胁：如不同意，日军将以武力保卫前进。秦德纯随即通知冯治安和第二一九团团长吉星文，要求严密戒备，准备应战。

此后，日军又说失踪士兵已归队，要求双方一起调查失踪原因。正当中日联合调查组进行调查时，丰台增援的日军第三大队主力赶到，又无理要求守军撤出宛平城西门外，让日军进入东门，遭到吉星文的严词拒绝。

8日2时，日军副联队长森田彻前往加强指挥。金振中在得知日军增援时，即抽调第十连申仲明排到铁路桥头协助李毅岑排防守。4时50分，日军大队长一木清直率第三大队主力成四路纵队，气势汹汹地向铁路桥扑来。申仲明站在桥头，阻止日军继续前进，日军突然开枪射击，申仲明不幸中弹牺牲。申仲明是地下共产党员，长期在士兵中宣传抗日主张，为坚持抗战做出了贡献。申仲明的鲜血激怒了守桥官兵，在李毅岑的指挥下，为捍卫民族尊严和祖国领土，开始了保卫卢沟桥的战斗。守军以两个排的兵力，面对数百名日军的进攻，毫不畏惧，挺身而起，6挺机枪和60余支步枪一齐射出了仇恨的子弹。当日军冲入阵地后，勇士们抢起大刀，与日军展开了肉搏。经15分钟激战，终因寡不敌众，陷入了日军重围，官兵们奋勇搏杀，除4人外均战死在桥头阵地上。日军虽占领了龙王庙和铁路桥东侧，但在东河堤上丢下了100余具尸体，大队长一木也被击毙。

与此同时，日军一部兵力向宛平东门发起了进攻，并以炮火轰击城墙。

卢沟桥畔的枪声响起后，秦德纯、冯治安和第三十八师师长张自忠等召开了紧急会议，向守军发出命令："卢沟桥即为尔等之坟墓，应与桥共存亡，不得后退。"在山东休假的宋哲元也及时致电："扑灭当面之敌。"全军将士复仇火焰更加高涨。英勇的守军官兵冒着炮火，奋起抗击日军的进攻。广大官兵含垢忍辱已非一日，郁积胸中的怒火无缘发泄，战斗中个个奋勇当先。宛平城内军民沉着应战，待日军接近时，各种枪支急速齐射，日军伤亡惨重，多次进攻被击退。战斗持续 1 个多小时，日军未能前进一步。

7 时 30 分，日军华北驻屯军对天津各部队下达了准备出动支援的命令，并令在秦皇岛的旅团长河边正三马上返回北平，决心扩大战事。9 时 30 分，森田再度下令攻打宛平城。守军官兵严阵以待，日军枪声一起，当即以猛烈射击予以回击。13 时，牟田赶到前线亲自指挥。15 时 50 分，河边也赶到丰台督战。

进攻之日军遭守军顽强抗击，多次进攻未能得逞，为拖延时间，等待援军到来，遂不断玩弄花招。16 时，送信提出谈判；17 时，又向宛平县政府发出通牒。牟田见威吓不成，遂准备再次诉诸武力。18 时 05 分，日军集中炮兵对宛平城实施火力突击，持续 3 个小时，将城内大部房屋摧毁，无辜居民惨遭祸殃。守军官兵抱定至死不退让一寸土地的决心，顽强抗击日军的进攻。日军集中兵力在 9 辆坦克的引导下向宛平发起了冲击。守军不惧危险，用步枪、手榴弹近战歼敌，将日军的进攻击退。这时，何基沣率西苑驻军迅速开进已到达八宝山附近，准备向大井村等地疾进，以截断日军的后路。日军顿感形势不妙（因连日大雨，道路泥泞，天津援军在通州被阻），遂停止进攻，退缩待援。

当夜，吉星文亲率突击队，用绳梯爬出宛平城，在青纱帐的掩护下，沿永定河两岸向铁路桥接近。近 24 时，突击队秘密逼近铁路桥，出其不意地冲入日军阵地，实施两面夹击。战士们的大刀带着复仇的寒光，在日军中闪烁开花。日军猝不及防，有的成了刀下之鬼，有的跪地求饶，"皇军"昔日的威风，被勇士们闪亮的大刀一扫而光。一名年仅 19 岁的突击队员，挥舞着大刀，连续砍杀日军 13 人，生擒 1 人，直至壮烈牺牲。突击队用原始的大刀，以伤亡大部的代价，将日军一个中队几乎全歼在铁路桥附近。这罕见的悲壮场面，连日军指挥官也吓得咋舌。金振中在战斗中腿部负重伤，仍率部冲锋在前，吉星文死拉硬拖才将他劝住，后送到后方医院治疗。共产党代表专程到医院慰问，并赠送了"抗日先锋"银盾一枚。

9 日凌晨，守军收复了失地，恢复了永定河东岸的态势，消除了宛平城侧后的威胁。日军被迫撤回丰台。守军变被动为主动，军心为之大振。宛平军民兴高采烈，磨拳擦掌，准备给日军以更大的打击。第二十九军官兵为抗日救国做出了榜样，全国人民无不为之激动和振奋。一位作家当即赋诗赞颂第二十九军：

　　怒吼吧，卢沟桥！

　　我们抗战的日子已经来到。

　　忍辱负重已非一日，

　　祈望和平亦非一朝，

　　……

　　如今已有廿九军的崛起，

　　用铁血回答着敌人的横暴！

……

让我们大家持着枪和刀，

……

把数十年来的仇恨一齐报。

……

第二十九军的爱国主义精神，受到了全国人民的赞颂和传唱。在之后的各个抗日战场上，扬起了《大刀进行曲》的雄壮歌声：

大刀向鬼子们的头上砍去！

二十九军的弟兄们！

抗战的一天到来了！

前面有东北的义勇军，

后面有全国的老百姓，

咱们二十九军不是孤军。

看准那敌人，把它消灭！

把它消灭！冲啊！

大刀向鬼子们的头上砍去！

卢沟桥的枪声，使中华民族如愤怒的雄狮般猛醒过来，咆哮着投入到抗击日军的斗争中。

7月8日，中共中央通电全国疾呼："只有全民族实行抗战，才是我们的出路！""全中国同胞、政府与军队团结起来，筑成民族统一战线的坚强长城，抵抗日寇的侵略！国共两党亲密合作抵抗日寇的新进攻！驱逐日寇出中国！"与此同时，毛泽东、朱德等致电蒋介石："实行全国总动员，保卫平津，保卫华北，收复失地。"红军将领还致电宋哲元、秦德纯："誓为贵军后盾。"中共北平地下组织当即领导组织起北平各界抗敌后援会，发动群众团体开展救亡工作，全力援助第二十九军抗战。国家兴亡，匹夫有责。全国各党派、各阶层乃至海外侨胞，纷纷投入了抗日御侮的斗争洪流。

7月9日，蒋介石电令宋哲元："守土应具备必死决战之决心，以积极准备之精神应付，至谈判尤须防其奸狡之惯伎，务期不丧丝毫主权为原则。"同时，南京政府着手筹划全面抗战事宜。

9日晨，收复失地的胜利振奋着第二十九军官兵，他们准备直捣丰台，尔后一鼓作气歼灭平津地区之日军。但就在凌晨3时，冀察当局本着南京政府"应战不求战"的指示，为防止事态扩大，竟同意与日方谈判，放弃了继续进攻的有利时机。日军在缓兵之计掩护下，做好了大规模进攻的准备。冀察当局则屡次受骗，仍做着和平之梦，使卢沟桥战事逐渐陷入被动局面。

11日，日军决定从东北关东军和朝鲜驻屯军中抽调两个师团入关。16日，又增派 4 个师团、两个旅团到华北。17 日，日本军部制定了《在华北行使兵力时对华战争指导纲要》；同时，日本政府决定在国内动员 40 万军队，决心以武力灭亡中国。至 16 日，日军在华北地区已集中 5 个师团，兵力超过 10 万人。

面对日军步步进逼的态势，蒋介石在全国人民一致要求抗战的呼声中，召集各界人士举行了庐山会议。17 日，蒋介石发表了庐山谈话，宣布对日抗战，对卢沟桥事变采取了较为强硬的态度，表示："希望和平而不求苟安，准备应战而决不求战，""如果战端一开，那就地无分南北，人无分老幼，无论何人皆有守土抗战之责任，皆应抱定牺牲一切之决心。"毛泽东曾指出：蒋介石的谈话，"确定了准备抗战的方针，为国民党多年来对外问题上的第一次正确的宣言，因此，受到了我们和全国同胞的欢迎"。

18 日，日军在丰台设立最高司令部，香月清司任司令官，积极筹划发动新的进攻。19 日，日军劫持塘沽码头设备。20 日，日军炮轰宛平、长辛店；在炮火的掩护下，步骑兵及坦克、铁甲战车两度向宛平城猛冲，企图夺占该地。守城官兵在吉星文的指挥下，顽强抗击日军的进攻，将其击退，胜利地保卫了宛平城和卢沟桥。此时，增援日军 6000 余人到达天津。22 日，日军飞机 50 余架飞抵天津。23 日，除关东军增援部队外，另有 8 个师团计 16 万人正在来华途中。25 日，日军对平、津等地达成了包围态势。

19 日，宋哲元回到北平，由于其对日军抱有幻想，竟不顾日军屡次挑起事端的实际情况，采取了一系列措施以示和平诚意，既不肯完全对日妥协，又没有决心抵抗日军，处于十分矛盾的心理。他制定了"以守为守"的作战方针，又一次贻误了平津地区的有利战机。同样，蒋介石在准备抗战的同时，也对日本抱有幻想，电令驻日使节晤见日本外相，要求日本政府以"和平解决之愿望"，平息中日争端。但答复却是："今后为军人对军人交涉，非外交当局时期。"在和平解决事变的努力归于失败之后，平津局势加快趋向恶化，战火迅速蔓延开来。

南苑血战

7 月 22 日，蒋介石派参谋次长熊斌秘密到北平，与宋哲元会晤。宋对蒋是否真正抗日始终持怀疑态度，会见熊后，宋了解了蒋介石准备抗日的决心。与此同时，蒋介石下令补充第二十九军子弹 300 万发，并令河南高炮部队一部调至保定，归宋指挥。这样，促进和坚定了宋哲元守土抗日的决心。24 日，宋哲元召集将领们商定了对日作战计划。25 日，下令中止中日谈判，并按计划部署备战。

宋哲元的行动，使日军大为不安。经多方侦察，日军弄清了宋已转向抗日，不战而夺取平津的如意算盘看来难以实现。但日军并不惊慌，因其作战部署已基本完成，准备大打出手了。

26日，日军华北驻屯军向第二十九军发出最后通牒，要求驻卢沟桥及八宝山附近的第三十七师于27日正午前退至长辛店，北平城内及西苑之部队同时退往平汉路以北；如不按此办理，日军则要"独立之行动"。宋哲元眼看日军进攻迫在眉睫，除奋起抵抗外，别无他途，遂下令退回通牒，严正拒绝。秦德纯还向日军提出了口头抗议，限其立即退出北平，并怒斥："吾人可在枪炮上见面！"

27日，日军向平津地区发起了全线进攻。第二十九军被迫奋起抗击，战火很快燃遍了平津一带。宋哲元通令全军奋勇抗敌，并向全国发表了自卫守土通电。

27日深夜，日军开始向南苑发起进攻。南苑是进入北平的咽喉要地。第二十九军军部大部已由南苑移驻北平城内，南苑方向指挥官为赵登禹，与骑兵师师长郑大章共同负责南苑地区防务。该地区守军为特务旅两个团、军官教导团、军事训练团、骑兵第九师一个团、第三十七师炮兵团和一个步兵团及第三十八师一部兵力，共7000余人。副军长佟麟阁及军直属队部分人员尚未撤回北平城内，此时也在该处。

午夜前后，南苑地区四处不时传来枪声，日军开始试探性进攻。28日晨，日军第二十师团主力和河边旅团机械化部队共1万余人，在数十架飞机和40门大炮的支援下，从东、南两个方向同时向南苑发起了进攻，并以空降兵一部在南苑机场实施了空降，配合地面进攻部队行动；与此同时，另一部日军切断了南苑至北平的公路。守军遭日军狂轰滥炸后，各部已失去了联系，佟、赵只得在各自的阵地上指挥作战。赵登禹持刀督战，指挥官兵抗击日军进攻，并不时发起反击。由于地形平坦，无险依托，守军暴露在日军空、地火力之下。激战中，赵登禹多处负伤，始终坚持指挥战斗。情急之中，传来军部命令：南苑各部立即撤回北平。由于失去统一指挥，守军各部纷纷北撤，混乱不堪。佟麟阁当即决定到大红门附近组织掩护和收容，随即率部利用青纱帐分散北撤，很快到达了大红门。佟麟阁指挥卫队维持秩序，令军官按级负责指挥，并组成一支临时部队，掩护大部队经大红门至红庙间便道撤退，自己亲自到掩护阵地组织指挥。

赵登禹率领一部兵力进至大红门附近玉河桥时，遭日军一部伏击，左臂中弹，血流如注。他毫不理会，坚持指挥部队冲杀、突围。不久，赵登禹又一次中弹，正中要害，以身殉国，时年48岁。

至13时，南苑部队基本都已撤回北平，佟麟阁才与几名卫兵一起向城内隐蔽行进。因青纱帐内不便观察，行进中与一股日军遭遇，随即展开了对射。佟麟阁不幸腿部中弹，稍加包扎后仍镇定自若地指挥部下转移。此时，日军飞机在这一带轰炸撤退的守军，佟麟阁不幸又被弹皮击中多处，壮烈殉国，年仅 46 岁。

面对日军的陆空联合进攻，首当其冲的是军事训练团，官生们奋力抗击从团河向北攻击前进的日军，击退了其数次进攻。激战半天，该团虽伤亡严重，但阵地无一寸丢失，官生们始终保持了旺盛的斗志，使日军无法前进一步。午后，日军以铁甲战车作掩护，向南苑西北角猛攻，切断了南苑与北平的联系。军事训练团未及撤退的一部兵力陷入了腹背受击的困境。待在友邻处得知撤退命令后，即分路实施了突围。战斗中，军事训练团损失惨重，牺牲官生 1000 余人。

第三十八师驻南苑的一部兵力始终未接到撤退命令，顽强坚持战斗。至 20 时，日军包围圈越来越紧缩，该部官兵毫不畏惧，浴血苦战，最后全部壮烈牺牲。至此，日军攻占了南苑。

战后，北平红十字会将赵登禹的遗体就地掩埋；中国红十字会冒着日军的炮火，将佟麟阁的遗体运回北平，柏林寺老方丈冒着生命危险保留了他的灵柩，并严守秘密直至抗战胜利。

31 日，南京政府发布褒扬令，表彰了佟、赵的抗日功勋，并追赠两人为陆军上将。

抗战胜利后，赵登禹的遗骸移葬至抗日圣地——卢沟桥畔；北平市政府做出决定，将二龙路以南至国会街一段和崇元观往南至太平桥一段分别命名为"佟麟阁路"和"赵登禹路"。天津、武汉等城市也都以佟、赵的名字命名了街道。

1946 年 3 月 29 日，北平人民在八宝山忠烈祠为佟麟阁将军举行了隆重的入祠仪式；7 月 28 日，即佟麟阁殉国 9 周年时，又在中山公园举行了万人追悼会，并将烈士灵柩移葬香山公园南侧的正黄旗拦箭沟山坡上。

新中国建立后，人民政府确认佟、赵两将军为抗日烈士，给家属颁发了证书，并为两将军修墓立碑，其子女、亲属也得到了党和政府的热情关怀和照顾。

北平沦陷

7 月 27 日，日本政府决定第二次增兵华北，令第五、第六、第十师团准备由国内向中国输送。28 日，南苑仍在浴血鏖战，宋哲元愈感处境艰难，进退维谷。下午，宋召集北平军政首脑召开特别紧急会议，商讨对策。从南苑溃退进入城内的郑大章仓皇闯进会场，惊慌失措地报告：南苑官兵伤亡惨重，难以坚持，北平大有被围之势。宋哲元遂决定前往保定，尔后再作打算，并要求张自忠留在北平与日军周旋。张自忠临危受命，将个人毁誉置之度外。宋当即写下手谕，令张自忠代理冀察政委会委员长、北平绥靖主任兼北平市长。当晚，宋等出西直门赴保定。临别，张自忠沉痛地对秦德纯说："你与宋先生成了英雄，我怕成了汉奸了。"秦郑重劝勉："这是战争开端，来日方长，必须盖棺才能论定，只要你誓死救国，必有为全国谅解的一日，望你好自为之。"遂挥泪告别。

卢沟桥事变后，张自忠负责对日和平交涉，已成舆论指责的焦点。当他驻留北平的消息传出后，人们不明真相，误以为是他逼走宋哲元，甘心当汉奸。一时舆论大哗，谣传纷起，大有"国人皆曰可杀"之慨，甚至一些不知内情的部下也大为愤怒。张自忠奉命行事，却要代人受过，有口难辩，内心十分苦闷。为了大局，张自忠决心"跳火坑"，作出自我牺牲，以争取时间。

28 日晚，张自忠通知驻守北郊和通县的第三十九旅旅长阮玄武，集合部队，恢复常态，避免日军刁难。29 日晨，张自忠指定六七人随他留在北平，令其余人员回原部队准备撤退。29 日凌晨，第二十九军撤离北平，卢沟桥、长辛店等地也无人防守了，北平及郊区一带人心惶惶。30 日 4 时，日军网罗江朝宗等汉奸成立了伪北平市维持会。

30 日，张自忠接到保定转来的蒋介石的命令：只要继续谈判，迟滞日军，所有条件都可以接受，一切由中央政府负责。张自忠即派潘毓桂、陈觉生等与日方交涉谈判。岂知这些民族败类站在日军的立场上要求张自忠通电反蒋反共，宣布"独立"。张自忠异常气愤，断然拒绝。在这险恶的环境中，张自忠尽己所能，对南苑败退而尚未撤走的部队指示了具体办法，同时发动群众安排伤员和阵亡的官兵，并派人接济、安置留在北平的眷属。

日军很快占领了北平，并到处捕杀群众，留守卢沟桥、宛平城的保安队被全部杀害。驻留的阮玄武是个贪生怕死之徒，30 日，即向日军保证：三十九旅绝无抗战意图，还恬不知耻地主动要求解除武装。31 日上午，第三十九旅 6000 余人公开向日军投降。

8 月 7 日，张自忠宣布辞去一切职务，尔后秘密住进德国医院。19 日，北平政委会解体。9 月 7 日，张自忠化装后在美国商人的帮助下，秘密离开北平到达天津；10 日拂晓，乘英国商船悄然离开华北，南下奔赴抗日前线。

天津抗战

天津是日军华北驻屯军司令部所在地，驻军有河边旅团第二联队、独立炮兵联队等，其空军大部也集中在此。卢沟桥事变后，日军加紧了进攻天津的准备，并控制了海、陆交通。天津市内及郊区守军为第三十八师手枪团、独立第二十六旅两个团、天津保安队 3 个中队和警察等部，计 5000 余人，因日军一部已增援北平方向，故在数量上与日军相比尚处优势。但守军与北平已失去联系，第三十八师副师长李文田等预感战事迫在眉睫，是主动出击还是就地固守，反复权衡未能定夺。7月27日，李文田召集会议商讨备战事宜，一致认为：必须立即出击，先机制敌，攻其不备，方有可能迅速将驻守日军歼灭。会议推举李文田为临时总指挥，天津警备司令刘家鸾为副总指挥，并定于28日1时发起进攻。随后，各部迅速进行了部署。

28日1时，天津抗战的枪声响起，守军以突然的行动积极出击，初战顺利。保安队队长宁殿武率第一中队包围了东站，向驻守的400余日军发起突然袭击。经两小时激战，歼日军一部，大部退守附近一仓库顽抗。独立第二十六旅一部兵力在旅长李致远的指挥下，对天津总站实施偷袭，迅速夺占总站，并乘胜攻占北宁铁路总局。与此同时，东局子机场的战斗也打响。官兵们每人携带一水壶汽油和一盒火柴，迅速向机场逼近。这时，日军一辆汽车驶出机场，战斗即在机场大门口展开。待官兵们冲进机场，日军飞行员有的已发动飞机准备起飞。官兵们以迅猛的动作扑向尚停在机场上的飞机，迅速将汽油洒向机身，但由于火柴被汗水透湿，仅一架飞机被点燃起火。官兵们随即开枪射击，有的将手榴弹投向飞机，有的抢起大刀乱砍；有的甚至抓住发动的飞机不放，直至飞离地面才松手掉下来；还有的奋不顾身地用手撕下着火的碎片，尔后冲向别的飞机引火。顷刻之间，机场烟火冲天，10余架飞机接连起火；起飞的日机则像一群无头苍蝇般在机场上空来回乱飞；守卫机场的日军则躲进办公楼和营房工事，负隅顽抗。天亮后，官兵们暴露在毫无依托的机场上，遭到驻守日军和飞机火力的交叉射击，伤亡较大，被迫撤退。

28日2时，第三十八师手枪团团长祁光远率部猛扑海光寺日军兵营。官兵们冒着日军的猛烈火力，前赴后继，连续发起冲击，凌晨攻占了外围的东停车场。日军龟缩在工事坚固的兵营内顽抗，并在9架飞机的支持下多次发起反击，经反复争夺，双方形成对峙。

29日2时，日军经调整部署后，分4路向市区大举进攻。守军奋勇抗击，并包围了日租界，经多次冲杀，突入日租界后又包围了日军守备部队。日军将警官都推上了前沿，日侨也组成"义勇队"，凭借坚固工事顽抗，准备作困兽之斗。黎明后，李文田等发表通电："为国家、民族图生存……誓与津市共存亡，喋血抗战，义无反顾。"天津人民冒着枪林弹雨，不顾日军飞机的狂轰滥炸，纷纷前去慰问守军，各型车辆甚至公共汽车都自动赶来运送部队和弹药、给养等。

日军在迭遭打击的情况下，香月清司急令第二十师团高木支队增援天津，关东军也令原定向承德机动的部队转进天津。29日14时，日军飞机对市区保安队总部、市政府、警察总部、东站及南开大学等地实施了重点轰炸。其中，具有悠久历史的著名高等学府——南开大学遭到严重破坏，轰炸后又有日军数百人乘车冲进校园，放火焚烧，致使校园内房倒屋塌，瓦砾成山，成为一座废墟。市区许多街道及商店、房屋均遭重大破坏。守军死伤严重，战斗力锐减，且由于联络不通，处于孤立无援的境地。

天津抗战中，宋哲元曾致电蒋介石，请求增援，遭蒋托词拒绝。29日上午，宋哲元又致电军政部长何应钦，再次要求增援，却如泥牛入海，杳无回音。李文田等在守军力量不支的情况下，决定于29日15时后全线撤退。

面对日军的疯狂进攻，保安队部分官兵拒绝撤退，坚持战斗。攻占公大第七厂水塔的保安队官兵，坚守制高点，高呼："至死不退却！""为战友们报仇！"继续英勇奋战。至30日中午，幸存的4名战士弹尽援绝，陷于日军重围。4名壮士毅然告别死难战友，托起上了刺刀的步枪，临危不惧地走下水塔，拼力与冲上来的日军展开白刃格斗，刺死6名日军后，3名壮士英勇献身；1名壮士被俘，至死不降，慷慨就义。

7月30日，天津沦陷，广大人民群众遭到了日军的残酷镇压和蹂躏。但是，人民的抗日烽火却没有熄灭，在共产党领导下，继续与日军展开顽强不息的斗争。

淞沪会战

概况

"七七"事变之后，日本帝国主义又炮击上海市区，制造"八一三事变"，淞沪抗战由此开始。

日本帝国主义对上海的大举进攻，直接危害着国民政府的经济中心和英、美帝国主义的在华利益。蒋介石不得不采取比较积极的抗日行动。8月14日，国民党政府外交部发表声明："中国为日本无止境之侵略所逼迫，兹不得不实行自卫，抵抗暴力。""中国决不放弃领土之任何部分，遇有侵略，唯有实行天赋之自卫权以应之。"事变发生后，蒋介石先后调集73个师60多万大军参加淞沪会战。日军也先后投入10个师团和海空军共达30万人。上海的淞沪会战是中国军民抵抗日本帝国主义侵略的壮举。在上海人民的大力支援和鼓舞下，国民党广大爱国官兵士气高昂，取得了一定的胜利，将日军10余个师团阻滞于上海达3个月之久。守卫宝山县的姚子青营500余人，在优势敌人的猛攻下，坚守阵地两昼夜，全部壮烈牺牲。坚守在上海闸北四行仓库的八十八师五二四团的800名官兵，在团长谢晋元、营长杨瑞茂的指挥下，孤军奋战4昼夜，多次打退敌人的进攻，毙敌200多名，最后奉命撤入租界。中国军队的英勇作战，有力地打击了日本侵略者的嚣张气焰。据日本陆军省公布，自8月13日至10月底，日军死伤达4万人以上。但是由于国民党军队采用单纯防御的战略方针，处处被动挨打，亦伤亡近20万人。11月5日，日军以 3 个师团从杭州湾登陆，从西线迂回直扑松江城，切断了沪杭铁路，由于京沪铁路和吴淞海口也被日军控制，中国几十万大军有被日军包围全歼的危险，于是统帅部仓促决定全线撤退。11 月 12 日，上海失陷。

淞沪会战，中国军队在上海和全国人民的支持下，奋勇苦战 3 个月，歼敌 6 万人，粉碎日军速战速决的作战计划，为组织有效的战略退却赢得了时间，进一步推动了全国大规模抗战的展开。至此，抗日战争全面爆发。

淞沪抗战经过

上海，是中国最大的工商业城市，进出口贸易的重要港口，其繁荣的经济、林立集中的金融企业和发达的海陆交通，使之成为世界东方的金融贸易中心，也成了帝国主义列强和中国官僚资本集团利益的集中地。优良的港口和京沪、沪杭铁路贯通其间，又使上海成为通往内地的枢纽和首都南京的门户。

早在"一·二八"事变后，日军即在上海虹口、杨树浦租界一带驻有重兵，并设立了海军陆战队司令部，且有大批军舰常年在长江、黄浦江游弋。在其势力范围内的日本机关、学校、工厂、商店和码头等处，均暗中构筑了永备工事，在公大纱厂等地还修建了机场和军用仓库。卢沟桥事变后，日军在华北扩大侵略战争的同时，日本政府于 7 月 11 日决定动员 15 个师团的兵力，筹集 55 亿日元的经费，策划准备挑起上海战事，企图通过南北两面施加军事压力，逼使南京政府屈服，以达到其 3 个月内灭亡中国之野心。此时，日军在上海的兵力包括陆军、海军陆战队、日侨"义勇队"等，共约 1.5 万人。海军第三舰队军舰约 30 艘，泊于吴淞口外和浏河口附近及黄浦江内，另有 2 艘航空母舰和其他舰艇一部泊于舟山群岛附近海面，海军陆战队另有飞机 200 余架。

7 月 24 日，日海军陆战队谎称一名士兵失踪，借口制造摩擦。8 月 6 日，日军下令撤退在上海的日侨。7 日，将长江下游的军舰调集上海附近。9 日 17 时 30 分，日海军陆战队中尉大山勇夫和水兵斋滕要藏驾车强行闯入守军虹桥机场，保安队哨兵喝令停车，日军开枪将哨兵打死。保安队被迫还击，日军官兵被击毙。随后，日军以"虹桥机场事件"为借口，要求中国政府撤走驻上海的部队和拆除工事，遭严正拒绝。之后，日军动员驻沪部队，并集中 30 余艘军舰汇集吴淞口一带，随时准备向上海发动进攻。

因受淞沪停战协定的限制，此时上海仅驻有保安总团和警察总队等。眼看上海战端将起，南京政府被迫采取紧急措施。8 月 11 日，蒋介石密令驻防京沪线的京沪警备司令长官张治中，立即率第五军开赴上海布防，并令在西安的该军第三十六师火速南进，准备保卫上海。当夜，张治中作了紧急部署：上海现有部队主力固守真如、闸北、江湾、市区中心及吴淞各要点，一部在南市、龙华、沪西等地警戒；第八十七师主力经铁路输送后在大场、江湾以北地区展开，准备对杨树浦地区之日军发起进攻，一部协同保安总团固守吴淞，并控制罗店、浏河；第八十八师经铁路输送后，在真如、大场地区展开，准备向闸北地区之日军发起进攻；独立第二十旅主力进至南翔附近待命；第八十七师第五二七团为总预备队，配置在南翔附近；军指挥所于 12 日上午由苏州进至南翔。12 日 16 时，张治中指示第三十九军军长刘和鼎，指挥第五十六师、江苏保安第二、第四团，负责浏河至江阴的江防。

淞沪会战，主要经过以下几个阶段。

1. 闸北、杨树浦争夺战

8 月 13 日拂晓前，张治中完成了上海地区的作战部署，随即请示蒋介石，准备向日军发起进攻。蒋复电："希等待命令，并避免小部队之冲突。"9 时，日军数千人由第三舰队司令官长谷川清指挥，在舰炮火力的支援下，率先发起了进攻，主力指向通菴车站至八字桥一线，企图切断大场与闸北的联系，包围守军于北站，当即遭第八十八、第八十七师抗击，遂退据原地，固守待援。当夜，蒋介石决定组织反击，令京沪警备司令部改为第九集团军，张治中任总司令，准备于 14 日拂晓发起进攻。令张发奎为第八集团军总司令，担任杭州湾北岸地区守备，第十八军迅速向吴县输送，空军准备出动协同作战，海军即刻封锁江阴江面。

张治中受命后，迅速进行作战准备。尚未行动，蒋介石又改变决心，于 15、16 日接连下令："仅作进攻准备，不得妄动！"因而，各部队仅有零星小战斗。

15 日，日本政府从国内派遣两个师团的兵力到上海，并任命松井石根为上海派遣军司令官，统一指挥进攻上海。17 日，张治中令所部发起进攻，由于日军工事坚固，在炮兵和舰炮火力的支援下顽强抵抗，张部进攻未能奏效。18 日，蒋介石又令："暂停进攻。"19 日起，张治中指挥所部再度发起进攻，并以刚到的第三十六师加入战斗，重点指向汇山码头，直插黄浦江边，企图将日军割裂，尔后席卷歼灭之。20 日 24 时，第三十六师第二一六团向汇山码头发起进攻，分两路齐头并进，团长胡家骥在第一线指挥，全团官兵以英勇无畏的气概，沿途与日军展开了激烈的巷战。胡家骥身先士卒，冲在队伍最前面，多处负伤仍坚持指挥，突破日军多次阻击，直逼汇山码头。日军一部争先恐后向外白渡桥逃窜，并向桥南英租界的英军投降。第二一六团乘胜追击，向汇山码头发起猛攻。因火力较弱，无法摧毁码头坚固的大铁门，情急之中，胡家骥率先爬上铁门，官兵们相继跟上，遭日军据点内猛烈火力的侧射，官兵多人壮烈牺牲，进攻受挫。第二一六团苦战无援，且联络中断，被迫退守唐山路附近地区。至 22 日，又撤回引翔乡，双方形成对峙。战斗中，第二一六团官兵前赴后继，英勇作战，以劣势装备歼灭日军 400 余人，自身伤亡 570 余人。第九集团军由于进攻正面过宽、兵力分散，而日军工事坚固、防守顽强、火力猛烈，至 22 日，进展甚微，与日军形成对峙。23 日，日军分别在张华浜、吴淞、川沙口等地登陆，致使第九集团军腹背受击。24 日夜，第九集团军全线转入防御。

　　2. 中华战鹰显神威

　　淞沪会战前，国民党空军共有 9 个大队，飞机 250 余架，主办集中在江西南昌青云谱。8 月 4 日，第五大队调往扬州、句容。13 日夜，蒋介石与第五大队直通电话下令："在长江中的日本 50 艘军舰和轮船，正向东逃跑。你们大队立即带上炸弹，于拂晓前出动追击，加以歼灭。但已停在黄浦江里的，则不准轰炸。"飞行员们听到出击命令，个个情绪激昂。大队长丁纪徐当即令中队长刘粹刚率机 18 架各带一枚 500 磅炸弹执行任务。由于国民党行政院内汉奸告密，日军得到情报后匆忙将长江内的舰船乘夜撤离。当第五大队飞机超过江阴要塞沿江向东搜索前进时，一直没有发现目标。失望之际，发现吴淞口东之白龙港口有日舰 1 艘，刘粹刚立即下令成战斗队形，接着连续俯冲投弹。副中队长梁鸿云所投炸弹首先命中日舰尾部，之后，各机陆续投弹，日舰顷刻间被炸得无影无踪。

　　14 日，第四大队在大队长高志航的率领下，与日机在杭州上空进行了激烈空战，大长了中国空军的志气。该大队原驻河南周家口，会战一开始，高志航即单独驾机飞往南京请缨杀敌。空军总指挥周至柔批准了他的请求，并令第四大队转杭州笕桥机场待命。高志航以"十万火急"电报将命令转达属下第二十一中队中队长李桂丹，第四大队立即起飞赴杭州。此时，日海军"空中王牌"木更津航空队 100 余架飞机连续在江、浙两省频繁实施轰炸。高志航只身先到杭州笕桥，刚下飞机即听到空袭警报，从台湾出发的木更津航空队即将到来。日机来袭前几分钟，正当高志航心急如焚之际，第二十一、第二十三中队相继着陆。当时，南京航委会的命令是不抵抗，待命。高志航则主张"将在外，君命有所不受"，家仇国恨，更待何时！即令再次起飞，迎击来袭日机。此时，日机 8 架进入了杭州上空，准备实施轰炸。高志航率先截击，首先开炮，正是冤家路窄，正好将日军带队长机击落。接着，李桂丹又击落 1 架日机。各中队、分队四面出击，经 10 分钟激战，击落日机 6 架，2 架受伤后逃窜。第四大队旗开得胜，首战告捷，狠狠地打击了日军的嚣张气焰，打破了木更津航空队"不可战胜"的神话。事后得知，木更津航空队队长因此次失利而自杀身亡。辉煌战果，轰动全国，6：0 的战绩，极大地鼓舞了军民的抗战热情和斗志。战后，蒋介石下令嘉奖，并决定 8 月 14 日定为国民党军空军节。

　　15 日，木更津航空队集中兵力再次袭击杭州，第四大队当即起飞迎战。高志航等在仅休息一两个小时、体力消耗极大的困难情况下，顽强拼搏，英勇杀敌，又一次大获全胜，创造了参战飞行员都有击落日机的纪录，其中分队长乐以琴击落日机 4 架。战后，杭州市长周象贤率政府官员和大批群众前往祝贺，并赠送了大批慰问品。南京空军总指挥部发出了通令嘉奖，并宣布凡参战的飞行员 8 月份薪水一律发双饷。空中英雄高志航及第四大队成了举国上下人人皆知的抗日楷模。

当时，国民党空军有"四大金刚"：高志航、刘粹刚、李桂丹和乐以琴，而日本空军则有号称"四大天王"的四名骄子。在淞沪会战中，"四大金刚"先后将"四大天王"击落，其中 3 名击毙，1 名被俘。被俘"天王"原系杭州笕桥航校的日籍教官，中国飞行员中不少是他的学生，被俘后，飞行员们都以师生之礼相待，使他十分感动。他对中国空军很佩服，曾说："日飞行员发誓时都说，我要做了亏心事，出门就碰上高志航！"他还主动帮助出谋献策。他说："你们可以炸'出云号'航空母舰，但必须牺牲一人一机，把中国飞机涂改国徽，我把信号交代与你们，发出信号，航空网即开放，人机即向烟筒窜进，与舰同归于尽，才能完成任务。哪一位愿去，请举手！"老学员们都举起手来，争相愿意前去炸舰。他触景生情，无限感慨，认为中国必胜，日本必亡。他说："好吧，你们把证章都交给我，摸到谁，谁去。"结果"四大金刚"之一的乐以琴的证章被摸中，毅然担当了此项有去无回的重任。乐以琴驾起带满炸弹的飞机，临近"出云号"时即发出了信号，日舰果然丝毫没有怀疑。乐以琴瞬间即以人机直入母舰尾部烟筒，随着巨大的爆炸声，"出云号"受重伤后狼狈逃窜，空军英雄乐以琴大义凛然，为国捐躯。

杭州空战后，日军又调来佐世保航空队参战。国民党空军频频出击，与日机殊死搏斗。第二大队第十一中队分队长沈崇海，是清华大学毕业后报考空军的，在第三期轰炸科毕业时考核成绩名列第一；接受任务后率机 6 架出击，飞临长江口时发现日舰，正待突击，突然座机发生故障，当即决定驾机撞毁日舰，并令后座任云阁跳伞。但任云阁坚决表示要与沈同生死，于是沈崇海加大马力推下机头，穿过日军高炮火网，带着 1 枚 800 磅炸弹俯冲而下，与日舰同归于尽，谱写了一曲视死如归、英勇抗日的壮歌。

8 月中旬，第二十四中队受命出动 6 架飞机，各带 1 枚 500 磅炸弹，轰炸天通庵日军司令部。该中队立即进行战斗准备，而见习官闫海文尚未被列入出动名单，他含泪请战，分队长王倬最后同意了他的请求，并作为二号僚机随队出击。到达目标上空时，飞行员们冒着日军密集的高炮火力沉着应战，炸弹大部命中目标。正准备返航，闫海文的座机突然被日军高炮火力击中，机翼被打掉一个，闫被迫跳伞，却落在了日军阵地天通庵公墓内。日军发现目标并从四面包围过来，闫海文着陆后就地卧倒，伪装已死。待日军将到身边时，突然翻身而起，迅速抽出 2 支自卫手枪，左右开弓连续射击，当场击毙日军 7 人，尔后用最后一颗子弹射向了自己的太阳穴。

沈崇海、任云阁、闫海文的壮烈牺牲，受到了全国人民的无比崇敬，就是日军也倍加敬仰。闫海文牺牲后的第二天，日军向川大将在汇山码头向海军陆战队训话时说："过去在日俄战争时，大和民族勇敢不怕死的精神安在？现在已被中国的沈崇海、闫海文夺去了，这值得我们钦佩。对这个英雄，我现在命令用我们大日本帝国的海军军礼进行礼葬！"随即指派一艘军舰，在闫海文的遗体上覆盖中、日两国国旗，驶往黄海礼葬。

8月下旬，日军登陆兵力不断增加。国民党空军多次袭击了登陆日军及日舰。第五大队18架飞机从扬州起飞，各挂延期引信炸弹12枚及配备轻、重机枪各1挺，于拂晓时飞临上海。日军正在登陆，各机降低高度，乘日军立足未稳，发起突然袭击，毙伤其1000余人，第五大队无一伤亡。24日，第四大队20架飞机从杭州起飞，在张华浜、蕴藻浜上空实施轰炸、扫射，进攻日军遭重大伤亡。

3. 浦东神炮建殊功

国民党军炮兵由于分散使用，坚守浦东地区仅为一个营。8月14日10时，炮兵第二旅旅长蔡忠笏受命率第二团第一营配合一个步兵旅担负浦东的防守任务。当晚，炮兵营利用夜色横渡黄浦江进入浦东，并立即侦察情况，构筑工事，进行战斗准备。该营辖3个连，装备"卜福斯"山炮12门，口径75毫米，最大射程9000米，最高射速每分钟25发，是当时最优良的炮种之一。团长孙生芝负责具体指挥，主要任务是打击黄浦江上的日舰，抗击日军登陆及支援浦西作战。由于日军主攻方向在浦西，浦东地区一直比较沉寂。为防日军登陆，火炮都配置在离江岸较远的地方，且拉大间隙，以控制整个江岸可能登陆的地段，重要地段还隐蔽配置了步兵。浦东炮兵在黄浦江两岸都设立了隐蔽观测所，阵地则充分利用了沟渠和竹林，并加强了伪装，使日军始终没有发现确切位置。黄浦江上的日舰无论是上行或下行，都有炮弹"欢迎"或"欢送"，而浦东炮兵到底有多少，日军也始终没有摸清。浦东炮兵利用夜间和黄昏有利时机，以灵活机动的战术，不断袭击日军，战果卓著，当时上海报刊赞誉甚多，称之为"浦东神炮"。

会战初期，日海军第三舰队主力集结在黄浦江上，沿江停泊，犹如水上阵地，截断了水上交通，其30余艘军舰共有大炮360余门，且口径大，射程远，对上海守军是个严重威胁。在日军掌握制空权、制海权的情况下，浦东炮兵沉着应战，先后击中日舰20余艘，虽因威力小而未能将日舰击沉，但也给日军以重大破坏和杀伤，牵制了大量日海、空军兵力，并在精神上给日军以重创。

9月下旬至10月中旬，日军增援部队不断在吴淞地区登陆，并积存了大量军火。浦东炮兵对吴淞地区多次实施了夜袭，以5、6人为小组，多批次地乘小汽艇并拖上小木船，载上大炮、弹药及枪支、器材等，乘夜暗悄然出动，秘密进入预先侦察好的阵地，对日军驻地、仓库、临时码头及舰船等实施突然袭击，大量杀伤和消耗了日军，有效地支援了浦西作战。

10 月间，浦东炮兵还奇袭了日军机场。经多次侦察，日军浦西机场常停有作战飞机 30 余架，每日拂晓前即灯火通明，约 50 分钟后首批飞机升空。根据这个情况，浦东炮兵动用 8 门大炮，各携带炮弹 100 发，夜间秘密进入阵地并完成射击准备。次日凌晨，日军机场灯火齐亮后 3 分钟，浦东炮兵试射了 1 发炮弹即准确命中目标，随后集中火力实施急袭，800 发炮弹在 8 分钟内全部倾泻在日军机场内。尔后，浦东炮兵迅速撤离阵地疏散隐蔽。10 分钟后，天已大亮，黄浦江上的日舰火炮开始向浦东实施报复性盲目射击，火力极猛；吴淞口外日军航空母舰上的飞机也迅速起飞，泄愤似地在浦东轮番狂轰滥炸，持续整个上午，仅少量民房遭部分损坏。事后得知，此次奇袭日军机场，共摧毁日机 5 架，伤 7 架，人员、设施等也遭很大伤亡和破坏。

4. 张华浜、吴淞、川沙口反击战

8 月 23 日，日军第三、第十一师团和重藤支队分别在张华浜、川沙口附近实施登陆，尔后并肩向西南方向突进，企图包围歼灭上海西北地区的守军主力，进而攻占上海。

张治中与第三战区前敌总指挥陈诚商讨后，决定巩固阵地，以一部兵力抗击进攻之敌，主力控制为预备队，另以一部兵力乘登陆之日军立足未稳实施反击。

张华浜地区　23 日 3 时，日军第三师团先遣部队在舰炮火力的支援下，在张华浜车站东侧江岸登陆。守军警察大队一部兵力虽经抗击，但未能阻止日军扩张。天亮后，登陆日军已达 3000 余人，并不断扩张和攻击前进。17 时，第八十七师第二六一旅率一个团增援，据守北泗塘河西岸阵地，与日军形成对峙。25 日 1 时，第八十七师指挥第一〇八旅发起反击，将日军压缩在陈家宅、丁家巷、华家巷一线，双方呈胶着状态。29 日，日军在虹口、杨树浦地区又增兵 5000 余人，并于 20 时发起了进攻。激战至 9 月 5 日，守军退守狄家港、横浜、虬江桥地区。当夜，日军第三师团一个支队在虬江码头登陆。第六十一师一个团阻击登陆日军的发展进攻，连续战斗至 9 日，因遭日军海、空火力猛烈突击，伤亡较大，22 时转移至沈家行、徐家宅东侧一线。11 日，张治中得知左邻第十五集团军当面之日军已进至杨家行西侧及罗店地区，使第九集团军成了孤立突出态势，遂决定当晚开始向蕴藻浜南岸阵地撤退，至13 时转移完毕。至此，张华浜地区和上海公共租界地区均被日军占领。

吴淞地区　8 月 23 日，日军为配合第三师团先遣部队登陆，以一部兵力在吴淞镇南侧实施了登陆。第八十七师一个团经激战后，一部固守吴淞镇，一部退守同济大学。24 日，第九十八师向吴淞、宝山实施反击，傍晚将日军压缩到江边，歼其 300 余人，解了吴淞镇之围；另一部向宝山城立足未稳之日军实施反击，激战一小时，收复宝山，将日军 300 余人大部歼灭。27 日 19 时，第六师第十七旅发起反击，并以第十八旅占领北泗塘河西岸阵地阻击日军渡河。第十七旅激战至 9 月 1 日 18 时，伤亡大部，被迫撤退。2 日晨，日军攻占吴淞炮台。3 日，日军第十一师团天谷支队在吴淞北侧、沙龙口登陆。5 日拂晓，日军在 30 余辆坦克的配合下，沿军工路向第六师阵地猛攻；7 时 20 分，日军第十一师团浅阁支队向第十七旅左翼实施突击。第六师腹背受击，于 17 时撤至煤油浜及其以南阵地继续坚守。6 日，日军第九师团及第三师团后续部队先后在吴淞炮台附近登陆，该地区已近两个师团的兵力。

宝山、月浦、罗店方向　8 月 23 日拂晓，日军第十一师团先遣部队在川沙口登陆。该处仅有第二十七师的少量骑兵负责警戒，日军未遇抵抗即顺利登岸。午后，日军 3000 余人在石洞口登陆，随后向宝山、月浦方向攻击前进。川沙口登陆之日军则向浏河进犯，并占领了罗店。张治中、陈诚当即指挥部队实施反击。第十一师进至罗店西南，不顾日机轰炸，立即向罗店发起攻击，歼灭日军 100 余人，收复罗店。26 日晨，第九十八师经英勇奋战，收复了狮子林。27、28 日，双方又在罗店地区反复争夺，守军遭日军航空兵、炮兵猛烈火力突击，损失较大。9 月 1 日 9 时，日军第十一师团浅间支队在火力的支援下，向狮子林阵地发起猛攻，于 14 时重占狮子林。3 至 5 日，日军以优势兵力和火力不断发展进攻。此时，宝山县城守军为第九十八师第五八三团第三营，在营长姚子青的指挥下，顽强抗击日军的进攻。该营孤军奋战，陷入了日军的重围。日军飞机、舰炮连续向宝山城实施了猛烈突击，并以战车掩护步兵发起了多次冲击。守城军民在姚子青的指挥下，同仇敌忾，顽强抗击，给日军以重大杀伤。5 日晚，姚子青致电师部："誓本与敌皆亡之旨，固守城垣，一息尚存，奋斗到底。"日军久攻不克，6 日，向城内发射了大量硫黄弹，顿时烟火四起，全城房屋尽被大火烧毁，姚子青营身处危城仍拼力奋战。之后，日军用重炮轰毁城墙，冲入城内，姚子青率部与日军展开了艰苦卓绝的最后巷战，直至全营壮烈殉国，宝山城失陷。

10 日 7 时，月浦东北地区日军兵力又增加 2000 余人。第九十八师顽强奋战，将日军击退，但自身伤亡严重。至 12 日，日军各登陆场连成一片，正面已达 40 公里，纵深 9 公里。守军的顽强抗击和积极反击，使日军两个师团的兵力陷于苦战，伤亡达 4000 余人，进展十分迟缓，不得不向东京求援继续增加兵力。

5. 北站、江湾、罗店阵地战

9 月 12 日，登陆之日军已进至江湾、庙行、颜家角一线。在此之前，第三战区根据蒋介石的指示，于 9 月 6 日制定了第二期战役计划，决心为保卫上海，巩固南京，达到多个围歼登陆之敌的目的；不能达成时，则依情况逐次在后方占领阵地，乘敌陆、海军不能协同之际，一举而歼灭之；万不得已时，则退守后方阵地，待后续部队到达后再求决战。

北站、江湾方向　11日，第九、第十五集团军在与日军直接接触下，乘夜暗撤至北站、江湾、新镇地区既设阵地。12日，日军第九师团及第三师团主力在地、空火力的掩护下，沿宝浏公路发起了进攻。守军顽强坚守，与日军死打硬拼，阻止了其前进。第三十六师第二一二团坚守江湾地区，其中复旦大学是阵地的突出部，群众和学生奋力支援，官兵热血沸腾，信心倍增，誓与阵地共存亡。日军多次向复旦大学图书馆阵地进攻，均被击退。一次，日军在炮火准备后，以3辆坦克掩护步兵发起了冲击。恰逢该处的战防炮损坏送后方抢修，紧急之际，只见一名高个子战士挺身而起，并对近旁的几名战士说："赶快把手榴弹都集中起来，捆在我的腰上。"高个子将绑腿布拆下，把所有的手榴弹都捆在了自己腰间，尔后爬出堑壕，越过铁丝网，向日军先头坦克滚爬而去。随着巨大的爆炸声，日军坦克在火光浓烟中当即斜瘫着横在了路边，随后的坦克见势不妙，掉头就跑，日军步兵也紧接着纷纷逃窜，日军进攻又一次被打退。由于战斗中伤亡很大，这位高个子战士已无人知道姓名，只知是位副班长，成了中华民族奋勇抗日的无名英雄。

14日，第三战区调整了部署，第一、第四、第六十六、第七十三军及第三十二师编成第十九集团军，薛岳任总司令，归左翼军指挥，部署在蕴藻浜北岸至罗店、月浦地区。15日，日军突进至杨木桥附近，守军第一军损失严重，第六十六军教导旅和第一五九师先后进入交战，顽强抗击日军进攻。至17日，经反复争夺，将日军击退。20日，蒋介石亲自兼任第三战区司令长官。21日，张治中调任，朱绍良接任第九集团军总司令。27日，日军再次发起总攻，增援的第一〇一师团在吴淞附近登陆后也加入了战斗。至10月1日，日军突入太平桥、殷家角守军阵地，一部进至中心阁、南金六房地区，威胁了刘家行、罗店的侧后安全。双方在陆家桥、刘家行附近苦战。2日，日军发起全线进攻，左翼军顽强抗击，虽遏止了日军的攻势，但自身伤亡也颇大。

罗店、浏河方向　9月13日起，日军第十一师团主力沿宝罗公路及其两侧发起连续进攻。守军第十四师、第六十六军教导旅、第十八军等部顽强苦战，伤亡较大，至18日，第六十六军主力接防梅宅以南阵地。19日、20日，新到的第四军接替了部分防守阵地。第六十六、第四军虽系新锐援军，但由于是正面填补漏洞，接连遭重大伤亡却无补于战局。22日，第四军遭日军猛攻，被迫退守樊家桥、金家宅地区。26日至30日，日军第十一师团连续发起进攻，企图策应刘家行方向向南突进，均被守军击退。10月1日，守军撤至蕴藻浜南岸及广福、施相公庙一带阵地。3日起，双方形成对峙。

6日，日军第十三师团在宝山附近登陆。13日，日军主力在江家宅、陈家行正面实施了强渡。与此同时，守军也不断增援兵力，第十九、第二十六师及第二十、第四十八军、第七军一个师先后到达战区。第二十军第一三三、第一二四师在10月初到达上海后，在蕴藻浜地区与日军连续激战7昼8夜，尸如山积，来不及掩埋，只好堆在前面充当胸墙据枪射击，抗击日军的进攻。各团都有共产党员，除英勇作战外，还积极宣传，动员民众，慰劳伤病员等。

14日，鉴于蕴藻浜地区兵力增多，第一、第四十八、第七十军及第一七一师编为第二十集团军，廖磊为总司令，隶属中央军，担负蕴藻浜南岸的防御任务。经连日激战，至18日，第二十一集团军全力死守，与日军相持于陈宅、西塘桥、陈家行地区。其间，增援的第十六、第五十二、第五十三师到达战区。

20日，陈诚根据蒋介石的命令，准备组织实施反突击，企图击破渡过蕴藻浜之日军，并进而恢复刘家行、罗店原阵地。陈诚迅速进行了部署，建立了多路攻击军。21日19时，炮兵开始火力急袭。20时，各路攻击军实施反击。由于均采取正面硬顶的战术，加之各部准备仓促，缺乏夜战经验及防毒、渡河等器材，且新到的部队不熟悉地形，因而反突击中有些部队迷失方向，引起混乱，有的甚至自相冲突，一夜反突击仅前进1公里，即被日军阻止。22日，日军在昼间发起攻击，并施放烟幕；第一路攻击军误以为是毒气，顿时混乱不堪，日军乘势猛冲，夺回阵地，进而又攻占了北侯宅、赵宅等地。23日，陈诚眼见部队伤亡严重，且陷于混乱，遂令各部撤回庙行、大场等地，继续防守，反突击失利。

25日，日军集中火力对守军阵地实施猛烈突击，随后发起冲击，攻占了洛河桥宅、小石桥、朗公庙等地。当夜，第三战区组织中央军和左翼军各一部实施反击，也未成功。26日4时，日军突破大场以北中央军防守阵地，并以炮火向大场西南守军阵地实施突击，尔后，步兵在30余辆坦克的引导下发起冲击。守军不支，大场失守。午后，日军分3路向南突进。入夜，中央军退守苏州河南岸阵地；左翼军退守江桥镇、唐家桥一线阵地。28日，日军前进至苏州河北岸。31日拂晓，日军在强大火力和烟幕的掩护下强渡苏州河，并在陈家渡、吴家渡南岸抢占了渡场。守军虽组织了反冲击，但进展甚微。11月1日，广福当面之日军第十三师团也发起了强渡进攻。当晚，右翼军总司令张发奎奉命兼任第九集团军总司令，赴青浦指挥苏州河南岸防御作战。2日，蒋介石再次调整了部署，取消了中央军，统归右翼军指挥。4日，日军一部在周家桥强渡苏州河，被第三师击退。

根据情报，日军一个师团准备在杭州湾北岸登陆。但蒋介石为保住上海，3日，仍命令抽调部队构筑徐家汇、虹桥机场、翟诸镇至纪王庙间预备阵地。5日起，日军飞机频繁对苏州河南岸守军阵地实施轰炸，双方还进行了激烈的炮战。7日，日军一部突破守军部分阵地，进至八字桥、施家衙一线。至8日，双方形成对峙。

6. 八百壮士殊死报国

10月26日大场失守后，江湾、闸北守军陷于日军的两面包围。第三战区令第八十八师主力撤至苏州河以南，留部分兵力在闸北牵制日军。第五二四团团副谢晋元自告奋勇担当重任，当即被委任为团长，指挥一个加强营（第一营为主，辖3个步兵连、一个机枪连和一个迫击炮排，计410余人），对外仍用团的番号，于当晚转移至"四行"仓库（大陆、金城、盐业和中南四家银行联营的仓库）坚守。谢晋元对官兵们说："国家兴亡，匹夫有责。我们是中国人，要有中国人的志气。现在我们四面被日军包围，这仓库就是我们的根据地，也可能是我们的坟墓，只要还有一个人，就要同敌人拼到底！"

四行仓库，是苏州河北侧的一幢6层楼的坚固高大建筑，长120米，宽15米。谢晋元率部占领仓库后，迅速部署了兵力、火力，大门用仓库内成堆满袋的小麦、大豆等堵死，所有的窗户都用麻袋装土堵住并留有射击孔，于27日黎明前完成了一切战斗准备。

27日5时，日军由东向西蜂拥而来，如入无人之境，接近四行仓库时，尚不知该处还有守军。谢晋元一声令下，全楼火器突然射击，日军尚未搞清方向，即被毙伤200余人。待后续部队到达后，日军集中兵力、火力向四行仓库发起了进攻。谢部沉着应战，以密集火力将日军的第一次进攻击退。10时，日军发起第二次猛攻，以火力封锁大楼东南角，以重兵包围西北角。谢晋元令停止射击，待日军前进至墙根时，楼内集束手榴弹纷纷投出，落地开花，日军死伤惨重，激战至12时，再次粉碎了日军的进攻。13时，日军在大楼的西北角纵火，将附近民房烧着，并发起了第三次进攻。在滚滚浓烟之中，谢晋元指挥官兵一面阻击日军，一面利用仓库内的灭火器材扑灭烟火。至17时，大火被扑灭，日军在死伤惨重的情况下停止了进攻。经整日激战，给日军以重大杀伤，谢部仅阵亡2人，伤4人。当晚，1名外国记者通过英租界驻军送进一张纸条，问及四行仓库守军实力，谢晋元不假思索地答复：800人。之后，"八百壮士"的英名传遍了整个中国和全世界。

28日7时，日军飞机在四行仓库上空盘旋侦察并企图投弹。大楼顶部守军的高射机枪一阵猛打，日机未敢低飞和俯冲，狼狈逃窜。8时，日军发起了第四次进攻。谢部为节省弹药，待日军接近时才掷手榴弹，打退了日军的进攻。17时，日军第五次进攻也被击退。谢部坚守两昼夜而粒米未进。上海救亡团体通过英租界驻军协助，将食品装进布袋，用绳子抛向大楼墙根，守军在楼底层挖墙洞抢运食品，虽阵亡3人，但全体官兵备受鼓舞。当晚，谢晋元和第一营营长杨瑞符召集全体官兵训话，号召：爱国军人要抱定必死之决心，血战到底！不成功便成仁！并要求大家留下简短遗书通知家中，写好后集中起来设法送出去,以表示不惜牺牲之决心。

29 日,日军已将苏州河以北地区全部占领,但位于苏州河北侧的四行仓库仍巍然屹立,谢晋元还率部粉碎了日军的第六次进攻。22 时,女童子军队员杨慧敏冒着生命危险冲过苏州河,将一面国旗献给守军。谢晋元激动不已,含泪对她说:"勇敢的同志,你给我们送来的岂仅仅是一面崇高的国旗,而是我们中华民族誓死不屈的坚毅精神!"并下令立即升旗。30 日 4 时,人们看到了庄严的国旗已在四行仓库楼顶上迎风飘扬。日军一发现,即疯狂地发起了第七次进攻,并以机枪火力向中国国旗猛烈扫射。谢晋元边指挥战斗边大声喊道:"兄弟们!我们要和国旗共存亡,誓死不投降,狠狠消灭敌人!"此时,成千上万的群众及中外人士在苏州河南岸的许多大楼上观战,并挥动帽子、手巾,向守军呼喊、致意,有的还把观察到的日军集结地点、行动情况等用大黑板写上,向守军报告敌情。谢部官兵更感使命之重大,楼顶上的官兵激动万分之际,向隔河群众振臂高呼:"中华民族万岁!万岁!万万岁!"

日军进攻持续至 14 时,抛尸数百,却寸步难进,日机多批终日在空中盘旋,被守军高射机枪的猛烈火力击退 5 次,始终未敢俯冲投弹。日海军还派出 2 艘小艇,满载陆战队士兵,由黄浦江驶入狭窄的苏州河,企图封锁守军与英租界间的交通线。租界内群众及时给英驻军报信,后在英军的交涉下,日海军陆战队不得不快快而退。战斗结束后,许多中外记者到四行仓库采访,"八百壮士"众志成城、孤军坚守四行仓库的消息引起了极大轰动,受到国内、国际的普遍关注和尊敬。当时,有人编了一首《八百壮士之歌》,守军与群众隔河高歌,同声合唱:"中国不会亡,中国不会亡,你看那民族英雄谢团长;中国一定强,中国一定强,你看那八百壮士孤军奋战东战场;四面都是炮火,四面都是豺狼,宁愿死,不退让,宁愿死,不投降,我们的国旗在炮火中飘扬!飘扬!八百壮士一条心,十万强敌不敢挡,我们的行动有力,我们的志气豪壮。同胞们起来!同胞们起来!快快赶上那战场,拿八百壮士做榜样,中国不会亡!中国不会亡!中国不会亡!"

根据蒋介石命令,谢晋元率部于 30 日 24 时开始撤离四行仓库,向英租界转移。日军发觉谢部企图后,以探照灯和机枪火力封锁守军必经的西藏路,并全力对四行仓库实施火力压制。谢部仅遭微弱伤亡,于 31 日 2 时全部安全突围,撤到苏州河以南。

"八百壮士"死守四行仓库达 4 昼夜,全体官兵同仇敌忾、顽强奋战,粉碎了日军优势兵力火力的连续 7 次围攻,给日军以沉重打击,击毙其 200 余人,伤其数百人,击毁装甲战车 2 辆。谢部仅伤亡 37 人,胜利地完成了使命,谱写了一曲中华民族忠勇无畏、不屈不挠、英勇抗日的举世称颂的壮歌。

1941 年 4 月 24 日,谢晋元不幸被日伪收买的暴徒刺杀殒命。28 日,蒋介石发出通电："谢晋元同志之成仁，为我中华民国军人垂一光荣之纪念，亦为我抗战史上留一极悲壮之史迹……谢团长不仅表现我军人坚贞壮烈之气概，亦为我民族不屈不挠正气之代表。"并追赠谢晋元为陆军少将。抗战胜利后，为纪念民族英雄谢晋元的不朽功勋，上海胶州路被命名为"晋元路"。

上海沦陷

11月初，国民党军最高统帅部及第三战区长官部对日军在杭州湾北岸可能登陆的企图，未能及时作出准确的判断并适时谋求对策，而将作战重心放在了对苏州河南岸的防御。杭州湾北岸之独山、全公亭、金山卫、漕泾镇至柘林80余公里地段的海岸防御，原部署兵力为右翼军的第六十二、第六十三师和独立第四十五旅，却在11月3日前将主力调进了上海附近，该处仅留第六十三师第三七三团防守。日军为迅速解决淞沪战事，并进而攻占南京，遂由国内和华北急调部队，准备在杭州湾北岸登陆，企图迂回松江、青浦，截断京、沪、杭间的联系，配合正面部队包围、歼灭淞沪地区守军，迅速攻占上海，尔后向南京发展进攻。

4日夜，日军第六、第十八师团及国崎支队海运接近杭州湾。5日拂晓，又以浓雾作掩护，用小汽艇、橡皮船等秘密进至全公亭、金山卫、金山咀、漕泾镇等处沙滩。天明雾散后，日机数十架轮番向上述地区守军岸滩阵地实施了火力突击，舰炮火力也不断泻向海岸阵地。守军兵力薄弱，日军仅遭小规模零星抗击，乘隙顺利登陆。第三战区得知日军侧后登陆的情况后，急令第六十二师、第一八六旅折返柘林，独立第四十五旅也向南桥急进，并令第七十九、第一○七、第十一师等部增援，但为时已晚。援军在开进途中，遭日军空、地火力拦击，行动迟缓，未能及时赶到，已难以挽回危局。5日黄昏，登陆日军先头部队到达米市渡，守军未抵抗即撤退，日军迅速在米市渡、得胜港等处顺利渡过了黄浦江。至8日，登陆日军进逼松江城郊，一部兵力在20架飞机的支援下，向枫泾镇发起了猛攻，切断了苏嘉路。9日，松江城失陷，直接威胁上海守军的侧后安全。至此，日军已达成了迂回包围上海守军的企图。

日军在杭州湾北岸登陆成功后，上海正面部队同时发起了强大攻势。守军已陷入了极为不利的地位，军心十分动摇。8日21时，第三战区根据蒋介石的旨意，下达了退却命令，规定当夜开始行动。各部队毫无准备时间，以至集团军以下各级司令部连命令、计划都来不及拟定和下达，又是在与日军直接接触的情况之下，于9日开始仓促向西撤退。9日1时，苏州河南岸的右翼军左翼部队（原中央军）首先向青浦、白鹤港之线撤退；右翼军也随之西撤。日军当即在优势航空兵的支援下，以第九、第十一、第十三师团沿京沪铁、公路跟踪追击，并以海军沿长江实施超越追击。

南翔经昆山、吴县至无锡一带系水网稻田地区，河流纵横交错，除公路外，部队运动十分困难。西撤的国民党军均沿京沪公路争先恐后抢道开进，公路上拥挤不堪，车辆堵塞，加上日军航空兵的不断袭击，各级指挥官完全失去了指挥和控制。此时，日军又编组了几个小规模的挺进部队，渗透至南翔至昆山公路附近袭扰，致使西撤的国民党军更趋混乱，溃退中死伤、逃亡不计其数。12 日，上海失陷，更使尔后的正面战场抗战呈现了危机严重的不利局面。

淞沪会战是中日双方在抗日战争初期投入兵力较多，也是伤亡较大的一次战役。日军先后增兵，共动用了 10 个师团，战车 300 余辆，舰艇 130 余艘（其中航空母舰 3 艘，占其总数的一半），飞机 200 余架，总兵力达 22 万余人，作战中伤亡 6 万余人。国民党军先后动用 56 个师、7 个旅，海军 2 个舰队，飞机 200 余架，总兵力达 60 余万人，作战中伤亡达 25 万余人。

南京保卫战

1937 年 11 月 13 日至 12 月 13 日，中国国民党军在南京及其附近地区抗击日军进攻的防御战役。

南京是国民党政府的首都，是当时政治、军事、经济中心，也是中国南北交通枢纽。津浦、京沪、京芜铁路在此衔接，公路四通八达，水路以长江为主，溯江而上可直达武汉、重庆，顺江而下则直通上海。南京城三面环山，北临长江，地势险要，历来是军事要地。外围有乌龙山、栖霞山、汤山、青龙山、方山、牛首山等，构成一道弧形的天然屏障。城郭有幕府山、紫金山、雨花台等制高点，可控制交通要道。市区城墙坚固，又有护城河环绕，市内地形略有起伏，有 8 座小山可作防卫依托，便于据险防守。

1937 年 11 月 5 日，日军在杭州湾北岸登陆，直接威胁了上海守军的侧后安全。8 日，上海守军在日军的夹击下，开始全线撤退。日军为迫使南京政府投降，决定乘机发起追击，分兵两路向南京方向实施进攻。北路为日军主力，沿太湖北岸走廊、京沪铁路西进；南路沿太湖南侧之京杭公路实施进攻，并以一部兵力直插芜湖，以阻止国民党军西撤，企图围歼国民党军主力于南京及其附近地区。两路日军计 8 个师团、两个旅团和海军一部，共 20 余万人，由松井石根大将统一指挥。北路为上海派遣军，由第三、第九、第十一、第十三、第十六师团和重藤支队（旅团）编成，松井石根直接指挥；南路为第六、第八、第一一四师团和国崎支队，由第十军军长柳川平助中将指挥。

国民党军为阻击日军的进攻，决定以一部兵力扼守福山、苏州、嘉兴、乍浦一线（"国防第一线"）既设阵地，不得已则退守江阴、无锡一线（"国防第二线"）；以第十集团军退守杭州，第七军主力退守长兴附近。计划调川军6个师到宁国、广德附近集中，尔后对南路日军实施攻击，企图将其压迫至钱塘江附近而歼灭之。与此同时，计划以第七战区一部兵力在安吉、孝丰地区攻击日军侧翼；以第三战区部分兵力在龙潭以南、广德以北山地实施防御，并破坏交通，迟滞日军进攻，策应南京的防卫作战。

至11月12日，太湖北侧地区为左翼军，陈诚为总司令，辖第十五、第十九、第二十一集团军；太湖南侧地区为右翼军，张发奎为总司令，辖第八、第十、第二十三集团军。此时，南京守军仅有教导总队、第三十六、第八十八师和宪兵两个团、炮兵第八团等部，共6万余人，且不少是在上海激战后撤到南京整顿补充未完的部队。11月20日，根据蒋介石的命令，南京警卫执行部改组为卫戍长官部，唐生智任司令长官，罗卓英、刘兴为副司令长官。连同陆续从上海退回南京的第八十七师，第二军团之第四十一、第四十八师、第七十四、第六十六、第八十三军等部，南京守军总兵力达11万余人。其主要部署：南京及其近郊为第三十六、第八十七、第八十八师、教导总队和宪兵部队守备，其中第八十八师在水西门、中华门至武定门及雨花台一线；第三十六师在玄武门、红山、幕府山、挹江门一线，并与幕府山要塞、狮子山要塞协同作战；教导总队在光华门、中山门至太平门、紫金山、麒麟门及天堡城之线，并以一部兵力坚守乌龙山要塞；第八十七师在通济门、光华门一带；宪兵部队在定淮门至汉中门清凉山地区。南京外围阵地为第二军团和第七十四、第六十六、第八十三军等部守备，其中第二军团在栖霞山、乌龙山地区，担负协助乌龙山要塞炮台严密封锁长江和阻击沿铁路两侧进攻之日军的任务；第七十四军在淳化镇、牛首山一带组织防御；第六十六军在淳化镇至凤牛山一线，并向句容派出警戒部队；第八十三军在凤牛山至龙潭一线，并向下蜀派出警戒部队。战役经过主要分为3个阶段：

江阴阻击战

11月13日，北路日军发起了进攻。第三、第九师团沿京沪线西进；第十一、第十三师团向太仓、常熟方向攻击前进；第十六师团及重藤支队从白茆口南岸登陆，向支塘、福山、兴隆镇进攻，企图切断京沪公路。与此同时，日海军一部溯江而上，配合地面进攻部队行动。13日晚，国民党左翼军撤至福山、苏州一线阵地。15日起，双方激战于常熟、兴隆镇、福山及沿江一带地区。19日，日军以猛烈炮火和频繁轰炸突击守军，并以第三师团一部渡过阳澄湖袭击苏州，集中兵力以第十三、第十六师团和重藤支队向常熟、福山等地实施进攻。守军不敌，遂向无锡、江阴一线撤退。24日，日军第九、第十一、第十六师团以多路进攻直扑无锡，并以秋山支队乘汽艇横渡太湖，突破守军第五十军在太湖西岸的防御阵地，向常州迂回，以对无锡形成合围之势。无锡守军见势不战而退。27日，日军进占无锡。国民党左翼军除一部退往常州外，主力向浙、赣、皖边区撤退。日军兵分3路继续攻击前进。其右路为第十一、第十三师团，向江阴方向实施进攻，遭守军第一〇三、第一一二师及江阴要塞守备部队的顽强抗击。中路为第十六师团，在句容以东地区击退了守军反击，于12月5日攻占句容，6日，抵达汤山以东地区，与守军第六十六师展开了激战。左路为第九师团，11月29日，攻占常州后继续向西进击，12月2日，攻占金坛，6日，占领天王寺，并突破守军第五十一师防御阵地，进至淳化镇附近地区。此阶段，江阴地区的战斗最为激烈。

江阴位于长江下游，地处上海、南京之间，与北岸之靖江相望。此处江面狭窄，仅宽2公里，南岸山陵起伏，地势险要，是长江的"大门"。早在8月13日淞沪抗战爆发后，国民党军即封闭了长江江阴下游的长山港江面，沉没了28艘装满石头的军舰和大型商船，组成了第一道长江封锁线，以阻日舰上驶。江阴要塞则充分利用有利地形，构筑了坚固工事，组成了东山、西山、黄山、萧山、鹅山等8个炮台，计部署各种火炮37门，其中有当时最先进的88毫米高平两用半自动火炮和150毫米加农炮，另有2个守备营和工兵、通信各1个连。要塞司令许康，经常教育官兵，并以"一定要与江阴要塞共存亡"的口号激励部属，决心誓死守卫长江"大门"。此时，第一〇三、第一一二师奉命防守江阴地区，第一〇三师在要塞以东一线。第一一二师以1个旅和师直属队坚守江阴县城，主力在要塞以西及以南地区，并与第一〇三师相衔接。江北天生港地区由第一一一师防守，与江阴形成了掎角之势。守军斗志旺盛，严阵以待，准备迎头痛击来犯之日军。卫戍长官部副司令长官兼江防军总司令刘兴坐镇江阴，统一指挥作战。

11月27日，日军第十三师团向江阴地区发起了进攻，以炮火向黄山炮台实施了猛烈突击。黄山炮台即行还击，东山、西山炮台也同时射击，双方展开了激烈的炮战。激战中，日军还使用了瓦斯弹，由于守军炮台均在狭小的高地上，加上江风吹送，未造成严重后果。与此同时，第一〇三、第一一二师防守部队以火力杀伤地面进攻之日军，并展开了近战肉搏，经反复争夺，将进攻日军击退，入夜后，双方形成对峙。深夜，第一〇三师组成敢死队主动出击，利用夜暗和有利地形，秘密接近日军，以集束手榴弹炸毁其战车7辆。28日，日军未敢贸然发起进攻，仅以密集炮火向守军阵地猛轰，从黎明一直持续到中午。29日，长江下游的日舰向江阴要塞实施了炮击，要塞守军以炮火还击，击沉日舰3艘，伤其1艘。与此同时，地面进攻之日军也发起了多次攻击，守军坚守阵地，打退了日军的进攻，双方各有部分伤亡。激战中，第一一二师师长霍守义负伤，遂由第三三四旅旅长马万珍代理指挥，并根据上级命令，决定夜间组织突围。22时，第一一二师开始向西突围，绕过江阴城北，沿公路向西行进，在南闸镇以西地区遭日军火力封锁后被打散，之后大部西撤，一部撤到江北。

30日，日军再次发起了进攻，第一〇三师各部坚守阵地，顽强抗击，并多次组织反击，有的阵地失而复得，双方死伤惨重。12月1日，日军陆、海、空三军联合向江阴地区猛扑，日机80余架向守军阵地实施了轮番连续轰炸，一时炸弹倾泻，火光连天，守军大部阵地和工事被摧毁，而要塞部分国防工程和地下工事由于缺乏有效管理，有的已找不到钥匙，有的则长期锈蚀而打不开锁，以至未能利用，加上双方对峙，多为近战，使要塞重炮无以发挥优势，所以日军水陆并进，攻击愈烈。情急之中，第一〇三师师长何知重将全师兵力悉数投入激战，先后打退了日军的多次进攻，官兵伤亡已极为严重。入夜后，第一〇三师奉命突围，向镇江方向转移。行至江阴城边，方知第一一二师早已撤离，致使第一〇三师腹背受击，更增大了伤亡。22时，第一〇三师撤至江阴城西钱家村附近时，遭少部日军伏击，第六一三团团长罗熠斌及许多官兵不幸阵亡。第一〇三师当即以一部兵力绕至日军翼侧，爬上屋顶，以手榴弹实施突袭，将日军数处火力点消灭，主力遂迅速向西急进。

江阴阻击战，历时5昼夜，第一〇三、第一一二师及要塞守备部队顽强抗击了优势日军的进攻，虽自身伤亡惨重，同时也沉重地打击了日军的嚣张气焰，并给其以重大杀伤。战斗中，江阴地方政府和广大人民群众积极支前，主动组成了运输队、担架队，冒着日军猛烈的空地火力，抢运粮食、弹药，抢救、输送伤员，更激发了守军官兵的斗志和为民族奋勇献身的精神。

南京守城战

12月7日起，日军对南京外围防线发起了攻击。淳化镇、牛首山一带为第七十四军防守，第五十一师占领方山至淳化镇一线阵地，第五十八师占领牛首山，军部在通济门外一村庄内。部队进入阵地后，发现许多国防工事用土埋着，有的上锁后已打不开。7日上午，守军正在抢修工事，闻报日军经句容正向西急进。16时，日军先头部队与第五十一师警戒部队开始接火。8日拂晓，日军在地空火力的掩护下，向淳化镇守军阵地发起了猛烈攻击，第五十八师也与日军展开了激战。国民党空军及苏联空军志愿大队迅即起飞，向来犯日机发起反击，击落日机2架。守军官兵精神为之振奋，激战至黄昏，阵地岿然不动。9日8时，日军集中主力，地空联合又一次发起攻击，并以一部兵力向方山迂回，威胁淳化镇的侧翼。经连续激战，守军伤亡惨重，淳化镇、牛首山阵地均被日军突破，第七十四军遂奉命转移。

与此同时，栖霞山、汤山、秣陵镇等地也均遭日军猛烈攻击。南京外围经两昼夜激战，日军先后占领了栖霞山、汤山、淳化镇、秣陵镇等要点，守军被迫退守乌龙山、麒麟门、大胜关一线。

12月6日晚，蒋介石召集少将以上将领训话：南京是总理陵墓所在地，如今首都已是一座围城，保卫首都的重任交给唐生智将军，大家服从唐将军，正像服从我一样。我走后，也会调动部队前来策应。万一有什么不幸，大家也将成为保卫国家的民族英雄！唐生智也表示：愿与诸将共负守城之责任，誓与南京共存亡。7日5时45分，蒋介石等飞离南京去庐山。天亮后，日机即飞临南京上空实施了轰炸。8日，南京守军完成了城防部署：第八十八师在雨花台、中华门一线；第七十一军第八十七师在光华门、通济门地区；教导总队坚守紫金山、麒麟门、中山门地区；第二军团坚守杨坊山、乌龙山一线及乌龙山要塞；第七十八军第三十六师固守红山、幕府山、下关一线；第八十三军第一五六师在青龙山、龙王山一线掩护外围部队撤退；第七十四军第五十一、第五十八师撤回后防守河定桥一线；第一〇三、第一一二师向南京急进；第六十六军进至大水关附近集结待命。

9日，南京守城战全面开始。7时起，日军飞机60余架在城内外实施了反复轰炸。日机还向城内投撒了松井石根致唐生智的《投降劝告书》，向守军发出了最后通牒，限于10日午前交出南京城。唐生智对此置之不理，令各部严阵以待，誓与阵地共存亡，并指令第七十八军军长宋希濂指挥第三十六师负责沿江警戒，禁止任何部队渡江。

教导总队是南京保卫战中装备最好、实力最强、兵员充足的主力部队，兵力达3万余人，总队长为桂永清，参谋长为邱清泉。教导总队在南京驻防和训练达4年多，阵地坚固、地形熟悉，官兵士气旺盛，当时被称为蒋介石的"铁卫队"。紫金山最高处为第一峰，次高峰为第二峰，东麓小高地为老虎洞。老虎洞地区战斗在8日午后即已打响，日军集中炮火猛轰老虎洞，随后步兵发起了冲击。防守老虎洞地区的是教导总队第三旅第五团罗雨丰营，该营依托有利地形和工事，居高临下，以密集火力打击进攻之日军，给敌以重大杀伤，日军被迫退回原阵地。9日拂晓，日军以地空火力向守军阵地实施了猛烈突击，并发射了燃烧弹和烟幕弹，守军阵地顿时烟火冲天，日军随即发起了冲击。罗雨丰营顽强抗击，并在团主力的侧击支援下，再次将进攻之日军击退。下午，日军利用有利风向，再次发射了大量燃烧弹和烟幕弹，并发起了猛攻，罗雨丰不幸殉职，全营大部伤亡，老虎洞遂失守。

与此同时，从9日拂晓开始，日军从3个方向向南京发起了全线攻击。一部日军2000余人在10余辆坦克的引导下，进至光华门外，并占领了大校场通光营房。此时，光华门附近仅有教导总队所属的一部官兵，情急之际，守军迅速关闭了城门，并将沙袋垒积至半城墙高，以堵截日军的冲击。日军将火炮推进至高桥门附近，集中火力向城门轰击，城门很快被毁，并有日军

100余人冲入。守军当即集中火力射击，将突入之日军消灭，并以火炮向日军坦克射击，击毁其1辆，日军被迫后退。待第八十七师增援部队到达后，迅即发起反击，将大校场之日军驱逐。

10日，日军主力向雨花台、通济门、光华门、紫金山第二峰一线同时发起猛攻。日军第九师团工兵分队在火力掩护下，以炸药爆破开路，先后两次突破光华门，100余日军敢死队一举冲入了城内。守军适时发起反击，将日军敢死队全部歼灭，迅速恢复了阵地。通济门守军也与日军展开了激烈争夺，顽强抗击了优势日军的进攻，后在第一五六师的增援下，将进攻之日军击退。入夜后，第一五六师挑选敢死队员数十名，由城墙上用绳索悬吊下去，用汽油和手榴弹将潜伏在城门洞内的少部日军悉数焚毙，并乘胜袭击了占领通光营房的一部日军，将其驱逐，后在追击作战中，敢死队的勇士们全部壮烈牺牲。

另一部日军分两路在坦克的引导下，向教导总队防守阵地发起了攻击。守军首先以防坦克炮连奋勇迎击，击毁日军坦克2辆，迟滞了日军的攻势。午后，日军一部在3辆坦克的引导下，向光华门猛冲。教导总队第二团、军士营和防坦克炮一个连发起了反击，在正面抗击的第八十七师掩护下，将进攻之日军击退，并俘其3人。15时，日军敢死队在密集炮火的掩护下推进至护城河一线；22时，日军10余人冲入光华门城门洞内。半夜，光华门守军将大量汽油撒向城门洞附近，并当即投下火种，将城门洞内日军全部烧毙。

11日，日军集中精锐猛攻中华门地区。中华门外守军第八十八师一部被迫向城内撤退，日军紧追不舍，由于守军混乱不堪，云梯和城门关闭不及，日军300余人一并抢入城内。罗卓英亲临第一线指挥，在中华门一带展开了激烈巷战，终将入城日军全部击毙。此时，东线日军向紫金山发起了猛攻，教导总队奋勇抗击，浴血苦战，使日军难以前进一步。另一部日军迂回到大胜关、江心洲地区，袭击第七十四军翼侧，战斗异常激烈。14时，第八十八师主力防守的雨花台右翼阵地被日军突破，守军顽强抗击，固守主阵地。

11日中午，唐生智接到顾祝同打来的电话，转达了蒋介石的撤退命令，并要唐迅速赶到浦口，以接其撤离。唐生智表示：不能马上离开南京，撤退问题必须部署。22时，卫戍司令长官部也接到蒋介石命令："如情势不能久守时，可相机撤退，以策后图。"

12日拂晓起，日军以地空密集火力向各城门实施突击，多处被毁，坚固城墙也被炸得砖石乱飞，有的地方被炸得城墙洞开，城内外已能通视。另有30余架日机在南京上空盘旋，炸弹和传单同时抛下来，敦促守军将领投降。12时后，日军第九师团攻占了雨花台主阵地，第八十八师伤亡惨重。日军以重炮轰击中华门，并以部分炮兵向城内射击，尔后步兵发起冲击，一举突入中华门，另一部突入光华门。日军第十六师团猛攻教导总队防守阵地，迅速攻占了紫金山，继又突破中山门，进入城内。日军第十三师团一部突破第二军团第四十一、第四十八师防守阵地，尔后向乌龙山要塞发起了猛攻。被打乱了建制的守军官兵在万分紧急的情况下，迎着枪声，以大无畏的精神阻击日军的长驱直入，与日军展开了激烈的巷战。与此同时，日海军舰队已驶抵乌龙山江面，并清除了水雷及其他障碍物。在当涂渡江的国崎支队已攻下和县，正向浦口急进。

17时，在极度危急中，唐生智召集罗卓英、刘兴及师长以上将领开会，宣布了蒋介石的撤退命令，并对突围计划以及集结地点作了指示，同时，令第三十六师负责掩护卫戍司令长官部渡江北撤。将领们默不作声，沉浸在悲愤的深渊里。唐又说："战争不是在今日结束，而是在明日继续。请大家记住今日的耻辱，为今日的仇恨报复！"

入夜后，紫金山满山都在燃烧，雨花台、中华门、通济门一带也都是火光冲天，南京城陷入了极度混乱之中。守军乘夜暗组织撤退，除第八十三军按指定路线绕栖霞山经句容向皖南突围外，其余各部除部分兵力誓不撤离、坚持巷战外，均拥向下关，觅船过江，争渡逃命。因江边船只少，有的取门板制木筏，行至江中即被急流倾覆吞没，有的船只因超载而沉没，有的甚至为争渡鸣枪，自相残杀，造成了江边更为混乱的局面。

13日晚，日军攻占南京。尔后，日军大肆烧杀淫掠，开始了持续3个月之久的大屠杀。被俘的国民党守军和无辜居民被屠杀达35万人，全市房屋1/3被化为灰烬。这种世界历史上罕见的大暴行，激起了全中国乃至全世界人民的无比愤怒和仇恨。

南京大屠杀

日军占领上海后，即向南京进攻。一部向沪宁路进攻，并派出一个师团在自茆口登陆，先后攻占嘉兴、常熟、常州，直取南京正面，并于12月初攻占江阴要塞。另一部日军则向沪杭路和南京杭州公路前进，连陷嘉兴、吴兴、长兴、宜兴，取溧水、句容，袭南京之背。日军并从长兴、广德西进，占宣城、芜湖，完成了对南京的包围。12日晚，南京守军15万人，按蒋介石的命令撤退，12月13日，南京失陷。

日军占领南京后，随即开始了长达6周的血腥大屠杀。首先对未撤出城内的中国军队和"安全区"内的难民进行屠杀。17日，日军在南京举行"胜利八战式"，司令官松井石根带领侵略军踏着成千上万中国人民的尸体和血迹进城。日军杀人放火，奸淫抢夺，以炫耀其武士道精神。屠杀不分昼夜。据战后远东国际军事法庭调查，在大屠杀中死于非命的中国军民竟达35万以上。屠杀的手段令人发指，除使用现代化武器外，还采用各种野蛮残忍的杀人方法：砍头、劈身、切股、挖心、火烧、分尸、集体活埋，杀人竞赛、挑刺孕妇腹中胎儿等等。同时还丧心病狂地奸淫妇女，不论年龄、地点、时间，并大规模地抢劫，有计划地破坏，甚至挨门逐步索取财物，之后将房屋付之一炬。日本法西斯的暴行正如德国驻华使馆给本国的密电中所说："犯罪的不是这个日本人或那个日本人，而是整个日本皇军……它是一副正在开动的野兽机器。"

南京大屠杀是日本帝国主义在中国犯下的滔天罪行，其罪之大，其形之丑，无以描述。也充分暴露了日本法西斯的极端疯狂性和野蛮性。日本法西斯的罪行，不但没有吓倒中国人民，反而更加激起中国人民同仇敌忾，抗战到底的决心。

徐州会战

战前形势

1938年1月18日至6月9日，中国国民党军在以徐州为中心的广大地区抗击日军进攻的防御战役。

徐州位于淮北平原，是津浦线和陇海线的枢纽和苏、鲁、豫、皖4省之要冲，大运河穿经市郊，公路四通八达，战略地位极为重要，自古以来为兵家必争之地。控制徐州，北可威胁济南，南可进逼南京，沿陇海线西进则可利用中州平坦地形直扑平汉线，进而夺取郑州、武汉等地。徐州四面山丘群立，有了房山、香山、白云山、云龙山、凤凰山、卧牛山、霸王山、义安山、九里山等，为天然屏障，利于组织环形防御。

1937年12月13日，日军攻占了南京。之后，又相继占领了杭州、滁县、济南等地，其侵略气焰更加嚣张。为打通津浦线，使南北连成一片，实现迅速吞并全中国的野心，先后集中华中、华北等地日军主力8个师团、5个旅团，约24万人，以南京、济南为据点，准备实施南北对进，夹击华东战略要地徐州；同时，继续由德国驻华大使陶德曼出面调停中日"和谈"，斡旋"和平"，诱压蒋介石投降。

1938年初，日军华中方面军从滁县北上，企图打通津浦线，配合华北方面军攻占徐州、合肥地区。之后，华北方面军从济南南下，以主力围歼徐州地区国民党守军，以一部兵力在兰封（今兰考）东北直插陇海线，占领兰封以东、陇海线以北地区，切断徐州守军的退路。华北方面军各部由第二军司令官西尾寿造指挥，辖第一军（第十四师团）、第二军（第五、第十、第十六、第一一四师团）和独立混成第三、第四、第五旅；华中方面军（2月中旬改为华中派遣军）所部由司令官畑俊六指挥，辖第三、第九、第十三师团和第六师团坂井支队、第一〇一师团佐藤支队及第十一师团一部。

日军占领南京后，国民党军一面调集部队控制武汉及豫皖边区，一面抽调兵力至鲁中及淮南地区，企图牵制日军主力于津浦线，以迟滞日军西进向武汉发展进攻。为确保徐州，以一部兵力在津浦线南段和北段抗击日军进攻，一部兵力在徐州东北临沂地区担任牵制任务，集中主力于徐州附近和淮北平原实施机动作战，以粉碎日军的进攻。徐州地区为国民党军第五战区，李宗仁为司令长官，辖12个集团军，约65万人（会战中得到大量增援，总兵力约70个师100万人）。具体部署：第十一、第二十一集团军和第五十二军共10个师，在合肥、明光（今嘉山）、蚌埠地区，担负津浦线南段防御任务；第二、第三、第二十二集团军共14个师，在巨野、滕县、台儿庄地区，担负津浦线北段防御任务；第三军团和从青岛撤退的海军陆战队，在临沂地区担负阻击青岛日军南下的任务；第二十四、第二十七集团军分别在苏北和巢湖以南地区担负牵制任务；第二十、第二十七军团等部在徐州外围及淮北平原准备实施机动作战。

台儿庄大捷

1938年3月17日至4月8日，中国国民党军第五战区一部于徐州会战期间在台儿庄地区粉碎日军进攻的反击战役。

台儿庄是山东省南部的一个重镇，位于徐州东北30公里的大运河北岸和临城至赵墩的铁路支线上，北连津浦线，南接陇海线，其战略地位十分重要。徐州会战中期，日军为实现南北夹击、夺占徐州的战略目的，以北路日军一部向台儿庄地区发起了进攻。日军如控制台儿庄，则既可南下赵墩，沿铁路线西进，尔后向徐州发展进攻，又可北上策应北路主力的作战行动，并可切断国民党军第二十七、第三军团等部的退路。因此，日军视台儿庄为"钉子"，志在必夺。

日军第十师团濑谷旅团一部兵力在进攻滕县时，其主力已于3月17日攻占临城。18日，又兵分两路，直扑韩庄、峄县。此时，第五战区第二十军团（汤恩伯部）奉命从河南归德和安徽亳县驰援滕县、临城，由于路途遥远，仅有先头部队到达滕、临、峄地区。日军恃其地空火力和机械化部队的优势，猖狂发起进攻，迅速夺占了枣庄、韩庄、峄县。防守峄县的第二十军团一个团伤亡惨重，团长不幸阵亡。日军攻占韩庄后，以步兵400余人及坦克10余辆，企图渡过运河，直捣徐州。此时，第二十军团第二师已在韩庄附近之运河南岸抢修工事，组织防御，遂与日军展开了隔河激战，阻止了日军的进攻。濑谷旅团主力即刻调整了部署，沿铁路支线向台儿庄方向攻击前进。此时，第二集团军（孙连仲部）主力已赶赴台儿庄，其中第三十一师及一个炮兵营已先期进至台儿庄组织防御；第二十军团也已渡过运河，进至峄县东北之兰陵、向城地区集结，准备侧击枣庄、峄县地区日军，企图将该地区之日军压迫至微山湖畔歼灭之。

3月23日，峄县日军1000余人，在8辆坦克和10门重炮的掩护下，向台儿庄发起了进攻。守军第三十一师及第二十七师一部坚守阵地，顽强抗击，将进攻之日军大部歼灭，残部300余人撤至北洛固守待援。24日，日军2000余人在地空火力和坦克的掩护下，再次向台儿庄发起猛攻，并有一部日军突入庄内。第三十一师以一个旅的兵力在庄内与突入之日军展开了巷战，另以一个团的兵力主动出击，袭击了进攻日军的翼侧，经激战，将进攻日军击溃，并收复刘家湖。下午，日军再次发起进攻，其猛烈炮火将台儿庄北门轰破，紧接着日军300余人冲入庄内，第三十一师严阵以待，集中火力射击，将突入日军全部歼灭。

25日黎明，第二十军团指挥第五十二、第八十五军向峄县、枣庄地区发起反击。第五十二军将日军派往临沂增援的一个旅团包围在枣庄东南之郭里集附近地区，经激战，歼其一部，击溃其大部。第八十五军第四师对枣庄之日军发起三面围攻，并迅速突入城西，歼灭日军一部，焚毁其战车8辆；日军1个联队占领中兴煤矿公司大楼固守待援。与此同时，日军加强了对台儿庄的攻击，其猛烈炮火将北门、西北门寨墙摧毁，200余人突入庄内占据碉堡固守。至26日，进攻台儿庄的日军已达3000余人，并增加了坦克和重炮。此时，第五战区野战重炮团、战防炮营和铁甲车一个中队先后增援进入台儿庄，大大增强了守军的火力。27日，日军一部在9辆装甲战车的掩护下猛攻台儿庄，一举突破了北门并占领了东北角地区。激战中，守军炮兵大显神威，击毁日军战车6辆。28日，双方在台儿庄、刘家湖附近激战。日军地空火力实施了连续突击，台儿庄车站、煤厂等地几乎成为一片废墟。第二集团军部队与日军展开了近战肉搏，打退了其数次进攻。当晚，日军300余人由城西突入西北角，与在该处顽抗的一部日军会合后，继续向庄内突击，遭守军炮火袭击。第三十一师一部当即又发起反击，战至深夜，将突入之日军大部歼灭，一部日军退入大庙固守。

27日，第五战区命令第二十军团：放弃峄县、枣庄攻击计划，一部监视当面日军，主力南下，首先歼灭台儿庄附近之日军。但由于汤恩伯犹豫观望，未遵令行动，遂于29日又下令：第八十五军对峄县之日军实施佯攻，阻其南下；第五十二军于30日速向泥沟、北洛前进，以一部协助第二集团军解决台儿庄附近之日军。汤恩伯遂依令行动。

29日，台儿庄地区激战进入了白热化程度。第三十一师编组了一支72名勇士组成的突击队，在炮火的掩护下，向文昌阁发起了反击，将据守的日军一部悉数聚歼。第二十七师向台儿庄北侧发起反击，连克邵庄、园上、孟庄，歼灭日军一部，击毁其坦克2辆。第三十师主动出击，向南洛、三里庄突进，截断了日军退路，并重创了日军增援部队。日军旅团长濑谷急令一个联队驰援台儿庄，并亲赴前线督战。待援军到达后，日军迅速组织了反攻，夺占了台儿庄东半部，与第三十一师形成了对峙。

30日上午，第三十一师一部在副师长康洁如的率领下，向台儿庄西北角固守之日军发起反击，近战肉搏数小时，第三十一师伤亡 300 余人，被迫退回原阵地，日军仍固守西北角及东南半部顽抗。与此同时，第二十七师也被迫退回运河南岸。日军一部企图从顿庄闸附近渡河，由西攻击台儿庄，被守军击退。当晚，第五十二军占领台儿庄以北之林庄，猛攻日军侧后。日军腹背受击，遂将兵力转向东侧，向第五十二军发起反击。经一昼夜激战，至 31 日下午，第五十二军攻占关城店、小集等据点和獐山、天柱山，主力已逼近南洛、北洛。至此，日军濑谷旅团已陷入第五战区部队的包围之中。

当第二十军团、第二集团军准备发动攻势围歼日军濑谷旅团时，由临沂增援的第五师团主力于 4 月 1 日进至兰陵镇，并从东面侧击第五十二军。第五十二军遂以一部兵力阻击日援军，主力则迂回攻击坂本旅团翼侧。坂本急于解濑谷之危，除以 1000 余人在洪山镇附近组织防御外，主力向台儿庄突进，也陷入了包围圈。

4 月 1 日夜，第二十七师以 800 余人攀寨墙突入台儿庄东北角，向日军发起突袭。日军仓皇应战，死伤惨重。攻击部队占领了东北角部分地区及东门以北的几座碉堡。2 日夜，第三十一师以 250 人组成奋勇队，对台儿庄西北角之日军发起突袭，毙伤日军甚众，并夺回西北角阵地。双方在庄内展开激烈拼搏，由于坂本旅团主力的增援，激战中第二集团军伤亡严重，死伤达 7000 余人，台儿庄大部阵地被日军占领。

此时，第二集团军第五十五军已渡过微山湖，尔后由南阳桥一带越过运河，收复了两下店、界河，切断了日军退路。李宗仁决定迅速围歼日军濑谷、坂本两个旅团，并于 2 日下达了总攻命令。具体部署：第二十军团以一部兵力消灭洪山镇以北之日军，主力于 3 日向台儿庄附近之日军左翼侧后实施攻击，逐次向左迂回，务在台儿庄左侧地区将日军捕捉并歼灭；第二集团军于 3 日全线发起反攻，消灭台儿庄及其附近之日军；第三集团军第五十五军为堵击集团，迅速南下，合围枣庄、临城地区。3 日，各部队发起围攻。第五十二军勇猛突击，于 4 日肃清了兰陵、洪山镇地区的日军，5 日，南下抵达台儿庄东北 10 公里的底阁、腰裹徐一线，并向日军发起了猛攻。第八十五军由大良壁东进，4 日，在陈瓦房附近重创坂本旅团一部，5 日，追击该部日军至台儿庄东北 15 公里的潭庄附近。第七十五军于 3 日在岔河镇击溃日军一部后，5 日，向台儿庄东北 7 公里的东庄发起了攻击。

日军为挽回败局，以重炮数十门和战车数十辆向第七十五、第八十五军实施了猛烈突击。围攻部队经浴血奋战，一部兵力突入台儿庄正面之张楼，尔后从侧后袭击日军，日军在腹背受击的情况下，顿时乱了阵脚。此时，在台儿庄内的第三十一师乘机全线出击，与日军展开了激烈的巷战，官兵们奋力冲击、砍杀，逐段肃清了庄内之日军。第三十、第二十七师也突过运河，向日军发起攻击；第一一〇师渡河后夺回黄村、赵村，尔后以一部兵力北进，向獐山发起进攻，企图切断日军的退路。6日，第三十师攻占南洛，第二十七师向台儿庄以东之日军发起攻击，该部日军遭重大伤亡后，残部向西北逃窜，第三十一师在庄内大举反击，濑谷旅团伤亡惨重，残部乘夜暗向峄县溃逃。7日，坂本旅团继续在台儿庄内顽抗，在围攻部队的夹击下，伤亡惨重，眼看退路被切断，无力应战，当夜烧毁弹药，尔后拼死突出台儿庄向北溃逃。此时，第五十五军已在临城、枣庄北侧地区切断了津浦线。溃退之日军撤至峄县、郭里集、枣庄附近地区后，被迫占领有利地形固守待援。8日起，双方形成对峙，台儿庄战役胜利结束。

台儿庄大捷，计毙伤日军1万余人，俘其1万余人，击毁其战车10余辆、重炮10余门，缴获坦克和战车120余辆、火炮70余门、汽车100余辆、枪支1万余支和大批作战物资。国民党军伤亡也达2万余人。

武汉会战

概况

武汉会战从1938年6月12日日军占领安徽省省会安庆开始到10月25日中国军队撤离武汉结束，历时四个半月，大小战斗有数百次。战场在武汉外围沿长江南北两岸展开，遍及安徽、河南、江西、湖北4省的广大地区。蒋介石坐镇武汉亲自指挥，由陈诚的第九战区和李宗仁的第五战区联合作战。战役初期，中国参战的兵力为4个兵团，共30个师，另有100架飞机。后期增到14个集团军，共120多个师及40余艘舰艇，共约100万人，中国军队几乎全部出动，连苏联航空志愿队也参加了会战。日军方面，由华中派遣军畑俊六大将指挥，战役初期动用5个师团，后期兵力达12个师团、120余艘舰艇、500多架飞机，共35万人。它是抗战以来战线最长、规模最大、持续时间最长、牺牲最大的一次会战。中国军队伤亡达40多万，日军伤亡20余万。

武汉地处江汉平原，是平汉、粤汉铁路的交会点，滔滔长江穿市区而过，是东西南北水陆交通的枢纽。1937年11月，国民政府部分机构由南京迁到武汉后，该地实际成为中国军事、政治、经济的中心，战略地位十分重要。日本政府为了早日结束战争，缓和国内经济、政治危机给政府带来的压力，于1938年4月初决定实施武汉会战，并积极加以准备。5月底，日本大本营陆军部决定了在当年秋季进行武汉作战。6月5日，日本大本营下达了进攻武汉的命令，决心集中兵力，占领中国的心脏武汉，从而消灭中国军队主力，迫使中国政府投降。

日军进攻武汉的作战计划，原拟以一个集团军沿平汉路南下，一个集团军沿扬子江进攻，但由于考虑到从华北抽调兵力有困难，遂改变为以主力沿淮河进攻大别山北面地区，以一个集团军沿扬子江进攻。6月12日，因黄河决口，淮河泛滥，主力沿淮河水运前进困难，又决定主力沿扬子江及其沿岸地区向西进攻武汉，另一部自合肥地区沿大别山麓西进。

中国军队在6月中旬到7月初，制定和完善了保卫武汉的作战计划。其作战方针是：以聚歼日军于武汉附近为目的，应努力保持现在态势，消耗日军兵力，最后摧毁日军包围，再集结有力部队由南北两方向沿江夹击突进的日军。为此，国民政府军事委员会将会战分为江北和江南两个战场，李宗仁的第五战区担任长江以北、大别山东麓一线的防御，陈诚的第九战区负责长江以南南昌到九江的防御。

1938年6月11日，日军以波田支队为溯江作战的先遣部队，协同海军沿长江进攻安庆。12日，波田支队冒雨登陆偷袭安庆，迅速占领城郊飞机场，中国守军杨森第二十七集团军所属的一个师及保安部队未经力战，安庆于当日沦陷。安庆失守，揭开了武汉会战的序幕。6月13日，日军第六师团坂井支队占领桐城。当得知波田支队已攻占安庆，即改变进攻方向，向中国军队大别山防线的前沿阵地潜山县进攻。潜山是保卫武汉主要阵地的大别山脉的最右翼据点，由川军两个师防守。由于这里的守军第二十六集团军和第二十七集团军所属部队素质和装备欠佳，防御面过宽，使日军长驱直入，18日，丢失潜山，接着石牌也被日军占领。随后，日军直逼长江下游南京到武汉间的第一道屏障——马当。在马当，中国军队第十六军凭借优越地势，设置了一系列坚固的防御工事。6月24日，日军集中10余艘舰艇护送波田支队向马当进攻。此时在马当的守备部队只有数百人，而第十六军和马当要塞司令部的各级指挥官大多数去参加军政大学结业典礼，直到下午才结束。这样，在6月26日，马当要塞被日军轻易占领，500名马当守军与日军血战后全部阵亡。当得知这一消息，第十六军军长李韫珩率第五十三师、第一百六十七师反攻马当，但未能成功，第一百六十七师师长薛蔚英也因耽误战机而被枪决。日军占领马当后，29日，攻占彭泽县城，7月4日，攻陷湖口，九江告急。在这一段时间的战斗中，中国空军以汉口和南昌为基础，连日出动轰炸机和战斗机，攻击安庆至湖口间的日军舰艇，给日舰以重创。7月22日夜，波田支队越过鄱阳湖以北水面，在九江东南20余里的姑塘登陆。随后，日军第一〇六师团在海、空军的配合下，于殷家庄附近登陆，直逼武汉的江上门户九江。第九战区李汉魂的第六十四军、欧震第四军、李玉堂第八军、李觉第七十军、王敬久第三十五军沿长江和鄱阳湖一线与日军展开激战。26日，由于增援不力，中国守军伤亡过大而被迫放弃九江。同时，长江对岸的江防要地小池口也失守，日军突破了中国军队的主阵地。从此，日军以安庆、九江等地为进攻武汉的基地，从长江南北两岸分 5 路向武汉方向进犯。

在长江北岸，日军占领安庆、潜山后，打开了沿长江北岸西进的通道，第六师团在海空火力的直接支援下，从大别山南麓大举西犯，直接威胁武汉。8 月 2 日，第六师占领太湖城，而后又占领宿松，与第三师团汇合，迫近黄梅。中国刘汝明第六十八军与日军激战 3 日后退出黄梅城。国民政府为遏制日军西进，决定对日反攻，以第六十八军、第八十四军固守黄梅西北一线，另调第三十一、第七、第十军及第二十九集团军由黄梅东北及太湖、潜山西北山地从侧翼攻击日军。8 月下旬，中国军队开始反攻，26 日，克复太湖、潜山，28 日，收复宿松，并与在黄梅的日军激战两昼夜，一度迫近黄梅。但 8 月 30 日，日军在得到补给后，也开始向中国军队反突击，与中国军队反复开展阵地争夺战，第六十八军、第八十四军不得不向广济撤退。9 月 6 日，李品仙部第四兵团前往广济阻击日军，9 月 9 日，因李兵团连日征战，损失严重，牺牲官兵达数千人，广济失守。广济失守严重影响到田家镇的安全。田家镇为武汉锁钥之地，是在沿江要塞中最坚固、最大的堡垒。富池口要塞与其夹江对峙，共扼长江航路，是武汉三镇的门户。9 月 17 日，日军第六师团与第三师团一部进攻田家镇。中国守军李延年第二军的两个师与第五战区的 3 个军策应，共同进行阻击。9 月 29 日，日军以伤亡 1100 余人的代价才攻陷田家镇要塞，中国军队伤亡在 2000 人以上。日军第六师团在攻下田家镇后，由于伤亡惨重，再加上霍乱病流行，元气大伤，到 10 月 17 日补充完整后，才继续西进，22 日，占领上巴河，24 日，攻占黄陂，于 25 日首先攻进武汉。

在大别山北麓，日军从 7 月下旬到 8 月上旬把第二集团军的第十、第十六、第十三、第三师团集结于合肥，然后分两路向武汉进攻。北路第十师团沿安徽六安至河南光州一线，向信阳推进，第三师团为后援跟进。南路第十三师团沿安徽霍山到河南商城一线向武汉北面推进，第十六师团尾随为预备队，并担负交通线警备。8 月 28 日，日军第十师团击败中国第五十一军，占领六安后向河南固始推进。29 日，日军第十三师团突破中国第七十七军阵地，攻陷霍山，9 月 2 日，攻占叶家集，后强渡史河，进攻富金山。中国宋希濂第七十一军在富金山高地顽强阻击日军，给日军以沉重打击，日军受阻。12 日，日军第十三师团在第十师团濑谷支队和第十六师团的支援下，发动强大攻势，才攻占富金山，16 日，日军占领商城。尔后，日军第十三、十六师团在大别山区与中国军队激战一个多月，以死伤近 5000 人的代价，于 10 月 25 日占领麻城，并沿宋埠、黄安、河口镇向武汉推进。第十师团于 9 月 6 日攻陷固始，19—20，先后攻占潢川、光山、罗山等地，并开始进攻信阳。中国第十七军团在顽强抵抗、杀伤大量日军后，被迫撤出。10 月 12 日，日军占领信阳。10 月 16 日，日军第十师团从信阳南下，相继突破平靖关、武胜关，26 日，向孝感、应城推进，协同第十一集团军进攻武汉。

在长江南岸地区，日军第十一集团军以 4 个师团的兵力进行攻击。8 月 21 日，波田支队进攻马头镇要塞，遭到中国第三十一军的有力阻击，日本海军的支援也被马头镇炮台炮火击退。日军又以第九师团进攻瑞昌，并于 24 日攻陷瑞昌。8 月 31 日，中国第五十二军乘日军立足未稳，向瑞昌反击，歼灭日军甚多。9 月 7 日，日军波田支队、第九师团及海军陆战队一起强攻马头镇要塞，经 8 昼夜恶战，阵地被毁，马头镇于 14 日陷落，中国第三十一军退守富池口。凭富池口天险，中国军队与日军血战 10 天，日军利用毒气战才于 9 月 24 日攻陷富池口。在九江以南南浔铁路地区，从 7 月到 8 月，中日两国部队在庐山南北展开激战。中国军队把日军的一〇六师团和一〇一师团杀得大败，后日军只得命第二十七师团投入战斗。9 月中旬，日第二十七师团从瑞昌向德安推进，沿途受到中国军队的阻击，进展缓慢，直到 10 月 5 日才占领箬溪。这时，中国第九战区命令薛岳兵团 3 个军在德安以西阻击日军。9 月 21 日，日军第一〇六师团于德安正面攻击未逞，乃以其第一三六旅向南进攻万家岭，企图包围中国第一兵团德安阵地左翼。薛岳及时调动 6 个师的兵力对其进行围攻，战斗空前惨烈，双方都死伤累累。10 月 9 日，薛岳组织敢死队全力攻击，占领万家岭、雷鸣鼓等地，日军第一三六旅团死伤 3000 余人。此役被称为万家岭大捷。为改变战局，日军第十一集团军队第一〇六师团和一〇一师团进行了补充，并命令协同第二十七师团会攻德安。中国军队进行了半个多月的阻击战，才最后放弃德安。10 月 27 日，德安失陷。10 月 25 日，日军波田支队攻占阳新、大冶、葛店，准备进攻武昌。第九师团于 10 月 27 日攻占贺胜桥，切断了粤汉线。第二十七师团于 10 月 18 日攻占辛潭铺后，配合第九师团向粤汉线推进，27 日，占领桃林镇。

这样，武汉已被日军从东、南、北三面包围。为保存军力以利长期抗战，中国国民政府军事委员会于 10 月 24 日下令放弃武汉，使长江南岸部队撤到湘北、鄂西地区，长江北岸部队撤至鄂北、鄂西北地区。蒋介石当晚离开武汉飞往衡阳。26 日后，日军先后占领武汉三镇，武汉会战结束。

武汉会战，大大消耗了日军的有生力量，打破了日本妄想迫使中国屈服、早日结束战争的计划，使其战略进攻的势头大大减弱，使中国抗战形势发生了重大变化，成为中国抗日战争的重要转折点，标志着抗日战争进入战略相持阶段。

会战经过

1938 年 6 月 2 日至 10 月 27 日，中国国民党军在以武汉为中心及其周围的豫、鄂、皖、赣 4 省广大地区抗击日军进攻的防御战役。

武汉位于江汉平原的中心，居长江与汉水之交，扼平汉线与粤汉线的交接点，是中国东西、南北水陆交通的枢纽，战略地位十分重要。其所在的湖北省，居长江中游，北连河南，南接湖南，这三省更是中国"巨人"的腰脐。自南京陷落后，国民政府虽已迁都重庆，但武汉曾是短期的临时首都，军事统帅部也仍在武汉，为当时中国的政治、经济、军事中心，是中日双方的必争之地。

武汉所在的江汉平原，东有大别山，南有幕阜山（大幕山），两山形成武汉东侧之门户，北有大洪、桐柏等山地，西与大巴山脉相邻，腹地广阔。武汉周围湖沼密布，港汊纵横，还有鄱阳湖和洞庭湖作为天然屏障。这众多的山山水水，构成了武汉地区的险要地形，既利于据险扼守，又便于持久作战，而不利于机械化部队的作战行动。

1938年初，日军制定了以攻占武汉为目标的作战计划。日本御前会议决定，迅速攻占武汉，迫使中国政府屈服，尽快结束战争。徐州会战中，又决定利用有利态势，以徐州地区的作战兵力向西沿陇海线转攻郑州，横切中原，夺取武汉。后因黄河决堤而进攻受阻，遂改变计划，决定兵分两路，沿长江两岸和大别山北麓西进，对武汉实施南北合击，企图于8月底前攻占武汉，席卷皖、豫粮产区，并掌握津浦、平汉两交通线，进而扫荡中国西南地区。

进攻武汉之日军为华中派遣军第二、第十一军，由总司令畑俊六统一指挥，计9个师团、3个旅团、海军第三舰队、航空兵3个团及炮兵、海军陆战队各一部，飞机300余架，舰艇120余艘，共约25万人（作战过程中，经多次补充和增援，总兵力达12个师团40万人）。其部署：第二军由东久迩宫指挥，辖第三、第十、第十三、第十六师团和骑兵第四旅团等部，集结于合肥、正阳关地区，准备沿大别山北麓西进，从北面向武汉地区进攻；第十一军由冈村宁次指挥，辖第六、第九、第二十七、第一〇一、第一〇六师团和台湾旅团（波田支队）、第一一六师团石原支队及海军陆战队等部，集结于芜湖、南京等地区，准备沿长江两岸西进，从南面向武汉地区实施进攻。

1937年12月13日，国民政府军委会在武昌拟定了《军事委员会第三期作战计划》，决定"国军以确保武汉核心、持久抗战、争取最后胜利为目的，应以各战区为外廓，发动广大游击战，同时新构筑强韧阵地于湘东、鄂西、皖西、豫西各山地，配置新锐兵力，待敌深入，在新阵地与之决战"。作战意图是"消耗敌人之力量，赢得我之时间，以达长期抗战之目的"。1938年6月5日，军委会又召开会议，决定以重兵保卫武汉，并拟定了庞大的作战计划。决心以武汉三镇为核心，以豫西、豫东、皖北、皖南和湘、赣地区为广阔的外围战场，利用长江两岸有利地形和鄱阳湖、幕阜山、大别山等天然屏障，持久作战，节节抗击日军的进攻，不断歼灭和消耗其有生力量。计划会战初期使用5个集团军约30个师，尔后随战役发展逐步增加至14个集团军129个师，总兵力达100万余人，由蒋介石担任总指挥，"预期可与敌人的主力作战四—五个月，予敌以最大的消耗。粉碎其继续攻势之能力"。具体部署：以第五、第九战区为主要作战集团，第一、第三战区及海、空军配合作战。第五战区由李宗仁指挥，负责长江以北、大别山地区防务，辖第三、第四兵团和第二十一、第二十六、第二十七集团军；各集团军分别占领正阳关、六安、舒城、桐城、太湖一线，担任大别山东麓的防御任务；第三兵团由孙连仲指挥，主力集结于商城、麻城、信阳、潢川等地区，担任大别山北麓的防守和机动作战任务；第四兵团由李品仙指挥，在黄梅、广济、浠水、黄陂等地区，担任长江北岸的防守和机动作战任务。第九战区（会战初期为武汉卫戍总司令部）由陈诚指挥，负责武汉以东、长江以南地区的防务，辖第一、第二兵团，武汉卫戍部队和江防守备部队；第一兵团由薛岳指挥，占领鄱阳湖以西的九江、德安地区，阻击日军西进；第二兵团由张发奎指挥，集结于九江以西的马头镇、鄂城、武昌、咸宁地区，担负防守和机动作战任务；江防军及海军等部，扼守马当、湖口、田家镇、葛店等要点，阻击日军溯江西进；卫戍部队固守武汉核心阵地，并占领道士店、葛店、贺胜桥、新沟地区，组成环形防御。飞机 100 余架调集汉口、南昌待命，并由苏联空军志愿队协同作战，随时准备担负支援地面作战和轰炸日军机场、日舰等任务。另以第一、第三战区部分兵力配合作战，牵制和消灭日军的有生力量。

武汉会战的经过主要由以下几个地区的作战组成：

安庆、马当、湖口、九江保卫战

5 月 29 日，日军大本营发布了进攻武汉的预令，随后第六师团分途向合肥集中，驻台湾的波田支队由舰艇输送溯江西进，计划两军在皖西南要地安庆（时为安徽省会）会合。6 月 2 日，日军第六师团坂井支队自合肥南下，于 8 日占领舒城。10 日，波田支队逼近安庆。11 日，波田支队不待第六师团到达，先期向安庆发起了进攻，企图在飞机的掩护下，从枞阳镇、大王庙登陆，被守军击退。12 日，波田支队另选登陆地点，由安庆南北两岸同时发起攻击，占领了安庆机场并突入城内。守军第一四六师及保安队奋起抵抗，伤亡较大；第二十七集团军主力受无为方向日军牵制而未能及时增援，安庆遂告失守。日军攻占安庆后，迅速组建了补给基地，为进攻武汉建立了桥头堡。

日军第六师团于 13 日占领桐城，得悉波田支队已攻占安庆，遂以板井支队向大别山右翼要地潜山、太湖方向进击。15 日，进攻之日军遭潜山地区守军第二十六、第二十七集团军抗击，经 3 日激战，由于守军装备、素质均较差，且防御正面过宽，兵力分散，作战消极，日军于 18 日攻占潜山，使长江下游南京至武汉间第一道屏障——马当封锁线告急。此后，第六师团沿长江北岸与大别山以南狭长地带继续西进。27 日，日军第六师团攻占太湖。期间，第

三、第十三师团等部分别由怀远、蒙城南下，先后占领淮南、寿县、正阳关、庐江等地，控制了江北一些重要地区。

在马当江面，国民党海军为阻止日舰西进，设置了人工暗礁30余处，沉船29艘，并布放了1600余枚水雷。24日，日舰8艘输送陆战队800余人在东流登陆，一举攻占香山、黄山、香口等地，尔后乘胜指向马当。马当要塞地位十分重要，但守军仅配置了一个营的兵力，加上溃退至该地的第五十三师少部，兵力计500余人，在遭日军炮兵猛烈突击后，伤亡惨重，很快处于危急状态。26日拂晓，日军由娘娘庙、中山矶实施登陆并发起进攻。江防军总司令刘兴和第十六军军长李瑘珩急电第一六七师师长薛蔚英率部增援马当，但该师迟迟未动。当日下午，马当被日军攻占，守军顽强死守，牺牲殆尽。27日，武汉卫戍区总司令罗卓英令李瑘珩率第十六、第五十三、第一六七师向马当实施反击。28日，反击部队收复香山、香口等地，并由东、西夹击马当之日军。但日军占领马当后，即分兵向彭泽等地发展进攻，于29日攻占了彭泽，致使湖口也紧接着告急。30日，第九战区令第四十三军军长郭汝栋为湖口守备军司令官，归第三十四军团军团长王东厚指挥，第二十六师迅速赶赴湖口接替了第七十七师的防务。王东厚令所部主力向彭泽实施反击，但日军行动迅速，以一部兵力水运指向湖口，并于7月3日开始登陆进攻。第二十六师尚未接防完毕即与日军交上了火，奉命回援的第七十七师也为日军所牵制，使第二十六师陷入了孤军作战。该师虽系保安队临时编成，新兵多，武器装备陈旧且残缺不全，但在师长刘雨卿的率领下与日军展开了苦战，经两昼夜激战，全师官兵伤亡大部，湖口于5日失守。由于马当、湖口接连失守，九江即成了日军攻击的目标。

23日，日军波田支队冒雨水运进抵姑塘，守军第十一师奋力抗击，击沉日军汽艇10余艘，双方经3小时激战，日军登陆成功。张发奎急令第十五、第一一八师增援，未能成功。24日，波田支队与第一〇六师团会攻九江，并于25日晨发起总攻。守军第八军处境已极为困难，增援的第四军赶到后，因受命控制力量以防不测，也未能投入作战。25日夜，日军突入九江城内，经激烈巷战，守军败退，日军于26日晚攻占九江。与此同时，长江对岸之江防要地小池口也告失守。至此，日军已打开了国民党守军主阵地的大门。

大别山地区防御作战

7月4日，日军大本营下达了华中派遣军作战序列，并调整了部署，以第十一军担任主攻，第二军实施助攻，第三舰队和航空兵团支援地面作战，沿长江流域和大别山东麓西进，企图对武汉构成南北夹击之势。11日，国民党军在判明日军企图后，决心集中兵力于"武汉外围，利用鄱阳湖与大别山地障，并藉长江南岸之丘陵与湖泊施行战略持久"，计划在武汉外围与日军作战 4 个月；并调整了部署：以第一兵团总司令薛岳率 25 个师担负南浔线及其两侧地区的防务，并伺机侧击西进之日军，屏障南昌；第二兵团总司令张发奎率 33 个师担负瑞昌至武昌间的正面防御；第三兵团总司令孙连仲率 8 个师担负大别山北麓及正面防御；第四兵团总司令李品仙率 13 个师在长江及大别山之间设防，抗击日军西进。

早在 6 月 22 日，李宗仁判断日军进攻武汉只能沿长江西进，建议"应充分采用内线作战原则，迅速集中绝对优势兵力，先于太湖、宿松、英山、广济间狭长地带将溯江西进之敌聚而歼之，然后转移兵力，各个击破"，以将孤军突出之日军精锐第六师团一举全歼，重演一次台儿庄大捷。他反对处处设防、逐次使用兵力的被动做法，认为这样做既分散了正面防守的兵力，又削弱了翼侧打击的力量，不仅可能失去歼敌战机，还可能被日军各个击破。军委会也同意李的看法。但 24 日获悉日军分 4 路向第五战区防区进犯的准确情况，而面对日军的多路进攻，第五战区势必分头迎击，此时国民党军主力则大部集中在第九战区，况且第五战区兵办也远非徐州会战后期雄厚，已很难抽出较多的机动力量，要歼灭日军第六师团已不具备充足的实力了。

此时，南路沿江地区守军为 4 个军 12 个师，李品仙指挥主力控制了黄梅、宿松、太湖、潜山一线西北山地，准备侧击西进之日军；以第六十八军在宿松、黄梅地区实施正面防御并扼守沿江要点；以第八十四军配置在广济地区。7 月 26 日，日军第三师团猛攻如常，守军伤亡惨重，阵地很快失守。8 月 2 日，日军第六师团一部攻占宿松，与第三师团北进之一部会合后，进逼黄梅。刘汝明率第六十八军与日军激战 3 日后退出黄梅。第五战区急令第七、第二十六、第八十六军等部立即向广济一带集中。日军在受守军的钳制及江河湖沼的迟滞后，逐渐陷于困境。

3 日，第五战区代司令长官白崇禧在第四兵团指挥部召集了师以上将领会议，决定向黄梅地区实施反击，并侧击太湖、潜山等地日军。各部于 6 日开始行动，但战至 17 日仍无大的进展。军委会遂决定再次发起反攻，顿挫日军锐势，以第六十八、第八十四军固守黄梅西北一线阵地，调第三十一、第七、第十军及第二十九集团军一部从黄梅东北及太湖、潜山西北山地侧击日军。日军第六师团在遭连续反击后，由于兵力薄弱，且顾虑后方补给线被切断，被迫集中兵力，收缩战线，并放弃了经太湖、宿松等地的补给线，改为经小池口由长江水路实施补给。26 日，第一一九师收复潜山、太湖；28、29 日，第六十八、第八十四军猛攻黄梅附近之日军，并一度逼近黄梅。日军据险死守，并于 30 日以主力实施了反突击。经反复争夺，第六十八、第八十四军久战不支，当晚向广济及其西北山地转移。日军尾随发起追击，至 9 月 6 日，先后突破守军田家寨、笔架山阵地。李品仙因预备队兵力薄弱，仅能抽出两个团的兵力增援，已无法挽回败局，当晚，各部奉命退出广济。

广济的失守，严重威胁了田家镇要塞。田家镇是武汉的又一重要门户，是外围沿江最大也是最坚固的要塞，另有富池口要塞与其夹江对峙，共同扼制长江航道，北岸有黄梅、广济，南岸有瑞昌、阳新，且均有重兵防守，掩护两个要塞的侧后。此要塞"为大别山及赣北我主阵地之锁钥，乃五、九战区会战之枢轴，亦武汉最后之屏障，""崇山对峙，江面狭窄，复有相当工事及备炮，为我国最坚之要塞。"因而，日海军虽横行江中，但其陆军未能突破田、富两要塞时，尚不敢轻举妄动。但此时广济失守，田家镇之侧后即已暴露。

16 日，日军攻占武穴。18 日，第六师团及第三师团一部共 1.5 万余人从广济一带南下，准备对田家镇实施迂回攻击。17 日，军委会将田家镇守军第二军划归第五战区指挥。第五战区即令第七、第二十六、第八十六军等部不断侧击南下日军，胶着缠战直至 9 月下旬。28 日，由武穴西进之日军 4000 余人乘田家镇守军主力两个师北上阻击南下日军主力之际，一举突入要塞阵地，并得到 70余架飞机和 100 余门火炮的支援，于 29 日晚攻占了田家镇要塞。守军被迫退至浠水、罗田一线。至此，武汉地区守军陷入了十分困难的境地，军委会遂放弃了死守武汉的作战计划，将卫戍部队分别加强第五、第九战区。日军第六师团等部攻占田家镇后，因伤亡惨重，元气大伤，已无力发展进攻，遂驻留整顿待补。

向大别山北麓及正面进攻之日军第二军，8 月 22 日从合肥等地西进，企图直取信阳，尔后沿平汉线南下，达成对武汉的战略包围。孙连仲奉命率 13个师及一个旅约 10 万兵力进抵商城，准备迎击来犯之日军。23 日，日军先头部队 200 余人进至六安城东之十里铺附近，遭守军第五十一军第一一四师堵击后，退往金桥。28 日，日军第二军发起全线进攻，其中攻击六安的第一线兵力即达 3000 余人。30 日，第五十一军撤离六安，占领淠河以西阵地。日军随后强行渡河，并施放了毒气，致使守军第一一六师一个排的官兵中毒阵亡。日军除继续渡河外，留置一部兵力掩护主力西进。第七十七军及第五十一军主力主动出击，与日军后续部队纠缠了半月之久。

大别山北麓之公路，东起六安、合肥，西至潢川、信阳，其间富金山至峡口地段最为险峻。第五战区为阻击日军西进，将精锐部队第七十一军（宋希濂部）3 个师配置于峡口以东、叶家集以西地区，以富金山天然堡垒为主阵地，同时，以第二集团军第三十军两个师在翼侧配合宋部作战。但第五战区更关注日军第六师团的动向，误认为长江北岸地区日军主力仍在黄梅、广济方向，时值该地区战事正酣，而第五战区兵力又不敷分配，遂另调信阳地区的第五十九军（张自忠部）在潢川一带设防。

27 日，日军第十、第十三师团由合肥出发，进攻目标首先指向潢川、商城，企图一举切断平汉线，取捷径直逼武汉东北方向。富金山守军阵地正好卡住了日军的去路。9月1日，第十三师团先头部队进至石门口、富金山一线，与守军第七十一军接火。3日，宋希濂指挥第八十八师一部由富金山北侧向东出击，协同正面第三十六师的反击，稳固了防守阵地。5日拂晓，日军猛攻富金山、石门口守军主阵地；至6日午后，富金山守军阵地已三面受击，部分阵地一度被日军突破，第三十六师师长陈瑞河亲率预备队发起反击，将进攻之日军击退。至11日，日军待主力赶到后向富金山发起猛烈围攻，第三十六师与第五十一师阵地接合部被日军突破，陈瑞河再次率部实施反击，但此时该师仅有800余人，已力不从心，黄昏后富金山主阵地被日军占领。

日军第十、第十三、第十六师团在富金山被阻10天，被击毙4000余人；第七十一军等部也付出了重大代价，计阵亡2618人，伤1.2万余人。宋部原应调至后方整补，但由于第五战区兵力单薄，战况紧急，仍奉命进至大别山正面、商城以南的沙窝一带组织防守。16日，日军攻占商城，第十六师团准备南下。第三十、第七十七军奉命转移至商城以西及以南山地占领阵地。

当日军受阻于富金山时，第十师团濑谷支队已逼近固始，另一部日军3000余人由正阳关溯淮西进，与濑谷支队遥相呼应。固始守军第七十一军一个团的兵力节节抗击日军的进攻，日军于6日攻占固始。尔后，日军主力西犯潢川，张自忠指挥第五十九军全力抵抗，在潢川及其附近地区与日军展开了激战。日军以密集炮火向城内实施突击并施放了毒气，守城官兵不少中毒后仍拼死苦战。第五十九军坚守潢川11昼夜，牵制和消耗了大量日军，于18日自行撤离。潢川遂被日军占领。20日，光山也失守。此战，连日军也承认："我军在潢川方向遭到中国军队坚强抵抗，致蒙受巨大之损失。"

27日起，第十六师团与增援的第十三师团先后沿商城、麻城间公路南下，接应广济一带的第六师团，并准备向武汉方向发展进攻。第二集团军及第七十一军等部分别在打船店和小果岭等地，顽强抗击了日军的频繁进攻；日军进展迟缓，月余之久仅前进200公里，且死伤达1.5万余人。第二集团军和第七十一军也付出了重大牺牲，至10月10日，第七十一军3个师仅余4个团的兵力；第三十军战斗人员已不足3000人，其中第三十师仅剩160余人。13日，第十军接替了第三十军防线，但在日军的连续进攻下，也陷入了困难境地。22、24日，日军第十三、第十六师团先后突破第三十、第七十一、第十军阵地，进入湖北省境内，占领了宋埠、麻城等地，准备协同第六、第十师团向武汉实施包围。

日军第十师团占领潢川后继续西犯，9月17日与胡宗南部第一军在竹杆铺接战。22日，第十师团主力攻占罗山，其一部兵力进入五里店时遭胡部反击，被迫退回罗山待援。10月2日，第三师团进至罗山，配合第十师团向信阳发起进攻，企图歼灭胡部。11日，第十师团主力在信阳西南之柳林镇附近遭胡宗南部和孙连仲部夹击，死伤2000余人。胡部也伤亡严重，于12日放弃信阳，平汉线被日军切断。

信阳为平汉线重镇，北为河南平原，南为丘陵地带，其南侧42公里处即为著名的"三关"险地，武胜关居中，东为九里关，西为平靖关，三关成椅角之势；关隘以西为桐柏山，以东为大别山，仅有平汉线两侧为狭窄的平坦通道。日军第二军为消灭第五战区主力，令第三师团确保信阳及其附近地区，以第十师团主力向武汉西北之应山、安陆、花园等地突进，企图与第六、第十三、第十六师团配合，合围平汉线以东的第五战区部队。10月24日，日军攻古了应山，26日，又进占安陆。由于胡宗南部已退往信阳西北地区，平汉线正面已很空虚。罗卓英、刘汝明等部在"三关"一线与日军展开了反复争夺，有效地迟滞了日军南下的速度，掩护了平汉线以东部队的撤退。28日，日军控制了平靖关和武胜关，给来不及西撤的守军造成了混乱和部分损失。由于日军兵力不足且分散、第五战区主力终于分散西撤，进入了桐柏山和大洪山区，大别山区则由第二十一集团军等部继续开展游击作战。

鄂赣边地区激战

早在7月25日，第九战区司令长官陈诚判断日军于"九江得手后，当以舰队溯江西犯，其陆军则以主力向瑞昌，趋武昌，以有力之一部，最少当在一师团以上经德安趋南昌"。尔后，陈诚即在九江附近集中了20多个师，"但均注意于沿江沿湖之守备，处处薄弱，敌仍可随时随地强行登陆，又因防广无法控制机动部队，对情况变化每感应付之困难。"即致电请求蒋介石，是否集中兵力给日军一次打击。26日，蒋表示："决在德安、瑞昌一带与敌决战。"

8月5日，第九战区拟定了作战计划，决定：以一部配置于沿江各要点及南浔路（九江至南昌），尤须固守田家镇要塞，以主力集结在德安、瑞昌以西及南昌附近地区，伺机在外线侧击突进之日军，万不得已时，以卫成部队固守武汉，将主力转移至武汉外围夹击日军而聚歼之。具体部署：第一兵团担任南浔路地区侧击西进日军之任务，第二兵团在九江、瑞昌一带以积极的作战行动保卫武汉，并掩护南浔路以西的翼侧安全。之后，中日双方展开了南浔战役。

日军于7月26日攻占九江后，第一〇六师团即沿南浔路南下，向狮子山、张家山守军阵地猛扑而来。8月1日，第一兵团总司令薛岳受命指挥南浔路作战，率第四、第八、第七十军迎战南下日军。6日，第一〇六师团遭第七十军沉重打击，在金官桥地区首次进攻受挫，其中一名联队长被击毙。8日，又遭第八军第三师顽强抗击，进攻再次受挫，第一四五联队大部被歼，其中2名大队长被击毙。第一〇六师团屡遭挫折，至8月中旬，中、小队长伤亡过半，士气大挫，战斗力锐减。

日军第十一军见正面进攻受挫，遂调第一〇一师团从东侧助攻。19、20日，第一〇一师团在鄱阳湖西岸之星子登陆，企图侧击德安、隘口，截断南浔路正面守军与后方的联系。当即遭第二十五军第五十三师顽强抗击，由于守军兵力薄弱，星子、玉筋山先后失守，并于23日退守庐山东侧之东孤岭。第九集团军以第六十六军迅速去隘口、黄埔塘一线设防，配合第二十五军遏止了日军的攻势。

24日，瑞昌方向日军第九师团丸山支队向南浔路西侧岷山阵地发起了突然袭击。守军第三十集团军战斗力较弱，接连丢失鲤鱼山、笔架山、新塘浦等要地，附近有利地形也被日军占领。9月1日晚，第七十四军第五十八师急赴马回岭以西阻击日军，也未获成功。南浔路正面守军由于侧后受到威胁，且有被切断与后方联系的危险，遂令第五十一、第五十八、第九十师夹击进攻之日军。第九战区也急调第十八军沿瑞昌至武宁公路向西增援，配合夹击部队作战。但第五十八师未能阻止日军的进攻，丸山支队于3日攻占了马回岭，后由第一〇六师团一部接守。马回岭的失守，使南浔路正面守军被迫忍痛放弃了坚守月余的阵地，转移至德安以北的乌石门地区，重新稳定了防线。

与此同时，日军第一〇一师团在攻占玉筋山后，向章恕桥方向展开进攻，与牛屎墩附近日军配合钳击东孤岭守军。5日深夜，日军攻占了东孤岭，但伤亡惨重，其中1名联队长被击毙。东孤岭是南浔路右翼阵地的要点，也是西孤岭的屏障。日军攻占东孤岭后，形成了居高临下的主动态势，而使西孤岭和隘口守军陷入了被动。第一九〇师坚守西孤岭，苦战8天，击退了日军20余次连续进攻，并遭到日军6次毒气袭击，在翼侧的烂泥塘、鸡笼山等阵地失守而陷入三面被围的险恶形势下，仍顽强坚守阵地。17日晚，日军攻占西孤岭，隘口告急。第二十九军第四十、第七十九师坚守隘口阵地，顽强抗击了日军的进攻。27日，日军第一〇一师团师团长伊东被守军炮火击伤，锐气大挫，被迫停止了进攻。

日军第十一军眼看南浔路作战进展迟缓，于20日令第一〇六师团除留一部兵力在马回岭负责警戒外，以主力实施迂回作战，企图突破五分岭，迅速突进至德安西南地区，从侧后攻击德安地区守军，以扭转战局。第一〇六师团悄然行动，于29日进至河家山，10月2日抵达万家岭时，遭第四军、第九十一师两部东、西夹击，其后方补给线也被切断。薛岳急调德安方向第五十八师、驻永修之第一三九师、驻乐化之第一八七师增援万家岭地区，激战至4日，无大的进展。薛岳决心以全力歼灭日军第一〇六师团主力，遂又抽调第五十一、第六十六、第一四二军驰援。6日晚，援军先后到达后发起了总攻。第六十六军攻克石头岭；第七十四军猛攻长岭、张古山等地。双方激烈争夺，近战肉搏，虽死伤累累，仍未有决定性进展。蒋介石急电薛岳，要求在10日前歼灭万家岭地区被围之日军。9日，薛岳令各师选派敢死队，合力发起猛攻。当晚，围攻部队占领了万家岭、雷鸣鼓等地；残余日军依托田步苏、箭炉苏要点阵地死守待援。当夜，经激烈战斗，第四、第六十六军给日军以大量杀伤，并俘其30余人。

日军第十一军得悉第一〇六师团主力已陷入绝境后，于8日派飞机空投了弹药、粮秣，并对围攻部队实施了狂轰滥炸；在箬溪附近的第二十七师团也奉命派铃木支队向东南急进。救援第一〇六师团。12日，由于围攻部队伤亡过大，薛岳令各部转入防守。17日，铃木支队逼退了甘木兰一带守军，与第一〇六师团残部会合，使其逃脱了被全歼的命运。

万家岭地区血战，一举歼灭日军4个联队，计击毙日军3000余人，伤其5000余人，但"未将该敌悉数歼灭，至为痛惜"。

与此同时，日军第一〇一师团为牵制万家岭地区围攻部队，7日起也以全力向第二十九军阵地发起了多次猛攻。守军经月余激战，伤亡甚重，于9日放弃了隘口。随后，第一〇一师团会同第一〇六师团残部继续南进，第二十七师团则由西北向德安进逼。27日下午，日军突入德安城，守军第一三九师与日军展开了巷战。28日，日军攻占德安。为避免背水作战，薛岳令各部撤至修水南岸，与日军形成了隔河对峙。

在南浔战役发起的同时，日军向瑞昌及其以西地区发起了进攻。8月8日，日军开始在瑞昌附近江面扫雷。11日，波田支队第一联队在港口登陆，并占领瞭望夫山、平顶山。守军第三集团军第二十二师之第六十四旅等部全力反击，将日军压缩在港口。12日下午，日军再次攻占了丁家山、马鞍山、望夫山等地。第二十二师退守吴家垅、蜈蚣山一线。此时，第五十二军第二师已进至瑞昌西北之大脑上、笔架山、拱山岩地区，配合第三集团军作战。15日，日军在大树下登陆，守军退守朱庄。22日，日军第九、第一〇六师团各一部及波田支队向西攻击前进，于24日攻占瑞昌。第三集团军经连续作战，已损失大部，且水土不服，患病甚多，遂调后方整补；第三十集团军奉命进至瑞昌以西及西南地区组织防守。24日，日军丸山支队由瑞昌向马回岭方向进犯，由于第三十集团军作战不力，日军迅速突破了岷山阵地，给南浔路作战造成了被动局面。26、27日，日军先后攻占笔架山、鲤鱼山；第五十二军主力前来增援，与日军发生遭遇战，夺回大路口一带山地。31日，第五十二军乘日军立足未稳，向瑞昌西部的大郭山发起反击，一举歼灭日军3000余人，遏止了日军的攻势。

9月7日起，日军第九师团经稍作整补后，沿江向西北方向进犯，企图北上码头镇，夺占富池口要塞。守军坚守阵地，在瑞昌至码头镇、瑞昌至武宁和瑞昌至阳新3条公路附近与日军展开了激战。14日，日军攻占码头镇；21日，又攻占朱婆山。23日，富池口要塞守军第十八师师长李芳郴临阵心怯，不顾张发奎坚守阵地的命令和下级军官的坚决反对，丢下部队星夜潜逃。24日，日军攻占了富池口要塞。10月4日，日军飞机70余架、舰艇20余艘及大量炮兵，向半壁山阵地实施了猛烈突击，尔后以步兵700余人实施登陆强攻；守军第一九三师两个营的兵力经顽强抗击，大部阵亡，仅数十人突围生还。由于田家镇、富池口两要塞的失守，江面封锁力量已极大削弱，日舰长驱直入，陆战队随处登陆，使守军防不胜防。17日，日军以火力猛烈突击石灰窑阵地，第六军伤亡惨重，被迫撤退。18、19日，阳新、黄石港相继被日军占领。

日军攻占阳新后，企图迅速攻占武汉，围歼武汉周围的第九战区部队。遂分路攻击前进，一路指向武昌方向，于20日控制了大冶，22日，进占鄂城，24日，占领葛店；26日黎明，波田支队突入武昌。另一路为主力，指向咸宁、贺胜桥、通山方向，企图切断粤汉线，包围武汉附近之守军。

在此之前的9月29日，当田家镇要塞失守后，蒋介石即放弃了死守武汉的计划。10月中旬，开始部署撤退事宜。21日，广州失陷后，即加速了撤退的部署。24日，守军开始全线撤退。在此之前，武汉市区的群众已提前疏散，党政机关、大学及许多重要的工业设施等也已迁往四川等地，仅留一个旅的兵力作象征性的防守。第九战区主力向湘北、鄂西等地转移，撤至岳阳、通城以南之新墙河南岸及修水一线。至27日，日军相继进占武汉三镇，武汉会战遂告结束。

百团大战

抗日战争时期，八路军于1940年8月至12月在华北地区对日伪军占领的交通线和据点发动了一次大规模的破袭战役。

1940年夏秋，德国法西斯军队席卷西、北欧。德国的战争疯狂对日本军阀是一个强刺激，使日本军阀的战争狂热到了极高的程度。因此，日本军阀急欲结束对华侵略战争，以拔出脚，跨进世界战争的行列，实行南进政策。然而，此时日本国内经济情况不断恶化，黄金储备严重不足，要在国力、军力不足的情况下，迅速解决已经持续3年，并且越陷越深的对华侵略战争，是十分困难的，为此，日本军阀对国民党采取了又打又拉的政策，先是在政治上对国民党进行诱降，继而，采取以战迫降的方针。蒋介石在日本军阀的诱迫下，答应于1940年8月与日方代表、日本在中国的派遣军总参谋长板垣征四郎在长沙举行会谈。中国抗战面临着中途妥协的严重危机。在此形势下，日本军阀还加紧在华北推行"肃正建设计划"，把进攻矛头全面指向八路军。为了对付八路军的游击战，日军在华北共修筑据点3000余个、碉堡1万以上，占领铁路5000余公里、公路3万余公里。日军用铁路、公路把抗日根据地分割成许多小块，把抗日军民紧缠起来。这就是日军的"囚笼"政策。刘伯承曾形象地对"囚笼"政策进行比喻："敌人要用铁路作柱子，公路作链子，据点作锁子，来造成一个囚笼把我们军民装进里边去凌迟处死。"为了打破日军的"囚笼"政策，粉碎日军对八路军的全面进攻，争取华北战局的有利发展，阻止蒋介石的投降活动，八路军总部毅然决定发动百团大战。

1940年7月22日，八路军总部下达了关于以破击正太铁路为中心的《战役预备命令》，并报军委。《命令》明确了战役的目的是彻底破坏正太线若干要隘，消灭部分敌人，收复若干重要名胜关隘据点，较长期截断正太线交通，并乘胜扩大拔除该线南北地区若干据点，开展正太线两侧工作，基本截断该线交通。《命令》还明确了战役的主要进攻目标为井陉、寿阳段，但对其他各重要铁道线，特别是平汉、同蒲，应同时组织有计划之总破袭，以配合正太铁路战役之成功。同时，《命令》规定直接参加正太线作战之总兵力应不少于22个团，其中晋察冀军区派出10个团，一二九师派出8个团，一二〇师派出4个至6个团，总部炮兵团大部，工兵一部。其他各铁路线配合作战之兵力，由各区自行规定。各出动部队之后方勤务由各区自己部署。并限于8月10日前完成各项准备工作。

8月8日，八路军总部下达了《战役行动命令》，对战役作了如下具体部署：

一、晋察冀军区以主力10个团破坏平定东至石家庄正太线，破击重点在娘子关、平定段。对北宁线、德州以北之津浦线、德石路、沧石路，特别是对元氏以北至卢沟桥之平汉线，同时分派足够部队正面突破袭击，阻击可能向正太线增援之日军，相机收复某些据点。对西、北两面之日军，以适当兵力监视之。另以有力部队向孟县南北日军据点积极活动，相机收复某些据点。

二、第一二九师以主力8个团附总部炮兵团一个营，破击平定至榆次段正太线，破击重点是阳泉、张净镇段。对元氏以南至安阳段平汉线、德石路、邯大路、榆次至临汾段同蒲线、平遥至壶关段白晋线、临屯公路，同时分派足够部队宽正面的破袭之，阻击日军向正太路增援，相机收复某些据点。对辽平公路派有力部队积极活动，相机收复某些据点，另以一个团主力位于潞城、襄垣间地区。

三、第一二〇师破击平遥以北之同蒲线及汾离公路。以重兵置于阳曲南北，阻日军向正太线增援。如汾河可能徒涉，第一二〇师在阳曲以南配合作战部队，要以约两个团之兵力进至榆次南北地区，直接加入第一二九师作战，并归第一二九师直接指挥。对晋西北腹地内日军各个据点与交通线，分派部队积极破袭，相机收复若干据点。

四、总部特务团主力集结于下良西营地区。

战役从1940年8月20日开始至12月5日结束。八路军的总兵力从开始作战时的20多个团增加到105个团。战役共分3个阶段。

第一阶段（1940 年 8 月 20 日至 9 月 10 日）

战役的第一阶段为交通总破击战。这个阶段作战的中心任务是破坏与截断华北敌人的全部交通，破击的重点是正太路。

8 月 20 日 20 时，各部队按预定计划一齐打响。

八路军晋察冀军区以 19 个团、5 个游击支队和两个独立营的兵力，组成左、中、右纵队，分别向正太铁路东段的日军独立混成第八旅团大部和独立混成第四旅团一部展开攻击。主攻方向放在娘子关、井陉方面。当晚右纵队攻克正太线上的要隘娘子关，歼日军一部。中央纵队攻击井陉煤矿的部队，在攻占井陉后，将井陉新矿、总矿的设备迅速破坏，使其停产半年之久。与此同时，中央纵队连克蔡庄、地都、北峪、南峪等日军据点。左纵队向石家庄至微水之间的据点展开攻击。23 日，日军从石家庄方向出动 14 个中队西援，当时大雨滂沱，河水暴涨，对作战不利，晋察冀军区部队分别撤出娘子关和井陉。部队转入对铁道、桥梁、隧道的全面破坏。

八路军第一二九师及晋东南新军以 8 个团（包括决死队第一纵队两个团）、8 个独立营的兵力，组成左、右翼破击队和中央纵队，对正太铁路西段日军独立混成第四旅团大部和独立混成第九旅团一部展开攻击；以两个团会同平定、辽县、榆社等地方武装，分别对平辽、榆辽公路进行破击，并牵制各线守敌，保证主力侧后的安全。经激战，至 23 日，连续攻克桑掌、坡头、狼峪、张净、马首、上湖和尚足、芦家庄等车站、据点。战斗最激烈的是阳泉方面。21 日，一二九师为阻止日军从侧背攻击破击部队，令预备队一部抢占阳泉西南 4 公里处的狮垴山高地。从 23 日起，阳泉日军在 100 余架飞机的支援下，并使用化学武器，不断向狮垴山猛攻。该师部队英勇阻击 6 昼夜，歼灭日军 400 余人，保障了破击部队翼侧的安全。经数日战斗，一二九师控制了正太铁路西段除阳泉、寿阳以外的大部分据点及火车站，严重破坏了该段的路轨、桥梁、隧道、水塔、车站，使正太路西段陷于瘫痪。

八路军一二〇师及决死第二、第四纵队以 20 个团兵力破击同蒲路北段及汾离公路全线，置重点于阳曲南北阻击日军向正太路增援。8 月 21 日，一二〇师攻克日军重要据点康家会。相继占领了阳方口、丰润村等日军据点，共歼灭日伪军 800 余人，切断了同蒲铁路北段和忻县至静乐、汾阳至离石等公路。为了配合正太铁路、同蒲铁路的破击战，晋察冀军区和第一二九师还令所属部队50 多个团在民兵、游击队的配合下，对平汉、同蒲（南段）、平绥、平宁、白晋、津浦、德石等铁路线和一些主要公路线及许多日军据点进行破击和袭击。

8 月 25 日后，日军从白晋铁路、同蒲铁路南段抽调第三十六、第三十七、第四十一师团各一部，配合独立混成第四、第九旅团向第一二九师反击；从冀中、冀南抽调约 5000 人的兵力，配合独立混成第八旅团向晋察冀军区部队反击。第一二九师、晋察冀军区和第一二〇师紧密配合，顽强作战，打退了日军的反击。

至 9 月 10 日，战役第一阶段作战结束。此阶段的作战取得了正太路作战的全胜。正太铁路从井陉——寿阳段被八路军全部破坏，所有的桥梁、隧道均被炸毁，路轨、枕木拆除殆尽，通讯设备破坏无余，许多车站荡然无存。日军第八旅团、第四旅团遭到沉重打击。

第二阶段（1940 年 9 月 22 日至 10 月上旬）

这一阶段的作战中心任务是攻占交通线两侧和深入抗日根据地内的日军据点，并继续破击日军交通线。具体部署是：第一二〇师集结主力对同蒲铁路北段宁武至轩岗段进行彻底破坏，再次切断同蒲铁路北段的交通；晋察冀军区集结主力破击涞（源）灵（丘）公路，并夺取涞源、灵丘两县城；第一二九师重点破击榆（社）辽（县）公路，收复榆社、辽县（今左权）两县城。

9 月 22 日，晋察冀军区以 8 个团、3 个游击队、两个独立营组成左、右翼队，对占领涞源县城的日军独立混成第二旅团步兵第四大队和占领灵丘地区的日军第二十六师团守备部队发动进攻。进攻涞源的部队，经一夜猛攻，将城关之敌肃清，但由于涞源城防御体系坚固，居高临下，加之八路军攻坚器材不足，日军顽强抵抗，终未攻克涞源县城，23 日起，主力部队转为拔除涞源外围日军据点。经 3 日激战，相继攻占金家井、东团堡、三甲村等 10 余个据点。28 日，由张家口增援的日军 3000 余人进抵涞源县城。是日夜，右翼队撤离涞源，分兵一部转向灵丘、涞源方向，配合左翼队进行灵丘战役。

10 月 7 日夜，左翼队向灵丘—涞源间公路各据点同时发起攻击。激战至 8 日，攻占南坡头、抢风岭等日军中心据点，及中庄、青磁窑等小据点，并将日军的军事设施和公路全部破坏，灵丘、涞源日军两个步兵大队，遭到八路军的沉重打击。10 月 9 日，日军 1000 余人向灵丘方向增援，八路军即撤出战斗，灵丘战役结束。

第一二九师以第三八六旅和决死队第一纵队两个团组成左翼队，第三八五旅（附第三十二团）组成右翼队，于 9 月 23 日向守备榆（社）辽（县）公路的日军独立混成第四旅团展开攻击。经激战，左翼队攻克榆社城，歼日军 400 余人。右翼队攻占了榆辽公路上的小岭底、石匣等日军据点。29 日，向辽城逼近。30 日，和顺、武乡的日军同时出援，右翼队遂撤回辽城，准备转移至红崖头、官地垴地区伏击由武乡出援的日军。转移途中，第三八五旅与日军援兵 600 余人遭遇，苦战 15 个小时，日军虽被歼灭过半，仍利用有利地形进行顽抗，双方形成对峙。从和顺出援的日军突破八路军新编第十旅在狼牙山的阻击阵地后，第一二九师遂撤出战斗，榆社复为日军占领。榆辽战役结束。

第一二〇师为了配合涞灵和榆辽地区的战斗，再次对同蒲路北段进行破击，又一次中断了该线的交通。冀中军区部队从 10 月 1 日至 20 日向任丘、河间、大城、肃宁等地日伪军发动攻击，攻克日伪军据点 29 处，歼日伪军 1500 余人，破坏公路 150 公里，有力地钳制了日军的行动。冀南军区以 12 个团的兵力，对日军正在修筑的石德铁路、邯济铁路（邯郸至济南）以及一些重要的公路进行破击，以上铁路公路被八路军及抗日民众一举荡平，沿线据点的日伪军被歼 1700 余人。

战役第二阶段作战，八路军不仅攻克了日伪军的一些据点，平毁了大部分封锁沟、墙，而且打击了伪政权组织，使被分割的地区重新连成一片。

第三阶段（1940 年 10 月 6 日至 12 月 5 日）

战役第三阶段的作战任务是反击日军的报复"扫荡"。日军在连续遭到八路军两个阶段的打击后，为了稳定局势，巩固占领区，对华北各抗日根据地进行了残酷的报复"扫荡"。其"扫荡"从太行区开始，逐次扩展到平西、晋西北、北岳、太岳、冀中、冀南、大青山区。八路军总部下达反"扫荡"命令，要求各抗日根据地军民密切配合，粉碎日军的"扫荡"。

10 月 6 日，日军以独立混成第四旅团和第三十六师团近万人的兵力，分由顺和、潞城出动，向太行区的武乡、黎城地区进行"扫荡"，企图消灭八路军总部领导机关和第一二九师主力。10 月 29 日，第一二九师在八路军副总司令彭德怀的直接指挥下，在武乡县关家垴地区，将日军第三十六师团冈崎大队大部歼灭，并给武乡、辽县增援之敌以重大杀伤，粉碎了日军对太行区的"扫荡"。

10 月 13 日起，日伪军以万余人"扫荡"平（北平）西地区，日军进入预定地区后扑空，被八路军包围，激战数日，28 日撤退。

11 月 9 日，日军又以万余人"扫荡"北岳抗日根据地，并占领了晋察冀军区领导机关所在地阜平。晋察冀军区第一、第三、第四军分区 10 个团乘日军兵力分散，进行分区"清剿"之机，对孤立之敌进行打击，经 20 余天激战，将敌主力击退。敌主力撤退后，留一个大队在阜平、王快筑堡修路，企图长期占领。晋察冀军区以 4 个团向阜平、王快日军发起攻击，歼其 500 余人，迫使日军全部撤出北岳抗日根据地。

11 月 17 日起，日军约 7000 人，向太岳区进行"扫荡"。日军从四面向沁源、郭道间的沁河两岸压缩前进，企图抓住八路军主力。太岳军区将主力跳出外线，留一部兵力在内线抗击日军。日军扑空后，疯狂破坏抗日根据地。太岳军区部队寻机打击日军，共歼日军 300 人，打退了日军的"扫荡"。

12 月中旬，日军以 2 万余人的兵力，对晋西北根据地进行"扫荡"。至 23 日，日军占领了保德、河曲以外的全部县城和大部集镇。晋西北抗日军民实行空室清野，同时集中主力部队，破击日军后方交通线，攻击日军修路部队和运输队。先后作战共 200 余次，歼日军 2500 余人。1941 年 1 月下旬，日军全部撤出晋西北地区。

百团大战历时 3 个半月，八路军在华北地方武装和民兵的密切配合下，共作战 1800 余次。日军参战人数是 20 余万人，伪军约 15 万人。八路军毙伤日军 2 万余人、伪军 5000 余人，俘日军 280 余人、伪军 1.8 万余人，拔除据点 2900 余处，破坏铁路 470 公里、公路 1500 余公里，缴获各种炮 50 余门、各种枪 5800 余支（挺）。八路军伤亡 1.7 万余人。

长沙会战

第一次长沙会战

1939 年 9 月 14 日至 10 月 14 日，中国国民党军在长沙以及湘北、赣北、鄂南广大地区抗击日军进攻的防御战役——第一次长沙会战。

武汉失守后，中国抗日战争进入了战略相持阶段。日军处于兵力分散、战线拉长、补给困难的不利态势，而且其国内则经济衰退，危机四伏，政局动荡，内阁迭经改组。日军对国民政府的诱降政策，由于中国共产党和全国人民的坚强抵制而未能实现。国际上，由于第二次世界大战于 1939 年 9 月 1 日爆发，美、英等国把主要力量集中于西欧，准备随时牺牲中国的利益，而与日本妥协。在此情况下，日军大本营为统一指挥在华的军队，决定撤销华中派遣军，于 9 月 12 日在南京成立了日本在中国派遣军总司令部，以西尾寿造为总司令，坂垣征四郎为参谋长。尔后，日本在中国派遣军总司令部制定了把战争中心转向共产党领导的抗日根据地的方针，准备加紧"扫荡"。同时，拟定了攻占长沙、衡阳、宜昌、西安等重要城镇的作战计划，企图压迫蒋介石投降，促成汪精卫登台，以求早日结束战争。驻武汉地区的第十一军由日本在中国派遣军总司令部直接指挥。第十一军司令官冈村宁次于 9 月初即制定了湘赣作战计划，其方针是："为了打击敌军继续抗战的意志，"决定 9 月中旬开始"奔袭攻击，以期在最短时间内，捕捉敌军第九战区主力部队，将其歼灭于湘赣北部平江及修水周围地区"。以便打通粤汉线，陈兵湘西，配合鄂中日军夺取宜昌。第十一军加紧调集兵力，准备由湘北、赣北、鄂南地区发起攻势，兵分 3 路进攻长沙，企图首先夺占长沙，尔后向西南发展进攻以夺占衡阳，并规定 9 月底占领长沙。9 月 13 日，第十一军指挥所转移至咸宁，并集中了第六、第三十三、第一〇一、第一〇六师团及上村、奈良支队，以及飞机 100 余架、大量舰艇和海军陆战队一部，计 10 万余人，准备发动进攻。具体部署：湘北为主攻方向，以第六师团及奈良支队，在岳阳东南地区集结，上村支队及陆战队一部，在大云山及其以南地区集结，准备沿粤汉线南下，向长沙方向实施进攻；赣北为助攻方向，以第一〇一、第一〇六师团在奉新、靖安一带集结，西进平江、岳阳，配合主攻方向进攻长沙；鄂南为助攻方向，以第三十三师团在通城、太沙坪地区集结，策应主攻方向南下，并协同赣北方向压迫国民党军退出幕阜山区。

湖南及江西、湖北部分地区守军为国民党军第九战区，辖52个师，兵力雄厚，为各战区之首。会战中，会战兵力达35个师，24万人，由第九战区司令长官薛岳统一指挥。此时，第九战区在洞庭湖东岸之新墙河、通城、武宁、靖安、奉新及锦江沿岸与日军对峙。为防日军南下进攻长沙，第九战区在长沙以北依托新墙河、汨罗江、捞刀河、浏阳河等天然屏障，构筑了多道防线。早在4月，军委会对湘北作战即确定了"利用湘北有利地形及既设之数线阵地，逐次消耗敌人，换取时间。敌如突入第二线阵地（平江、汨罗江之线）时，我军应以幕阜山为根据地，狠袭敌之侧背。万一敌进逼长沙，我应乘其消耗既大、立足未稳之际，以设伏置于长沙附近及以东地区之部队，内外夹击，予敌以致命打击"的计划和方针。9月上旬，第九战区获悉日军在湘北、鄂南调动、集结兵力时，即命令各部队"先于现在位置，以攻击手段，消耗敌人战斗力""诱敌深入于长沙以北地区，将敌主力包围歼灭之"。各部遂调整部署，加修工事，并对公路、铁路等主要交通线进行了破坏，连乡村小路也动员群众挖窄，稻田都翻土放水，进行坚壁清野。具体部署：湘北地区，以第十五集团军之第五十二、第三十七军及第二、第一九五师、第四十八军第五十九师等部组织防守；第二十五师前出至新墙河以北地区，准备攻击临湘、岳阳地区之日军；第七十军为预备队；其余部队在湘潭以南地区构筑预备阵地。赣北地区，以第三十二、第四十九、第五十八军主力及第六十军、新编第三军各一部和第七十八军组织防守；第六十军第一八三师、第七十二军第十四师分别前出至庙前和德安以西地区，准备攻击永修、德安及德安至马回岭一线日军；第七十四、第七十三军为预备队。鄂南地区，以第七十九军及第一三四、第一九七师组织防守；第八军第三师、第二十军第一三三师分别前出至通山和南林桥以北地区，准备攻击阳新、大冶和南林桥至咸宁公路地区之日军。

9月14日，日军为隐蔽主攻方向的行动企图，以第一〇六师团及第一〇一师团一部，首先向会埠守军第一八四师阵地发起了进攻，第一次长沙会战遂正式开始。

18日，日军第六师团及奈良、上村支队共5万余人，在冈村宁次的亲自指挥下，向湘北地区发起了进攻。9时，首先以部分兵力向新墙河以北守军第五十二军阵地发起猛攻。至19时，双方在下燕安、大桥岭等地展开了连续激战。守军顽强抵抗，几经争夺，多处阵地失而复得。日军不断增兵，并发起连续进攻。战至 22 日，守军因伤亡过大，被迫放弃草鞋岭、马家院等地，退守新墙河以南地区。23 日晨，日军第六师团在猛烈炮火的掩护下，在七步塘附近强渡新墙河。守军乘日军徒涉至河中央时，一声令下，前沿轻重火器一齐开火，打得日军死伤累累，其中 1 名联队长被击毙，余部狼狈溃退。随后，日军出动 10 余架飞机，向守军阵地实施了报复性的猛烈轰炸，许多工事被摧毁，守军虽遭伤亡，仍坚守阵地。尔后，日军再次组织强渡，守军奋起抗击，日军先后 8 次强渡均被击退。最后，日军利用顺风之机，施放了大量毒气，守军因中毒身亡甚多，日军遂渡过了新墙河。

与此同时，奈良支队在杨林街等处也组织了强渡，企图绕过新墙河、汨罗江守军防线，从翼侧压迫守军至洞庭湖畔实施围歼。守军第一九五师为挫败日军企图，在师长覃异之的指挥下，顽强抗击日军的进攻。24 日晨，第一九五师奉命撤离阵地。

日军在正面进攻的同时，以上村支队在舰艇配合下，沿洞庭湖东岸登陆，从翼侧向守军发起了突然袭击。23 日晨，上村支队在烟幕的掩护下，于汨罗江附近的营田等处登陆。由于守军疏于戒备，日军上岸后，守军第五十九师才发觉，双方遂展开了激战。日军在飞机和炮火的支援下，向守军阵地发起了猛攻，并施放了毒气，迅速攻占了牛形山、六姓山。当日下午，日军攻占了营田，严重地威胁了第一线守军的翼侧，新墙河防线守军已处于日军的夹击之中。24 日起，第十五集团军主力被迫撤至汨罗江南岸第二防线。25 日，军委会电令第九战区："保持幕阜山根据地，袭敌侧后，敌如进攻长沙时，在铁道正面，可逐次抵抗消耗敌人，换取时间，俟敌突入长沙附近，以有力部队相机予以打击。"第九战区遂迅速向长沙以东地区集结兵力。

25 日，日军便衣 100 余人伪装成难民窜至新市，企图里应外合，配合主力抢渡汨罗江。在其接应下，日军迅速渡河并攻占了新市，在汨罗江南岸开辟了前进阵地。26 日，日军大批飞机对守军实施了轮番轰炸，其步兵在空中火力的掩护下，向汨罗江南岸守军发起了猛攻。守军顽强抵抗，激战终日，挫败了日军多次进攻，双方均遭重大伤亡。

26 日，军委会决定在长沙附近与日军决战，遂电令第九战区："准以六师兵力，位置长沙附近，由薛长官亲自指挥，袭击向长沙方向突进之敌，予以严重打击。"据此，薛兵制定了《在长沙以北地区诱敌歼灭战之指导方案》，区分了阻击部队和伏击部队，并于 27 日调整了部署。

27 日下午，日军第六师团分两路南下，其中一路 1000 余人到达了福临铺。守军第一九五师以一部兵力组织防守，主力在福临铺大路东侧有利地形设伏，并以小分队出没于丛林山岗之间，诱迫日军深入。28 日，该路日军进入第一九五师主力设伏地区，守军突然开火，一举击毙日军 500 余人，随后双方在福临铺地区展开了激战。日军以猛烈炮火突击第一九五师阵地，尔后全力发起冲击。第一九五师且战且退，待日军增援部队赶到时，撤至上桥市附近继续组织防守。30日，日军向上桥市发起了进攻，再次遭到第一九五师的伏击，一举歼灭日军700余人。与此同时，另一路日军突破了守军阵地，越过捞刀河，向长沙以北30余公里的永安猛扑，遭第二十五师顽强抗击。

28日，日军奈良支队沿汨罗江东进，未遇抵抗即迅速占领了平江。30日，奈良支队与第三十三师在三眼桥会合，在之后的进攻中，遭第二十七集团军及第七十九军等部顽强抗击，进展甚微。

至10月1日，日军由于屡遭伏击，伤亡惨重，被迫停止了进攻，并计划准备撤退。当日，军委会决定将第九战区分为两个战区，湘江以东为第九战区，司令长官为薛岳；湘江以西为第六战区，司令长官为陈诚。2日，第十五集团军总司令关麟征获悉日军准备退却的情报后，当即命令所部准备实施追击，并决定以汨罗江南岸为第一目标。下午，上杉市日军6000余人在第一九五师的夹击下，死伤惨重，余部向福临铺溃退。3日，第一九五、第二十五师向福临铺、金井方向实施追击，日军继续向汨罗江以北退却。至4日，第十五集团军追击部队尾随日军之后，先后收复安定镇、长乐、新市、汨罗、营田等地。此时，第三十三师团及奈良支队也不敢恋战，分路实施退却。

根据日军全线退却的战场态势，薛岳下令："湘北正面各部队以现在态势立向当面之敌猛烈追击，务于崇阳、岳阳以南地区捕捉之。"并要求"主力力行超越追击。"同时，令敌后部队破坏交通，阻击日军退却。

5日，冈村宁次下令全线退却。第九战区追击部队由于惧怕日军佯退，来敢超越，只是尾追，故日军退却十分顺利。6日，第六师团、奈良支队分别撤至新墙河、南江桥。8日，第一九五师到达新墙河南岸，占领了鹿角、荣家湾、新墙、杨林街等地。至10日，双方恢复了战前态势，在新墙河一线形成对峙。

赣北方向：双方相持于靖安、奉新、高安以东地区。守军为第一、第九集团军，由第十九集团军总司令罗卓英统一指挥。早在5月16日，军委会明确了赣北方向的作战方针："以游击战消耗牵制敌人，对该方面敌人予以反击，务希随时随地切实注意，妥为部署，诱敌深入而侧击之。"

日军第一〇一、第一〇六师团为配合湘北主攻方向作战，于9月14日首先发起进攻后，第一〇六师团主力于15日突破了守军第一八四师会埠附近阵地，尔后兵分两路，一路继续向西攻击前进，16日，占领上富镇，与守军第一八三师接火；另一路转而南下，16日，突破守军第一八四师水口甘阵地，18日，占领了高安北部的村前街、斜桥、祥符观等地，形成了对高安的三面包围，并企图协同会埠一线日军，包围守军第六十、第五十八军。第六十军被迫向宜丰方向转移；第五十八军且战且退，当晚渡过锦江，西撤向凌江口方向转移，尔后与第六十军形成了新的防线，粉碎了日军的包围企图。

日军从东、西、北3个方向逼近高安，并发起攻击。守军第三十二军顽强抵抗后，19日，撤离高安，日军遂进占该地。由于高安地位重要，第九战区曾指示："高安万不可放弃。"此时，桂林行营主任白崇禧也指示罗卓英要以攻为守，"予敌以重大打击，恢复高安"。罗卓英遂组织准备反击。19日晚，第五十一师收复村前街；21日，第一三九师一部乘夜暗渡过锦江，击退了高安附近石鼓岭等地之日军；22日拂晓，第一四一、第一三九师猛攻高安城，因守军在撤退时已破坏了城墙，此时日军防守无以依托，经反复冲杀，日军败退，高安于8时许收复。尔后，攻击部队向北发起追击，第一四一师一部进至黄坡桥；23日，进至祥符观等地，恢复了原阵地。

经会埠向西突进的日军第一〇六师团主力于23日攻占了上富。第一八三师及第十五师一部遭日军毒气袭击，伤亡甚重，被迫后撤。日军继续西进，企图与通城南下的第三十三师团配合，围攻第二十七、第三十集团军。日军一部突破第十五师防御后，占领了横桥、甘坊。守军迅速调集兵力，向甘坊一带发起了反击。25日至27日，第一八四师由南指向甘坊，第十五师在甘坊以西与日军激战，第一八三师在甘坊西北之九仙汤、刘庄一带与日军争夺，双方势均力敌，相持不下。与此同时，第五十七师发起反击后，夺回上富，切断了日军退路，第七十二军进抵甘坊西北之黄沙街。至此，第六十军及第五十七、第十五师等部已将甘坊、横桥一带日军包围。被围日军拼死抵抗，并决意西进。30日，日军在飞机和炮兵的掩护下，向第十五师与第一八三师接合部发起突击，因第一八三师作战不力，阵地被日军击破。10月1日，日军全力向西突进，于3日先后攻占大嘏街、石街。此时，守军已收复了横桥、甘坊，并切断了日军退路，且第三十二军及第十五师已在大嘏街、石待以西地区组成了新的防线，日军第一〇六师团被迫停止了攻势。

5日，薛岳电令罗卓英及第一集团军代总司令高荫槐和第三十集团军总司令王陵基，率部歼灭日军第一〇六师团。6日，第一、第三十集团军准备发起围攻时，日军已开始退却，遂实施追击。日军第一〇六师团实施了分路退却，主力于12月撤至武宁，另几路分别撤至靖安、奉新，退回了原阵地。

鄂南方向：日军第三十三师团为配合湘北、赣北作战，于9月21日在鄂南发起了攻势，企图避开新墙河、汨罗江防线守军，从东侧配合湘北主力夹击平江地区的第十五集团军，此时，第九战区在鄂南驻守的部队为3个军。日军第三十三师团首先向一四〇师半山、官田、土幻、大园沙堆阵地发起进攻，于22日占领麦市西北之高冲、塘湖市、鲤港等地。23日，日军以主力围攻麦市。第一四〇师伤亡甚重，撤离麦市，尔后协同第一四三师在麦市以南地区与日军展开激战。27日，日军不断增兵并继续南下，以一部兵力向第二十军福石岭阵地发起攻击，主力则经过该地占领了龙门厂。29日，第九战区令第二十、第七十军围歼进入龙门厂地区之日军，以稳定湘北战局。30日，守军集中兵力对龙门厂地区日军发起围攻，第一三三师一举收复龙门厂，双方伤亡均很严重。日军决意南下，冲出包围，并攻占了古芳湾、长寿街、嘉义市等地。第二十、第七十九军步步进逼，跟踪追击该部日军。

此时，占领平江的日军奈良支队一部进占三眼桥，接应第三十三师团，两部于30日会合。经连续作战，日军伤亡惨重，于10月2日起开始后撤，第三十三师团和奈良支队分路退向通城。10日，第一三三师收复麦市。至此，双方恢复原阵地对峙。

至14日，双方恢复了战前态势，第一次长沙会战遂告结束。此次会战，历时一个月，国民党军有效地粉碎了日军的作战企图，计毙伤日军2万余人，自身伤亡4万余人。

1941年9月7日至10月9日，中国国民党军在长沙及其以北地区开始了又一次抗击日军进攻的防御战役——第二次长沙会战。

第二次长沙会战

第一次长沙会战后，国民党军第九战区部队与日军第十一军始终在新墙河一线对峙。1941年春，日军企图利用上高战役牵制赣北国民党军主力，尔后乘机西进，突进至长沙翼侧，配合湘北日军南下攻占长沙。但由于日军在上高战役中失利，致使上述企图未能实现。此时，日军大本营制定了《对华长期作战指导计划》，规定在夏秋之际发起攻势。新任第十一军司令官阿南惟畿参加了上述"计划"的拟定，到任后即积极筹划进攻长沙的作战计划。由于6月苏德战争爆发的影响，日军在"南进"还是"北进"问题上犹豫不决，第十一军的作战计划被暂时搁置。之后，日军大本营一方面加强了对苏作战的准备，增兵中国东北；一方面加强了对国民党军的军事压力，企图促蒋投降，以早日结束中日战争，遂批准了第十一军的作战计划，并明确：要"摧毁敌抗战企图，予第九战区敌军一次沉重打击"。要求在长沙以北地区歼灭第九战区主力，于德、意、日三国同盟条约签订一周年（9月27日）时攻占长沙。8月21日，第十一军令各部秘密向岳阳以南地区集结。集中了第三、第四、第六、第四十师团和早渊、荒木、江藤、平野4个支队，以及飞机180余架、舰艇30余艘、汽艇200余艘和海军陆战队1个大队，共近15万人。阿南惟畿吸取了上次会战分散兵力的教训，决定将主力"并列于狭窄的正面上，以期进行纵深突破"。并准备在正面进攻之前首先对大云山进行"扫荡"，既可解除后顾之忧，又可掩护主力集中。

根据日军的动向，第九战区于3月份制定了"反击作战计划"，明确：如"敌以主力由杨林街、长乐、福临铺古道及粤汉铁路两侧地区，向长沙进攻，则诱至汨罗江以南捞刀河两岸地区反击而歼灭之"。此时，第九战区在新墙河南岸配置了第四、第二十、第五十八、第七十二军计4个军的兵力，其中第四、第五十八军各一部前出至鄂南大云山建立根据地，并不断袭击日军翼侧，破坏日军后方交通线。另有主力8个军的兵力，其具体部署：第九十九军在汨罗江一线组织防守，第七十九军和暂编第二军调至长沙、株洲，加强防守，第二十八军在武宁地区组织防守。预备队控制了4个军的兵力，其中第三十七军配置在瓮江、长乐地区，第七十四军在分宜、新余地区，第二十六军在浏阳、金井地区，第十军在衡山、株洲地区。总兵力12个军33个师，共17万余人。

在8月间已在大云山以北之桃林、忠访等地集结的日军第六师团主力，于9月7日在飞机的支援下，由东、西、北三个方向向大云山地区发起了进攻，企图一举歼灭该地区之国民党守军。第一〇二师等部奋起抗击，与进攻之日军展开激战。日军第十三联队先后攻占洋田、甘田等地，第六师团主力从翼侧突进至长安桥。8日，日军攻占大云山，并继续向南发展进攻。9日，守军组织了反击，援军新编第十师及第一〇二师等部，与日军展开了激烈的争夺。10日，日军第四十师团到达桃林，接替了第六师团，其先头在甘田附近与新编第十师遭遇，双方即展开了激战。日军不顾阻截，全力南下，于12日晚突进至港口附近，又遭第五十九师侧击。13日，日军第四十师团继续南进，在白羊田再次遭到新编第十师阻击，第十一军急令荒木支队增援。第二十七集团军为加强大云山地区的力量，也令新编第十一师进入交战。守军全力实施反击，将日军压迫至马嘶瑕附近狭窄的山路上，双方展开了近战肉搏。16日，增援的荒木支队在甘田遭到新编第十一师的阻击。至17日下午，日军第四十师团突进至胡野溪、团山坡地区，并完成了向湘北进攻的准备，但由于遭守军连续阻击和反击，进展迟缓，损失惨重。

17日，日军第三、第四、第六、第四十师团等部均已进至新墙河北岸地区。18日拂晓，日军在杨林街以西20余公里的狭窄地段上，集中300余门火炮实施了猛烈突击，掩护步兵倾全力发起了猛烈攻势。守军第四军由于以部分兵力参加大云山地区作战，且在日军猛烈炮火下伤亡严重，在日军的强大攻势面前，新墙河防线很快被日军突破。第四军被迫转移至胡少保、关王桥以东及洪源洞、白家洞一线继续组织防守，由于日军攻势迅猛，当日下午又被日军突破，守军遂向右翼山地转移。19日，日军抵达汨罗江北岸，并开始组织强渡。第六师团一部在上午从长乐渡过汨罗江，并先后攻占了颜家铺、浯口等地。

18日，日军平野支队在海军的配合下渡过洞庭湖后，在湘江口的青山附近强行登陆，虽遭第一九七师奋力抗击，终站稳了脚跟，并以此为据点，策应主力的正面攻势。

第九战区未料到日军攻势竟如此猛烈，急令第九十九、第三十七军在汨罗江南岸坚守阵地，并令第四、第二十、第五十八军向日军侧后发起反击，迟滞其进攻速度。另以第二十六军军部率第四十四师推进至金井附近。由于上述命令被日军侦悉并破译，日军获知了第九战区的部署调整，于20日决定全力向东推进，企图在捞刀河以北地区聚歼第九战区主力。此时，日军已开始强渡汨罗江。22日，日军集中兵力向第三十七、第二十六军发起围攻。第三、第四师团在飞机的支援下，攻占了下武昌、狮形山、兴隆等守军第三十七军主阵地，连续激战至24日，突破了守军防线，并突进至守军侧后的新开市、新桥地区，对守军形成了合围之势。第三十七军被迫向上杉市、麻林市、新桥一线转移。与此同时，日军第六、第四十师团对守军第二十六军发起围攻。激战至25日夜，日军一部攻占了何家坪、五台洞等地，直逼第二十六军指挥所。薛岳急令第二十六军"迅速集结兵力，攻敌一点，切勿对各方均取守势"，向更鼓台、石湾方向突围。

当日军发起围攻时，守军第十军奉命增援，于22日到达明月山、栗桥、福临铺、金井一线。鉴于此，日军迅速转用兵力，乘势向立足未稳的第十军发起攻击，双方展开了激战。第十军第一九〇师司令部被日军包围，师长受重伤，副师长阵亡，使全师陷于混乱，纷纷向福临铺方向突围。预备第十师也遭日军打击，被迫向后溃退。至26日，第十军伤亡惨重，被迫转移至石鼓牛、徐桥及万家铺、天雷山一线。

26日，薛岳令各部组织"督战队"，收容整顿溃散的部队。白崇禧也曾前往衡阳督战，但战局未能改观。在捞刀河两岸组织防守的第七十四军，于26日与向长沙方向奔袭的日军第三师团接火，利用日军立足未稳之际，以攻为守，向日军发起反击。由于日军后续部队迅速向南突进，一部兵力已渡河绕向第七十四军侧翼，处境十分危险，且伤亡甚重，第七十四师遂于27日夜向南撤退。至此，长沙以北的最后一道防线也被日军突破。薛岳令各部发起反击，但战区主力多数遭日军打击，已无从组织进行大规模的反击了。

日军第四师团及早渊支队击退守军后，沿白沙河谷向长沙推进。27日，早渊支队遭第九十八师阻击，日军在飞机的支援下，很快突破了守军阵地，并渡过浏阳河。下午，早渊支队一部兵力在空降伞兵100余人的配合下，突入长沙城东北角，当晚，主力也突入城内。29日，第四师团主力进入长沙。与此同时，第三师团向株洲方向追击，企图歼灭南撤之守军。29日上午，第三师团一部突入株洲，破坏了城内的军事设施后，于午后撤出株洲，并在金潭附近地区集结。

日军经连续作战，认为打击第九战区主力的目的已经达到，加上人员伤亡和粮弹消耗极大，且输送补充粮弹的50余辆装甲车被守军悉数击毁，已无力继续发起进攻，遂于10月1日黄昏开始，在飞机的掩护下实施退却。

2日，军委会获知日军退却的情报后下令："立即开始追击，相机收复岳阳""牵制敌人向北转移，使五、六战区作战有利。"第九战区遂迅速组织了追击、阻击和侧击。第九十八师在捞刀河北岸实施了伏击，将日军早渊支队打得措手不及，伤亡惨重，其中 2 名大队长被击毙。第九十九军不断袭击后撤的日军第三、第六师团，其中，在路口香附近袭击了正在宿营的第六师团部队，一举击毙其 700 余人。第二十七集团军所属的 3 个军，成了阻击日军北撤的主力，作战中，大量杀伤并俘获了日军。

此时，第六战区部队正在围攻宜昌，城内日军顽强抵抗，固守待援。第九战区部队虽尽力迟滞了日军的退却，以阻其回援宜昌，但由于主力遭严重打击和重大伤亡，战斗力已很弱，牵制退却日军的目的未能达到。另外，由于陈诚的犹豫不决，延误了有利的战机，致使第六战区夺回宜昌的计划也未能成功。

9 日，日军第十一军各部撤回新墙河以北，转取守势，与第九战区再次形成了对峙态势，第二次长沙会战遂告结束。此次会战，历时月余，日军计伤亡 2 万余人，第九战区伤亡（包括被俘、失踪）达 7 万余人。

1941 年 12 月 23 日至 1942 年 1 月 16 日，中国国民党军在长沙及其以北地区抗击日军进攻之后实施了大规模追击的反击战役——第三次长沙会战。

第三次长沙会战

1941 年 12 月 7 日，日军偷袭了美军太平洋舰队主要基地珍珠港，太平洋战争正式爆发。在此前后，日军同时对菲律宾、马来西亚及太平洋上的一些岛屿发动了进攻。8 日，广州地区日军第二十三军又向英军占领的香港发起了进攻。由于日军作战范围不断扩大，战线拉长，兵力愈感不足，国内经济更加困难。据此，日军积极推行"以战养战"政策，其侵华日军一方面疯狂进攻解放区，另一方面继续对蒋介石政府进行诱降，并不断施加军事压力，企图尽快促蒋投降，早日解决"中国问题"，以便转用兵力于太平洋和东南亚战场。9 日，国民党军为策应英军在香港的作战，令第四战区部队向广州发起进攻，以牵制日军的兵力和行动，第九战区第四军和暂编第二军也从长沙附近南下。国民党军的作战行动，使日军深感忧虑。为此，日军秘密调集兵力，准备第三次进攻长沙，并计划于 1942 年元旦前攻占长沙，尔后直取衡阳，打通粤汉线，衔接广州、香港，进而沟通与东南亚的联系，以中国的中南地区作为其进攻东南亚的"后方基地"。

13 日，日军第十一军司令官阿南惟几下达了再次进攻长沙的命令，并迅速集中了第三、第六、第四十师团及独立混成第九旅团等部共 12 万余人的兵力。以第六师团进至新墙河中下游北岸，第四十师团进至沙港河北岸，第三师团到达鹿湾附近地区。22 日，阿南惟几到达岳阳指挥所，坐镇统一指挥作战行动。具体部署：第一梯队以主力沿粤汉线及岳阳至长沙古道向长沙实施正面进攻，以一部兵力为第二梯队，负责岳阳至长沙的交通警备，并策应主力作战。同时，以驻南阳的日军第三十四师团、独立混成第十四旅团，向赣北上高、修水等地实施进攻，牵制该地区之国民党军西进，以策应主力对长沙的进攻。

11月17日，第九战区在长沙召开了作战会议，总结了前两次会战的经验教训，薛岳要求各部队加紧备战，并制定了代名为"天天炉战"的作战计划，提出了号称"天炉法"的后退决战战略方针，即在新墙河、汨罗河之间设伏击地带，以浏阳河、捞刀河之间作为决战地区，动员群众翻地蓄水，在战区内破坏道路，严密乡镇保甲制度和组织民团武装，配合主力作战，通过诱敌深入，在湘北地区构成一个天然熔炉，将日军围而歼之。其作战原则："以少数兵力守阵，控制主力，机动运用。""固守新墙河、汨罗江两岸既设阵地，迎头痛击南犯之敌。予敌以重创后，相机放开正面，向右侧翼转进，占领翼侧阵地，形成长沙核心之外围。诱敌南进，俟长沙核心猛力迎击，在敌攻势顿挫之际，即向敌侧后发动攻势，与长沙核心互相呼应，夹击南犯之敌，聚而歼之。"薛岳强调："应运用尾击、侧击及正面强韧抵抗，务于浏阳河、捞刀河间地区，将进攻长沙之敌军主力，反击而歼灭之。"20日，军委会将第四、第七十三、第七十四、第七十九军划归第九战区指挥，并令各军迅速奔赴湘北地区。薛岳及时召开会议，根据原定的作战方针和计划，进一步调整了部署，集中了13个军33个师的兵力，计17万余人。具体部署：第二十军在麦市、九岭和杨林街、鹿角一线组织防守；第三十七军在长乐、汨罗、新市一线防守；第九十九军在营田、湘阴和芦林潭、沅江、汉寿一线防守；第十军防守长沙和株洲；预备队为第五十八、第二十六、第七十九军，分别配置在黄岸和浏阳、普迹及衡阳地区；第七十三、第四、第七十四军准备分别由鄂桂粤战场调往宁乡、株洲、衡阳地区，担任反击作战任务。赣北方向为第七十八、第七十二军、新编第三军及第五、第一九四师等部，其中，第七十八军守备武宁地区，第七十二军守备九宫山地区，新编第三军守备高安地区，第五师守备浔家渡、市汉街一线，第一九四师为预备队，配置在清江地区。

12月23日，日军发起了正面进攻，第四十师团主力推进至新墙河北岸，突破了守军第一三四师一部兵力在北岸的前沿阵地。此时，天气突变，骤然间下起了雨雪，气温急剧降至零下，这在12月份的湘北地区是极少见的，平时可徒涉的新墙河水深也陡然增加，道路更是泥泞难行，给准备长途奔袭的日军带来了预想不到的很大困难。而且，之后的天气又是连日乌云满天，日军飞机的支援和掩护也受到了极大的限制，但日军并未知难而退。

24日傍晚，日军第六师团乘大雨和夜暗，向守军第一三三师阵地发起了攻击，并从新墙附近强渡新墙河。第四十师团也于当夜突破第一三四师的防守阵地，并渡过了新墙河。守军主力乘夜暗撤至东南山区的王伯祥、十步桥、观德冲一线阵地，以一部兵力继续坚守原阵地，消耗和迟滞日军的进攻。25

日夜，日军向第一三三、第一三四师二线阵地发动了进攻，守军顽强坚守，与日军展开了反复争夺。26日，日军第六、第四十师团主力利用守军防线间隙突进，直扑汨罗江，并与沿粤汉线先期到达汨罗江北岸的第三师团会合。此时，防守汨罗江一线的第三十七、第九十九军已形成了大纵深防御体系，与进攻之日军展开了激战。27日午后，日军第三师团主力渡过汨罗江，第九十九军主力撤至牌楼峰、栗桥一线阵地。日军第三师团为实现配合主力围歼第三十七军的企图，集中主力向第九十九军防守阵地发起了猛攻。28、29日，双方展开了激战，第三师团攻克了大娘桥守军阵地，尔后东进向新开市发起攻击，企图向第三十七军侧后实施迂回。

28日，日军第六、第四十师团渡过了汨罗河，当即遭守军第三十七军顽强阻击，日军伤亡惨重。激战至30日，第三十七军向东侧山区转移。至此，日军已在汨罗江南岸打开了通道，尔后准备继续向南攻击前进，企图迅速夺占长沙。

29日，阿南惟畿下令"以主力向长沙方向追击"，并调整了进攻部署：以第三师团在第六师团一部的配合下进攻长沙；第六师团主力向长沙以东的㮾梨市进攻；第四十师团向金井方向突进；保障主力翼侧安全。

长沙守军为第十军。20日的防御部署：第三师防守长沙核心阵地，第一九〇师防守外围各据点，预备第十师固守岳麓山、水陆洲既设阵地。22日，薛岳令长沙警备司令部、宪兵第十八团及三民主义青年团等，配合第十军固守长沙。随后，各部队加紧抢修碉堡、工事，设置障碍，并向后方疏散群众。接着，第七十三军赶到并接替了岳麓山和湘江西岸的防守任务，准备配合第十军作战。

30日，军委会指示："在长沙附近决战时，为防敌以一部向长沙牵制，先以主力强迫我第二线兵团决战，然后围攻长沙，我应以第二线兵团距离于战场较远地区，保持外线有利态势，以确保机动之自由，使敌先攻长沙，乘其攻击顿挫，同时集举各方全力一齐向敌围击，以主动地位把握决战。"第九战区遂令第十军固守长沙，其余各主力部队则准备以长沙为中心，分别从东、南、北3个方向实施向心攻击，并明确区分了第一次、第二次攻击的具体目标，以求在日军攻击长沙时，不断紧缩包围圈，集中优势兵力，围歼攻击长沙之日军。

31日夜，日军第三师团进至长沙附近的㮾梨市和东山附近地区。1942年1月1日凌晨，第三师团渡过浏阳河，尔后在20余架飞机的支援下，向长沙东南的阿弥岭、林子冲、金盆岭等守军阵地发起了进攻。预备第十师依托阵地和有利地形，顽强抗击日军的进攻，由于工事大部被摧毁，且伤亡甚重，遂决定放弃第一线阵地，于当日下午撤至半边山、左家塘、农林实验场一线，继续组织防守。日军在地空火力的支援下，全力发起攻击，其中一个大队于当夜突破邬家庄和军储库附近守军阵地，并乘势指向白沙岭，直接威胁了市内的天心阁。守军及时发起反击，迅速夺回邬家庄和军储库附近阵地，将突入之日军击退。

反击中，日军大队长以下100余人被击毙，守军从其尸体上搜获的文件中发现了日军粮弹正严重不足，极大地振奋了官兵们的士气和斗志。

2日，预备第十师与日军第三师团主力在长沙东南的南之宫、邬家庄、小林子街、黄土岭一线展开了激烈争夺。第九战区配置在岳麓山地区的炮兵第一旅，以重炮火力准确猛烈地打击进攻之日军，有效地支援了守军的作战。与此同时，日军第六师团一部向长沙北郊守军第一九〇师阵地发起了进攻。3日凌晨，日军第六师团主力在长沙东郊、北郊同时发起攻击，第一九〇师被迫退至第二线阵地坚守。长沙地区守军第十军在军长李玉堂的指挥下，顽强抗击了日军的进攻。日军经连日作战，伤亡惨重，进展迟缓。第六师团一部兵力曾从长沙北郊突入城内，由于遭第九战区重炮猛烈突击，城北大部建筑物被炸为平地，使突入之日军无法立足；守军及时组织反击，将其击退。与此同时，长沙城南双方也展开了激战，日军伤亡惨重，其中1名大队长被击毙。至此，日军虽取攻势，但因缺少弹药，多处战斗只能近战肉搏，飞机空投补充也是杯水车薪，无以为继，使日军逐渐陷入困境。

为加强长沙核心阵地的防守，第九战区于3日令第七十三军之第七十七师渡过湘江，进入长沙市区协同第十军作战。此时，处于外线的第九战区主力正隐蔽地从三面向长沙压来，进至规定的第一次攻击目标附近。

面对极不为利的战场态势，日军第十一军于3日决定停止攻击长沙，令各部队于4日夜开始后撤。4日晨，日军发起了全线攻击，企图作最后一搏。进攻中，日军不断施放毒气，拼全力攻城。守军浴血苦战，顽强拼搏，长沙附近的战斗进入了白热化。其中预备第十师经3昼夜苦战，伤亡惨重，辎重营和卫生队都已参战，经连续血战，击退了日军的拼死进攻。日军经整天的最后努力，除增加伤亡外，未取得任何进展。第三、第六师团遂于当晚利用夜暗撤离战场，向东门、㮾梨市方向实施退却。

此时，第九战区外线部队正向长沙急进，薛岳令各部于4日夜进至第二次攻击目标地区，加快缩小包围圈。在获知日军退却后，当即令准备实施合围的部队迅速发起追击，决心在汨水以南至捞刀河以北地区将退却之日军聚歼，并及时调整了部署：第十九集团军总司令罗卓英指挥第七十三、第四、第二十六军为南方追击军，由南向北实施追击；第二十七集团军总司令杨森率第二十、第五十八军为北方堵击军，阻击日军退却；第九十九军军长傅仲芳率所部为西方截击军，阻击日军向西逃窜；"尔后随追击战况之推进，始终按追击、堵击、截击、反包围歼灭战之要领围歼溃逃之敌军"。

5日凌晨，日军在数十架飞机的掩护下，全线分路向东北方向实施退却。此次日军之退却，陷入了十分艰难的境地。第三师团刚撤离战场，即遭到进入金盆岭、林子冲地区的第四军截击，激战终日后夺路逃窜，并向第六师团靠拢，在㮾梨市附近渡过了浏阳河。7日，两部日军退至捞刀河以北。第四十师团主力撤至春华山，遭第九战区部队阻击，被迫退回金井；而其留置在金井附近的一部分兵力则遭到了第三十七军的围攻，伤亡近400人，残部20余人待其主力退返后才被救出，几乎全军覆灭。日军第十一军为掩护其主力退却，令独立混成第九旅团分路南下接应，该部到达栗桥、福临铺、金井一线时，也遭到了阻击。8日，第六师团在向福建临铺退却途中，遭第四、第二十、第二十六、第七十三军等部连续围攻，伤亡惨重，后在第三师团及空军的全力救援下，才突出重围。退却之日军在第九战区部队的连续阻击、侧击和追击下，行动迟缓，时时处于苦战之中。9日，退却之日军在饥疲交加之中，与接应之日军会合。13日，日军第三、第六、第四十师团主力在汨罗江以南的新市、兰河市、长乐附近集结，尔后先后渡过汨罗江。14日，日军继续向北溃退，第九战区部队仍不断截击、追击和侧击日军。至16日，日军撤至新墙河以北，退回原阵地，赣北方向西进的第三十四师团等部也被击退，会战遂告结束。

此次会战，历时25天，日军以惨败而告终，计伤亡近5.7万人，其中10名大队长、联队长以上军官毙命，被俘139人。第九战区将士英勇作战，大获全胜，伤亡不足3万人。

抗日战争的相持阶段

中国共产党的持久战战略方针

抗战初期，日军疯狂进攻，中国大片国土沦陷，一部分人对抗战产生了悲观情绪。国民党内以汪精卫为首的投降派，乘机大肆宣传"亡国论"，以"中国太弱，武器不如人"为由，到处喧嚷"战必败""再战必亡"，反对抗日，主张对日妥协投降。以蒋介石为首的亲英、美派，以侥幸心理，幻想依靠外国的干涉和援助获得速胜，宣扬"只要打三个月，国际形势一定变化，苏联一定出兵，战争就可解决"的速胜论。台儿庄的胜利，使速胜论更广泛传播。但当他们的幻想破灭后，又陷入了亡国论。与此相联系的还有不少人轻视游击战争在抗日战争中的重要作用。毛泽东、朱德、张闻天、周恩来、彭德怀曾多次论述过持久抗战的思想和游击战争的重要地位。1938年5月，毛泽东集中全党的智慧，发表了《论持久战》《抗日游击战争的战略问题》阐明了抗日战争的发展规律和争取抗战胜利的途径和方法。

毛泽东指出："中日战争不是任何别的战争，乃是半殖民地半封建的中国和帝国主义的日本之间在20世纪30年代进行的一个决死的战争。全部问题的根据就在这里。"由此出发，构成了中日双方相互矛盾的4个基本特点：敌强我弱、敌小我大、敌退步我进步、敌寡助我多助。抗日战争就是中日双方这些特点的比赛。

毛泽东还科学地预见了持久战将经过3个阶段：战略防御、战略相持、战略反攻。指出中国由劣势到平衡到优势，日本由优势到失败，这就是抗日持久战、抗战到底要走完的全过程。

针对党内外把战胜敌人的希望主要寄托于国民党打正规战，轻视敌后游击战的思想，毛泽东强调指出：游击战"是在落后的国家中，在半殖民地的大国中，在长期内，人民武装队伍为了战胜武装的敌人，创造出自己的阵地所必须依靠的因而也是最好的斗争形势"。

日本侵华政策的变化

1938年10月，日军占领武汉、广州以后，由于战场的扩大和战线的延长，使日军的兵力不足应付，财政开支也日露窘态。战争使日本人民生活日益贫困，反战情绪不断增长。国际上的孤立状态也无法改变。这一切使日本陷入不能自拔的战争泥沼之中。当时，中国正面战场虽然不断失利，但在西南和西北地区仍然有大量的兵力，继续坚持抵抗。敌后人民抗日游击战争也在迅速发展，开辟了广阔的敌后战场。鉴于此局面，日军停止了对中国正面战场的大举进攻，转为抽调大部分兵力应付敌后战场的战争。抗日战争实际上进入了敌我相持阶段。

1938年11月3日，日本政府发表近卫内阁第二次对华声明，改变了"不以国民政府为对手"的立场，声称："如果国民政府抛弃以前的一贯政策，更换人事组织，取得新生的成果，参加新秩序的建设，我方并不予以拒绝。"以后，日本政府再次向国民党政府伸出诱降之手。12月22日，第三次近卫声明根据御前会议规定的"调整日华新关系"的一般原则和重要项目，具体提出，中国必须放弃抗日举动和对"满洲国"的成见，进而"同满洲国建立完全正常的外交关系"。中日须签订日华防共协定，要求中国承认在防共协定继续有效期间，在特定地点驻扎日军，并以内蒙古为"特殊防共地区"，以求达到中日经济提携和合作"发生实效"，要求中国承认日本人在中国国内有居住、营业的自由，特别给予日本在华北与内蒙古以开发资源之便利。并宣称："日本只要求中国作出必要的最低限度的保证，为履行建设新秩序而分担部分责任。日本不仅尊重中国的主权，而且对中国为完成独立所必要的治外法权的撤销和租界的归还，也愿进一步予以积极的考虑。"经这样一粉饰，这项声明对国民党的诱惑性不仅大大增强，而且为国民党内降日派的投敌活动制造了借口。

汪精卫集团卖国投降和南京汪伪政权的成立

在日本侵略者的诱降和英、美劝降的影响下，国民党副总裁、中央政治委员会主席、国防最高会议副主席、国民参政会议长汪精卫公开投降。汪精卫与其他的亲日派于 1938 年 12 月 19 日潜离重庆抵达河内。29 日，汪精卫致电国民党总裁蒋介石和其他中央执监委员（即"艳电"），提出国民党政府应接受"近卫三原则""与日本政府交换诚意以恢复和平"。1940 年 3 月，在日本人的操纵下，汪精卫与北平、南京、蒙古等汉奸政权的头目王克敏、梁鸿志等人在南京成立"中华民国国民政府"，汪自任"国民政府代理主席"兼"行政院长"。他们仍奉重庆国民党政府主席林森为主席，目的是要拉蒋介石集团入伙。汪伪政权与日本签订了《日本国与中华民国基本关系条约》等卖国条约，肆无忌惮地出卖中国的领土主权。汪伪政权的实权掌握在日本人手中，日本驻汪伪政权的大使和顾问是太上皇。汪伪政权建立的伪军——和平建国军，伙同华北的治安军、皇协军等汉奸武装，配合日军驻守交通要道和据点，反共"清乡"，破坏抗战，残酷统治沦陷区人民。他们还为虎作伥，配合日军进攻抗日根据地。

国民党各战区的冬季攻势

抗日战争进入相持阶段以后，日本侵略者利用国民党"消极抗日、积极反共"的方针，将主力逐渐转向敌后抗日根据地，以期整顿和巩固其占领区，但为了胁迫国民政府投降，切断中国对外的国际交通线，对正面战场也进行了多次战役性的进攻。

1939 年 2 月，日军在海、空军的协同下在海南岛登陆。3 月，沿南浔线占领南昌。11—12 月，日军在广西钦州湾登陆，北上攻陷南宁直抵昆仑关，同时以一部分兵力攻占龙州，切断了中越交通线。

1939 年 9 月中旬，日军发动了第一次长沙战役，调集 4 个师团以上的兵力，沿粤汉线南下。同时，驻鄂南、赣西的日寇也向高安、修水发动进攻以配合主力作战。但在中国军队的反击下，已攻占高安之敌被迫撤回原地，未能得逞。9 月中下旬，正面进攻长沙的敌人突破了汨罗江中国军队的防线。10 月初，中国军队全线反攻，侵入长沙外围的日寇因兵力过于分散，在山林水田地带其机械化兵力也难于发挥优势，经过 10 余天激战，10 月中旬敌全线退却，双方仍恢复了原来沿新墙河对峙的态势。这次战斗中国军队表现了一定的战斗力，给敌军造成了较为重大的损失。

1939 年冬，中国军队经过整训后，战斗力有所恢复。根据蒋介石命令，各战区对日军发动冬季攻势。但由于日派遣军司令部破译了蒋介石命令的密码，日军各部均加强了戒备。

冬季攻势开始后，中国军队在广西集结了 15 万部队，以杜聿明第五军为主力反攻南宁与昆仑关。日军当时侵占广西各地的仅第五师团。在中国军队优势兵力的攻击下，经过激战，日军第二十一旅团长中村少将被击毙，第五师团主力被包围，从龙州增援的日军也受到阻击。12 月 31 日，中国军队攻克昆仑关，双方伤亡均甚惨重。1940 年 1 月，日军以 2 个师团增援南宁。经过一个多月的战斗，3 月初昆仑关再度被日军占领。

在华中前线，日军第十一军 4 个师团由于战线过长，兵力相当分散。中国军队集中 70—80 个师，于 12 月 10 日同时发动进攻，经过 40 天战斗，日军受到严重打击。据日方统计，伤亡达 8300 多人，实际数字当高于此。

在华北，以傅作义部第三十五军为主力反攻包头，12 月下旬一度攻入城内。1940 年 1 月，日军进犯黄河河套，2 月初占领五原。2 月下旬，傅作义部反攻，收复了五原。

1939 年冬至 1940 年初的冬季攻势，是抗日战争相持阶段正面战场上中国军队发动的唯一的主动攻势，它打击了日本侵略军，牵制了日军在太平洋战场的力量，加速了日本在太平洋战场的失败。

国民党入缅远征军

1941 年 12 月，太平洋战争爆发后，亚洲战争形势发生了重大的变化。1942 年初，日军迅速攻占了东南亚的新加坡、菲律宾、马来西亚、印尼、泰国各地。2 月初，日军从泰国进攻缅甸，以进一步打击在东南亚的英军和切断滇缅公路，阻止美国援华物资运输。根据 1940 年 12 月所签订的《中英共同防御滇缅公路协定》，在英军节节失利、仰光危急的情况下，中国以驻云南的第五、第六军组成远征军，由罗卓英、杜聿明分任正副总指挥，向缅甸进军，与英军协同作战。3 月初，日军攻占仰光，分路北进，企图切断我国际交通线。此时，中国远征军各部也分别进入缅北地区及缅泰交界处，与日军展开战斗。4 月中旬，英军在缅甸西北失利，其第一师被日军包围，中国第六十六军紧急驰援，救出英军 7000 余人。由于气候、地形等条件的限制，加以盟军内部指挥不一致，在日军的猛攻下，中国远征军虽英勇作战，但也付出了代价，第二〇〇师师长戴安澜在战斗中壮烈殉职，还不得不于 5 月初大部分退入国内，在缅甸西北部的两个师则进入印度。中国远征军第一次入缅战争结束。

1943 年 10 月，随着太平洋战场上战局的扭转，在印度经过整训的中国军队在美国空军的支援下向缅北日军反攻，边修筑中印公路，边与日军作战。1944 年 3 月，驻印中国远征军击败敌第十八师团主力，继续前进。6 月，从国内出发的远征军也由滇西出击缅北日军。8 月，驻印远征军经过激战，攻克缅北战略要地密支那，当地日军全部被歼。12 月，远征军攻占缅北另一要地八莫。1945 年 1 月下旬，驻印远征军与从国内出发的远征军会师，中印公路全线打通。3 月底，中国远征军与英军会师，盘踞缅甸北部的日军全部被肃清。中国远征军第二次入缅作战，历时一年半，进军 2400 余公里，收复缅北大小城镇 50 余个，歼敌 31000 余人，为太平洋地区反法西斯战争做出了贡献。

敌后游击战争和百团大战

中共中央扩大的六届六中全会以后，按照巩固华北，发展华中和华南的方针，八路军、新四军和华南抗日武装，广泛开展游击战争，打击日本侵略者。并于1939年春至1940年夏，粉碎了日军的连续"扫荡"，巩固和扩大了各抗日根据地。

为了反击日军的进攻，打破其对根据地的"囚笼"政策，并促进全国的团结抗战，八路军总部于1940年8月20日至12月5日，在华北敌后战场发动了一次对敌占交通线和据点进行了大规模的反击作战。这场由八路军副总司令彭德怀指挥的战役是华北军民对日作战中规模最大的一次战略性进攻战役，实际参战的有晋察冀军区、晋冀鲁豫边区和晋绥边区的八路军主力部队和地方部队共100多个团，故称百团大战。战役始于1940年8月20日，止于10月10日。8月20日至9月10日的中心任务是破坏和截断华北敌人的全部交通线，打击的重点是正太路。在这一阶段中，八路军切断了正太、同蒲、平汉、津浦、北宁、平绥、平古（北平至古北口）、白晋（山西白圭至晋城）、德石等敌人的铁路交通线，并对沿线两侧的敌伪据点发动攻击。9月20日至10月10日的中心任务是继续扩大第一阶段的成果，重点消灭交通线两侧和深入根据地的敌伪据点。整个战役历时50余天，共进行战斗800余次，毙伤日伪军一万余人，并缴获了大量武器装备。这次作战的胜利，沉重地打击了日本侵略者，提高了中国共产党和八路军的声威，鼓舞了全国军民抗战必胜的信心，也有力地配合了正面战场的抗战。

反扫荡、反清乡、反蚕食

抗日战争进入相持阶段，日本把进攻重点转向华北，特别是广大敌后根据地，把整个华北分为3种不同地区，对治安区，以"清乡"为主，强化保甲连坐制；对准治安区的，以"蚕食"为主；对非治安区，以"扫荡"为主，实行烧光、杀光、抢光的"三光政策"。

针对日军的进攻，中共领导敌后军民，在敌占区，采取反"清乡"斗争；组织武工队，深入敌人心脏地区进行斗争，在游击区，实行群众斗争和军事斗争相结合，组成联防，进行反"蚕食"；在根据地，进行主力军、游击队、民兵三位一体的群众性游击战争，实行反"扫荡"。

1941年8月14日，敌华北方面军司令官冈村宁次亲自指挥日伪军七万余人，在空军的配合下，采取"铁壁合围""分区扫荡""梳篦清剿"等战法，向晋察冀根据地的北岳、平西区进行大"扫荡"。晋察冀我军在敌人集中兵力合击时，分散向敌之侧后出击；当敌人对根据地分兵"清剿"时，集中兵力歼其一部。这样，经过两个多月的艰苦作战，我军共歼敌5500余人。粉碎了敌军的"扫荡"，在这次反"扫荡"中，涌现了许多可歌可泣的壮烈事迹，著名的"狼牙山五壮士"就是其中之一。

11月3日，日伪军5万多人，对山东抗日根据地沂蒙山区实行"铁壁合围"大"扫荡"。鲁中八路军部队和领导机关，在敌开始合围时，跳出合围圈，转至外线作战，留下部分兵力坚持内线斗争。大部在外线积极打击敌人，迫敌撤退。经过50多天的艰苦奋斗，鲁中军民共歼日伪军2000多人，粉碎了敌人的"扫荡"。

1942年2月，敌华北方面军第一军派出12000余人的兵力，进攻晋冀鲁豫根据地太行区，企图消灭驻这里的八路军总部和一二九师领导机关，摧毁根据地。八路军一二九师主力一部配合地方武装，坚持根据地中心区的斗争；大部转至外线，袭击敌占城镇据点，迫敌回援。经过31天的艰苦斗争，共歼敌3000余人，粉碎了敌人的进攻。5月，敌人又以3万多人的兵力进攻太行区根据地。抗日军民继续采取上述的作战方法，经过38天的奋战，又歼敌3000余人，粉碎了敌人的进攻。在这次反"扫荡"的后期，八路军副参谋长左权在山西辽县（今左权县）指挥作战时，英勇牺牲。

5月1日，冈村宁次亲自指挥日伪军5万人，配以大量坦克和飞机，对冀中根据地进行"拉网大扫荡"。敌人采取"纵横张网，对角清剿，反复合击"的战法配以"三光政策"，企图一举消灭冀中八路军，摧毁根据地。冀中八路军大部转到外线打击敌人，一部高度分散，配合游击队在内线坚持斗争。6月9日，八路军两个连在深泽县宋庄击破敌军2500人的进攻，打死敌坂本旅团长以下1200多人。经过两个月苦战，冀中军民共毙伤日伪军11000余人。但根据地遭到严重破坏，死伤和被抓群众达5万多人。

在敌后战场反"扫荡"斗争中，民兵发挥了重要作用。他们积极配合部队或者单独作战，消灭敌人，保卫家乡。他们还创造了地雷战、地道战、破袭战、麻雀战、水上游击战等各种奇妙战法，造成了陷敌于灭顶之灾的汪洋大海，形成了抗日战争中最精彩的一幕。

在反"扫荡"斗争的同时，反"清乡"、反"蚕食"斗争也取得了重大胜利。

整风运动和大生产运动

为了克服困难，巩固抗日根据地，坚持抗战，中国共产党制定并实行了一系列政策和措施，整风运动和大生产运动是两个中心环节。

从1942年春起，开展了全党范围的整风运动。毛泽东所作的《改造我们的学习》《整顿党的作风》《反对党八股》等报告，就是指导整风运动的重要文献。

这次整风运动的内容是：反对主观主义以整顿学风，反对宗派主义以整顿党风，反对党八股以整顿文风。反对主观主义以整顿学风，就是要坚持实事求是的态度，树立理论和实际相统一的马克思列宁主义的学风。反对宗派主义以整顿党风，就是要正确处理党内关系和党同群众的关系，加强党在马克思列宁主义基础上的统一和团结，密切党同群众的联系。反对党八股以整顿文风，就是要提倡生动活泼新鲜有力的马克思列宁主义文风。

整风运动的方针，是"惩前毖后，治病救人"，既要弄清思想，又要团结同志。整风运动的方法步骤，是先认真学习马克思列宁主义和毛泽东等人的著作，学习党的文件，掌握其精神实质，然后深入反省自己的全部历史，系统地检查自己的思想和工作，进行严肃的实事求是的批评与自我批评，最后在个人反省和批评与自我批评的基础上写出总结。

在中共中央和毛泽东的正确指导下，全党整风健康地发展，到1943年夏天取得了胜利。1943年10月以后，党的高级干部在普遍整风的基础上，进一步总结党的历史经验。1945年4月，在延安召开了中国共产党的六届七中全会，通过了《关于若干历史问题的决议》，对第二次国内革命战争时期的若干重大问题作了结论。整风运动结束。

为了坚持抗战，克服财政经济困难，中共中央发出了"自己动手，丰衣足食"的号召。在毛泽东、朱德、周恩来等的亲自带动下，边区广大军民开展了热火朝天的大生产运动。八路军一二〇师三五九旅经过3年垦荒，使过去荆棘丛生、野狼出没的荒凉的南泥湾，变成了"到处是庄稼，遍地是牛羊"的陕北小江南。到1942年全旅粮食自给80%。经费自给90%以上，大大减轻了人民负担。1942年12月，毛泽东在陕甘宁边区高级干部会议上作了《抗日时期的经济问题和财政问题》的讲话，提出了"发展经济，保障供给"的方针，进一步推动了各抗日根据地的大生产运动。敌后军民在战斗繁忙的环境里，实行"劳力与武力相结合""战斗与生产相结合"，许多部队、机关、学校做到粮食、经费全部或部分自给，有的甚至自给有余。

中日昆仑关大战

昆仑关是广西境内一雄关，历来为兵家必争之地。此地路窄关险，怪石嶙峋，易守难攻。1939年岁末，中国军人凭借刚毅气概，勇攀险阻，斩关守隘，与侵华日军在此地进行了殊死鏖战。其悲壮忠勇足以体现我国军人同仇敌忾、光复国土的决心。

1939年11月15日，在海、空军的掩护下，日军从广西钦州湾登陆，北犯南宁，妄图切断我华南国际交通线，以便对蒋介石政权实行封锁，威胁重庆，达到以军事手段配合政治逼和，迫使蒋介石就范的战略企图。

日军钦州湾登陆，引起了国民党政府的极大不安。在此之前，日军已先后占领了武汉、广州、海南岛和涠洲岛，封锁了我广东南路，掐断了广州湾、湛江、北海、钦州通往国外的国际交通线。在广西，只有一条通往越南的国际路线——由镇南关（友谊关）入口，再经邕钦公路或左右江水路到南宁。如果日军占领南宁这个桂南重镇，必将切断中国通往越南的国际通道，进而危及西南大后方。

为了阻挡北犯南宁日军，1939 年 11 月，蒋介石下令将其王牌军——第五军开到广西前线，以抗击日军最精锐的部队——号称钢军的第五师团（即板垣师团）。第五军是国民党政府在抗战中建立的第一支机械化部队，属蒋介石的嫡系，由杜聿明亲自统领。此次奉命开往广西，真可谓临危受命。

11 月 19 日，桂林行营主任白崇禧给杜聿明下达了集结待命的命令，同时，蒋介石也打电话告诫杜要处理好与白崇禧的关系，并向他作了战略部署。

杜聿明驱车来到第二〇〇师，视察部队整训情况，第二〇〇师师长戴安澜和副师长彭壁生向杜聿明作了汇报，杜聿明表示满意，并具体部署将二〇〇师的另外两个团也输送至南宁方向阻挡北犯的日军。

二〇〇师是杜聿明从装甲兵团扩编的，是第五军的基本部队，杜聿明对该师师长戴安澜极为赏识。

就在杜聿明视察二〇〇师的时候，他已得知第一师和第二十二师已按计划分别由渌口、衡山、衡阳各附近车站陆续南下集结。

千军万马集结广西，战争的烽烟已笼罩桂南。

桂林行营主任白崇禧正在听取行营参谋长林蔚、参谋处长吴石等高级指挥官对日军从钦州湾登陆后的敌我态势的详细介绍。对吴石汇报的严峻情况，白崇禧极为光火，他敲着桌子连连发问："你们怎么要搞这样不主动的作战计划？面对进犯之敌，你们采取了什么措施？"

林蔚虽面有愠色，却依然不动声色。他知道白崇禧是借机敲击他，但作为蒋介石的高级幕僚，他深知蒋介石和桂系之间的矛盾，此时不用作声为佳，因为一切作战计划都是蒋介石亲自制定的。

1938 年冬，重庆最高统帅部为了便于指挥第三（顾祝同）、第四（张发奎）、第七（余汉谋）、第九（薛岳）4 个战区的对日作战，特在广西桂林设立桂林行营。蒋介石极不情愿地委任白崇禧为行营主任。为免蒋介石疑虑，白崇禧请蒋介石委任他的侍从室主任林蔚为桂林行营的参谋长，蒋介石同意了。因此，虽然白崇禧借机敲击林蔚，林蔚不动声色是自有其道理的。

面对白崇禧的指责，吴石早已赧颜赤目，他挺起身，喏喏答道："第四十六军的一九〇师和第三十一军的一三五师已奉命昼夜兼程急进南宁，同时已命令第三十一军军部及一三一师、一三八师到宾阳的芦圩附近待命。"

白崇禧在桂林行营召开作战会议之时，日军先头部队已开到了距邕河仅34 公里的地方，大有渡河之势。数十架敌机在邕河两岸大肆轰炸，南宁方向的电报电话皆没挂通，而一七〇师又不能按计划抵达吴圩，只得改由永淳渡河转往南宁方向作战。

得知如此紧急敌情，白崇禧立即指示林蔚和吴石将行营指挥部移至宾阳迁江，命第十六集团军死守邕江北岸，与敌人隔江对峙，保住南宁。

尔后，白崇禧挂通重庆电话，请示蒋介石："决定派杜聿明的第五军星夜急驰南宁，增援十六集团军以解南宁城陷之危。"白崇禧动用第五军而保存桂系实力的做法，激起了蒋介石心中的无名之火，但大敌当前，不便反对，只能暗骂白崇禧了。

1939年11月14日，日军在钦州湾登陆后，便像一股不可遏制的洪流，沿着邕钦公路快速推进。22日黄昏，已有一股日军出现在邕江南岸的蒲田附近。白崇禧只得责成第十六集团军指定两个师固守南宁，无令不得撤退。第十六集团军任命第三十一军一三五师师长苏祖馨为邕江北岸守备司令，第四十六军一七〇师师长黎行恕为守备副司令。

23日，日军飞机猛烈轰炸南宁，整座南宁城在爆炸声中颤抖、呻吟……

24日下午3时，狮子口、沙井圩、津头村的日军包围了南宁，几10架飞机在南宁上空轮番轰炸，情况异常紧急。已输送南宁负责守备的一三五师四〇五团与一三五师师部的联络已被截断，估计主力仍在徒步行进中。面对优势于己的凶悍日军，团长伍宗骏慌了手脚，竟率部擅自撤离南宁。

入夜，3000多日军未遇任何抵抗便占领了南宁。太阳旗在这座古城的大街小巷随处可见。

大军未到，城池已陷！还在途中向南宁急进的一三五师师长苏祖馨闻悉大怒。想不到，他这个邕江北岸守备司令尚未真正到任，邕江两岸已沦陷敌手。

苏祖馨只好率部转进高峰坳继续阻击日军，并下令扣押伍宗骏……

中国军队兵败南宁，日军乘势而进。一个联队日军分乘近百辆汽车和摩托车从头塘尾追夹击，气势甚为凶猛。所幸戴安澜的第二〇〇师六〇〇团已赶到二塘附近，截住日军，对日军进行了猛烈的火力射击，气焰嚣张的日军遭受到了从钦州强渡北犯以来最有力的阻击。交战中，六〇〇团团长邵一之命令全团官兵死守阵地，不惜一切代价压住敌人的反扑。

双方激战了半天，日军的反击渐呈衰竭，六〇〇团官兵抓紧时间构筑阵地工事。邵一之向戴安澜师长汇报了战况。戴安澜告诉邵一之："要做好苦战的准备，日军很快就会增援部队，继续反击。"果然，日军没有善罢甘休，占领南宁的日军派出一个联队的增援兵力，投入了对六〇〇团的进攻。几十架飞机也呼啸着俯冲轰炸。面对日军的猛烈反扑，六〇〇团的官兵并没有退缩。他们一次又一次地击溃了敌寇，但伤亡也相当惨重，许多官兵与敌人同归于尽，团长邵一之亲率第一连冲锋陷阵，在肉搏战中，不幸中弹殉国。

26日晚，副团长文模负伤，副官吴其升壮烈牺牲。后来，第一营营长吴伟代团长职务，利用夜间混战，才逐步撤回思陇归还建制。

两天的激战，六〇〇团以血的代价为第五军的主力集结赢得了时间，同时也给嚣张的日军当头一棒，挫败了日军狂傲的士气。

日军自1939年10月15日钦州登陆后，仅用短短几天时间便北犯至南宁，实在让南宁守军猝不及防。

本来，日军的登陆地点选为企沙龙滩，仅以少数兵力，借炮火掩护，冒险建立滩头阵地。从地形看，登陆之后，必须通过钦州沿海的"沧海沙原"，这是毫无隐蔽的地带，是守军发挥火力歼击日军的死亡之角，但也是日军唯一的捷径。在制定登陆计划时，第五师团长今村均中将曾举棋不定，如果夏威的第十六集团军加强纵深防御，那么，今村均中将的将军生涯也将在此画上一个句号。

然而，战争的良机侥幸落到了今村均中将手中：夏威将军不满调遣，借丧母之故呆在家中，且第十六集团军的重点防御都摆在贵县和桂平一带。

而且，在此之前，汪精卫为向日本政府表示"诚意"，竟置国家与民族危难于不顾，派汉奸王桂堂潜回桂南协助入侵的日军。

桂南边境，绵亘数千里的十万大山，原为土匪聚集之地。王桂堂深知内中情形，他潜入后大加蛊惑，勾引许诺，请谙熟十万大山的匪徒为日军做向导，因此，日军轻易地穿越十万大山，张狂地直趋小董、大塘，尔后沿邕钦公路直扑南宁。

日军占领南宁后，于11月29日，耀武扬威地举行了入城仪式，第二天，日各大报纸纷纷在显著位置刊登了这一重要消息。

20多年前，身为连长的白崇禧就是在这片崇山峻岭中一展抱负的，而今，日军的铁蹄却在这块土地上恣意践踏，白崇禧的心头犹如被剜去了一块肉，他岂肯善罢甘休？

连日来，白崇禧一直在熟悉的广西桂南沙盘地形上凝神深思，布满血丝的眼睛露出阴鸷和决断。

经国民党政府军委会同意，白崇禧继续调兵遣将进行部署，除第十六集团军和杜聿明的第五军外，还调来了徐廷瑶率领的第六军、第九十九军和蔡廷锴、叶肇的第二十六、第三十七集团军，另外还调来两个150厘米口径的榴弹炮营和一个高射炮营、一个防空炮营，统归桂林行营指挥，此时，中国军队的兵力火力都优于敌军。

一场恶战即将来临。

12月12日，白崇禧在广西迁江的行营指挥所召开师以上人员参加的军事会议，具体讨论作战计划，最后决定兵分3路，乘敌人后续部队未到之前将敌包围于邕江南北地区歼灭之。

其命令要旨如下：

1. 夏威指挥西路军，以主力向昆仑关西南的高峰坳敌据点进攻，协同北路军围攻昆仑关。

2. 北路军由徐廷瑶指挥，其主力从宾阳出发向昆仑关进攻，尔后在东西两路军的协同下攻取南宁。

3. 东路军由蔡廷锴担任指挥，派出多股突击队破坏邕钦公路，阻碍敌人之补给运输，阻止敌向前增援，协助北路军作战。

4. 炮兵以主力支援北路军对昆仑关攻击，以一部支援西路军向高峰坳进攻。

5. 第九十九军为总预备队，驻于宾阳附近，随时负责对北路军的支援。

从这个命令中可以看出，主要攻击任务是由徐廷瑶指挥的北路军担任，而北路军里，实际上是由杜聿明的第五军担任主攻。

是日下午，杜聿明在第五军司令部向团长以上的各级指挥官宣读了第五军担任昆仑关主攻的行营作战命令，接着通报了二〇〇师六〇〇团在二塘与敌人激战两日的详细战况。

杜聿明说："从六〇〇团在战场上缴获的敌作战部署图证实，侵犯桂南、攻占南宁的敌寇兵力共有两个半师团，即第五师团、第二十八师团和台湾守备队。第五师团有第九旅团辖第一十一、四十一联队，第十二旅团辖第三十一、四十二联队，每联队有官兵 3000 余人。第五师团司令部及第九旅团两个联队在南宁，第十二旅团两个联队守昆仑关、九塘、八塘至南宁之线。"

出席会议的军官们个个表情严肃，会议气氛凝固着一种异乎寻常的紧张。

"昆仑关是邕宾公路的扼要雄关，四周丛峦万壑，绵亘相偎，其地势的险要，可比食道的咽喉，是'一夫当关，万夫莫开'的古战场，是兵家必争之地。此次作战，我们将采取战略上迂回，战术上包围，'关门打狗'的方针，具体部署如下：荣誉第一师为正面主攻部队，新编第二十二师为军右翼迂回支队，第二师副师长彭壁生指挥两个补充团编为军左翼迂回支队，分别策应正面部队对昆仑关的攻击，二〇〇师为军预备队……"

杜聿明说完，扫视了一下，又强调说："此战关系到抗战的前途，我们要抱不成功则成仁的决心，歼灭倭寇，收复失地，以慰革命先烈在天之灵！"

片刻寂静之后，所有军官起立，铿锵掷声："为挽救国家与民族之危难，肝脑涂地，在所不惜！"

黄昏，李济深和陈诚奉蒋介石之命，自重庆飞往广西，协助白崇禧指挥作战。

战云密布，决战在即，国人瞩目。

日军攻占昆仑关之后，改取守势，除重兵扼守昆仑关外，还在昆仑关以西的仙女山、老毛岭、同兴堡、四四一、六五三、六〇〇及罗塘南、界首等地构筑据点式堡垒工事，构成拱卫昆仑关的坚固防线。

12 月 12 日，第五军开始作攻击战略部署，陆续挺进战斗地区。

12 月 18 日拂晓，大炮轰鸣，震撼了寂静的山野。

第五军的数百门大炮对敌军阵地进行了猛烈轰炸，在战车和轻重武器火力的掩护下，第一师开始向敌阵地迂回攻击。

军长杜聿明冒着枪林弹雨，站在掩蔽部外，用望远镜观察前方攻击的战况。

第五军副军长兼第一师师长郑洞国手执望远镜，亲自在公路边的一个土坡上指挥。

第一师士兵正沿着斜斜的峡谷往上爬行，渐渐接近了敌人的阵地。就在这时，众多的敌机压了过来，对第一师士兵大肆轰炸扫射，和敌阵地上的机枪形成了立体交叉射击网，许多士兵倒下了，其余的士兵只好匍匐在地，以避开残忍的火力扫射。

郑洞国清楚地看到了，心里为之一颤，他抓起话筒，欲向杜聿明呼叫炮火支援，第一师艰难的进攻杜聿明已看在眼里，未等呼叫，千百发炮弹已呼啸着射向敌机，敌机暂时散开了。

郑洞国马上命令战车和炮火乘势轰击敌军阵地，敌人的火力稍有减弱，士兵们便一跃而上，冲向敌人的阵地。

第一团在吴啸亚的率领下，终于冲上敌军阵地，同敌人展开激烈的肉搏战，昆仑关上一时刀光剑影，喊声震天，整个昆仑关都在颤抖……

刺眼的太阳旗倒下了，第一团的兄弟几乎有三分之一陈尸山头，惨重的伤亡令人悸颤，然而，对于整个昆仑关战役来说，这还只是个前奏，更残酷、更悲壮的浴血奋战还在后面。

吴啸亚团占领仙女山后，汪波率领的第二团也攻占了罗塘高地。杜聿明很受振奋，命令第一师留一部固守仙女山阵地，其余继续向九塘以南地区进击，占领老毛岭、万福村和四四一高地，同时，命令郑庭笈率第三团向六〇〇高地进攻。四四一和六〇〇高地是昆仑关西南两侧的制高点，必须同时攻占，才能形成攻克昆仑关的有力之势。

作为攻击昆仑关部队的最高指挥官，杜聿明最担心的是，倘若敌人同时增援高峰坳、香炉岭的守军，穿插侧击，攻击昆仑关的部队将受到侧背的威胁。因此，杜聿明除了命令邱清泉的二十二师为军右翼迂回支队，二〇〇师副师长彭壁生指挥两个补充团为左翼迂回支队，分别在五塘至九塘间阻击增援之敌外，还期望第一师尽快拿下昆仑关，这样，就可调出二〇〇师会同二十二师，第一师三面夹击增援的日军，乘势直扑南宁。

无疑，任何一个战场都会像多米诺骨牌一样影响到整个战争的全局。

郑庭笈团经过浴血奋战，终于攻战六〇〇高地，昆仑关的大门打开了！

然而，郑洞国指挥的另外两个团在攻击中却遭到挫折。攻占了仙女山和罗塘高地的第二团在敌人的反击下被迫收缩阵地，与敌对峙。四四一高地的日军负隅顽抗，第一师以伤亡惨重的代价才勉强攻占了四四一高地。

昆仑关附近的高地，得而复失，失而复得，胶着血战地对峙着。

六五三高地为昆仑关东北要点，与四四一、六〇〇高地三足鼎立，足以控制战局，日军以松木小队、小川小队200余人顽固据守，郑洞国师屡攻不下，伤亡惨重。

然而，第一师官兵们的鲜血没有白流，经过激烈的战斗之后，日军终于伤亡殆尽。

中国军队能否牵制日本大部分兵力于中国战场，对苏联能否集中兵力对付西部的德军将是至关重要的，而且，昆仑关一役，直接关系到援华物资能否通过这条国际运输线运向抗战前方。同时，苏联还想从昆仑关之战进一步证实蒋介石的抗战决心，从而作出有效的战略部署和对华政策。

日军自广西登陆挥师北上，就遭到了日本参谋本部始料不及的抵抗和攻击。若已占领的昆仑关和南宁失守，那日本"实现大东亚共荣圈"的南下战略计划必将受阻，而且还会使本已悄悄滋生厌战情绪的日本国民罩上一层新的阴影。于是，华南派遣军总司令安藤利吉决定，为确保南宁的安全，向占领南宁的第五师团增派3个中队的轰炸机。为策应昆仑关会战，贯通两广，12月中旬，调集重兵向粤北进犯。

邱清泉的新编二十二师在12月17日夜里，由黄岭、茅岭向南推进，18日，杜聿明见第一师方面战况进展顺利，便令该师于当晚攻击五、六塘之敌，占领后据守之，以截击敌军向昆仑关增援。从南宁至昆仑关，沿途分为头、二、三、四、五、六、七、八、九塘等集镇，每塘之间约0.5公里。从日军方面来讲，据守各塘集镇，确保公路畅通，一旦昆仑关受攻击，即可源源不断增兵和补充弹药，使昆仑关免成孤隘。而第五军占领和据守各塘集镇，则能有效地截断增援之敌，然后集中优势兵力一举攻克昆仑关。因此，在昆仑关之役，今村均和杜聿明都极为重视沿途战略要点，派出精兵激烈争夺。

占有绝对优势的二十二师很快便击溃日军，占领五、六塘。第二天，疯狂的日军不甘失败，进行了反扑，双方混战成一团。

正面攻击的日军乘势蜂拥而上，攻克五塘，并向六塘推进，企图增援昆仑关。二〇〇师副师长彭壁生率部抢先占领七、八塘，并会同二十二师将增援之敌包围在八塘附近。经过一昼夜的激战，日军伤亡惨重，残部只得翻山越岭，向南逃窜。

邱清泉的二十二师击溃增援日军，重新控制五、六塘，激怒了坐镇南宁指挥的今村均中将，他不能容忍号称常胜师团的"钢军"连连溃败。他在桂南军用地图前再一次研究了南宁至昆仑关的地形和要隘，他根本不相信，地势平缓的五、六塘能够阻止他的铁蹄长驱北上。

20 日下午，由第二旅团和中村正雄少将率领的 1000 多名日军，在坦克、飞机、装甲车和大炮的掩护下，气势汹汹地沿宾邕公路往北推进，沿途阵地皆被突破，五塘也被攻克。突破五塘后，一向以缜密、冷静而著称的中村正雄却忽视了阻击他的是邱清泉的新编二十二师。

"骄兵必败"，中村正雄正洋洋得意地往六塘推进时，中了邱清泉的埋伏，日军一时大乱，恍若惊梦的中村正雄挥舞着战刀，指挥日军左冲右突，双方进行了殊死的激战，日军最后不敢再战，纷纷向公路两侧溃逃。

正当昆仑关鏖战难分难解之际，南宁方向及其他地段也正进行着激烈的战斗。

日军占领南宁后，为威慑法属印度支那，今村均中将派出一个旅团去龙州，途中遭韦云淞的三十一军阻击。一八八师以突袭方式攻占邕钦公路的绵羊村，并破坏了邕钦公路。

12 月 20 日，一批回窜日军在西长附近遭到一三一师的截击。这是昆仑关遭猛烈攻击后，受今村均之命由挺进龙州的及川支队派回的一个驰援大队。由于指挥上的失误，这批敌军突破防线后驰援到了昆仑关。一批批回窜之敌妄图增援昆仑关，途中亦曾遭到一八八师的伏击，可惜一八八师虽处于绝对优势，但却让死神已至的日军又一次逃脱，马不停蹄地驰援了昆仑关。

幸好，日军因沿途连连受挫，未及赶到昆仑关，昆仑关已飘起了青天白日旗，不然，韦云淞将受到白崇禧的军法严惩。

中村正雄在六塘溃败之后，狼狈不堪地钻入了人迹罕至的大山深处，开始了他命运的最后挣扎，他带着残部在寒意逼人的大山里转了两天多，许多士兵都葬身悬崖深壑。漆黑的夜里他听到远处传来隆隆的炮声，他似乎看到了希望，立即命令身边的大佐："通知部队马上出发，每隔 10 米燃一个火把，炮声就是方向！"

中村正雄率领他的疲惫不堪的增援部队，艰难地走出了层峦叠嶂的大山，来到九塘公路边，这里离昆仑关山已经很近了，中村也许没想到，就在希望的曙光出现之时，一张巨大的网已悄悄撒开——郑庭笈已率兵抢先一步，在他附近设下埋伏，占领了有利地形。呼啸的炮弹迎面而来，中村正雄虽知大势已去，但他仍指挥残部拼命反扑、突围。后来，第一师的另一团也赶到，彻底粉碎了日军的反击，中村正雄也命归西天了。

经过残酷的战斗，交战双方已疲惫不堪，昆仑关在对峙中显出几分宁静。两架标着青天白日旗的飞机在昆仑关上空盘旋，这是广西空军为策应第一军的进攻而进行的侦察巡逻，驾机的是驻防柳州空军的韦一青和陈瑞钿。在日军首次空袭南宁时，韦一青就曾率仅有的 5 架飞机迎战。现在，前线陆军在进攻中不断遭到日军来自空中的打击，他们紧急请求空军支援。韦一青和陈瑞钿立即驾机赶来。但当他们刚飞抵昆仑关附近，便被蜂拥而至的敌机重重包围。敌人的机枪不停地扫射，两机已中弹数处，渐渐失去了平衡。陈瑞钿和韦一青左冲右突，却始终摆脱不了众多敌机的围攻。韦一青座机油箱被击中起火，最后坠毁，韦一青因无法跳伞而英勇献身。陈瑞钿孤军作战，处境更为艰难，后也被敌机击中迫降于第五军阵地上，陈瑞钿手足面部均被灼伤，不省人事，后经及时抢救方脱离危险。

昆仑关激战数日仍战况不明，重庆的蒋介石极为焦虑，桂林行营参谋长林蔚亲自飞往重庆向蒋介石作单独汇报。

蒋介石和林蔚寒暄几句后问："广西的战况如何？"

林蔚汇报说："从北面通往南宁，有邕宾路和邕武路，高峰坳为邕武路的险要地段，在昆仑关的西南侧，与昆仑关形成确保南宁的两个钳形关隘。在白崇禧的反攻昆仑关、收复南宁的战略部署中，由夏威西路军所辖的一七〇师、一三五师负责进攻高峰坳，协同北路军攻占高峰坳。"

蒋介石没有作声，林蔚继续说道："以上两个师本就是据守高坳的。白崇禧从迁江来到武鸣时指示这两个师：预先考虑好守不住时的退却部署。"

蒋介石听后极为恼火，立即向桂林行营发出一封异常严厉的电令：

"军事委员会桂林行营：

激战几日，尚未战果，据悉守敌还得到增援千余人。

严令前线指挥官，限3天内攻克昆仑关，否则军法从事。

重庆最高统帅部　蒋中正"

12月23日，白崇禧接到电令，立即在第五军召开团以上军官会议，首先传达了蒋介石的电令，检讨连日作战的得失，他对第五军官兵的功绩予以肯定，同时对战局进行了客观的分析，最后，他说："我坚信，昆仑关一役，日军在我英勇的第五军将士面前，将会遭受惨痛的失败……"

将官们的士气振奋了！

昆仑关两得两失，顶峰的柱柱黑烟尚未散尽，隐隐可见那面太阳旗仍在飘动，杜聿明心里极不平静。他在高地上展开地图，苦苦琢磨。

徐庭瑶来电告诉他，蒋介石又来询问昆仑关的战况，同时，徐庭瑶还提醒杜聿明："不但要对付昆仑关上的敌人，还要防备身后的暗算。这一仗打赢了，白崇禧会说是他指挥有方；打输了，往你身上一推，担当责任的到头来还是你……"

杜聿明喟然一叹，国民党内部的尔虞我诈、相互倾轧，使杜聿明深为悲哀，他觉得，这是国民党的最大悲剧，要不是这样，倭寇岂敢猖狂入侵，势若破竹？

一阵隆隆的飞机马达声把杜聿明的思绪又拉回到了残酷的战场，敌机在向驻守昆仑关的日军空投弹药干粮。杜聿明的神经骤然兴奋起来，利用飞机空投补充物，说明日军已处境艰难，岌岌可危了，杜聿明下令尽力抢夺干粮，减少敌人的补给。

突然，副官来报，白崇禧到了前方炮兵阵地。杜聿明深感意外，又颇感振奋，第一师的士兵闻悉白崇禧亲临前线指挥炮击，士气大振。

按照杜聿明的作战方针，第五军对昆仑关周围的据点同时进行攻击。

这一天，郑洞国命令吴啸亚团首先对据守罗塘高地的日军二十一联队迢田中队进行攻击，但日军防守太严，久攻不下，第二日下午，改由汪波团担任主攻，经连日鏖战，汪波团损失很大，兵力已不足两营，但官兵们都打红了眼，在大炮和机枪的强大火力掩护下，终于攻克了罗塘高地。

这一仗，200多名日军全部被歼，迢田上尉和森田中尉均被击毙，第一师担任主攻的营队也仅剩数十人，罗塘高地克复后，杜聿明当即犒赏第一师二团法币500元，蒋介石也亲自来电嘉奖。

24日，第一师再次克复昆仑关西面的仙女山，而后直入昆仑关，将日军拉大炮的骡马全部杀绝，使敌炮再也无法动弹。

这时，昆仑关附近的若干高地虽仍在敌人手中，但后方桂林、重庆等各大城市的报纸已刊出昆仑关大捷的头条新闻。

国人为之鼓舞，蒋介石也一扫脸上的愁云，让宋美龄挽着手臂在林荫道上散了半个小时的步，回来后吃了顿美式西餐。

其实，昆仑关的战斗并没有结束，日军仍在做垂死的挣扎。

25日晚，占领南宁日军第五师团司令部作战会议正在紧张地进行，参加会议的有第五师团长今村均中将，从广州赶来的华南派遣军参谋长根本博、副参谋长佐藤贤、大本营作战部的荒尾兴中将等，他们正在研究增援昆仑关的作战计划。

昆仑关的形势对中国军队来说仍是很严峻的。日军阵地虽被包围，可敌人凭着优势地形，仍力图死守待援，使第五军各部的攻击难以进展。

台湾守备旅突破九十九军九十二师的阻击防线，使后方交通逐渐通畅，增援部队陆续到达。杜聿明连夜发电请示白崇禧，调整战略部署。杜聿明决定集中优势兵力于正面逐次攻克各据点以求迅速击破，同时命令邱清泉调出一团协同九十九军九十二师恢复阵地，切实阻击增援之敌。

战斗已到了最后的决战阶段。29日，总攻开始。在新的战略部署中，杜聿明已命令邱清泉师为中央队，担任主攻，伤亡较重的第一师改为右翼队，戴安澜的二〇〇师调为左翼队，军直属的一二一补充团作为预备队，军炮军团和榴弹炮营以主力指向昆仑关及其附近制高点，支援邱清泉师的进攻。

战斗比预料的还要艰巨。两师进攻一开始便陷于停滞，且伤亡极大。下午4点，二〇〇师先后攻克界首高地的外围据点，但界首仍在日军手中。二〇〇师的六〇〇团在二塘堵击敌人时，伤亡较大，一直没有得到补充，五九八团与五九九团伤亡惨重。界首位于昆仑关北，在二〇〇师战斗境内，杜聿明命令郑洞国师的郑庭笈团暂归戴安澜指挥，界首高地攻不下，会直接影响邱清泉师的正面攻击，戴安澜亲自挂上冲锋枪，在郑庭笈团后督战，向界首高地发起进攻。

郑庭笈组织了一批批敢死队拼命往界首高地攻击，但是日军一道又一道的铁丝网、雷区和密集的火力使战士们寸步难行，许多战士倒在了血泊之中，悲壮的场面惨不忍睹。

杜聿明向戴安澜下了死命令，要不顾一切代价，攻克界首阵地。于是戴安澜和郑庭笈只得利用夜间时间调整部署，按突击队的编组悄悄爬上山去，在敌人阵地前沿附近潜伏起来。次日拂晓，第五军的重炮再度向界首高地轰击，敌人的工事被炸得七零八落，突击队战士乘机跃入日军阵地，和疯狂的日军杀成一片。最后，日军的弹药打光了，便开始施放毒气，幸而山风很大，毒气很快散开了，只有几十人中毒。士兵们已杀红了眼，带着复仇的火焰，凭借手榴弹和白刃，终将据守的日军消灭殆尽。前来增援的日军也被截击，戴安澜身负重伤……

至此，昆仑关北面已全在第五军控制之下，敌虽多次偷袭，但都徒劳无功。

后来，蒋介石为了表彰戴安澜的战功，授予他四等宝鼎勋章。

郑洞国师因郑庭笈团暂归戴安澜指挥，另外两个团在反攻四四一高地南侧之敌时伤亡惨重，每团官兵已不足两连，进攻显得筋疲力尽，于是，杜聿明命令郑庭笈团归还第一师建制，以便彻底占领四高地，同时决定在敌更大增援部队未到之前，由邱清泉师正面强攻昆仑关。

昆仑关山势险峻，即使空攀也很艰难，更何况要冒着敌人的枪林弹雨冲锋肉搏呢？

12月30日，邱清泉师从石桥向昆仑关上的守敌发起进攻。石桥是昆仑关的大门，只有攻下石桥，才能进入昆仑关口，攻关十分困难。敌人以炮火压制邱清泉师的阵地，飞机在空中疯狂投弹，而且周围的制高点都被敌人控制着，因此，攻击半天也未取得什么进展，却牺牲了100多号人。

山上的堡垒星罗棋布，日军凭借这些堡垒构筑成了立体交叉火力网，封死了每个死角，怎么攻也攻不上去。后来，有人出了个主意，在坦克后部挖个坑，尾部落入坑内，炮筒上仰，然后向顶峰的堡垒轰击。敌人的堡垒一个个被掀翻，日军已无藏身之地，便挥着刺刀疯狂地冲向已跃上阵地的第五军士兵。然而，此时的日军已是强弩之末，怎么反击都徒劳无功了。

31日，坂垣元一联队2000多官兵已基本阵亡，三木联队也只剩下100多人，还有200多伤员被中国军队压缩在昆仑关的最后几个据点里。

被围困的三木部队第一线官兵，弹药食品已严重缺乏，得不到补充，三木绝望地下令烧毁军旗，下定了与阵地共存亡的决心，但是军旗还未烧着就已被炮火炸成了碎片。

新年的钟声已经敲响，三木意识到，明天将是最后的决战，三木在死寂中等到了天明，同时也等来了炮弹的呼啸声，殊死顽抗的三木终于葬身于猛烈的炮火中！

第五军将士终于以血的代价拿下了昆仑关，日军被迫向九塘方向溃退，但是四四一高地南侧之敌仍顽据不退，日军仍想以此作为尔后进退攻防的战略要地。

元月 1 日下午，日军不惜孤注一掷，重新调集重兵，在飞机的掩护下，由石桥、上廖、那林三面围攻四四一高地西侧与北侧，第一师第一团及补充三营的 200 余人顽强抵挡了日军近千人的持续进攻。

日军仍在不断增援，第一师所剩已不足 200 人，但仍死死守住高地的北侧山头，西侧山头已为日军所占，第二天，敌机又开始了疯狂的轰炸，协同步炮兵继续猛攻，汪波团苦苦支撑到了黄昏，守军只剩下几十人了，负伤的汪波团长开始动摇了，他抓起话筒，声泪俱下地报告郑洞国："郑师长，兄弟们快拼光了，援兵不来，难遏倭寇之凶焰……"

郑洞国一时无语，他知道，处境不是万分险恶，汪波是决不会在敌人面前撤退的。可是，四四一高地失守，不仅会使数日来的血战功亏一篑，也将使整个战役受到影响。

于是，他给汪团长下了死命令："汪团长，决战已到最后关头，你一定要死守住，等待增援，不准放弃阵地，就是剩下一兵一卒，你也要给我顶住，丢了阵地，我砍你的头。"

汪波放下话筒，对仅存的几十个士兵突然吼道："谁也不准撤退，要与阵地共存亡！"

而后，郑洞国命令师部特务连一部和传令兵、伙夫等杂勤人员 180 余人组成一支突击队，急速增援四四一高地。突击队利用夜色掩护，悄悄绕到敌阵地背侧，突然发起攻击，在猝然的夹击之下，日军顿时大乱，死伤无数，不得不仓皇退去……

昆仑关上，竖起了青天白日旗，10 多天的奋战，终于收复了昆仑关等失地。

无疑，昆仑关一役，中国军队赢得了胜利，但付出的代价也是惨重的。这一仗，共击毙包括中村正雄少将、三木联队长、坂垣元一联队长在内的日军官兵 4000 余人，生俘士兵 102 人，但第五军伤亡人数却是 14000 余人，整整比日军多付出了 1 万条性命。

《孙子·形篇》云："战胜而天下曰善，非善之善者也。"昆仑关之役，由于国民党不同派系同床异梦，不能协力一心，配合作战，致使我伤亡超过日军几近3倍才换取胜利，显然不能算是善之善者了。形篇告诉我们战争要"先为不可胜""胜兵先胜而后求战"，只有这样，才能以小的代价换取必得的胜利。昆仑关一役由于我们熟知的原因，不能遵循这个原则，致使付出了昂贵的代价，也就不足为怪了。

国民党发动反共高潮

"溶共、防共、限共、反共"方针

相持阶段到来后，国民党蒋介石集团的政策逐渐转为消极抗日，积极反共。1939年1月，国民党召开五届五中全会，会议虽然提出仍要"坚持抗战到底"，但是认为这个"底"就是恢复到卢沟桥事变以前的状态，这就意味着东北和华北的部分地区可出卖给日本。会上确定了"溶共、防共、限共、反共"的反动方针，设立了"防共委员会"，通过了《限制异党活动办法》。2月，又秘密颁布了《共党问题处置办法》《沦陷区防范共党活动办法》等反共文件。随后，相继制造了袭击和残害八路军、新四军干部、战士与家属的博山、平江、深县、确山等惨案，并派部分主力及大量游杂武装返回敌后，进攻八路军、新四军，制造反共军事摩擦。同时，以几十万兵力包围封锁陕甘宁边区。接着在11月召开的五届六中全会上，进一步确定了以军事反共为主、政治反共为辅的方针，随即发动了第一次反共高潮。1939年12月，包围陕甘宁边区的胡宗南军队侵占淳化、栒邑、宁县、镇原、正宁5座县城，并准备进攻延安；阎锡山在晋西集中兵力进攻共产党领导的抗日决死队（新军）；1940年初，朱怀冰等部配合日伪军进攻晋东南太行根据地和冀南根据地，矛头直指八路军总部。这就使国内的阶级矛盾尖锐化了。

皖南事变

中国共产党在反对国民党第一次反共高潮中，先礼后兵，先是呼吁他们停止进攻，坚持团结抗战。但国民党方面一意孤行，不听劝告。于是，八路军站在自卫立场，坚决予以回击。在陕甘宁边区，八路军一二〇师三五九旅协同留守部队，打退了胡宗南部队的进攻，解放了绥德分区的5座县城，巩固了陕甘宁边区与晋西北的联系。在晋西，粉碎了阎锡山军队的进攻。

国民党顽固派第一次反共高潮被粉碎后仍不甘心。1940年7月，国民党召开五届七中全会，讨论进一步反共的问题，准备发动新的反共高潮，这次反共高潮的重点是在华中地区。

10月19日，蒋介石指使何应钦、白崇禧以国民党政府正、副参谋总长的名义，向朱德、彭德怀、叶挺发出"皓电"，诬蔑新四军破坏团结和抗战，并强令黄河以南的八路军、新四军在1个月内开赴黄河以北，企图乘机围歼，从而掀起了第二次反共高潮。朱德、彭德怀、叶挺、项英于11月7日向国民党和全国发出通电，一方面驳斥国民党的诬蔑，揭露其投降反共的阴谋；另一方面为了顾全团结抗战的大局，答应将皖南新四军移至长江以北。

1941年1月4日，新四军军部及其所属皖南部队9000余人，从云岭驻地出发。6日，在皖南泾县茂林地区，突然遭到国民党第三战区司令长官顾祝同、第三十二集团军总司令上官云相等事先布置的7个师8万余人的包围袭击。新四军英勇回击，血战7昼夜，终因寡不敌众，除约2000人突围外，大部被俘、失散或牺牲。军长叶挺在和国民党谈判时被扣押，政治部主任袁国平牺牲，副军长项英、参谋长周子昆突围后被叛徒杀害。这就是震惊中外的皖南事变。1月17日，蒋介石反诬新四军"叛变"，宣布撤销新四军番号，并声称要将叶挺交军事法庭"审判"。至此，第二次反共高潮达到顶点。

中共中央面对皖南事变后的严重形势，仍然以抗日大局为重，坚持又联合又斗争、以斗争求团结的政策，在军事上严守自卫，在政治上坚决回击。中共中央军委于1月20日发布重建新四军军部的命令。

周恩来在重庆向国民党当局提出严重抗议，并和中共中央南方局的工作人员通过召开座谈会、个别谈话、散发传单等方式向各界人士揭露皖南事变的真相。

共产党这种坚决有力而仍把民族利益放在第一位的态度得到全国人民、中间阶级、国民党内正义人士和国际舆论的普遍同情。

事态的发展完全出乎蒋介石的预料，他不得不改变态度。3月6日，蒋介石在国民参政会上"保证今后决无剿共的军事"，会后又约见周恩来，答应解决国共之间的若干问题。至此，国民党的第二次反共高潮被击退。

毛泽东的《新民主主义论》

在国民党当权者进行军事反共的同时，国民党的宣传机关和一些反共分子在思想上也向中国共产党发动了进攻。他们鼓吹"一个党""一个主义""一个领袖"的法西斯主义，叫嚣"三民主义可以满足中国现在和将来的一切要求""共产主义不适合中国的国情""应该收起来"。于是，中国向何处去的问题，又尖锐地摆在中国人民面前。

为了打破国民党反共分子在思想上的进攻，向全国人民指明中国的出路，1940年1月，毛泽东发表了《新民主主义论》，科学地分析了中国革命的历史特点，系统地阐述了中国新民主主义革命的理论。指出：1840年鸦片战争以来，中国革命的性质是反帝反封建的资产阶级民主革命。但是，这个革命在1919年"五四"前后又有新旧的不同。以前是旧民主主义革命，以后则是新民主主义革命。因为从国际革命阵线来看，1917 年俄国十月社会主义革命的胜利，开辟了无产阶级社会主义革命的时代。在这以后，世界上任何殖民地半殖民地国家发生的革命，在客观上都是援助了社会主义。因此，它不再是旧的世界资产阶级革命的一部分，而是新的世界社会主义革命的一部分了。从国内阶级关系来看，"五四"以后，中国无产阶级已经成长为独立的政治力量，并且建立了本阶级的政党，提出了彻底反帝反封建的革命纲领，担负了中国民主革命的领导责任。而中国民族资产阶级虽然继续参加了革命，但由于其先天的软弱性和妥协性，已经丧失了领导者的资格。中国的民主革命不再是由资产阶级领导、以建立资产阶级专政为目的的革命，而是由无产阶级领导、以建立各革命阶级联合专政为目的的革命了。新民主主义革命是社会主义革命的必要准备，社会主义革命是新民主主义革命的必然趋势。新民主主义革命和社会主义革命是性质不同的两个革命过程。只有完成了前一个革命过程，才能完成后一个革命过程。因此，中国革命必须分两步走，第一步是新民主主义革命，第二步是社会主义革命，决不能将社会主义革命的任务合并到新民主主义革命阶段去完成。但是，这两个革命阶段又必须相衔接，决不允许中间横插一个资产阶级专政的阶段。而这两个革命阶段的任务，都只有在中国共产党的领导下才能完成。

文章中还阐述了新民主主义革命的政治、经济、文化纲领。指出：新民主主义的政治纲领是建立无产阶级领导下的各革命阶级联合专政的民主共和国。新民主主义的经济纲领是将操纵国计民生的大银行、大工业、大商业收归无产阶级领导的国家所有，使之成为社会主义性质的国营经济；没收地主的土地，分配给无地或少地的农民，在此基础上发展具有社会主义因素的合作经济；允许不操纵国计民生的私人资本主义经济发展。新民主主义的文化纲领是发展民族的科学的大众的文化。新民主主义的文化，必须由无产阶级的思想即共产主义思想指导。因为，共产主义思想是人类有史以来最完全最进步最合理的思想。

《新民主主义论》是中国共产党领导新民主主义革命的纲领性文献。它的发表，是中国新民主主义革命理论形成完整体系的重要标志。

抗日战争的胜利

日本在太平洋战争中的惨败

1941 年 12 月 8 日，日本海军偷袭美国在太平洋上的主要海军基地珍珠港；同时进攻英、美、荷等国在西太平洋上的属地，把侵华战争扩大成了太平洋战争。美国成了太平洋战争中与日本角逐的重要力量。

1942 年 5 月至 1943 年 2 月，美军连续取得了珊瑚海和中途岛海战的胜利，打败了日本海军的主力，使其遭到惨败。8月，美军在瓜达尔卡纳尔岛登陆，经过半年的争夺，终于夺取了全岛，使日军受到严重打击。1943年5月，美军又攻克阿图岛。8月，收复基斯卡岛，结束了北太平洋的作战。接着，美、澳军在西南太平洋展开攻势，攻占伍德拉克岛和基里维纳岛。1943年秋冬，美军登陆布干维尔岛，控制了丹必尔海峡，逼近日本在南太平洋的基地新不列颠岛。西南太平洋的作战，使日本失去了太平洋上的制空权，被迫缩短防线。在中部太平洋，1944年2月，美军在马绍尔群岛登陆，夺取了中部太平洋的战略要点。欧洲第二战场开辟后，美军在太平洋上实行越岛进攻，8月，占领了塞坦岛和关岛。从此，日本本土处于美军优势空军的攻击之下。10月，美军进攻菲律宾群岛，日军惨败。同时，美军和中国驻印军又在缅北反攻作战中取得了胜利。整个太平洋战局的主动权已从法西斯日本手中转到了反法西斯同盟国手中，日本的失败已成定局。

敌后战场的局部反攻

在中国国内经过1943年的恢复和发展，从1944年起，解放区战场发动了对日军的局部反攻。在1944年这一年中，华北、华中、华南各解放区战场都取得了很大的战果。

在一年的局部反攻斗争中，人民武装发展了，解放区扩大了。到1945年春，八路军、新四军、华南抗日纵队的主力已发展到91万人，民兵220万人，19个解放区总面积为956000余平方公里，总人口为9550万。到1945年，各解放区战场，根据毛泽东提出的"削弱敌寇，发展我军，缩小敌占区，扩大解放区"的指示，展开了更大规模的反攻。据1945年4月统计，解放区战场抗击日军56％，抗击伪军95％。截至是年8月10日，共毙伤俘敌伪军12万余人，攻克城市53座，解放区和人民武装则更扩大了。

解放区的发展和扩大，在全国范围内形成了对日军占领的大多数中心城市、交通要道和海岸线的强大战略包围，为全面大反攻创造了有利的条件。

国民党豫湘桂大溃败

1944年美军在太平洋诸岛登陆后，日军为了救援它侵入南洋的孤军和准备以中国大陆为它垂死挣扎的基地，急需打通从中国东北直到越南的大陆交通线，于是对国民党战场豫湘桂地区发动新的进攻，爆发了豫湘桂战役。

首先是河南战役。1944年4月18日，日军调集了五六万兵力对河南地区进攻。但是守御在河南的国民党汤恩伯、胡宗南所部40万大军却不作任何防范，在敌人的进攻下，依然仓皇退逃，结果使日军很快攻占了郑州、许昌、驻马店、洛阳等地。总计前后不过一个多月，到5月底，河南战役便由国民党部队的完全溃败而告终。

河南战役后，接着日军又发动了湘桂战役。从 5 月 27 日开始，日军调动 10 万兵力对湘北发动进攻。防御在湖南战场上的国民党陈诚、薛岳所部，也是不堪一击。6 月 17 日，日军总攻长沙，仅 3 天，国民党守军便弃城逃跑。日军继续南下，8 月 7 日，攻陷湘南重镇衡阳，国民党守军向敌军投降。9 月初，日军再自衡阳出动，沿湘桂铁路向西南进犯，发动对桂北的攻势。11 月 10 日，日军攻占桂林，翌日又陷柳州。日军于同月 24 日，不费一枪一弹占领了南宁。至此，日军打通大陆交通线的战略行动完成了。

日军为了巩固与扩大战果，又用数百人的极少兵力追击逃入贵州的国民党部队。国民党几十万军队已成惊弓之鸟，望风溃逃，被日军一直追到独山。与湘桂战役同时，广东、浙江、福建之敌也不断发动进攻。12 月 2 日，独山沦陷。后来，国民党汤恩伯部等援军赶到，在何应钦的指挥之下，于 12 月 8 日将独山收复。10 月间，福州又沦入敌手。

豫湘桂战役，是抗战以来国民党战场的又一次大溃败。在短短 8 个月中，国民党损失兵力五六十万，丢掉了河南、湖南、广东、广西、福建等省的大部和贵州的一部，其中包括洛阳、长沙、福州、桂林 4 个省会和郑州、许昌、宝庆、桂林、柳州、温州等 146 座城市，衡阳、零陵、宝庆、桂林、柳州、丹竹、南宁等 7 个空军基地和 36 个飞机场，总计丧失国土 20 多万平方公里，使 6000 万人民陷于日军的铁蹄之下。日军所到之处，烧杀抢掠，给人民生命财产带来了巨大损失。

苏联对日宣战和苏联红军出击东北

1945 年 7 月 26 日，中、美、英 3 国发表敦促日本无条件投降的《波茨坦公告》，8 月 6 日与 9 日，美国在日本广岛与长崎投掷原子弹，造成 30 多万人死亡，震慑了日本政府。1945 年 8 月 8 日，苏联宣布对日作战。9 日凌晨，苏联 3 个方面军和太平洋舰队、红旗阿穆尔河舰队，总兵力达 150 万人，在远东最高统帅部华西列夫斯基元帅的统一指挥下，在总长 400 公里的战线上，越过中苏边境，同时对日本关东军发动猛烈进攻。苏联还出动了 480 架飞机，分别轰炸了沈阳、长春、哈尔滨、齐齐哈尔、朝阳等日军军事工业中心和交通枢纽。日本空军于开战第一天即撤入朝鲜和日本本土，苏联掌握了制空权，地面部队在无空袭的情况下向前迅速推进。至 8 月 14 日，苏军在蒙军的配合下，完成了对沈阳、长春、哈尔滨等地的包围。日本关东军总司令部于 8 月 12 日将总指挥部迁往通化，指挥一度中断，部队陷入混乱状态。8 月 15 日，日本政府宣告接受《波茨坦公告》，但日本大本营未下达停战投降令，苏军继续进攻。17 日，华西列夫斯基元帅向日本关东军司令部发出通知，限令日军在 8 月 20 日中午

12时以前全部放下武器，投降就俘。其后，苏军组成快速纵队及空降兵，以最快速度赶往东北各主要城市和交通枢纽，摧毁拒绝投降的日军阵地，组织接受日军投降事宜。苏军在中国抗日武装的配合下，经过20多天作战，至8月底，解放了中国东北，歼灭日军67万余人，给日本以沉重的打击。

中国军民大反攻

苏联出兵东北，加速了日本帝国主义的失败，使中国的抗日战争进入最后阶段。

8月9日，毛泽东发出《对日寇的最后一战》的声明，号召"中国人民一切抗日力量应举行全国规模的反攻，密切而有效地配合苏联及其他盟国作战"。10日、11日，朱德总司令命令华北、华中和华南的人民军队，迅速前进，收缴敌伪武器，接受日军投降，并命令在冀热辽边区的人民军队迅速深入东北。在中共中央的部署下，各根据地军民积极展开了强大的反攻。作战重点是夺取城市、占领工矿区、截断铁路线、控制交通要道、彻底歼灭敌人。经过一个月的作战，在东北前线，八路军冀热辽、山东部队和新四军第三师主力，先后开赴东北，与东北抗日联军一道配合苏联红军，收复了广大国土。在平津地区，晋察冀部队攻克张家口、秦皇岛、山海关等战略要地及大部分县城。在归绥前线，晋西北部队，进逼太原，收复归绥，截断平绥路。在太原前线，太行、太岳、晋中、晋北等各军区部队切断了同蒲路、正太路，控制了山西的广大地区。在平汉前线，冀鲁豫、冀南、太行各部队，胜利地完成了对平汉路石家庄至新乡段的反攻任务，在陇海前线，晋冀鲁豫和豫西区部队，在开封和陇海、新汴两线周围地区进军，收复了许多城镇。在济南前线，鲁中、渤海、冀鲁豫部队，收复了淄博矿区和许多重要城镇，切断了胶济路、济南至德州、济南至徐州3条铁路，收复了山东大部分地区。在胶东前线，北线部队收复了威海卫、烟台和胶东半岛北部的全部地区；南线部队对胶济路东段展开大破坏，并切断烟台至青岛公路南段，使青岛成为一座孤城。在运河前线，苏中部队扫清敌人据点60多处，收复了长江入口海门县的三阳镇和崇明岛的重要港口；苏北部队收复了淮阴、淮安，使苏中、苏北、淮北、淮南连成一片，完全控制了运河全线。鄂豫皖、华南地区部队，在平汉路南段和广九路沿线向日伪军展开反攻。从8月至10月，根据地军民共歼灭日伪军23万多人，收复国土31.5万平方公里。热河、察哈尔两省全部收复。山东、河北、绥远、山西、豫北、淮北、淮南、苏北、苏中等地区，除大、中城市为国民党军队攻占外，绝大部分是根据地军民收复的。抗日根据地军民取得了大反攻的重大胜利。

日本天皇宣布无条件投降

在中国抗日军民、苏军和英、美军的打击下，日本侵略者被迫无条件投降。8月9日，日本政府召开最高战争指导委员会紧急会议，讨论是否接受《波茨坦公告》问题。10日上午，日本政府外务省通过瑞士和瑞典等中立国政府的公使，向中、美、英、苏4国发出乞降照会，提出在保留天皇国体的条件下，接受《波茨坦公告》。但由于主战派的反对，延迟到14日才做出了最后决定。15日，日本天皇向全国广播了《停战诏书》，宣布日本无条件投降。17日，日本天皇向国内外武装部队发布了一道敕谕，命令他们投降。从这时起到9月中旬，散布在亚洲和太平洋诸岛的230多万日军陆续向盟国投降。

9月2日，日本投降的签字仪式在停泊于东京湾的美国战列舰"密苏里"号上举行。在中国战区，蒋介石指派陆军司令何应钦为代表接受日本投降。中国战区日本投降签字仪式于9月9日在南京举行，至此抗日战争取得了最后胜利。

中国抗日战争的胜利，是中华民族百年来抗击外国侵略者所取得的第一次伟大的民族解放战争的胜利。它充分证明，有了中国共产党的正确领导，实现了第二次国共合作，建立了广泛的抗日民族统一战线，最大限度地动员了全国一切抗日力量，就一定能打败一切敌人。

重庆谈判

概况

抗日战争胜利结束后，蒋介石开始制定打内战的方针，但发动内战还需要时间准备。同时，由于国内外人民普遍要求和平，反对内战的呼声和压力以及中国人民革命力量的空前强大，他要立刻发动内战还有困难。于是，在美国的指导下，蒋于1945年8月14、20日、23日，3次电邀毛泽东赴重庆谈判，"商谈建国大计"。蒋的算盘是：如果毛泽东不去，我们就可以宣布中国共产党不要和平，不要团结，并把发动内战的责任推到中国共产党身上；如果毛泽东去了，就利用谈判来诱骗中国共产党交出军队，取消解放区政权，以达到消灭革命力量的目的。同时还可以利用谈判，争取时间，加紧内战准备。

中国共产党对蒋介石的"和谈"阴谋是洞悉的。但是，为了尽一切可能争取和平民主，实现人民"休养生息，重建家园"的迫切愿望，竭尽全力寻求避免内战挽救和平的道路，也为了揭露美蒋的阴谋，团结教育人民，争取中间势力，决定派毛泽东等赴渝与国民党谈判。26日，中共中央向党内发出《关于同国民党进行和平谈判的通知》，告诉全党，毛泽东将应蒋介石电邀赴渝同国民党当局谈判，说明中共中央的谈判方针，要求全党绝对不要因为谈判而放松对蒋介石的警惕和斗争。

8月28日，毛泽东偕周恩来、王若飞，在前来迎接的国民政府军委会政治部部长张治中，美国驻华大使赫尔利的陪同下乘飞机抵渝。抵渝后，毛泽东同蒋介石先进行了几次面商，随即由双方代表开始了具体的谈判。由于毛泽东来到重庆，完全出乎蒋介石的预料，对谈判毫无准备，一切方案均由共产党提出，国民党的谈判代表只是敷衍应付。

最终经过 40 多天的谈判，由于中共的努力，10 月 10 日，由中共代表周恩来、王若飞和国民党代表王世杰、张群、张治中、邵力子共同签署了《政府与中共代表会谈纪要》（即《双十协定》）。列入《纪要》的共 12 个问题，有的达成了协议，有的各自表述自己的意见，未获协议，同意以后继续商谈。这次谈判的主要成果是，一、确定了和平建国的基本方针和途径，即"必须共同努力，以和平、民主、团结统一为基础""长期合作，坚决避免内战，建设独立、自由和富强的新中国，彻底实行三民主义"；并以"政治民主化、军队国家化及党派平等合法，为达到和平建国必由之途径"。二是确认国民党应"迅速结束训政，实施宪政，并应先采取必要步骤，由国民党召开政协会议，邀集各党派代表及社会贤达协商国事，讨论和平建国方案及召开国民大会各项问题"。谈判中争论最多的是解放区的军队和政权问题。在这两个问题上尽管中共做出重大让步，主动提出过几种解决方案，但由于国民党坚持"你交出军队我给你民主"的一贯方针，未能达成协议。

10 月 11 日，毛泽东胜利返回延安。17 日，毛泽东在延安干部会议上作了《关于重庆谈判》的报告，总结了谈判的收获与经验。指出："这次谈判是有收获的。"它迫使"国民党承认了和平团结的方针和人民的某些民主权利，承认了避免内战，两党和平合作建设新中国。"如果"国民党再发动内战，他们就在全国和全世界面前输了理，我们就更有理由采取自卫战争，粉碎他们的进攻"。但毛泽东强调说，已经达成的协议，还仅仅是纸上的东西，要把纸上的协议变成现实的东西，还要经过很大的努力。"我们的任务就是坚持这个协定，要国民党兑现，继续争取和平。如果他们要打，就把他们彻底消灭。"

重庆谈判表明了中国共产党谋求和平的真诚愿望，揭穿了国民党制造的共产党不要和平、不要团结的谣言，迫使国民党承认了和平建国方针，取得了国内外舆论和中间阶层的广泛同情。

国共谈判

抗日战争结束后，国内外形势发生了重大变化。全国人民热烈欢庆胜利，用各种方式表达他们对于和平建国的强烈愿望。然而，蒋介石发动内战的方针已定，但迫于民意和发动内战的准备不充分，便玩弄和平谈判的花招。1945 年 8 月 14 日、20 日和 23 日，蒋介石接连 3 次电邀中共中央主席毛泽东赴重庆共商"国家大计"。1945 年 8 月 28 日，在国民党代表张治中、美国驻华大使赫尔利的陪同下，由毛泽东、周恩来、王若飞组成的中共和谈代表团飞抵重庆，进行重庆谈判。

在谈判过程中，由于共产党的积极努力，经过前后历时43天的谈判，于10月10日，国共两方代表正式签署《政府与中共代表会谈纪要》（即"双十协定"）。在谈判中，国民党不得不接受中共提出的和平建国的基本方针。双方协议：承认"以和平、民主、团结、统一为基础""长期合作，坚持避免内战，建设独立、自由和富强的新中国，彻底实行三民主义"，这是国共会谈取得的主要成就。《会谈纪要》确定召开各党派代表及无党派人士参加的政治协商会议，共商和平建国方案；同意迅速结束国民党的"训政"，实现政治民主化，承认人民享有某些民主自由权利；党派平等合法；取消特务机关；释放政治犯；"积极推行自治，实行自下而上的普选"等等。对于解放区政权问题、国民大会问题、中共领导的军队的整编问题未能达成协议，留待继续商谈。

尽管中国共产党抱着极大的诚意与国民党进行了旨在推进和平的谈判，但国民党方面却只是将谈判作为幌子，在谈判期间，就发动了对上党地区我军的进攻。随后又在绥远挑起战火，充分暴露了其真内战假谈判的面目。

"双十协定"签订后，为了停止内战，中共代表团于1945年12月19日向国民党政府提出在召开政治协商会议前无条件停止内战的建议。27日，国共双方恢复谈判，中国共产党以书面形式正式向国民党提出停止一切军事冲突、恢复交通、组织全国各界内战考察团等3项无条件停止内战的建议。31日，国民党提出复文，基本上同意共产党的建议。

1946年1月3日，国民党代表张群、王世杰、邵力子，中共代表周恩来、董必武、王若飞、叶剑英，就停止军事冲突，恢复交通等问题举行会谈。5日，国共关于停止国内军事冲突办法达成协议（即"停止协定"）。

2月10日，陪都各界人民1万多人在重庆校场口集会，庆祝政协会议成功大会。大会刚开始就遭到了国民党特务的破坏，大打出手，并打伤了大会主持人李公朴、章乃器、施复亮及政协代表郭沫若等人，马寅初及与会群众60多人也被打伤，造成"校场口惨案"。2月20日，国民党北平当局策动所谓"河北难民返乡请愿团"游行示威，闯入军调部捣乱，侮辱军调部中共办事人员。接着22日，国民党又在重庆挑动欺骗沙磁区万余学生举行反共、反苏游行，捣毁《新华日报》和民盟机关报《民主报》的营业部。随后，国民党在上海、成都、西安、昆明、南京及其他大中城市也发生了类似的反民主的暴行。这就使政协协议最终成为一纸空文，破坏了刚刚出现的和平局面。

对于蒋介石国民党破坏政协协议的行径，中国共产党进行了严正的揭露和批判。但国民党仍加紧部署全国内战。在东北国民党又重兵进攻，取得了若干重要的立足点以后，就着手把战火烧到关内。1946年4月9日，蒋介石在秘密接见美国记者时，即表示他已决心消灭共产党。到 5 月初为止，国民党正规军调往内战前线的已达 35 个军 99 个师，兵力在 100 万人以上。这充分表明了国民党政府正在紧张地布置着新的全面内战。

为了保卫人民抗战的胜利成果，壮大人民革命力量，1945 年 9 月 19 日，中共中央向各中央局发出指示，明确规定"向北发展，向南防御"是党的一项"全国战略方针"，即将主攻方向放在北方，特别是东北，在江南则取守势。

为了争取实现和平民主，随时准备粉碎国民党的军事进攻，中国共产党加紧了自卫战争的准备。1945 年 11 月、12 月，毛泽东先后为中共中央起草了《减租和生产是保卫解放区的两件大事》和《一九四六年解放区工作的方针》两个文件，文件规定了保卫和巩固解放区，以及放手发动群众，打败国民党军事进攻的根本方针，指出减租和生产两大任务是否能完成，将最后地决定解放区政治军事斗争的胜负，各地切不可疏忽。

1946 年 4 月，中共中央军委召开了整军会议，调整和加强各战略区的领导，扩大和整编部队，建立了野战军体制。至 6 月，共组建了 24 个野战纵队和 14 个野战旅，计 61 万余人，负责在各战略区机动作战；另有 60 余万地方部队分属各军区，担负地方性作战任务。同时，人民军队还开展了大规模的群众性练兵运动，极大地提高了部队的政治素质和战斗力。从 1945 年冬到 1946 年春，各解放区还开展了减租减息和生产运动，激发了广大农民的革命热情和生产积极性，改善了人民生活，也保障了部队的供给，为自卫战争的胜利提供了物质基础。

上党战役

上党战役，是中国人民抗日战争刚刚胜利之后，国民党与共产党举行"重庆谈判"期间，晋冀鲁豫军区部队在山西省东南部地区对国民党军进行的自卫反击战役。

1945 年 8 月，正当抗日战争进入最后阶段，八路军大举反攻日伪军的时候，在美国支持下的蒋介石政府，为了抢夺人民抗日胜利的果实，一面装出和平姿态，邀请共产党毛泽东主席赴重庆谈判，一面却从西南西北的大后方调动 36 个军、73 个师向华北、华中、华南各解放区进攻。盘踞晋西南的第二战区司令官阎锡山，早于 8 月中旬，即在日伪军策应下，以主力进占太原并以 5 个师万余人从临汾、浮山、翼城攻入太行、太岳之间的长治地区，下旬占领已为共产党从日伪手中解放的襄垣、潞城及被共产党武装包围的长治、长子、壶关、屯留等城，企图扩占整个晋东南，恢复其在山西的统治。

攻入上党地区（以长治为中心的晋东南地区，古称上党郡）的军队，系阎锡山的第十九军、第六十一军的主力 3 个步兵师及两个挺进纵队（相当师），共约 1.4 万人，由十九军军长史泽波率领，加上收编上党地区的伪军 3000 余人，总兵力达 1.7 万余人（此时白晋铁路长治至沁县段已被日军拆除，上党日军已撤至沁县以北之铁路沿线）。阎军为实现其扩占整个晋东南的计划，在占领上党等 6 城之后，立即整修工事，加强守备，企图巩固上党盆地并向北延伸打通白（圭）晋（城）线。其兵力部署：以长治为中心，以 3 个步兵师的主力及一个山炮营和伪军一部，共约 1.1 万人守长治；以一个挺进纵队及伪军一部，共约 2000 人守长子；以一个挺进纵队的主力及伪军一部共千余人守屯留；其余襄垣、潞城、壶关则以伪军为主结合正规军一部守备，兵力均在千人以下。上述各城，各以一部兵力守备其附近若干据点。国民党军的长处是火力强，善做工事，惯于防御，又有旧城墙和日军修筑多年的堡垒工事作依托。基本弱点是长期勾结日伪，残害人民，政治上极端孤立，士气低落，害怕白刃格斗和不善野战，又是孤军深入和分散守备。与此同时，国民党军第一战区第一、第十六军经风陵渡到达运城以南；第十一战区以第十五军留置豫西；以第四十军、第八军及第三十军向郑州集中，拟沿平汉路向北挺进。

共产党为了制止内战，争取和平，派中共中央主席毛泽东、副主席周恩来等赴重庆同国民党进行和平谈判；同时通知全党，应继续对日伪发展攻势，以期尽可能控制华北、华中各铁路交通线，并用必要力量广占乡村和府县城镇，以造成争取和平民主的更加有利地位；对于国民党的进攻，则必须站在自卫立场上坚决彻底干净全部消灭之。中央军委令晋冀鲁豫军区坚决消灭侵入上党之阎军，并控制同蒲、平汉两铁路，准备粉碎北上蒋军的进攻。

当时，晋冀鲁豫的军队是初次将 3 个区的主力集中在一起。这些部队大都是抗日战争时期的主力旅，在抗日战争后期被分到各军区作基干团，主要进行游击战；到上党战役开始时，编制仍不充实，多数的团在千人以下，装备很差，全军山炮共 6 门，仅半数的团有迫击炮 2 至 4 门、重机枪数挺，半数的团则没有重火器，新参军的战士多使用刀矛，特别是弹药奇缺，不少的步枪仅有子弹数发。

根据国民党军进攻的形势及中央军委的指示，晋冀鲁豫军区确定了战略上的主要任务，即粉碎国民党军沿同蒲、平汉铁路方向的进攻，而平汉路是南北交通干线，可能成为阎军的主攻方向，因此更应重视对平汉线的控制；但上党之敌为心腹之患，如不迅速消灭，待蒋军主力北上时，将腹背受敌。因此，决心集中力量先打上党之敌，尔后视情况将主力转到平汉线或同蒲线，以粉碎北上蒋军的进攻。据此，重新调整了全区部署：集中太行、太岳、冀南 3 个军区的主力及地方部队一部，共 3.1 万人，于 9 月上旬开始在上党地区发起战役；将冀鲁豫军区主力转到平汉线，结合冀南、太行军区各一部兵力，加紧肃清平汉线新乡以北的日伪军，求得控制一段铁路，为对北犯的蒋军作战准备战场；以太岳军区沿同蒲线的地方部队加紧破路，迟滞蒋军前进；以太行、太岳军区各一部兵力扫清沿线之敌，控制黄河北岸广大地区，制止敌人的机动。对其余日伪军，则以地方武装和民兵伪装主力，发动军事政治攻势，迫使其投降或向大城市撤退。

1945年9月10日，上党战役拉开了序幕。

晋冀鲁豫地区以太行纵队于9月10日晨向屯留阎军发起攻击，以太岳、冀南两纵队隐蔽于长治至屯留的公路两侧，准备歼击长治援兵，以太行军区两个团及地方武装一部为独立第一支队，隐蔽于长治东北山地，准备尾击由长治出动的援兵，以太行、太岳军区4个团，及4个独立营为独立第二支队，监视长子之敌，并准备以主力投入歼击长治援兵的作战，以潞城独立营及民兵一部为独立第三支队，监视潞城之敌，对壶关之敌以人民武装围困。战斗发起后，长治之阎军出动6000余人，于11、12日两次试图向屯留增援，因害怕被歼，略经接触即缩回长治。12日，攻克屯留，全歼守军。随即于13日夜以太岳纵队攻长子，以太行、冀南两纵队隐蔽于长治至长子的公路以北，以独二支队隐蔽于该公路以南，准备歼击长治援兵。但长治之阎军再也不敢出援。军区部队乃于16日夜以冀南纵队攻潞城，17日攻克。18日，又以太行军区部队攻壶关。19日，长子、壶关同时解放。长治之阎军，遂完全陷于孤立。

9月20日，我军开始合围长治。长治是上党地区的首府，是过去日寇设防的重点，城高（3丈多）、壕深、工事坚固，由阎军万人据守，又值连日倾盆大雨，地面泥泞，爬城不便；要攻下长治，比攻取其他五城困难得多。如果不能迅速攻下长治，占领上党，则平汉、同蒲的大门洞开，蒋军主力将长驱直入平津，战略上对共产党军极为不利。因此，军区决定由东南西三面，先夺关，后攻城，留北关诱敌外窜而于野战中消灭之。

战斗到24日，军区部队攻占城关据点多处。这时得悉从太原出动的阎军3个师7000人，正沿白晋线南下，已到达子洪镇以南，有向长治增援的可能。为吸引援军，军区令各部对长治城继续攻击。28日，援军进抵沁县以南，军区决心在屯留东北地区于野战中歼灭该敌，立即以太行纵队全部和太岳纵队主力兼程北上，结合原担任监视白晋线之敌的起义部队第十七师约2万人，预伏于虒亭以南白晋线上的常隆、上村段两侧，以太行纵队附第十七师为右翼队，以太岳纵队主力附太行一个支队为左翼队，以太行纵队1个团为独立支队，尾敌援军跟进；留冀南纵队全部、太岳纵队一部及地方兵团伪装主力，继续包围和佯攻长治，以吸引援军继续南下，并准备歼击由长治出城接应之敌。

9月30日，援军离开白晋线沿虒亭、屯留间的公路前进，打援主力遂向虒屯公路两侧转移，改以第十七师及独立支队尾随援军跟进。10月2日，两军在屯留西北之王家渠、白龙坡至井道上之线预期遭遇，打援部队当即从正面诱敌继续前进，并展开向敌两翼侧迂回，同时令尾敌前进之第十七师和独立支队向南展开攻击，从而将援军合围于老爷岭、西嶂、磨盘脑至榆林地区。援军发现被包围后，即利用山地构筑工事，进行防御。打援部队则力求割裂敌人，各个歼灭。为避开敌火力优势，打援部队主要利用夜间，凭手榴弹、刺刀向阎军所占各要点突击，白天则组织兵力火力，抗击阎军反扑，并借此消耗阎军有生力量。经过数昼夜激战，援军部分被歼，被迫步步收缩，最后聚集在磨盘脑、老爷岭及关上地区，缺水缺粮，饥疲不堪。这时，打援部队发现敌援军是由第七集团军副总司令彭毓斌率领的第二十三军、第八十三军、省防军等6个师，附炮兵两个团，共2万多人。晋冀鲁豫军区首长急调冀南纵队北上参战，并以左右两翼部队猛攻，而在北面给敌人放开退路，以诱迫敌之撤逃。10月5日，军区左翼队攻克老爷岭主峰。阎军于夜间向北突围，军区部队已提前抢占了虒亭以北土落村附近的制高点，堵住了阎军退路，主力则沿虒屯公路及其两侧进行跟踪追击，猛烈穿插，使援军溃不成军，纷纷投降缴械。民兵和群众亦奋起捕捉溃散之敌。至6日，援军除有2000人逃回沁县外，其余全部被歼。其副总司令彭毓斌被击毙，数十名高级军官就擒。

援军被歼后，长治之阎军待援无望，于10月8日向西突围，企图横穿太岳区逃回浮山、翼城。为全歼该部，军区除以围城部队跟踪追击外，又以太岳纵队从虒亭地区直出沁水之马壁，控制沁河，进行兜击。太岳区的人民武装则进行沿途截击。各追击部队忍受饥疲，日夜追击，终于10月12日，在沁河以东将军岭及桃川地区歼灭逃跑之阎军。第十九军军长史泽波就擒。至此，上党战役遂告结束。

此役，阎军11个师及一个挺进纵队3.8万余人，除逃跑溃散3000人外，均被歼灭，其中俘3.1万人，缴获山炮24门、轻重机枪2000余挺、长短枪1.6万多支。军区部队伤亡约4000人。

绥远战役

绥远战役，亦称平绥路战役。1945年10—12月，晋察冀军区和晋绥军区的部队为反击国民党军对察绥解放区的进攻而进行的一次运动战和攻坚战战役。

1945年8月，日本政府宣布投降后，国民党军第十二战区司令长官傅作义遵照蒋介石的旨意，为抢夺抗战胜利果实，调集所辖主力和收编的绥蒙伪军共6万余人，从8月下旬到9月上旬，先后进占归绥（今呼和浩特）、武川、卓资山、陶林、清水河、凉城、集宁、丰镇、兴和、尚义等城镇和绥东、绥南广大地区，并继续沿平绥铁路东进，其先头部队东北挺进军新编骑兵第五、第六师进至张家口以西之柴沟堡、渡口堡一线,晋察冀军区冀察纵队予以迎头痛击,歼灭新编骑兵第五师大部,并乘胜收复兴和、尚义两城。沿平绥路东进的傅作义部主力未敢再进,集结于丰镇、集宁、卓资山地区,企图等待国民党军主力到达北平、天津地区后,从东西两面夹击张家口,以达其占领张家口,完全控制平绥路,分割晋察冀解放军之目的。此时,傅作义部兵力的具体分布是:第三十五军军部率第十师和新编第三十一师主力驻集宁;该军新编第三十二师驻丰镇、红砂坝;第六十七军新编第二十六师驻官村;新编骑兵第四师一部驻张皋镇,该师主力和新编第三十一师一个团驻隆盛庄;暂编骑兵第六师驻三水岭;暂编骑兵第四师驻芦草沟;新编骑兵第五、第六师驻凉城、清水河;暂编骑兵第五师驻新堂、天成村;挺进第五纵队驻陶林;暂编第三军暂编第十七师主力驻卓资山;暂编第三军暂编第十、第十一师驻归绥及其外围;暂编第十七师一个团、第十二战区别动大队及第三十五军各师之补训团驻包头及其外围;骑兵第十旅驻五原及其以东地区;暂编骑兵第一集团军驻周士庄、聚乐堡地区。此外,第二战区司令长官阎锡山所部第四十三军暂编第三十八师及收编的日军独立第四警备队驻大同及其周围地区。

为反击国民党军的进攻,消灭傅作义主力,解放绥远全境,彻底消除西顾之忧,确实控制热察两省,保卫以张家口为中心的战略基地,中共中央革命军事委员会决定发起察绥战役。1945年9月11日,中央军委便指示晋察冀和晋绥军区集结主要兵力组织绥远战役,并指出:这一战役对我党在北方的地位和争取全国和平局面的关系极为重大,必须坚决歼灭傅作义部主力。为达此目的,中央军委于10月22日又指示:"如傅部固守归绥,则先将包头、五原、固阳占领,使傅部绝食突围,然后歼灭之。如我能迅进,可能速占归绥。"10月27日,再次强调:"此次作战,必须达成歼灭傅顽主力之目的,应将我主力运动到傅顽阵地背后去,由西向东打,方可聚歼。"为加强领导,中央军委决定由晋察冀军区司令员兼政治委员聂荣臻、晋绥联防军和晋绥野战军司令员贺龙统一指挥绥远战役。

根据中央军委上述指示,晋察军区集中冀察、冀晋、冀中3个纵队计9个旅,晋绥军区集中独立第一、第二、第三旅,第三五八旅及绥蒙军区骑兵旅计5个旅,共14个旅5.3万余人,决心乘国民党军主力尚未到达北平、天津地区的有利时机,发起绥远战役。战役计划是:以晋察冀军区部队由东向西攻击,首先抓住并歼灭隆盛庄、三水岭、张皋镇3处突出之敌。尔后继续西进,各歼灭丰镇、官村、红砂坝和集宁等地国民党军;晋绥军区部队由南向北进攻,首先求歼凉城、新堂、天成村等处守军。尔后协同晋察冀军区部队向丰镇至集宁线上各点进攻,争取歼灭傅作义部主力于绥东地区。具体战役部署是:晋察冀军区以冀察纵队于兴和以东之高庙子地区集结,以主力攻歼隆盛庄之敌,以一部截断隆盛庄与集宁、官村之敌联系;以冀中纵队于张家口以西之新平堡地区集结，主力直取三水岭、张皋镇两点，得手后迅速向官村、苏集间铁路攻击，截断丰镇、红砂坝守敌北逃之路。该纵队以一部兵力向隆盛庄西侧迂回，截断其逃向丰镇的通路；以冀晋纵队主力进至丰镇东北大庄科地区，阻击丰镇敌人向隆盛庄增援。待冀晋纵队攻占隆盛庄后，该纵队即向丰镇攻击，歼灭守敌。晋绥军区以独立第一、第三旅和第三五八旅于左云、右玉地区集结，以独立第一旅攻取凉城，以第三五八旅攻取新堂，以独立第三旅为预备队。尔后主力向丰镇以西之天成村、马草沟、二道桥迅速推进，协同冀晋纵队会攻丰镇。以一部兵力向归绥积极活动，钳制归绥之敌，配合主力作战；以独立第二旅和骑兵旅于商都地区集结，首先攻歼七大顷、段家村之敌，尔后向陶林方向推进，协同冀察、冀中纵队聚歼集宁守敌。

战役于10月18日发起，冀察纵队以骑兵旅迂回至隆盛庄以西，冀中纵队直取张皋镇、三水岭。19日凌晨，冀察纵队第六旅向隆盛庄发起攻击，由于后续部队未及时赶到，守军新编骑兵第四师主力乘机撤逃至红砂坝，仅留新编第三十一师第九十一团驻守。此时，冀中纵队已占领张皋镇、三水岭，守军先期西撤。该纵队随即直插隆盛庄东北和西北，策应冀察纵队作战。19日黄昏，冀察纵队第七旅强攻隆盛庄，激战至20日，歼敌一个营又一个连，第九十一团主力突围向红砂坝撤逃，中途被冀中纵队第十三旅截歼一部。与此同时，晋绥军区部队也分别从右玉、商都地区出击。独立第一旅于20日占领凉城，第三五八旅于21日占领新堂、天成村，各歼守军一部，其余守军分别向西、向北撤逃。独立第二旅、骑兵旅攻克七大顷、段家村，歼灭守军400余人，并继续向陶林方向推进。

在我军的猛烈攻击下，傅作义部急忙向集宁、归绥一线退却。为抓住傅作义部主力，晋察冀军区部队沿平绥铁路推进，攻击其仍据守之城镇；晋绥军区部队向卓资山方向发展进攻，以截歼撤退之敌。冀晋纵队一部于10月19日占领大同以东之聚乐堡，主力于20日进占红砂坝，并连夜沿平绥路南进，于21日拂晓进占丰镇，守军新编第三十二师沿公路北撤，被截歼一部。22日，又攻克大同以北之孤山、孤店，截断了傅作义部与阎锡山部的联系。冀中纵队于21日占领官村，守军新编第二十六师退向卓资山。该纵队继续北进，进占苏集、老平地泉等地，向集宁逼近。此时，傅作义部还全力西撤，集宁只有第三十五军军部率第一〇一师防守。晋察冀军区首长决定以冀察、冀中两纵队围攻集宁，以冀晋纵队进占集宁以西之十八台地区，切断集宁守军退路。冀中纵队担任主攻，于23日占领集宁以南之榆树湾、脑包山，将第一〇一师一个团击溃。第三十五军军部率第一〇一师主力乘夜暗弃城西撤。24日，晋察冀军区部队占领集宁。与此同时，晋绥军区第三五八旅和独立第一、第三旅从凉城、新堂、天成村地区向卓资山疾进，24日12时，在六苏木击溃暂编骑兵第五师，15时进至卓资山南侧，并迅速完成对卓资山敌军第六十七军军部的新编第二十六师的包围。

晋绥野战军首长决定以第三五八旅担任主攻，以独立第三旅迂回至卓资山西北之福生庄地区，切断卓资山之敌向归绥逃路，以独立第一旅为预备队。24日19时，第三五八旅对卓资山发起攻击，战至25日10时许，除第六十七军军长何文鼎率军部特务营乘隙逃跑外，全歼新编第二十六师5000余人。此时，独立第三旅击退了新编第三十二师的增援，并占领了福生庄，独立第一旅在魁盛庄东北歼灭由集宁西撤的第三十五军军部及第一〇一师一部，独立第二旅攻占陶林。

卓资山战斗后，晋察冀与晋绥两军区部队会合，准备继续西进歼敌。傅作义为保存主力，迅速收缩兵力，至27日，傅部主力由三道营、旗下营、陶卜齐、白塔之线陆续撤到归绥及其外围，并积极加修工事，组织防御。其兵力部署是：以第三十五军、暂编第三军、新编骑兵第四师担任归绥城防；以骑兵挺进第二、第四、第五纵队及暂编骑兵第四师担任外围防守。为迅速达成歼灭傅作义部主力之战役目的，晋察冀军区和晋绥野战军首长决定首先肃清归绥外围，尔后攻城。两区主力遂分南北两路向归绥逼近，至10月31日，晋绥军区部队占领城南及西南之陶号板、大小台石、范家营、后八里庄等地，晋察冀军区部队占领鹤心营子、红山口、坝口子、乌素图等地，完成对归绥城的合围。为进一步孤立归绥守军，11月1日，冀中纵队接替晋绥部队包围城南任务，晋绥独立第一旅、骑兵旅和冀察纵队骑兵旅一部沿平绥铁路向包头挺进。当日攻克兵州亥，歼暂编骑兵第四师一个团。2日，占领毕克齐。3日，攻克察素齐，歼灭骑兵挺进第三纵队1300余人。4日，占领陶思浩。7日，占领萨拉齐、沙尔沁。至此，完全占领绥包线上各要点，逼近包头，隔断了绥包联系。与此同时，冀察、冀中纵队各一部和晋绥军区第五军分区部队，先后攻占和林、武川、忽洞兔等地，歼敌千余人，巩固了后方。被围于归绥的国民党军以攻为守，从11月2日至12日，先后以两三个师兵力对红山口、坝口子、后八里庄等我军阵地进行反击。围城部队顽强抗击，杀伤敌3000余人，归绥守军随即改为依城固守。此时，被围于归绥的国民党军尚有6个师兵力，连同11月6日从重庆空运来的一个重迫击炮团，共有2.4万余人。鉴于守军凭坚固守，且有较多的粮弹储备，围城部队在兵力上亦不占优势，难以在短期内攻克归绥，遂改变部署，以晋察冀部队围困归绥，以晋绥军区部队及冀晋纵队第三旅主力和第四旅一个团攻取包头，求得调动归绥守军出援于运动中予以歼灭。并准备在攻克包头后，晋绥部队迅即东进与晋察冀部队合力攻取归绥。

包头系绥西重镇，守军为暂编第十七师一部和由绥东溃退之第六十七军残部以及地方保安团队等部共1.2万余人。11月9日，先期向绥西挺进的独立第一旅即向包头外围之禹王庙、火车站、电灯公司等据点发起攻击，连续两昼夜攻击未克。11日，第三五八旅主力投入战斗，仍未奏效。12日，调整部署，对包头城西北角实施主要突击，当即突入4个营，由于后备兵力不足，在守军的猛烈反击下，突入城内部队伤亡严重，不得不于 13 日撤至城外。17 日，晋绥军区主力和冀晋纵队第三旅等部进到包头附近。这时，乘隙从归绥逃出的新编骑兵第四师会合骑兵挺进第四纵队，西进至二十四顷地以南地区，驻五原地区之骑兵第十旅亦向东增援包头。据此，晋绥野战军首长决定先打援再攻城，遂以独立第二、第三旅攻歼新编骑兵第四师等部，但该敌一触即向托克托方向撤退，仅歼其一部。12 月 3 日，再次集中主力对包头发起攻击，但数度攻击均未奏效。鉴于包头、归绥两城一时难以攻克，且时临严冬，补给困难，再战不利，遂于 12 月 4 日和 14 日先后撤出对两城的包围，绥远战役遂告结束。

绥远战役历时近两月，共歼国民党军 1.2 万余人，收复丰镇、集宁、卓资山、陶林、和林、凉城、武川、萨拉齐等 10 余城镇及绥东、绥南广大地区，打破了国民党控制平绥铁路的企图，保卫了以张家口为中心的战略基地。此役与上党、平汉、津浦路诸战役相结合，对于争取和平局面，迫使国民党同中国共产党进行和平谈判，起了重要的作用。经过这次作战，晋察冀和晋绥部队经受了一次很好的锻炼，加速了从分散游击战到大规模运动战的转变。

四平保卫战

四平保卫战，是 1946 年 4—5 月，东北民主联军在吉林省四平街地区抗击国民党军进攻的防御战役。

1946 年 1 月，中国国民党与中国共产党达成"停止国内军事冲突"的协议。但国民党总裁蒋介石拒不承认共产党及其领导下的人民军队在东北的地位，企图以武力独占东北。于是向东北大举增兵，抢占战略要地，于 3 月上、中旬，乘苏联军队撤兵之际，占领沈阳、抚顺、辽阳等城，至 3、4 月间，国民党军进入东北的部队有第十三、第五十二、第六十、第七十一军和新编第一、第六军，连同地方保安部队，总兵力达 31 万人。尽管在中国共产党的据理力争下，根据停战协定成立的军事 3 人小组于 3 月 27 日达成关于派遣执行小组前往东北调处停止冲突的协议，但国民党军置之不顾。3 月下旬，国民党东北行辕主任熊式辉和保安司令长官杜聿明集中 5 个军、共 11 个师兵力，从沈阳地区向东北两个方向发动进攻，其部署是：以新编第一军、第七十一军共 5 个师，向沈阳以北进攻，预期在 4 月 2 日前夺取四平；以新编第六军、第五十二军等部共 6 个师，向沈阳以南进攻，以求完成对鞍山、本溪等南满工业区的占领，并驱逐民主联军南满部队主力，尔后集中新编第一、第六军等部沿中长铁路向四平以北发展进攻，占领长春、哈尔滨等重要城市。企图将东北民主联军主力压迫于松花江南岸消灭之。

为阻止国民党军长驱直入，配合与国民党的和平谈判，促进东北和全国和平民主的实现，中国共产党中央委员会和中央革命军事委员会指示东北中央局和东北民主联军：应以全力保卫北满，在苏军撤兵的同时，不惜牺牲，夺取长春、哈尔滨、齐齐哈尔3市及中东路（中长铁路满洲里至绥芬河段）全线。为达此目的，必须迅速集中主力扼守四平地区，给北进之国民党军以严重打击；南满主力则集中于本溪地区，力争求歼南进之国民党军一部，以配合四平方面作战。东北局当即决定，最大限度地集中兵力，于四平地区阻止国民党军的进攻。东北民主联军总司令林彪、政治委员彭真根据上述指示精神，确定了具体战役部署：以新四军第三师第十旅在铁岭以北、四平以南地区，采取运动防御、迟滞、杀伤北进之敌，掩护主力集结；以第一、第二师、第七纵队主力，新四军第三师第七旅、独立旅和第八旅主力，迅速向四平地区集结，乘北进之敌在运动中或立足未稳时，集中优势兵力各个歼灭之；以南满第三、第四纵队及保安第三旅，担负本溪地区作战任务；以第七师主力等部夺取长春，以第三五九旅等部夺取哈尔滨，以新四军第三师一部夺取齐齐哈尔。

四平位于东北中部平原，系中长、四（平）洮（南）、四（平）梅（河口）铁路交叉点，是东北的重要战略枢纽之一。苏军撤兵时，国民党收编的伪、匪军进占了四平。民主联军于3月18日攻占该城。随即，四平便成为国共双方争夺东北斗争的焦点。

3月下旬，由沈阳北进的国民党军遭民主联军的阻击，进展迟缓，至4月初进至开原、法库一线，未能实现其4月2日前进占四平的计划。4月5日，新编第一军和第七十一军主力分两路向四平进攻：新编第一军由昌图沿中长路北进；第七十一军两个师由法库、通江口北进，企图经八面城迂回四平。此时，东北民主联军主力已进至昌图以北、四平以南地区。7日，第三师第七旅将新编第一军第五十师阻止于泉头车站以南，并在潮阳堡向该师一个团发起反击，歼其一部。8日，第一师、第三师第八、第十旅和第七纵队等部共12个团，向进至泉头以西之兴隆泉、柳条沟地区之新编第三十八师发起攻击，经一夜激战，歼其千余人。10日，由法库、通江口北进的第七十一军先头部队第八十七师进至金家屯时，遭第三师独立旅一部及辽西地方部队的狙击，为诱敌深入，独立旅等部沿金家屯以北公路节节抗击，掩护了在兴隆泉地区的民主联军主力向四平西南之大洼地区集结。15日，第八十七师进至大洼以南之金山堡、秦家窝棚地区，距新编第一军20余公里。民主联军首长决心乘敌立足未稳、孤立突出之机，集中第一师、第三师第八、第十独立旅和第七纵队等部共14个团的兵力歼灭该敌。当日黄昏发起攻击，至16日晨，将第八十七师大部歼灭，共毙伤俘4000余人。残部向新编第一军靠拢，并继续向四平逼近。鉴于暂无在运动中歼敌机会，民主联军主力遂转移至四平以西之八面城和西北之梨树附近地区待机。

与此同时，南满第三、第四纵队等部在保卫本溪的作战中，两度击退新编第六军、第五十二军等部的进攻，并歼其4000余人。担任夺取长春、哈尔滨和齐齐哈尔的第七师、第三五九旅和第三师一部，在东满、北满和西满地方武装的配合下，于4月18日至28日相继解放上述3市，歼灭国民党收编的伪、匪武装2.6万余人，清除了北满腹地之敌，解除了四平前线部队作战的后顾之忧。

兴隆泉、大洼和本溪作战的胜利和长、哈、齐3市的迅速解放，暂时改善了民主联军在东北的地位，挫败了国民党军进攻东北的锐气。中共中央鉴于苏军在4月底将自满洲撤兵完毕和关于东北问题的谈判已到有可能达成协议的紧要阶段等情况，再次指示东北局，应用一切力量，不惜重大牺牲，坚决扼守四平，以阻止国民党军向北满及长、哈、齐等城的进攻。东北民主联军首长据此进行了部署：以保安第一旅组成四平卫戍司令部，统一指挥该旅及第七纵队各一部共6000人防守四平；集中其他主力于四平以西、以北地区待机歼敌；令第七师、第三五九旅迅速南下，令南满第三纵队第七、第八旅和保安第三旅即刻北上，参加四平保卫战。

4月18日，新编第一军在飞机、坦克的支援下，对民主联军扼守的鸭湖泡、泊罗林子、三道林子北山等四平外围阵地发起猛烈进攻。民主联军保安第一旅、第七纵队、第三师和第七师（由长春南下于22日到达四平前线）各一部顽强抗击，与国民党军展开激烈争夺，使其进展甚微。随后，为保障四平翼侧安全，民主联军逐步向四平东西两侧延长防线，在东起火石岭、西至八面城的百里战线上部署了6个师（旅），挫败了国民党军迂回四平的企图。至26日，新编第一军等部在遭受重大打击后，不得不改取守势，等待后援。民主联军也因机动兵力不足，难以组织有效的反击，双方处于对峙状态。当日，中共中央指示东北民主联军首长："马歇尔已提出停战方案，有停战之可能。望加强四平守备兵力，鼓励坚守，挫敌锐气，争取时间。"但是，蒋介石于4日底拒绝东北停战方案，指使国民党军迅速攻下四平，而后继续向北推进。5月1日，中共中央再次电示民主联军：东北战争，中外瞩目。蒋介石已拒绝停战方案，坚持要打到长春。因此，"我们必须在四平、本溪两处坚持奋战，将两处顽军打得精疲力竭，消耗其兵力，挫折其锐气，使其以六个月时间调集的兵力、武器、弹药，受到最大消耗，来不及补充。……那时，便可能求得有利于我之和平。"

4月底，奉命北上的南满第三纵队第七、第八旅和保安第三旅到达四平以东之哈福、平岗地区。为配合四平前线部队作战，民主联军首长决心乘敌后方空虚之际，在敌后开辟第二战场，以断敌交通运输，歼其有生力量。遂以第三纵队两个旅和第三师独立旅向四平以南之昌图、开原地区进攻，切断沈阳与四平联系，造成对进攻四平之国民党军前后夹击之势；以保安第三旅主力在开原、铁岭地区配合作战。至5月10日，第三纵队前出至昌图以东之清杨堡、开原以东之马市堡地区。独立旅攻占开原、昌图间马千总台车站。保安第三旅攻占开原以南之中固车站。迫使国民党军从四平前线和南满地区抽兵来援，给进攻四平和南满的国民党军后方造成极大威胁。

为加强进攻四平的力量，尽速夺取四平，国民党军决心迅速占领本溪，以便从南满地区抽兵北上。从4月28日起，南满国民党军乘民主联军第三纵队等部北调之机，再次向本溪发起进攻。南满部队经6天激战，在给进攻之敌以重大杀伤后，于5月3日撤出本溪。国民党军在占领本溪后，即将新编第六军、第五十二、第七十一军各一部北调四平方向，使四平地区国民党军兵力增至10个师。5月15日，国民党军分为3个兵团向四平发起全线进攻。左翼兵团第七十一军主力，向四平西北之獾子洞、海清窝棚进攻，遭第一师顽强抗击，进攻受挫。中央兵团新编第一军连续向三道林子北山阵地猛攻，但进展不大；右翼兵团新编第六军等部5个师，向四平以东迂回，16日，攻占叶赫站，17日，占领火石岭、平岗、哈福车站等地，18日，又在中央兵团配合下，攻占四平东南之重要高地塔子山，并继续向四平东北之赫尔苏急进，企图封闭四平守军退路。鉴于再战不利，加之民主联军作战月余，伤亡较大，为摆脱被动、保持战力，东北民主联军自四平地区撤退。19日，国民党军进占四平。

四平保卫战，历时月余。东北民主联军以8000余人的伤亡代价，歼灭国民党军万余人，配合了停战谈判。民主联军以劣势抗击优势的国民党军进攻，持续一月以上，体现了人民军队英勇顽强的精神，显示了中国共产党坚持东北斗争的坚强意志。中共中央在评价这一战役时指出："四平我军坚守一个月，抗击敌军十个师，表现了人民军队高度顽强英勇精神，这一斗争是有历史意义的。"

击退国民党的全面进攻

1946年6月26日，蒋介石在完成内战部署后，悍然撕毁停战协定和政协协议。以大举进攻中原解放区为起点，发动了对解放区的全面进攻。中原解放区地处鄂豫皖3省交界处，地跨平汉路两侧，战略地位非常重要。早在5月底，国民党就调动30万人对中原解放区进行全面围攻，将6万余人的中原军区部队压缩在以宣化店为中心的不足百里的狭小地区内。6月26日，蒋介石下令进攻宣化店，妄图在48小时内将中原人民解放军一举歼灭。中原人民解放军在李先念等的领导下，胜利突出重围。蒋介石向中原解放区的进攻，成为全面内战爆发的起点和标志。

全面内战爆发时的形势是十分严重的。国民党将其全部正规军的80%，即193个旅（师）达158万人的兵力，用于进攻解放区。7月20日，中共中央发出了《以自卫战争粉碎蒋介石的进攻》。9月16日，又发布了《集中优势兵力，各个歼灭敌人》等指示，制定了打败蒋介石军队进攻的正确政治方针和军事原则。

战争的头4个月，人民解放军先后取得中原突围作战的胜利、华中野战军在苏中地区的七战七捷、晋冀鲁豫野战军在陇海路和鲁西南地区连续作战的胜利，从而顿挫了国民党军队进攻的锋芒，稳定了人民解放军南线作战的阵脚。10月11日，国民党军占领张家口，是其全面进攻的顶点，此后，其进攻势头大减。从1946年12月至1947年2月，华中和山东野战军配合作战，取得了宿北、鲁南、莱芜等战役的胜利。其中，莱芜战役创造了一次战役歼敌7个师的纪录。与此同时，东北民主联军、晋绥、晋察冀人民解放军，都取得了防御作战的胜利。截止1947年2月底，人民解放军经过8个月作战，共歼敌71万人，粉碎了国民党对解放区的全面进攻。

从1947年3月开始，蒋介石被迫放弃对解放区的全面进攻，改为重点进攻陕甘宁边区和山东解放区。在陕北，国民党军队以胡宗南部25万人于3月13日起向中共中央所在的延安发动突然袭击。人民解放军在延安以南经6昼夜英勇阻击，3月19日，按中共中央部署撤离延安。但中共中央、人民解放军总部和毛泽东继续留在陕北指挥全国作战。在中共中央的直接领导下，西北野战军仅2万余人以"蘑菇战术"于1947年3月、4月、5月，先后取得青化砭、羊马河和蟠龙作战的胜利，接着又出击陇东，围攻榆林，于8月取得沙家店战役胜利，彻底粉碎了国民党军队对陕北的重点进攻。在山东，蒋介石调集40多万兵力，于4月、5月、6月，先后对山东解放区发动了3次猛烈进攻。人民解放军华东野战军先后取得泰蒙战役和孟良崮战役的重大胜利，其中孟良崮一仗全歼国民党精锐主力整编七十四师，国民党军队对山东解放区的重点进攻乃被粉碎。

渡江战役

国民党在和谈烟幕的掩护下，积极部署长江防线。为了彻底摧毁国民党的反动统治，1949年4月21日，毛泽东主席、朱德总司令发布向全国进军的命令。人民解放军第二、第三野战军在西起湖口、东至江阴的千里战线上强渡长江，一举摧毁了国民党苦心经营了3个半月的长江防线。在人民解放军渡江作战之时，英国"紫石英"号等4艘军舰侵入长江，向渡江的人民解放军挑衅，并开炮打死打伤人民解放军252人。人民解放军予以反击，"紫石英"号被击伤停搁在镇江江面，其余3艘英舰逃走。23日，人民解放军占领南京，宣告了国民党统治的灭亡。5月3日，解放杭州，27日，上海解放。

与此同时，第四野战军于5月14日在武汉以东的地区渡过长江，16日至17日解放了武汉三镇。

渡江战役从4月21日起至6月下旬结束。人民解放军突破了国民党的长江防线，先后解放了 120 座城市和苏、浙、皖、闽、赣、鄂等省的大部分地区，歼敌 40 余万。此后，人民解放军继续向中南、西北和西南各省进军，分别用战斗方式与和平方式迅速解决残余的国民党军队。到 1949 年底，人民解放军解放了除西藏以外的全部中国大陆。

国民党军政人员的和平起义

在人民解放军强大攻势和中共政策的感召下，一批国民党军政人员纷纷举行和平起义。4 月 22 日，国民党第二舰队司令林遵率舰艇 25 艘在南京芭斗山江面起义，江苏和平解放。9 月 19 日，国民党绥远省政府主席董其武宣布起义，华北全部解放。9 月 25 日，国民党新疆省政府主席鲍尔汉、警备司令陶峙岳发出通电，宣布起义。12 月 9 日，国民党云南省主席卢汉，西康省主席刘文辉，西南长官公署副长官邓锡侯、潘文华等率部起义，云南、西康两省和平解放，等等。

国民党政权迁往台湾

从 1948 年 9 月开始，中国人民革命战争出现了重大战略转折，人民解放军取得了辽沈、淮海、平津三大战役的伟大胜利，使蒋介石的嫡系部队土崩瓦解，丧失殆尽。蒋介石看到大陆局势难已扭转，于是开始作退守台湾的安排。

1 月 21 日，蒋介石宣布"引退"，由副总统李宗仁"代行"总统职权。7 月 14 日，蒋介石由台北飞抵广州，主持国民党中常会与中政会联席会议，决定成立国民党"非常委员会"，由蒋介石和李宗仁分别担任正、副主席。这样，蒋介石又由幕后转到台前，指挥国民党残余力量作最后顽抗。

1949 年 8 月 22 日，蒋介石再赴广州部署"广州保卫战"。但在人民解放军三面包围的强大攻势下，10 月 14 日，广州失守，国民党政府又逃往重庆。12 月 11 日，国民党中央党部迁往台北正式办公。至此，国民党在大陆的统治彻底覆灭。

毛泽东《论人民民主专政》

南京国民党政权被推翻后，为阐述中共在各种问题上的见解，批驳和澄清一部分人思想上的错误和混乱，并对广大人民进行教育，1949 年 6 月 30 日，毛泽东发表《论人民民主专政》一文，就新中国的性质、各阶级在国家中的地位和相互关系以及外交政策等问题作了阐述。其主要内容是：

第一，总结了近百年来中国革命的历史经验，阐明了资产阶级的民主主义让位给工人阶级领导的人民民主主义，资产阶级共和国让位给人民共和国是历史的必然。毛泽东指出，"资产阶级的共和国，外国有过的，中国不能有，因为中国是受帝国主义压迫的国家，唯一的出路是经过工人阶级领导的人民共和国"。

第二，阐明了人民民主专政国家内部各个阶级的地位和相互关系。毛泽东指出，"人民民主专政需要工人阶级的领导。因为只有工人阶级最有远见，大公无私，最富于革命的彻底性。""人民民主专政的基础是工人阶级、农民阶级和城市小资产阶级的联盟，而主要是工人和农民的联盟，因为这两个阶级占了中国人口的百分之八十到九十。"推翻帝国主义和国民党反动派，实现从新民主主义到社会主义的转变，主要依靠这两个阶级的联盟。另一方面，为了反对帝国主义的压迫和发展中国的经济，必须"团结民族资产阶级，共同奋斗。""但是民族资产阶级不能充当革命的领导者，也不应当在国家政权中占主要的地位"。

此外，毛泽东还阐明了民主与专政的关系，指出："对人民内部的民主方面和对反动派的专政方面，互相结合起来，就是人民民主专政。"关于新中国的对外政策，毛泽东指出，必须倒向社会主义一边，联合世界上以平等待我的民族和各国人民，共同奋斗。

《论人民民主专政》所阐述的建国原则和规定的基本政策，为新中国的建立奠定了理论和政策基础。毛泽东的这篇文章和他在七届二中全会上的报告，构成了新政协制定共同纲领的基础。

中华人民共和国成立

中华人民共和国是在半殖民地半封建的旧中国及其最后一个统治者中华民国国民党反动政府被推翻的基础上建立起来的，是中国人民长期浴血奋斗的产物。

1948年4月30日，中共中央发布纪念"五一"节口号，其中第五号提出："各民主党派、各人民团体、各社会贤达迅速召开政治协商会议，讨论并实现召集人民代表大会，成立民主联合政府，"由此揭开了筹建新中国的序幕。1949年1月北平解放后，进入东北、华北解放区和继续由香港、上海北上的民主人士很快汇集到了北平。3月，中共中央在开完七届二中全会后，也迁入北平，先驻在香山，9月，迁至中南海。

1949年6月15日至19日，新政协筹备会第一次会议在北平成立，由23个单位134人参加。毛泽东被推为筹备会党务委员会主任，周恩来、李济深、沈钧儒、郭沫若、陈叔通为副主任，李维汉为秘书长。下设6个小组，分别负责拟定参加新政协之单位及各单位之代表名单、起草新政协组织条例，起草共同纲领，拟定政府方案，起草大会宣言，拟定国旗、国歌、国徽方案6项筹备工作。

1949年10月1日下午2时，由中国人民政治协商委员会议选举的中华人民共和国中央人民政府委员会，在北京举行第一次会议，中央人民政府主席毛泽东，副主席朱德、刘少奇、宋庆龄、李济深、张澜、高岗，委员陈毅、贺龙、李立三等56人宣布就职，中央人民政府宣告成立。会议选举林伯渠为中央人民政府委员会秘书长，任命周恩来为中央人民政府政务院总理兼外交部长，毛泽东为中央人民政府人民革命军事委员会主席，朱德为人民解放军总司令，沈钧儒为中央人民政府最高人民法院院长，罗荣桓为中央人民政府最高检察署检察长。会议决定：接受《中国人民政治协商会议共同纲领》为本政府的施政方针。会议还决定：向世界各国政府宣布，中华人民共和国中央人民政府为代表中华人民共和国全国人民的唯一合法政府，愿与遵守平等、互利及互相尊重领土主权等项原则的任何外国政府建立外交关系。

下午3时，在北京天安门广场举行有30万军民参加的开国大典。毛泽东按动电钮，升起第一面五星红旗，庄严宣布："中华人民共和国中央人民政府已于本日成立了。"并宣读中央人民政府公告。接着举行阅兵式。朱德检阅陆海空三军，发布人民解放军总部命令，命令人民解放军全体指战员"迅速肃清国民党反动军队的残余，解放一切尚未解放的国土，同时肃清土匪和其他一切反革命匪徒，镇压他们的一切反抗和捣乱行为"。受检阅部队以海军的两个排为前导，步兵师、炮兵师、战车师、骑兵师迈着整齐的步伐通过天安门前。空军14架飞机盘旋在广场的上空。整个阅兵式历时了3个小时方告结束。之后是群众游行。"中华人民共和国万岁！""毛主席万岁！"和"同志们万岁"的口号声，在天安门上下呼应。群众的节日欢腾直到深夜才结束。

中华人民共和国的成立，开辟了中国历史的新纪元。中华人民共和国是以工人阶级为领导的、以工农联盟为基础的、团结各民主阶层和国内各民族的人民民主专政。它的建立，在中国结束了极少数剥削者统治广大劳动人民的历史，结束了100多年来帝国主义、殖民主义奴役、压迫中国各族人民的历史。它是中国历史上从未曾有过的由人民当家做主的政权，人民大众成了国家和社会的主人。中华人民共和国的成立，开辟了中国历史的新纪元，标志着中国已从半殖民地半封建社会进入了新民主主义社会，开始了向社会主义社会过渡的时期。

新中国的成立，是20世纪世界上发生的最有影响和伟大事件之一。俄国十月革命开辟了世界无产阶级革命的新时代。世界反法西斯战争的胜利，使一系列国家继俄国之后走上社会主义道路。新中国的成立是全世界进步人类的又一个伟大胜利。它把帝国主义的东方战线打开一个大缺口，严重打击了世界殖民体系，而大大增强了人民民主和社会主义阵营的力量。这对于改变世界力量格局，维护世界和平和正义事业，推动世界走向进步和光明，具有深刻、久远的影响。由于国情的相似，新中国的诞生对于亚洲、非洲、拉丁美洲广大被压迫民族的影响力尤其巨大，直接推动了他们反对帝国主义和殖民主义斗争的发展。